Bernal Díaz del Castillo

Historia verdadera de la conquista de la Nueva España
Edición de Miguel León-Portilla

Tomo I

Barcelona **2024**
Linkgua-ediciones.com

Créditos

Título original: Historia verdadera de la conquista de la Nueva España.

© 2024, Red ediciones S.L.

e-mail: info@Linkgua-ediciones.com

Diseño de cubierta: Michel Mallard.

ISBN rústica: 978-84-9953-176-2.
ISBN ebook: 978-84-9953-174-8.

Cualquier forma de reproducción, distribución, comunicación pública o transformación de esta obra solo puede ser realizada con la autorización de sus titulares, salvo excepción prevista por la ley. Diríjase a CEDRO (Centro Español de Derechos Reprográficos, www.cedro.org) si necesita fotocopiar, escanear o hacer copias digitales de algún fragmento de esta obra.

Sumario

Créditos _____ 4

Brevísima presentación _____ 17
    La vida _____ 17

Historia verdadera _____ 19
    Prólogo _____ 19
    Capítulo I. En qué tiempo salí de Castilla, y lo que me acaeció _____ 19
    Capítulo II. Del descubrimiento de Yucatán y de un rencuentro de guerra que tuvimos con los naturales _____ 22
    Capítulo III. Del descubrimiento de Campeche _____ 24
    Capítulo IV. Cómo desembarcamos en una bahía donde había maizales, cerca del puerto de Potonchan, y de las guerras que nos dieron _____ 27
    Capítulo V. Cómo acordamos de nos volver a la isla de Cuba, y de la gran sed y trabajos que tuvimos hasta llegar al puerto de La Habana _____ 30
    Capítulo VI. Cómo desembarcaron en la bahía de la Florida veinte soldados, con nosotros el piloto Alaminos, para buscar agua, y de la guerra que allí nos dieron los naturales de aquella tierra, y lo que más pasó hasta volver a La Habana ___ 31
    Capítulo VII. De los trabajos que tuve llegar a una villa que se dice la Trinidad _____ 35
    Capítulo VIII. Cómo Diego Velázquez, gobernador de Cuba, envió otra armada a la tierra que descubrimos _____ 37
    Capítulo IX. De cómo vinimos a desembarcar a Champoton _____ 40
    Capítulo X. Cómo seguimos nuestro viaje y entramos en Boca de Términos que entonces le pusimos este nombre _____ 42
    Capítulo XI. Cómo llegamos al río de Tabasco, que llaman de Grijalva, y lo que allá nos acaeció _____ 42
    Capítulo XII. Cómo vimos el pueblo del Aguayaluco, que pusimos por nombre La Rambla _____ 45
    Capítulo XIII. Cómo llegamos a un río que pusimos por nombre río de Banderas, y rescatamos 14.000 pesos _____ 46
    Capítulo XIV. Cómo llegamos al puerto de San Juan de Ulúa _____ 49

Capítulo XV. Cómo Diego Velázquez, gobernador de la isla de Cuba, envió un navío pequeño en nuestra busca _____ 50

Capítulo XVI. De lo que nos sucedió costeando las sierras de Tuxtla y de Tuxpan ___ 51

Capítulo XVII. Cómo Diego Veláquez envió a Castilla a su procurador _____ 54

Capítulo XVIII. De algunas advertencias acerca de lo que escribe Francisco López de Gómara, mal informado, en su historia _____ 55

Capítulo XIX. Cómo vinimos otra vez con otra armada a las tierras nuevamente descubiertas, y por capitán de la armada Hernando Cortés, que después fue marqués del Valle y tuvo otros ditados, y de las contrariedades que hubo para le estorbar que no fuese capitán _____ 58

Capítulo XX. De las cosas que hizo y entendió el capitán Hernando Cortés después que fue elegido por capitán, como dicho es _____ 60

Capítulo XXI. De lo que Cortés hizo desque llegó a la villa de la Trinidad, y de los caballeros y soldados que allí nos juntamos para ir en su compañía, y de lo que más le avino _____ 63

Capítulo XXII. Cómo el gobernador Diego Velázquez envió dos criados suyos en posta a la villa de la Trinidad con poderes y mandamientos para revocar a Cortés el poder de ser capitán y tomarle la armada; y lo que pasó diré adelante _____ 65

Capítulo XXIII. Cómo el capitán Hernando Cortés se embarcó con todos los demás caballeros y soldados para ir por la banda del sur al puerto de La Habana; y envió otro navío por la banda del norte al mismo puerto, y lo que más le acaeció _____ 67

Capítulo XXIV. Cómo Diego Velázquez envió a un su criado que se decía Gaspar de Garnica, con mandamiento y provisiones para que en todo caso se prendiese a Cortés y se le tomase el armada, y lo que sobre ello se hizo _____ 70

Capítulo XXV. Cómo Cortés se hizo a la vela con toda su compañía de caballeros y soldados para la isla de Cozumel, y lo que allí le avino _____ 72

Capítulo XXVI. Cómo Cortés mandó hacer alarde todo su ejército, y de lo que más nos avino _____ 73

Capítulo XXVII. Cómo Cortés supo de dos españoles que estaban en poder de indios en la punta de Cotoche, y lo que sobre ello se hizo _____ 74

Capítulo XXVIII. Cómo Cortés repartió los navíos y señaló capitanes para ir en ellos, y asimismo se dio la instrucción de lo que habían de hacer a los pilotos, y las señales de los faroles de noche, y otras cosas que nos avino _____ 78

Capítulo XXIX. Cómo el español que estaba en poder de indios, que se llamaba Jerónimo de Aguilar, supo cómo habíamos arribado a Cozumel, y se vino a nosotros, y lo que más pasó _____ 79

Capítulo XXX. Cómo nos tornamos a embarcar y nos hicimos a la vela para el río de Grijalva, y lo que nos avino en el viaje _____ 81

Capítulo XXXI. Cómo llegamos al río de Grijalva, que en lengua de indios llaman Tabasco, y de lo que más con ello pasamos _____ 83

Capítulo XXXII. Cómo mandó Cortés a todos los capitanes que fuesen con cada cien soldados a ver la tierra adentro, y lo que sobre ello nos acaeció _____ 87

Capítulo XXXIII. Cómo Cortés mandó que para otro día nos aparejásemos todos para ir en busca de los escuadrones guerreros, y mandó sacar los caballos de los navíos, y lo que más nos avino en la batalla que con ellos tuvimos _____ 89

Capítulo XXXIV. Cómo nos dieron guerra todos los caciques de Tabasco y sus provincias, y lo que sobre ello sucedió _____ 90

Capítulo XXXV. Cómo envió Cortés a llamar a todos los caciques de aquellas provincias, y lo que sobre ello se hizo _____ 93

Capítulo XXXVI. Cómo vinieron todos los caciques y calachionis del río de Grijalva y trajeron un presente, y lo que sobre ello pasó _____ 95

Capítulo XXXVII. Cómo doña Marina era cacica e hija de grandes señores, y señora de pueblos y vasallos, y de la manera que fue traída a Tabasco _____ 100

Capítulo XXXVIII. Cómo llegamos con todos los navíos a San Juan de Ulúa, y lo que allí pasamos _____ 101

Capítulo XXXIX. Cómo fue Tendile a hablar a su señor Moctezuma y llevar el presente, y lo que hicimos en nuestro real _____ 105

Capítulo XL. Cómo Cortés envió a buscar otro puerto y asiento para poblar y lo que sobre ello se hizo _____ 107

Capítulo XLI. De lo que se hizo sobre el rescate del oro, y de otras cosas que en el real pasaron _____ 110

Capítulo XLII. Cómo alzamos a Hernando Cortés por capitán general y justicia mayor hasta que su majestad en ello mandase lo que fuese servido, y lo que en ello se hizo _____ 113

Capítulo XLIII. Cómo la parcialidad de Diego Velázquez perturbaba el poder que habíamos dado a Cortés, y lo que sobre ello se hizo _____ 116

Capítulo XLIV. Cómo fue ordenado de enviar a Pedro de Alvarado la tierra adentro a buscar maíz y bastimentos, y lo que más pasó _____ 117

Capítulo XLV. Cómo entramos en Cempoal, que en aquella sazón era muy buena población, y lo que allí pasamos _____ 119

Capítulo XLVI. Cómo entramos en Quiahuistlán, que era pueblo puesto en fortaleza, y nos acogieron de paz _____ 122

Capítulo XLVII. Cómo Cortés mandó que prendiesen aquellos cinco recaudadores de Moctezuma, y mandó que dende allí adelante no obedeciesen ni diesen tributo, y la rebelión que entonces se ordenó contra Moctezuma _____ 124

Capítulo XLVIII. Cómo acordamos de poblar la Villarrica de la Veracruz, y de hacer una fortaleza en unos prados junto a unas salinas y cerca del puerto del nombre feo, donde estaban anclados nuestros navíos, y lo que allí se hizo _____ 126

Capítulo XLIX. Cómo vino el cacique gordo y otros principales a quejarse delante de Cortés cómo en un pueblo fuerte, que se decía Cingapacinga, estaban guarniciones de mexicanos y les hacían mucho daño, y lo que sobre ello se hizo _____ 129

Capítulo L. Cómo ciertos soldados de la parcialidad del Diego Velázquez, viendo que de hecho queríamos poblar y comenzamos a pacificar pueblos, dijeron que no querían ir a ninguna entrada, sino volverse a la isla de Cuba _____ 130

Capítulo LI. De lo que nos acaeció en Cingapacinga, y cómo a la vuelta que volvimos por Cempoal les derrocamos sus ídolos, otras cosas que pasaron _____ 132

Capítulo LII. Cómo Cortés mandó hacer un altar y se puso una imagen de nuestra señora y una cruz, y se dijo misa y se bautizaron las ocho indias _____ 137

Capítulo LIII. Cómo llegamos a nuestra Villarrica de la Veracruz, y lo que allí pasó _____ 139

Capítulo LIV. De la relación y carta que escribimos a su majestad con nuestros procuradores Alonso Hernández Portocarrero y Francisco de Montejo, la cual iba firmada de algunos capitanes y soldados _____ 140

Capítulo LV. Cómo Diego Velázquez, gobernador de Cuba, supo por cartas muy por cierto que enviábamos procuradores con embajadas y presentes a nuestro rey, y lo que sobre ello se hizo _____ 144

Capítulo LVI. Cómo nuestros procuradores con buen tiempo desembocaron la canal de Bahama y en pocos días llegaron a Castilla, y lo que en la corte les sucedió 146

Capítulo LVII. Cómo después que partieron nuestros embajadores para su majestad con todo el oro y relaciones: de lo que en el real se hizo, y la justicia que Cortés mandó hacer _____ 148

Capítulo LVIII. Cómo acordamos de ir a México, y antes que partiésemos dar con todos los navíos a través, lo que más pasó; y esto de dar con los navíos a través fue por consejo y acuerdo. de todos nosotros los que éramos amigos de Cortés _____ 150

Capítulo LIX. De un razonamiento que Cortés nos hizo después de haber dado con los navíos a través, y cómo aprestamos nuestra ida para México _____ 151

Capítulo LX. Cómo Cortés fue adonde estaba surto el navío, y prendimos seis soldados y marineros que del navío hubimos, y lo que sobre ello pasó _____ 153

Capítulo LXI. Cómo ordenamos de ir a la ciudad de México, y por consejo del Cacique fuimos por Tlaxcala, y de lo que nos acaeció así de rencuentros de guerra como de otras cosas _____ 155

Capítulo LXII. Cómo se determinó que fuésemos por Tlaxcala, y les enviábamos mensajeros para que tuviesen por bien nuestra ida por su tierra, y cómo prendieron a los mensajeros, y lo que más se hizo _____ 159

Capítulo LXIII. De las guerras y batallas muy peligrosas que tuvimos con los tlaxcaltecas, y de lo que más pasó _____ 163

Capítulo LXIV. Cómo tuvimos nuestro real asentado en unos pueblos y caseríos que se dicen Teoacingo o Teuacingo, y lo que allí hicimos _____ 166

Capítulo LXV. De la gran batalla que hubimos con el poder de tlaxcaltecas, y quiso Dios nuestro señor darnos victoria, y lo que más pasó _____ 168

Capítulo LXVI. Cómo otro día enviamos mensajeros a los caciques de Tlaxcala rogándoles con la paz, y lo que sobre ellos hicieron _____ 170

Capítulo LXVII. Cómo tornamos a enviar mensajeros a los caciques de Tlaxcala para que vengan de paz, y lo que sobre ello hicieron y acordaron _____ 174

Capítulo LXVIII. Cómo acordamos de ir a un pueblo que estaba cerca de nuestro real, y lo que sobre ello se hizo _____ 176

Capítulo LXIX. Cómo después que volvimos con Cortés de Zumpancingo, hallamos en nuestro real ciertas pláticas, y lo que Cortés respondió a ellas _____ 177

Capítulo LXX. Cómo el capitán Xicotencatl tenía apercibidos veinte mil hombres guerreros escogidos, para dar en nuestro real, y lo que sobre ello se hizo _____ 182

Capítulo LXXI. Cómo vinieron a nuestro real los cuatro principales que habían enviado a tratar paces, y el razonamiento que hicieron, y lo que más pasó _____ 184

Capítulo LXXII. Cómo vinieron a nuestro real embajadores de Moctezuma, gran señor de México, y del presente que trajeron _____ 186

Capítulo LXXIII. Cómo vino Xicotencatl, capitán general de Tlaxcala; a entender en las paces, y lo que dijo, y lo que nos avino _____ 187

Capítulo LXXIV. Cómo vinieron a nuestro real los caciques viejos de Tlaxcala a rogar a Cortés y a todos nosotros que luego nos fuésemos con ellos a su ciudad, y lo que sobre ello pasó _____ 191

Capítulo LXXV. Cómo fuimos a la ciudad de Tlaxcala, y lo que los caciques viejos hicieron, de un presente que nos dieron, y cómo trajeron sus hijas y sobrinas, y lo que más pasó _____ 193

Capítulo LXXVI. Cómo se dijo misa estando presentes muchos caciques y de un presente que trajeron los caciques viejos _____ 195

Capítulo LXXVII. Cómo trajeron las hijas a presentar a Cortés y a todos nosotros, y lo que sobre ello se hizo _____ 197

Capítulo LXXVIII. Cómo Cortés preguntó a Mase Escaci y a Xicotencatl por las cosas de México, y lo que en la relación dijeron _____ 200

Capítulo LXXIX. Cómo acordó nuestro capitán Hernando Cortés con todos nuestros capitanes y soldados que fuésemos a México, y lo que sobre ello pasó __ 204

Capítulo LXXX. Cómo el gran Moctezuma envió cuatro principales, hombres de mucha cuenta, con un presente de oro y mantas, y lo que dijeron, a nuestro capitán 206

Capítulo LXXXI. Cómo enviaron los de Cholula cuatro indios de poca valía a disculparse por no haber venido a Tlaxcala, y lo que sobre ello pasó _____ 208

Capítulo LXXXII. Cómo fuimos a la ciudad de Cholula, y del gran recibimiento que nos hicieron _____ 209

Capítulo LXXXIII. Cómo tenían concertado en esta ciudad de Cholula de nos matar por mandato de Moctezuma, y lo que sobre ello pasó _____ 211

Capítulo LXXXIV. De ciertas pláticas y mensajeros que enviamos al gran Moctezuma _____ 223

Capítulo LXXXV. Cómo el gran Moctezuma envió un presente de oro, y lo que envió a decir, y cómo acordamos ir camino de México, y lo que más acaeció _____ 225

Capítulo LXXXVI. Cómo comenzamos a caminar para la ciudad de México, y de lo que en el camino nos avino, y lo que Moctezuma envió a decir _____ 227

Capítulo LXXXVII. Cómo el gran Moctezuma nos envió otros embajadores con un presente de oro y mantas, y lo que dijeron a Cortés, y lo que les respondió _____ 231

Capítulo LXXXVIII. Del gran y solemne recibimiento que nos hizo el gran Moctezuma a Cortés y a todos nosotros en la entrada de la gran ciudad de México 235

Capítulo LXXXIX. Cómo el gran Moctezuma vino a nuestros aposentos con muchos caciques que le acompañaban, y la plática que tuvo con nuestro capitán __ 239

Capítulo XC. Cómo luego otro día fue nuestro capitán a ver al gran Moctezuma y de ciertas pláticas que tuvieron _____ 240

Capítulo XCI. De la manera y persona del gran Moctezuma y de cuán gran señor era 244

Capítulo XCII. Cómo nuestro capitán salió a ver la ciudad de México y el Tatelulco, que es la plaza mayor, y el gran cu de su Huichilobos, y lo que pasó _____250

Capítulo XCIII. Cómo hicimos nuestra iglesia y altar en nuestro aposento, y una cruz fuera del aposento, y lo que más pasamos, y hallamos la sala y recámara del tesoro del padre de Moctezuma, y cómo se acordó prender al Moctezuma _____260

Capítulo XCIV. Cómo fue la batalla que dieron los capitanes mexicanos a Juan de Escalante, y cómo le mataron a él y el caballo y a otros seis soldados, y muchos amigos indios totonaques que también allí murieron _____263

Capítulo XCV. De la prisión de Moctezuma, y lo que sobre ella se hizo _____266

Capítulo XCVI. Cómo nuestro Cortés envió a la Villarrica por teniente y capitán a un hidalgo que se decía Alonso de Grado, en lugar del alguacil mayor Juan de Escalante, y el alguacilazgo mayor se lo dio a Gonzalo de Sandoval, y desde entonces fue alguacil mayor; y lo que después pasó diré adelante_____272

Capítulo XCVII. Cómo estando el gran Moctezuma preso, siempre Cortés y todos nuestros soldados le festejábamos y regocijábamos, y aun se le dio licencia para ir a sus cues _____274

Capítulo XCVIII. Cómo Cortés mandó hacer dos bergantines de mucho sostén y veleros para andar en la laguna; y cómo el gran Moctezuma dijo a Cortés que le diese licencia para ir a hacer oración a sus templos, y lo que Cortés le dijo, y como te dio licencia_____278

Capítulo XCIX. Cómo echamos los dos bergantines al agua, y cómo el gran Moctezuma dijo que quería ir a cazar; y fue en los bergantines hasta un peñol donde había muchos venados y caza; que no entraba a cazar en él persona ninguna, con grave pena_____280

Capítulo C. Cómo los sobrinos del grande Moctezuma andaban convocando y trayendo a sí las voluntades de otros señores para venir a México a sacar de la prisión al gran Moctezuma y echarnos de la ciudad _____282

Capítulo CI. Cómo el gran Moctezuma con muchos caciques y principales de la comarca dieron la obediencia a su majestad, y de otras cosas que sobre ello pasaron _____288

Capítulo CII. Cómo nuestro Cortés procuró de saber de las minas del oro, y de qué calidad eran, y asimismo en qué ríos estaban, y qué puertos para navíos desde lo de Pánuco hasta lo de Tabasco, especialmente el río grande de Guazacualco, y lo que sobre ello pasó _____289

Capítulo CIII. Cómo volvieron los capitanes que nuestro capitán envió a ver las minas y a hondar el puerto y río de Guazacualco_____291

Capítulo CIV. Cómo Cortés dijo al gran Moctezuma que mandase a todos los caciques que tributasen a su majestad, pues comúnmente sabían que tenían oro, y lo que sobre ellos se hizo _____294

Capítulo CV. Cómo se repartió el oro que hubimos, así de lo que dio el gran Moctezuma como de lo que se recogió de los pueblos, y de lo que sobre ello acaeció a un soldado_____297

Capítulo CVI. Cómo hubieron palabras Juan Velázquez de León y el tesorero Gregorio Mejía sobre el oro que faltaba de los montones antes que se fundiese, y lo que Cortés hizo sobre ello_____300

Capítulo CVII. Cómo el gran Moctezuma dijo a Cortés que le quería dar una hija de las suyas para que se casase con ella, y lo que Cortés le respondió, y todavía la tomó, y la servían y honraban como hija de tal señor_____302

Capítulo CVIII. Cómo el gran Moctezuma dijo a nuestro capitán Cortés que se saliese de México con todos los soldados, porque se querían levantar todos los caciques y papas y darnos guerra hasta matarnos, porque así estaba acordado y dado consejo por sus ídolos; y lo que Cortés sobre ello hizo _____303

Capítulo CIX. Cómo Diego de Velázquez, gobernador de Cuba, dio muy gran prisa en enviar su armada contra nosotros, y en ella por capitán general a Pánfilo de Narváez, y cómo vino en su compañía el licenciado Lucas Vázquez de Ayllón, oidor de la real audiencia de Santo Domingo, y lo que sobre ello se hizo_____306

Capítulo CX. Cómo Pánfilo de Narváez llegó al puerto de San Juan de Ulúa, que se dice la Veracruz, con toda su armada, y lo que le sucedió_____308

Capítulo CXI. Cómo Pánfilo de Narváez envió con cinco personas de su armada a requerir a Gonzalo de Sandoval, que estaba por capitán en la Villarrica, que se diese luego con todos los vecinos, y lo que sobre ello pasó _____311

Capítulo CXII. Cómo Cortés, después de bien informado de quién era capitán, y quién y cuántos venían en la armada, y de los pertrechos de guerra que traía, y de los tres nuestros falsos soldados que a Narváez se pasaron, escribió al capitán y a otros sus amigos, especialmente a Andrés de Duero, secretario del Diego Velázquez; y también supo como Moctezuma enviaba oro y ropa al Narváez, y las palabras que le envió a decir el Narváez al Moctezuma, y de cómo venía en aquella armada el licenciado Lucas Vázquez de Ayllón, oidor de la audiencia real de Santo Domingo, y la instrucción que traían _____313

Capítulo CXIII. Cómo hubieron palabras el capitán Pánfilo de Narváez y el oidor Lucas Vázquez de Ayllón, y el Narváez le mandó prender y le envió en un navío preso a Cuba o a Castilla, y lo que sobre ello avino _____316

Capítulo CXIV. Cómo Narváez con todo su ejército se vino a un pueblo que se dice Cempoal, y concierto que en él hizo, y lo que nosotros hicimos estando en la ciudad de México, y cómo acordamos de ir sobre Narváez_____318

Capítulo CXV. Cómo el gran Moctezuma preguntó a Cortés que cómo quería ir sobre el Narváez, siendo los que traía doblados más que nosotros, y que le pesaría si nos viniese algún mal_____320

Capítulo CXVI. Cómo acordó Cortés con todos nuestros capitanes y soldados que tornásemos a enviar al real de Narváez al fraile de la Merced, que era muy sagaz y de buenos medios, y que se hiciese muy servidor del Narváez, y que se mostrase favorable a su parte mas que no a la de Cortés, y que secretamente convocase al artillero que se decía Rodrigo Martín y a otro artillero que se decía Usagre, y que hablase con Andrés de Duero para que viniese a verse con Cortés; y que otra carta que escribiésemos al Narváez que mirase que se la diese en sus manos, y lo que en tal caso convenía, y que tuviese mucha advertencia; y para esto llevó mucha cantidad de tejuelos y cadenas de oro para repartir _____325

Capítulo CXVII. Cómo el fraile de la Merced fue a Cempoal, adonde estaba el Narváez y todos sus capitanes, y lo que pasó con ellos, y les dio la carta _____326

Capítulo CXVIII. Cómo en nuestro real hicimos alarde de los soldados que éramos, y cómo trajeron doscientas y cincuenta picas muy largas, con unos hierros de cobre cada una, que Cortés había mandado hacer en unos pueblos que se dicen los chinantecas, y nos imponíamos cómo habíamos de jugar dellas para derrocar la gente de a caballo que tenía Narváez, y otras cosas que en el real pasaron _____329

Capítulo CXIX. Cómo vino Andrés de Duero a nuestro real y el soldado Usagre y dos indios de Cuba, naborias del Duero, y quién era el Duero y a lo que venía, y lo que tuvimos por cierto y lo que se concertó _____330

Capítulo CXX. Cómo llegó Juan Velázquez de León y el mozo de espuelas que se decía Juan del Río al real de Narváez, y lo que en él pasó_____333

Capítulo CXXI. De lo que se hizo en el real de Narváez después que de allí salieron nuestros embajadores_____338

Capítulo CXXII. Del concierto y orden que se dio en nuestro real para ir contra Narváez, y el razonamiento que Cortés nos hizo, y lo que respondimos_____340

Capítulo CXXIII. Cómo después de desbaratado Narváez según y de la manera que he dicho, vinieron los indios de Chinanta que Cortés había enviado a llamar, y de otras cosas que pasaron _____ 349

Capítulo CXXIV. Como Cortés envió al puerto al capitán Francisco de Lugo. y en su compañía dos soldados que habían sido maestres de hacer navíos, para que luego trajese allí a Cempoal todos los maestres y pilotos de los navíos y flota de Narváez, y que les sacasen las velas y timones y agujas, porque no fuesen a dar mandado a la isla de Cuba a Diego Velázquez de lo acaecido, y cómo puso almirante de la mar _____ 350

Capítulo CXXV. Cómo fuimos a grandes jornadas, así Cortés con todos sus capitanes como todos los de Narváez, excepto Pánfilo de Narváez y Salvatierra, que quedaban presos _____ 354

Capítulo CXXVI. Cómo nos dieron guerra en México, y los combates que nos daban, y otras cosas que pasamos_____ 358

Capítulo CXXVII. Desque fue muerto el gran Moctezuma, acordó Cortés de hacerlo saber a sus capitanes y principales que nos daban guerra, y lo que más sobre ello pasó _____ 366

Capítulo CXXVIII. Cómo acordamos de nos ir huyendo de México, y lo que sobre ello se hizo_____ 368

Capítulo CXXIX. Cómo fuimos a la cabecera y mayor pueblo de Tlaxcala, y lo que allí pasamos _____ 382

Capítulo CXXX. Cómo fuimos a la provincia de Tepeaca, y lo que en ella hicimos; y otras cosas que pasaron_____389

Capítulo CXXXI. Cómo vino un navío de Cuba que enviaba Diego Velázquez, y venía en él por capitán. Pedro Barba, y la manera que el almirante que dejó nuestro Cortés por guarda de la mar tenía para los prender, y es desta manera ____393

Capítulo CXXXII. Cómo los de Guacachula vinieron a demandar favor a Cortés sobre que los ejércitos mexicanos los trataban mal y los robaban, y lo que sobre ello se hizo_____395

Capítulo CXXXIII. Cómo aportó al peñol y puerto que está junto a la Villarrica un navío de los de Francisco Garay, que había enviado a poblar el río Pánuco, y lo que sobre ello más pasó_____398

Capítulo CXXXIV. Cómo envió Cortés a Gonzalo de Sandoval a pacificar los pueblos de Xalacingo y Zacatami, y llevó doscientos soldados y veinte de a caballo y doce ballesteros, y para que supiese que españoles mataron en ellos, y que mirase qué armas les habían tomado y qué tierra era, y les demandase el oro que robaron, y de lo que más en ello pasó _____ 401

Capítulo CXXXV. Cómo se recogieron todas las mujeres y esclavos de todo nuestro real que habíamos habido en aquello de Tepeaca y Cachula, Tecamachalco y en Castilblanco y en sus tierras, para que se herrasen con el hierro en nombre de su majestad, y lo que sobre ello pasó _____ 405

Capítulo CXXXVI. Cómo demandaron licencia a Cortés los capitanes y personas más principales de los que Narváez había traído en su compañía para se volver a la isla de Cuba, y Cortés se la dio y se fueron. Y de cómo despachó Cortés embajadores para Castilla y para Santo Domingo y Jamaica, y lo que sobre cada cosa acaeció _____ 407

Capítulo CXXXVII. Cómo caminamos con todo nuestro ejército camino de la ciudad de Texcoco, y lo que en el camino nos avino, y otras cosas que pasaron ____ 413

Capítulo CXXXVIII. Cómo fuimos a Iztapalapa con Cortés, y llevó en su compañía a Cristóbal de Olí y a Pedro de Alvarado, y quedó Gonzalo de Sandoval por guarda de Texcoco, y lo que nos acaeció en la toma de aquel pueblo_____ 420

Capítulo CXXXIX. Cómo vinieron tres pueblos comarcanos a Texcoco a demandar paces y perdón de las guerras pasadas y muertes de españoles, y los descargos que daban sobre ello, y cómo fue Gonzalo de Sandoval a Chalco y Tamanalco en su socorro contra mexicanos, y lo que más pasó_____ 421

Capítulo CXL. Cómo fue Gonzalo de Sandoval a Tlaxcala por la madera de los bergantines, y lo que más en el camino hizo en un pueblo que le pusimos por nombre el Pueblo Morisco _____ 428

Capítulo CXLI. Cómo nuestro capitán Cortés fue a una entrada al pueblo de Xaltocan, que está en la ciudad de México obra de seis leguas, puesto y poblado en la laguna, y dende allí a otros pueblos; lo que en el camino pasó diré adelante _432

Libros a la carta_____ 443

Brevísima presentación

La vida

Bernal Díaz del Castillo nació en Medina del Campo, en 1495, y murió en Guatemala. Hijo de Francisco Díaz del Castillo, regidor de su ciudad natal, y de María Díez Rejón.

Viajó a América acompañado de Pedrarias Dávila y estuvo en las expediciones de Francisco Hernández de Córdoba y Juan de Grijalva. Participó con Hernán Cortés en la conquista de Nueva España, y estuvo en la «Noche triste», y en el asedio de Tenochtitlán, siendo herido de gravedad en Tlaxcala.

Después vivió en la ciudad de Santiago de los Caballeros de Guatemala y allí se casó con Teresa de Becerra, hija del conquistador de Guatemala. En 1552, a los setenta y dos años, empezó a escribir una de las crónicas más completas sobre la conquista de México. Su *Historia verdadera de la Conquista de la Nueva España*.

Díaz del Castillo fue regidor de Santiago durante más de treinta años y murió allí en 1584.

En 1514, cuando Bernal Díaz embarcó hacia el Nuevo Mundo, no había cumplido veinte años, y tres años más tarde participaba en la expedición dirigida por Hernán Cortés hacia México, donde unos pocos españoles, en algo menos de dos años, consiguieron derrotar al Imperio azteca. Cuarenta años más tarde, Bernal Díaz relata, con un afán de fidelidad tan tenaz como problemático, una de las grandes expediciones que más han marcado el imaginario occidental: los desafíos que planteaba el poder, las tácticas de Cortés para aproximarse al imperio de Montezuma y, más tarde, al de Cuauhtemoc, el choque de creencias, la explotación de los nativos para conseguir oro y otros tesoros, o las batallas que se libraron hasta la caída de México. La *Historia verdadera de la conquista de la Nueva España* es, si no un relato fidedigno de lo que ocurrió, sí una de las obras de la literatura de la Conquista —junto con los *Diarios* de Colón, las *Cartas de relación* de Cortés y la *Historia de la destrucción de las Indias* del padre Bartolomé de las Casas— que mejor atestiguan la mentalidad occidental de la época. Si, como señaló Todorov, la conquista de América es «el encuentro más asombroso de nuestra historia. En el "descubrimiento" de los demás continentes y de los demás hombres no existe realmente ese sentimiento de extrañeza radical» (*La conquista de América: el problema del otro*),

es muy posible que esa radical extrañeza fuera lo único que compartieron los hombres que participaron en aquel encuentro.

La presente edición está basada en el Manuscrito Remón.

Historia verdadera

Prólogo

Yo, Bernal Díaz del Castillo, regidor de esta ciudad de Santiago de Guatemala, autor de esta muy verdadera y clara historia, la acabé de sacar a la luz, que es desde el descubrimiento, y todas las conquistas de la Nueva España, y como se tomó la gran ciudad de México, y otras muchas ciudades, hasta las haber traído de paz y pobladas de españoles muchas villas, las enviamos a dar y entregar, como estamos obligados, a nuestro rey y señor; en la cual historia hallarán cosas muy notables y dignas de saber: y también van declarados los borrones, y escritos viciosos en un libro de Francisco López de Gómara, que no solamente va errado en lo que escribió de la Nueva España, sino también hizo errar a dos famosos historiadores que siguieron su historia, que se dicen Doctor Illescas y el obispo Paulo Iobio; y a esta causa, digo y afirmo que lo que en este libro se contiene es muy verdadero, que como testigo de vista me hallé en todas las batallas y reencuentros de guerra; y no son cuentos viejos, ni Historias de Romanos de más de setecientos años, porque a manera de decir, ayer pasó lo que verán en mi historia, y cómo y cuándo, y de qué manera; y de ello era buen testigo el muy esforzado y valeroso capitán don Hernando Cortés, marqués del Valle, que hizo relación en una carta que escribió de México al serenísimo emperador don Carlos V, de gloriosa memoria, y otra del virrey don Antonio de Mendoza, y por probanzas bastantes. Y además de esto cuando mi historia se vea, dará fe y claridad de ello; la cual se acabó de sacar en limpio de mis memorias y borradores en esta muy leal ciudad de Santiago de Guatemala, donde reside la real audiencia, en 26 días del mes de febrero de 1568 años. Tengo que acabar de escribir ciertas cosas que faltan, que aún no se han acabado: va en muchas partes testado, lo cual no se ha de leer. Pido por merced a los señores impresores, que no quiten, ni añadan más letras de las que aquí van y suplan, etc.

Capítulo I. En qué tiempo salí de Castilla, y lo que me acaeció

En el año de 1514 salí de Castilla en compañía del gobernador Pedro Arias de Ávila, que en aquella sazón le dieron la gobernación de Tierra Firme; y viniendo por la mar con buen tiempo, y otras veces con contrario, llegamos al Nombre de Dios; y en aquel tiempo hubo pestilencia, de que se nos murieron muchos soldados, y demás desto, todos los más adolecimos, y se nos hacían unas malas llagas en las piernas; y también en aquel tiempo tuvo diferencias el mismo gobernador con un hidalgo que en aquella sazón estaba por capitán y había conquistado aquella provincia, que se decía Vasco Núñez de Balboa; hombre rico, con quien Pedro Arias de Ávila casó en aquel tiempo una su hija doncella con el mismo Balboa; y después que la hubo desposado, según pareció, y sobre sospechas que tuvo que el yerno se le quería alzar con copia de soldados por la mar del Sur, por sentencia le mandó degollar. Y después que vimos lo que dicho tengo y otras revueltas entre capitanes y soldados, y alcanzamos a saber que era nuevamente ganada la isla de Cuba, y que estaba en ella por gobernador un hidalgo que se decía Diego Velázquez, natural de Cuéllar; acordamos ciertos hidalgos y soldados, personas de calidad de los que habíamos venido con el Pedro Arias de Ávila, de demandarle licencia para nos ir a la isla de Cuba, y él nos la dio de buena voluntad, porque no tenía necesidad de tantos soldados como los que trajo de Castilla, para hacer guerra, porque no había qué conquistar; que todo estaba de paz, porque el Vasco Núñez de Balboa, yerno del Pedro Arias de Ávila, lo había conquistado, y la tierra de suyo es muy corta y de poca gente. Y desque tuvimos la licencia, nos embarcamos en buen navío; y con buen tiempo, llegamos a la isla de Cuba, y fuimos a besar las manos al gobernador della, y nos mostró mucho amor y prometió que nos daría indios de los primeros que vacasen; y como se habían pasado ya tres años, así en lo que estuvimos en Tierra Firme como lo que estuvimos en la isla de Cuba aguardando a que nos depositase algunos indios, como nos habían prometido, y no habíamos hecho cosa ninguna que de contar sea, acordamos de nos juntar ciento y diez compañeros de los que habíamos venido de Tierra Firme y de otros que en la isla de Cuba no tenían indios, y concertamos con un hidalgo que se decía Francisco Hernández de Córdoba, que era hombre rico y tenía pueblos de indios en aquella isla, para que fuese nuestro capitán, y a nuestra ventura buscar y descubrir tierras nuevas, para en ellas emplear nuestras personas; y compramos tres navíos, los dos de buen porte, y el otro era un barco que hubimos del mismo gobernador Diego Velázquez, fiado, con condición que, primero nos le diese, nos habíamos de obligar, todos los soldados, que con aquellos tres navíos habíamos de ir a unas isletas que están entre la isla de Cuba y Honduras, que ahora se llaman las islas de las Guanajas y que habíamos de ir de guerra y cargar los navíos de indios de aquellas islas para pagar con ellos el barco, para servirse dellos por esclavos. Y desque vimos los soldados que aquello que pedía el Diego Velázquez no era justo, le respondimos que lo que decía no lo mandaba Dios ni el rey, que hiciésemos a los libres esclavos. Y desque vio nuestro intento, dijo que era bueno el propósito que llevábamos en querer descubrir tierras nuevas, mejor que no el suyo; y entonces nos ayudó con cosas de bastimento para nuestro viaje. Y desque nos vimos con tres navíos y matalotaje de pan casabe, que se hace de unas raíces que llaman yucas, y compramos puercos, que nos costaban en aquel tiempo a 3 pesos, porque en aquella sazón no había en la isla de Cuba vacas ni carneros, y con otros pobres mantenimientos, y con rescate de unas cuentas que entre todos los soldados compramos; y buscamos tres pilotos, que el más principal dellos y el que regia nuestra armada se llamaba Antón de Alaminos, natural de Palos, y el otro piloto se decía Camacho, de Triana, y el otro Juan Álvarez, el Manquillo, de Huelva; y así mismo recogimos los marineros que hubimos menester, y el mejor aparejo que pudimos de cables y maromas y anclas, y pipas de agua, y todas otras cosas convenientes para seguir nuestro viaje, y todo esto a nuestra costa y minsión. Y después que nos hubimos juntado los soldados, que fueron ciento y diez, nos fuimos a un puerto que se dice en la lengua de Cuba, Ajaruco, y es en la banda del norte, y estaba ocho leguas de una villa que entonces tenían poblada, que se decía, San Cristóbal, que desde a dos años la pasaron adonde ahora está poblada la dicha Habana. Y para que con buen fundamento fuese encaminada nuestra armada, hubimos de llevar un clérigo que estaba en la misma villa de San Cristóbal, que se decía Alonso González, que con buenas palabras y prometimientos que le hicimos se fue con nosotros; y demás desto elegimos por veedor, en nombre de su majestad, a un soldado que se decía Bernardino Iñiguez, natural de Santo Domingo de la Calzada, para que si Dios fuese servido que topásemos tierras que tuviesen oro o perlas o plata, hubiese persona suficiente que guardase el real quinto. Y después de todo concertado y oído misa, encomendándonos a Dios nuestro señor y a la virgen santa María, su bendita madre, nuestra señora, comenzamos nuestro viaje de la manera que adelante diré.

Capítulo II. Del descubrimiento de Yucatán y de un rencuentro de guerra que tuvimos con los naturales

En 8 días del mes de febrero del año de 1517 años salimos de La Habana, y nos hicimos a la vela en el puerto de Jaruco, que así se llama entre los indios, y es la banda del norte, y en doce días doblamos la de San Antonio, que por otro nombre en la isla de Cuba se llama la tierra de los Guanatabeyes, que son unos indios como salvajes. Y doblada aquella punta y puestos en alta mar, navegamos a nuestra ventura hacia donde se pone el Sol, sin saber bajos ni corrientes, ni qué vientos suelen señorear en aquella altura, con grandes riesgos de nuestras personas; porque en aquel instante nos vino una tormenta que duró dos días con sus noches, y fue tal, que estuvimos para nos perder; y desque abonanzó, yendo por otra navegación, pasado veintiún días que salimos de la isla de Cuba, vimos tierra, de que nos alegramos mucho, y dimos muchas gracias a Dios por ello; la cual tierra jamás se había descubierto, ni había noticia della hasta entonces; y desde los navíos vimos un gran pueblo, que al parecer estaría de la costa obra de dos leguas, y viendo que era gran población y no habíamos visto en la isla de Cuba pueblo tan grande, le pusimos por nombre el Gran Cairo. Y acordamos que con el un navío de menos porte se acercasen lo que más pudiesen a la costa, a ver que tierra era, y a ver si había fondo para que pudiésemos anclear junto a la costa; y una mañana, que fueron 4 de marzo, vimos venir cinco canoas grandes llenas de indios naturales de aquella población, y venían a remo y vela. Son canoas hechas a manera de artesas, y son grandes, de maderos gruesos y cavadas por de dentro y está hueco, y todas son de un madero macizo, y hay muchas dellas en que caben en pie cuarenta y cincuenta indios. Quiero volver a mi materia. Llegados los indios con las cinco canoas cerca de nuestro navío, con señas de paz que les hicimos, llamándoles con las manos y capeándoles con las capas para que nos viniesen a hablar, porque no teníamos en aquel tiempo lenguas que entendiesen la del Yucatán y mexicana, sin temor ninguno vinieron, y entraron en la nao capitana sobre treinta dellos, a los cuales dimos de comer casabe y tocino, y a cada uno un sartalejo de cuentas verdes, y estuvieron mirando un buen rato los navíos; y el más principal dellos, que era cacique, dijo por señas que se quería tornar a embarcar en sus canoas y volver a su pueblo, y que otro día volverían y traerían más canoas en que saltásemos en tierra; y venían estos indios vestidos con unas jaquetas de algodón y cubiertas sus vergüenzas con unas mantas angostas, que entre ellos llaman mastates, y tuvimos los por hombres más de razón que a los indios de Cuba, porque andaban los de Cuba con sus vergüenzas defuera, excepto las mujeres, que traían hasta que les llegaban a los muslos unas ropas de algodón que llaman naguas. Volvamos a nuestro cuento: que otro día por la mañana volvió el mismo cacique a los navíos, y trajo doce canoas grandes con muchos indios remeros, y dijo por señas al capitán, con muestras de paz, que fuésemos a su pueblo y que nos darían comida y lo que hubiésemos menester, y que en aquellas doce canoas podíamos saltar en tierra. Y cuando lo estaba diciendo en su lengua, acuérdeme decía: «Con escotoch, con escotoch»; y quiere decir, andad acá a mis casas; y por esta causa pusimos desde entonces por nombre a aquella tierra Punta de Cotoche, y así está en las cartas del marear. Pues viendo nuestro capitán y todos los soldados los muchos halagos que nos hacía el cacique para que fuésemos a su pueblo, tomó consejo con nosotros, y fue acordado que sacásemos nuestros bateles de los navíos, y en el navío de los más pequeños y en las doce canoas saliésemos a tierra todos juntos de una vez, porque vimos la costa llena de indios que habían venido de aquella población, y salimos todos en la primera barcada. Y cuando el cacique nos vio en tierra y que no íbamos a su pueblo, dijo otra vez al capitán por señas que fuésemos con él a sus casas; y tantas muestras de paz hacía, que tomando el capitán nuestro parecer para si iríamos o no, acordóse por todos los más soldados que con el mejor recaudo de armas que pudiésemos llevar y con buen concierto fuésemos. Y llevamos quince ballestas y diez escopetas (que así se llamaban, escopetas y espingardas, en aquel tiempo), y comenzamos a caminar por un camino por donde el cacique iba por guía, con otros muchos indios que le acompañaban. Y yendo de la manera que he dicho, cerca de unos montes breñosos comenzó a dar voces y apellidar el cacique para que saliesen a nosotros escuadrones de gente de guerra, que tenían en celada para nos matar; y a las voces que dio el cacique, los escuadrones vinieron con gran furia, y comenzaron a nos flechar de arte, que a la primera rociada de flechas nos hirieron quince soldados, y traían armas de algodón, y lanzas y rodelas, arcos y flechas, y hondas y mucha piedra, y sus penachos puestos, y luego tras las flechas vinieron a se juntar con nosotros pie con pie, y con las lanzas a maniente nos hacían mucho mal. Mas luego les hicimos huir, como conocieron el buen cortar de nuestras espadas, y de las ballestas y escopetas el daño que les hacían; por manera que quedaron muertos quince dellos. Un poco más adelante, donde nos dieron aquella refriega que dicho tengo, estaba una placeta y tres casas de cal y canto, que eran adoratorios, donde tenían muchos ídolos de barro, unos como caras de demonios y otros como de mujeres, altos de cuerpo, y otros de otras malas figuras; de manera que al parecer estaban haciendo sodomías unos bultos de indios con otros; y en las casas tenían unas arquillas hechizas de madera, y en ellas otros ídolos de gestos diabólicos, y unas patenillas de medio oro, y unos pinjantes y tres diademas, y otras piecezuelas a manera de pescados y otras a manera de ánades, de oro bajo. Y después que lo hubimos visto, así el oro como las casas de cal y canto, estábamos muy contentos porque habíamos descubierto tal tierra, porque en aquel tiempo no era descubierto el Perú, ni aun se descubrió dende ahí a dieciséis años. En aquel instante que estábamos batallando con los indios, como dicho tengo, el clérigo. González que iba con nosotros, y con dos indios de Cuba se cargó de las arquillas y el oro y los ídolos, y lo llevó al navío; y en aquella escaramuza prendimos dos indios, que después se bautizaron y volvieron cristianos, y se llamó el uno Melchor y el otro Julián, y entrambos eran trastabados de los ojos. Y acabado aquel rebato acordamos de nos volver a embarcar, y seguir las costas adelante descubriendo hacia donde se pone el Sol; y después de curados los heridos, comenzamos a dar velas.

Capítulo III. Del descubrimiento de Campeche
Como acordamos de ir a la costa adelante hacia el poniente, descubriendo puntas y bajos y ancones y arrecifes, creyendo que era isla, como nos lo certificaba el piloto Antón de Alaminos, íbamos con gran tiento, de día

navegando y de noche al reparo y pairando; y en quince días que fuimos desta manera, vimos desde los navíos un pueblo, y al parecer algo grande, y había cerca de él gran ensenada y bahía; creímos que había río o arroyo donde pudiésemos tomar agua, porque teníamos gran falta della; acabábase la de las pipas y vasijas que traíamos, que no venían bien reparadas; que, como nuestra armada era de hombres pobres, no teníamos dinero cuanto convenía para comprar buenas pipas; faltó el agua y hubimos de saltar en tierra junto al pueblo, y fue un domingo de Lázaro, y a esta causa le pusimos este nombre, aunque supimos que por otro nombre propio de indios se dice Campeche; pues para salir todos de una barcada, acordamos de ir en el navío más chico y en los tres bateles, bien apercibidos de nuestras armas, no nos acaeciese como en la Punta de Cotoche. Y porque en aquellos ancones y bahías mengua mucho la mar, y por esta causa dejamos los navíos ancleados más de una legua de tierra, y fuimos a desembarcar cerca del pueblo, que estaba allí un buen pozo de buena agua, donde los naturales de aquella población bebían y se servían de él, porque en aquellas tierras, según hemos visto, no hay ríos; y sacamos las pipas para las henchir de agua y volvernos a los navíos. Ya que estaban llenas y nos queríamos embarcar, vinieron del pueblo obra de cincuenta indios con buenas mantas de algodón, y de paz, y a lo que parecía debían ser caciques, y nos decían por señas que qué buscábamos, y les dimos a entender que tomar agua e irnos luego a los navíos, y señalaron con la mano que si veníamos de hacia donde sale el Sol, y decían «Castilan, Castilan», y no mirábamos bien en la plática de «Castilan, Castilan». Y después de estas pláticas que dicho tengo, nos dijeron por señas que fuésemos con ellos a su pueblo, y estuvimos tomando consejo si iríamos. Acordamos con buen concierto de ir muy sobre aviso, y lleváronnos a unas casas muy grandes, que eran adoratorios de sus ídolos y estaban muy bien labradas de cal y canto, y tenían figurados en unas paredes muchos bultos de serpientes y culebras y otras pinturas de ídolos, y alrededor de uno como altar, lleno de gotas de sangre muy fresca; y a otra parte de los ídolos tenían unas señales como a manera de cruces, pintados de otros bultos de indios; de todo lo cual nos admiramos, como cosa nunca vista ni oída. Y, según pareció, en aquella sazón habían sacrificado a sus ídolos ciertos indios para que les diesen victoria contra nosotros, y andaban muchos indios e indias riéndose y al parecer muy de paz, como que nos venían a ver; y como se juntaban tantos, temimos no hubiese alguna zalagarda como la pasada de Cotoche; y estando desta manera vinieron otros muchos indios, que traían muy ruines mantas, cargados de carrizos secos, y los pusieron en un llano, y tras estos vinieron dos escuadrones de indios flecheros con lanzas y rodelas, y hondas y piedras, y con sus armas de algodón, y puestos en concierto en cada escuadrón su capitán, los cuales se apartaron en poco trecho de nosotros; y luego en aquel instante salieron de otra casa, que era su adoratorio, diez indios, que traían las ropas de mantas de algodón largas y blancas, y los cabellos muy grandes, llenos de sangre y muy revueltos los unos con los otros, que no se les pueden esparcir ni peinar si no se cortan; los cuales eran sacerdotes de los ídolos que en la Nueva España se llaman papas, y así los nombraré de aquí adelante; y aquellos papas nos trajeron zahumerios, como a manera de resina, que entre ellos llaman copal, y con braseros de barro llenos de lumbre nos comenzaron a zahumar, y por señas nos dicen que nos vayamos de sus tierras antes que aquella leña que tienen llegada se ponga fuego y se acabe de arder, si no que nos darán guerra y nos matarán. Y luego mandaron poner fuego a los carrizos y comenzó de arder, y se fueron los papas callando sin más nos hablar, y los que estaban apercibidos en los escuadrones empezaron a silbar y a tañer sus bocinas y atabalejos. Y desque los vimos de aquel arte y muy bravosos, y de lo de la punta de Cotoche aun no teníamos sanas las heridas, y se habían muerto dos soldados, que echamos al mar, y vimos grandes escuadrones de indios sobre nosotros, tuvimos temor, y acordamos con buen concierto de irnos a la costa; y así, comenzamos a caminar por la playa adelante hasta llegar enfrente de un peñol que está en la mar, y los bateles y el navío pequeño fueron por la costa tierra a tierra con las pipas de agua y no nos osamos embarcar junto al pueblo donde nos habíamos desembarcado, por el gran número de indios que ya se habían juntado, porque tuvimos por cierto que al embarcar nos darían guerra. Pues ya metida nuestra agua en los navíos, y embarcados en una bahía como portezuelo que allí estaba, comenzamos a navegar seis días con sus noches con buen tiempo, y volvió un norte, que es travesía en aquella costa, el cual duró cuatro días con sus noches, que estuvimos para dar a través: tan recio temporal hacía, que nos hizo anclar la costa por no ir a través; que se nos quebraron dos cables, e iba garrando a tierra el navío. ¡Oh en qué trabajo nos vimos! Que si se quebrara el cable, íbamos a la costa perdidos, y quiso Dios que se ayudaron con otras maromas viejas y guindaletas. Pues ya reposado el tiempo seguimos nuestra costa adelante, llegándonos a tierra cuanto podíamos para tornar a tomar agua, que (como ya he dicho) las pipas que traíamos vinieron muy abiertas; y asimismo no había regla en ello, como íbamos costeando, creíamos que doquiera que saltásemos en tierra la tomaríamos de jagüeyes y pozos que cavaríamos. Pues yendo nuestra derrota adelante vimos desde los navíos un pueblo, y antes de obra de una legua de él se hacía una ensenada, que parecía que habría río o arroyo: acordamos de surgir junto a él; y como en aquella costa (como otras veces he dicho) mengua mucho la mar y quedan en seco los navíos, por temor dello surgimos más de una legua de tierra; en el navío menor y en todos los bateles, fue acordado que saltásemos en aquella ensenada, sacando nuestras vasijas con muy buen concierto, y armas y ballestas y escopetas. Salimos en tierra poco más de mediodía, y habría una legua desde el pueblo hasta donde desembarcamos, y estaban unos pozos y maizales, y caserías de cal y canto. Llámase este pueblo Potonchan, y henchimos nuestras pipas de agua; mas no las pudimos llevar ni meter en los bateles, con la mucha gente de guerra que cargó sobre nosotros; y quedarse ha aquí, y adelante diré las guerras que nos dieron.

Capítulo IV. Cómo desembarcamos en una bahía donde había maizales, cerca del puerto de Potonchan, y de las guerras que nos dieron
Y estando en las estancias y maizales por mí ya dichas, tomando nuestra agua, vinieron por la costa muchos escuadrones de indios del pueblo de Potonchan (que así se dice), con sus armas de algodón que les daba a la rodilla, y con arcos y flechas, y lanzas y rodelas, y espadas hechas a manera de montantes de a dos manos, y hondas y piedras, y con sus penachos de los que ellos suelen usar, y las caras pintadas de blanco y prieto enalmagrados; y venían callando, y se vienen derechos a nosotros, como que nos venían a ver de paz, y por señas nos dijeron que si veníamos de donde sale el Sol, y las palabras formales según nos hubieron dicho los de Lázaro, «Castilan,

Castilan», y respondimos por señas que de donde sale el Sol veníamos. Y entonces paramos en las mientes y en pensar qué podía ser aquella plática, porque los de San Lázaro nos dijeron lo mismo; mas nunca entendimos al fin que lo decían. Sería cuando esto pasó y los indios se juntaban, a la hora de las Ave Marías, y fuéronse a unas caserías, y nosotros pusimos velas y escuchas y buen recaudo, porque no nos pareció bien aquella junta de aquella manera. Pues estando velando todos juntos, oímos venir con el gran ruido y estruendo que traían por el camino, muchos indios de otras sus estancias y del pueblo, y todos de guerra, y desque aquello sentimos, bien entendido teníamos que no se juntaban para hacernos ningún bien, y entramos en acuerdo con el capitán que es lo que haríamos; y unos soldados daban por consejo que nos fuésemos luego a embarcar; y como en tales casos suele acaecer, unos dicen uno y otros dicen otro, eran muchos indios, darían en nosotros y habría mucho riesgo de nuestras vidas; y otros éramos de acuerdo que diésemos en ellos esa noche; que, como dice el refrán, quien acomete, vence; y por otra parte veíamos que para cada uno de nosotros había trescientos indios. Y estando en estos conciertos amaneció, y dijimos unos soldados a otros que tuviésemos confianza en Dios, y corazones muy fuertes para pelear, y después de nos encomendar a Dios, cada uno hiciese lo que pudiese para salvar las vidas. Ya que era de día claro vimos venir por la costa muchos más escuadrones guerreros con sus banderas tendidas, y penachos y atambores, y con arcos y flechas, y lanzas y rodelas, y se juntaron con los primeros que habían venido la noche antes; y luego, hechos sus escuadrones, nos cercan por todas partes, y nos dan tal rociada de flechas y varas, y piedras con sus hondas, que hirieron sobre ochenta de nuestros soldados, y se juntaron con nosotros pie con pie, unos con lanzas, y otros flechando, y otros con espadas de navajas, de arte, que nos traían a mal andar, puesto que les dábamos buena prisa de estocadas y cuchilladas, y las escopetas y ballestas que no paraban, unas armando y otras tirando; y ya que se apartaban algo de nosotros, desque sentían las grandes estocadas y cuchilladas que les dábamos, no era lejos, y esto fue para mejor flechar y tirar al terrero a su salvo; y cuando estábamos en esta batalla, y los indios se apellidaban, decían en su lengua «al Calachoni, al Calachoni», que quiere decir que matasen al capitán; y le dieron doce flechazos, y a mí me dieron tres, y uno de los que me dieron, bien peligroso, en el costado izquierdo, que me pasó a lo hueco, y a otros de nuestros soldados dieron grandes lanzadas, y a dos llevaron vivos, que se decía el uno Alonso Bote y el otro era un portugués viejo. Pues viendo nuestro capitán que no bastaba nuestro buen pelear, y que nos cercaban muchos escuadrones, y venían más de refresco del pueblo, y les traían de comer y beber y muchas flechas, y nosotros todos heridos, y otros soldados atravesados los gaznates, y nos habían muerto ya sobre cincuenta soldados; y viendo que no teníamos fuerzas, acordamos con corazones muy fuertes romper por medio de sus batallones, y acogernos a los bateles que teníamos en la costa, que fueron socorro, y hechos todos nosotros un escuadrón rompimos por ellos; pues oír la grita y silbos y vocería y prisa que nos daban de flecha y a maneniente con sus lanzas, hiriendo siempre en nosotros. Pues otro daño tuvimos, que, como nos acogimos de golpe a los bateles y éramos muchos, íbanse a fondo, y como mejor pudimos, asidos a los bordes, medio nadando entre dos aguas, llegamos al navío de menos porte, que estaba cerca, que ya venía a gran prisa a nos socorrer, y al embarcar hirieron muchos de nuestros soldados, en especial a los que iban asidos en las popas de los bateles, y les tiraban al terreno, y entraron en la mar con las lanzas y daban a maneniente a nuestros soldados, y con mucho trabajo quiso Dios que escapamos con las vidas de poder de aquella gente. Pues ya embarcados en los navíos, hallamos que faltaban cincuenta y siete compañeros, con los dos que llevaron vivos, y con cinco que echamos en la mar, que murieron de las heridas y de la gran sed que pasaron. Estuvimos peleando en aquella bataca poco más de media hora. Llámase este pueblo Potonchan, y en las cartas de marear le pusieron nombre los pilotos y marineros bahía de Mala Pelea Y desque nos vimos salvos de aquellas refriegas, dimos muchas gracias a Dios; y cuando se curaban las heridas los soldados, se quejaban mucho del dolor dellas, que como estaban resfriadas con el agua salada, y estaban muy hinchadas y dañadas, algunos de nuestros soldados maldecían al piloto Antón Alaminos y a su descubrimiento y viaje, porque siempre porfiaba que no era tierra firme, sino isla; donde los dejaré ahora, y diré lo que más nos acaeció.

Capítulo V. Cómo acordamos de nos volver a la isla de Cuba, y de la gran sed y trabajos que tuvimos hasta llegar al puerto de La Habana

Desque nos vimos embarcados en los navíos de la manera que dicha tengo, dimos muchas gracias a Dios, y después de curados los heridos (que no quedó hombre ninguno de cuantos allí nos hallamos que no tuviesen a dos y a tres y a cuatro heridas, y el capitán con doce flechazos; solo un soldado quedó sin herir), acordamos de nos volver a la isla de Cuba; y como estaban también heridos todos los más de los marineros que saltaron en tierra con nosotros, que se hallaron en las peleas, no teníamos quien marease las velas, y acordamos que dejásemos el un navío, el de menos porte, en la mar, puesto fuego, después de sacadas de él las velas y anclas y cables, y repartir los marineros que estaban sin heridas en los dos navíos de mayor porte; pues otro mayor daño teníamos, que fue la gran falta de agua; porque las pipas y vasijas que teníamos llenas en Champoton, con la grande guerra que nos dieron y prisa de nos acoger a los bateles no se pudieron llevar, que allí se quedaron, y no sacamos ninguna agua. Digo que tanta sed pasamos, que en las lenguas y bocas teníamos grietas de la secura, pues otra cosa ninguna para refrigerio no había. ¡Oh qué cosa tan trabajosa es ir a descubrir tierras nuevas, y de la manera que nosotros nos aventuramos! No se puede ponderar sino los que han pasado por aquestos excesivos trabajos en que nosotros nos vimos. Por manera que con todo esto íbamos navegando muy allegados a tierra, para hallarnos en paraje de algún río o bahía para tomar agua, y al cabo de tres días vimos uno como ancón, que parecía río o estero, que creíamos tener agua dulce, y saltaron en tierra quince marineros de los que habían quedado en los navíos, y tres soldados que estaban más sin peligro de los flechazos, y llevaron azadones y tres barriles para traer agua; y el estero era salado, e hicieron pozos en la costa, y era tan amargosa y salada agua como la del estero; por manera que, mala como era, trajeron las vasijas llenas, y no había hombre que la pudiese beber del amargor y sal, y a dos soldados que la bebieron dañó los cuerpos y las bocas. Había en aquel estero muchos y grandes lagartos, y desde entonces se puso nombre el estero de los Lagartos, y así está en las cartas del marear. Dejemos esta plática, y diré que entre tanto que fueron los bateles por el agua y se levantó un viento nordeste tan deshecho, que íbamos garrando a tierra con los navíos; y como en aquella costa es travesía y reina siempre norte y nordeste, estuvimos en muy gran peligro por falta de cable; y como lo vieron los marineros que habían ido a tierra por el agua, vinieron muy más que de paso con los bateles, y tuvieron tiempo de echar otras anclas y maromas, y estuvieron los navíos seguros dos días y dos noches; y luego alzamos anclas y dimos vela, siguiendo nuestro viaje para nos volver a la isla de Cuba. Parece ser el piloto Alaminos se concertó y aconsejó con los otros dos pilotos que desde aquel paraje donde estábamos atravesásemos a la Florida, porque hallaban por sus cartas y grados y alturas que estaría de allí obra de setenta leguas, y que después, puestos en la Florida, dijeron que era mejor viaje y más cercana navegación para ir a La Habana que no la derrota por donde habíamos primero venido a descubrir; y así fue como el piloto dijo; porque, según yo entendí, había venido con Juan Ponce de León a descubrir la Florida había diez o doce años ya pasados. Volvamos a nuestra materia: que atravesando aquel golfo, en cuatro días que navegamos vimos la tierra de la misma Florida; y lo que en ella nos acaeció diré adelante.

Capítulo VI. Cómo desembarcaron en la bahía de la Florida veinte soldados, con nosotros el piloto Alaminos, para buscar agua, y de la guerra que allí nos dieron los naturales de aquella tierra, y lo que más pasó hasta volver a La Habana
Llegados a La Habana acordamos que saliesen en tierra veinte soldados de los que teníamos más sanos de las heridas: yo fui con ellos y también el Piloto Antón de Alaminos, y sacamos las vasijas que había, y azadones, y nuestras ballestas y escopetas; y como el capitán estaba muy mal herido, y con la gran sed que pasaba muy debilitado, nos rogó que por amor de Dios que en todo caso le trajésemos agua dulce, que se secaba y moría de sed; porque el agua que había era muy salada y no se podía beber, como otra vez ya dicho tengo. Llegados que fuimos a tierra, cerca de un estero que entraba en el mar, el piloto reconoció la costa, y dijo que había diez o doce años que había estado en aquel paraje, cuando vino con Juan Ponce de León a descubrir aquellas tierras, y allí le habían dado guerra los indios de

aquella tierra, y que les habían muerto muchos soldados, y que a esta causa estuviésemos muy sobre aviso apercibidos, porque vinieron, en aquel tiempo que dicho tiene, muy de repente los indios cuando. le desbarataron; y luego pusimos por espías dos soldados en una playa que se hacía muy ancha, e hicimos pozos muy hondos donde nos pareció haber agua dulce, porque en aquella sazón era menguante la marca; y quiso Dios que topásemos muy buena agua, y con el alegría, y por hartarnos della y lavar paños para curar las heridas, estuvimos espacio de una hora; y ya que queríamos venir a embarcar con nuestra agua, muy gozosos, vimos venir al un soldado de los que habíamos puesto en la playa dando muchas voces diciendo: «Al arma, al arma; que vienen muchos indios de guerra por tierra y otros en canoas por el estero»; y el soldado dando voces, venía corriendo, y los indios llegaron casi a la par con el soldado contra nosotros, y traían arcos muy grandes y buenas flechas y lanzas, y unas a manera de espadas, y vestidos de cueros de venados, y eran de grandes cuerpos, y se vinieron derechos a nos flechar, e hirieron luego a seis de nuestros compañeros, y a mí me dieron un flechazo en el brazo derecho de poca herida; y dímosles tanta prisa de estocadas y cuchilladas y con las escopetas y ballestas, que nos dejan a nosotros los que estábamos tomando agua de los pozos, y van a la mar y estero a ayudar a sus compañeros los que venían en las canoas donde estaba nuestro batel con los marineros, que también andaban peleando pie con pie con los indios de las canoas, y aun les tenían ya tomado el batel y le llevaban por el estero arriba con sus canoas, y habían herido a cuatro marineros, y al piloto Alaminos le dieron una mala herida en la garganta; y arremetimos a ellos, el agua más que a la cinta, y a estocadas les hicimos saltar el batel, y quedaron tendidos y muertos en la costa y en agua veintidós dellos, y tres prendimos, que estaban heridos poca cosa, que se murieron en los navíos. Después desta refriega pasada, preguntamos al soldado que pusimos por vela qué se hizo su compañero Berrio (que así se llamaba); dijo que lo vio apartar con una hacha en las manos para cortar un palmito, y que fue hacia el estero por donde habían venido los indios de guerra, y que oyó voces de español, y que por aquellas voces vino de presto a dar mandado a la mar, y que entonces le debieron de matar; el cual soldado solamente él había quedado sin ninguna herida en lo de Potonchan, y quiso su ventura que vino allí a fenecer; y luego fuimos en busca de nuestro soldado por el rastro que habían traído aquellos indios que nos dieron guerra, y hallamos una palma que había comenzado a cortar, y cerca della mucha huella en el suelo, más que en otras partes; por donde tuvimos por cierto que le llevaron vivo, por que no habla rastro de sangre, y anduvimos buscándole a una parte y otra más de una hora, y dimos voces, y sin más saber de él nos volvimos a embarcar en el batel y llevamos a los navíos el agua dulce, con que se alegraron todos los soldados, como si entonces les diéramos las vidas; y un soldado se arrojó desde el navío en el batel con la gran sed que tenía, tomó una botija a pechos, y bebió tanta agua, que della se hinchó y murió. Pues ya embarcados con nuestra agua y metidos nuestros bateles en los navíos, dimos vela para La Habana, y pasamos aquel día y la noche, que hizo buen tiempo, junto de unas isletas que llaman los Mártires, que son unos bajos que así los llaman, «los bajos de los Mártires». Y íbamos en cuatro brazas lo más hondo, y tocó la nao capitana entre unas como isletas e hizo mucha agua; que con dar todos los soldados que íbamos a la bomba no podíamos estancar, y íbamos con temor no nos anegásemos. Acuérdome que traímos allí con nosotros a unos marineros levantiscos, y les decíamos: «Hermanos, ayudad a sacar la bomba, pues véis que estamos muy mal heridos y cansados de la noche y el día, porque nos vamos a fondo»; y respondían los levantiscos: «Facételo vos, pues no ganamos sueldo, sino hambre y sed y trabajos y heridos, como vosotros»; por manera que les hacíamos dar a la bomba aunque no querían, y malos y heridos como íbamos, mareábamos las velas y dábamos a la bomba, hasta que nuestro señor Jesucristo nos llevó a puerto de Carenas, donde ahora está poblada la villa de La Habana, que en otro tiempo puerto de Carenas se solía llamar, y no Habana; y cuando nos vimos en tierra dimos muchas gracias a Dios, y luego se tomó el agua de la capitana un buzano portugués que estaba en otro navío en aquel puerto, y escribimos a Diego Velázquez, gobernador de aquella isla, muy en posta, haciéndole saber que habíamos descubierto tierras de grandes poblaciones y casas de cal y canto, y las gentes naturales dellas andaban vestidos de ropa de algodón y cubiertas sus vergüenzas, y tenían oro y labranzas de maizales; y desde La Habana se fue nuestro capitán Francisco Hernández por tierra a la villa de Santispíritus, que así se dice, donde tenía su encomienda de indios; y como iba mal herido, murió dende allí a diez días que había llegado a su casa; y todos los demás soldados nos desparcimos, y nos fuimos unos por una parte y otros por otra de la isla adelante; y en La Habana se murieron tres soldados de las heridas, y los navíos fueron a Santiago de Cuba, donde estaba el gobernador, y desque hubieron desembarcado los dos indios que hubimos en la punta de Catoche, que ya he dicho que se decían Melchorcillo y Julianillo, y el arquilla con las diademas y ánades y pescadillos, y con los ídolos de oro que aunque era bajo y poca cosa, sublimábanlo de arte que en todas las islas de Santo Domingo y en Cuba y aun en Castilla llegó la fama dello, y decían que otras tierras en el mundo no se habían descubierto mejores, ni casas de cal y canto; y como vio los ídolos de barro y de tantas maneras de figuras, decían que eran del tiempo de los gentiles; otros decían que eran de los judíos que desterró Tito y Vespasiano de Jerusalén, y que habían aportado con los navíos rotos en que les echaron en aquella tierra; y como en aquel tiempo no era descubierto el Perú, teníase en mucha estima aquella tierra. Pues otra cosa preguntaba el Diego Velázquez a aquellos indios, que si había minas de oro en su tierra; y a todos les respondían que sí, y les mostraban oro en polvo de lo que sacaban en la isla de Cuba, y decían que había mucho en su tierra, y no le decían verdad, porque claro está que en la punta de Cotoche ni en todo Yucatán no es donde hay minas de oro; y asimismo les mostraban los indios los montones que hacen de tierra, donde ponen y siembran las plantas de cuyas raíces hacen el pan casabe, y llámanse en la isla de Cuba yuca, y los indios decían que las había en su tierra, y decían tlati por la tierra, que así se llama la en que las plantaban; de manera que yuca con tale quiere decir Yucatan. Decían los españoles que estaban hablando con el Diego Velázquez y con los indios: «Señor, estos indios dicen que su tierra se llama Yucatán»; y así se quedó con este nombre, que en propria lengua no se dice así. Por manera que todos los soldados que fuimos a aquel viaje a descubrir gastamos los bienes que teníamos, y heridos y pobres volvimos a Cuba, y aun lo tuvimos a buena dicha haber vuelto, y no quedar muertos con los demás mis compañeros; y cada soldado tiró por su parte, y el capitán (como tengo dicho) luego murió, y estuvimos muchos días en curarnos los heridos, y por nuestra cuenta hallamos que se murieron al pie de sesenta soldados, y esta ganancia trajimos de aquella entrada y descubrimiento. Y Diego Velázquez escribió a Castilla a los señores que en aquel tiempo mandaban en las cosas de Indias, que él lo había descubierto, y gastado en descubrirlo mucha cantidad de pesos de oro, y así lo decía don Juan Rodríguez de Fonseca, obispo de Burgos y arzobispo de Rosano, que así se nombraba, que era como presidente de Indias, y lo escribió a su majestad a Flandes, dando mucho favor y loor del Diego Velázquez, y no hizo mención de ninguno de nosotros los soldados que lo descubrimos a nuestra costa. Y quedarse ha aquí, y diré adelante los trabajos que me acaecieron a mí y a tres soldados.

Capítulo VII. De los trabajos que tuve llegar a una villa que se dice la Trinidad

Ya he dicho que nos quedamos en La Habana ciertos soldados que no estábamos sanos de los flechazos, y para ir a la villa de la Trinidad, ya que estábamos mejores, acordamos de nos concertar tres soldados con un vecino de la misma Habana, que se decía Pedro de Ávila, que iba asimismo aquel viaje en una canoa por la mar por la banda del sur, y llevaba la canoa cargada de camisetas de algodón, que iba a vender a la villa de la Trinidad. Ya he dicho otras veces que canoas son de hechura de artesas grandes, cavadas y huecas, y en aquellas tierras con ellas navegan costa a costa; y el concierto que hicimos con Pedro de Ávila fue que daríamos 10 pesos de oro porque fuésemos en su canoa. Pues yendo por la costa adelante, a veces remando y a ratos a la vela, ya que habíamos navegado once días en paraje de un pueblo de indios de paz que se dice Canarreon, que era términos de la villa de la Trinidad, se levantó un tan recio viento de noche, que no nos pudimos sustentar en la mar con la canoa, por bien que remábamos todos nosotros; y el Pedro de Ávila y unos indios de La Habana y unos remeros muy buenos que traíamos, hubimos de dar a través entre unos ceborucos, que los hay muy grandes en aquella costa; por manera que se nos quebró la canoa y el Ávila perdió su hacienda, y todos salimos descalabrados de los golpes de los ceborucos y desnudos en carnes; porque para ayudarnos que no se quebrase la canoa y poder mejor nadar, nos apercibimos de estar sin ropa ninguna, sino desnudos. Pues ya escapados con las vidas de entre aquellos ceborucos, para nuestra villa de la Trinidad no había camino por la costa, sino malos países y ceburucos, que así se dicen, que son las piedras con unas puntas que salen dellas que pasan las plantas de los pies, y sin tener que comer. Pues como las olas que reventaban de aquellos grandes ceborucos nos embestían, y con el gran viento que hacía llevábamos hechas grietas en las partes ocultas que corría sangre dellas, annque nos habíamos puesto delante muchas hojas de árboles y otras yerbas que buscamos para nos tapar. Pues como por aquella costa no podíamos caminar por causa que se nos hincaban por las plantas de los pies aquellas puntas y piedras de los ceborucos, con mucho trabajo nos metimos en un monte, y con otras piedras que había en el monte cortamos corteza de árboles, que pusimos por suelas, atadas a los pies con unas que parecen cuerdas delgadas, que llaman bejucos, que hacen entre los árboles; que espadas no sacamos ninguna, y atamos los pies y cortezas de los árboles con ello lo mejor que pudimos, y con gran trabajo salimos a una playa de arena, y de ahí a dos días que caminamos llegamos a un pueblo de indios que se decía Yaguarama, el cual era en aquella sazón del padre fray Bartolomé de las Casas, que era clérigo presbítero, y después le conocí fraile dominico, y llegó a ser obispo de Chiapas; y los indios de aquel pueblo nos dieron de comer. Y otro día fuimos hasta otro pueblo que se decía Chipiona, que era de un Alonso de Ávila y de un Sandoval (no digo del capitán Sandoval el de la Nueva España), y desde allí a la Trinidad; y un amigo mío, que se decía Antonio de Medina, me remedió de vestidos, según que en la villa se usaban, y así hicieron a mis compañeros otros vecinos de aquella villa; y desde allí con mi pobreza y trabajos me fui a Santiago de Cuba, adonde estaba el gobernador Diego Velázquez, el cual andaba dando mucha prisa en enviar otra armada; y cuando le fui a besar las manos, que éramos algo deudos, él se holgó conmigo, y de unas pláticas en otras me dijo que si estaba bueno de las heridas, para volver a Yucatán. Y yo riendo le respondí que quién le puso nombre Yucatán; que allí no le llaman así. Y dijo: «Melchorejo, el que trajistes, lo dice». Y yo dije: «Mejor nombre sería la tierra donde nos mataron la mitad de los soldados que fuimos, y todos los demás salimos heridos». Y dijo: «Bien sé que pasasteis muchos trabajos, y así es a los que suelen descubrir tierras nuevas y ganar honra, y su majestad os lo gratificará, y yo así se lo escribiré; y ahora, hijo, id otra vez en la armada que hago, que yo haré que os hagan mucha honra». Y diré lo que pasó.

Capítulo VIII. Cómo Diego Velázquez, gobernador de Cuba, envió otra armada a la tierra que descubrimos

En el año de 1518, viendo Diego Velázquez, gobernador de Cuba, la buena relación de las tierras que descubrimos, que se dice Yucatán, ordenó enviar una armada, y para ella se buscaron cuatro navíos; los dos fueron los que hubimos comprado los soldados que fuimos en compañía del capitán Francisco Hernández de Córdoba a descubrir a Yucatán (según más largamente lo tengo escrito en el descubrimiento), y los otros dos navíos compré el Diego Velázquez de sus dineros. Y en aquella sazón que ordenaba el armada, se hallaron presentes en Santiago de Cuba, donde residía el Velázquez, Juan de Grijalva y Pedro de Alvarado y Francisco de Montejo y Alonso de Ávila, que habían ido con negocios al gobernador; porque todos tenían encomiendas de indios en las mismas islas; y como eran personas valerosas, concertóse con ellos que el Juan de Grijalva, que era deudo del Diego Velázquez, viniese por capitán general, y que Pedro de Alvarado viniese por capitán de un navío, y Francisco de Montejo de otro, y el Alonso de Ávila de otro; por manera que cada uno destos capitanes procuró de poner bastimentos y matalotaje de pan casabe y tocinos; y el Diego Velázquez puso ballestas y escopetas, y cierto rescate, y otras menudencias, y más los navíos. Y como había fama destas tierras que eran muy ricas y había en ellas casas de cal y canto, y el indio Melchorejo decía por señas que había oro, tenían mucha codicia los vecinos y soldados que no tenían indios en la isla, de ir a esta tierra; por manera que de presto nos juntamos doscientos y cuarenta compañeros, y también pusimos cada soldado, de la hacienda que teníamos, para matalotaje y armas y cosas que convenían; y en este viaje volví yo con estos capitanes otra vez, y parece ser la instrucción que para ello dio el gobernador Diego Velázquez fue, según entendí, que rescatasen todo el oro y plata que pudiesen, y si viesen que convenía poblar que poblasen, o si no, que se volviesen a Cuba. Y vino por veedor de la armada uno que se decía Peñalosa, natural de Segovia, y trajimos un clérigo que se decía Juan Díaz, y los tres pilotos que antes habíamos traído cuando el primero viaje, que ya he dicho sus nombres y de dónde eran, Antón de Alaminos, de Palos, y Camacho, de Triana, y Juan Álvarez, el Manquillo, de Huelva; y el Alaminos venía por piloto mayor, y otro piloto que entonces vino no me acuerdo el nombre. Pues antes que más pase adelante, porque nombraré algunas veces a estos hidalgos que he dicho que venían por capitanes, y parecerá cosa descomedida nombrarles secamente, Pedro de Alvarado, Francisco de Montejo, Alonso de Ávila, y no decirles sus ditados y blasones, sepan que el Pedro de Alvarado fue un hidalgo muy valeroso, que después que se hubo ganado Nueva España fue gobernador y adelantado de las provincias de Guatemala, Honduras y Chiapas, y comendador de Santiago. Y asimismo el Francisco de Montejo, hidalgo de mucho valor, que fue gobernador y adelantado de Yucatán; hasta que su majestad les hizo aquestas mercedes y tuvieron señoríos no les nombraré sino sus nombres, y no adelantados; y volvamos a nuestra plática: que fueron los cuatro navíos por la parte y banda del norte a un puerto que se llama Matanzas, que era cerca de La Habana vieja, que en aquella sazón no estaba poblada donde ahora está, y en aquel puerto o cerca dél tenían todos los más vecinos de La Habana sus estancias de casabe y puercos, y desde allí se proveyeron nuestros navíos lo que faltaba, y nos juntamos así capitanes como soldados para dar vela y hacer nuestro viaje. Y antes que más pase adelante, aunque vaya fuera de orden, quiero decir por qué llamaban aquel puerto que he dicho de Matanzas, y esto traigo aquí a la memoria, porque ciertas personas me lo han preguntado la causa de ponerle aquel nombre, y es por esto que diré. Antes que aquella isla de Cuba estuviese de paz dio a través por la costa del norte un navío que había ido desde la isla de Santo Domingo a buscar indios, que llamaban los lucayos, a unas islas que están entre Cuba y el canal de Bahama, que se llaman las islas de los Lucayos, y con mal tiempo dio a través en aquella costa, cerca del río y puerto que he dicho que se llama Matanzas, y venían en el navío sobre treinta personas españolas y dos mujeres; y para pasarlos aquel río vinieron muchos indios de La Habana y de otros pueblos, como que los venían a ver de paz, y les dijeron que les querían pasar en canoas y llevarlos a sus pueblos para darles de comer. Y ya que iban con ellos, en medio del río les trastornaron las canoas y los mataron; que no quedaron sino tres hombres y una mujer, que era hermosa, la cual llevó un cacique de los más principales que hicieron aquella traición, y los tres españoles repartieron entre los demás caciques. Y a esta causa se puso a este puerto nombre de puerto de Matanzas; y conocí a la mujer que he dicho, que después de ganada la isla de Cuba se le quitó al cacique en cuyo poder estaba, y la vi casada en la villa de la Trinidad con un vecino della, que se decía Pedro Sánchez Farfán; y también conocí a los tres españoles, que se decía el uno Gonzalo Mejía, hombre anciano, natural de Jerez, y el otro se decía Juan de Santisteban, y era natural de Madrigal, y el otro se decía Cascorro, hombre de la mar, y era pescador, natural de Huelva, y le había ya casado el cacique con quien solía estar, con una su hija, y ya tenía horadadas las orejas y las narices como los indios. Mucho me he detenido en contar cuentos viejos; volvamos a nuestra relación. Y ya que estábamos recogidos, así capitanes como soldados, y dadas las instrucciones que los pilotos habían de llevar y las señas de los faroles, y después de haber oído misa con gran devoción, en 5 días del mes de abril de 1518 años dimos vela, y en diez días doblamos la punta de Guaniguanico, que los pilotos llaman de San Antonio, y en otros ocho días que navegamos vimos la isla de Cozumel, que entonces la descubrimos, día de Santa Cruz, porque descayeron los navíos con las corrientes más bajo que cuando venimos con Francisco Hernández de Córdoba, y bojamos la isla por la banda del sur; vimos un pueblo, y allí cerca buen surgidero y bien limpio de arrecifes; y saltamos en tierra con el capitán Juan de Grijalva buena copia de soldados, y los naturales de aquel pueblo se fueron huyendo desque vieron venir los navíos a la vela, porque jamás habían visto tal, y los soldados que salimos a tierra no hallamos en el pueblo persona ninguna, y en unas mieses de maizales se hallaron dos viejos que no podían andar y los trajimos al capitán, y con Julianillo y Melchorejo, los que trajimos de la punta de Cotoche, que entendían muy bien a los indios, y les habló; porque su tierra dellos y aquella isla de Cozumel no hay de travesía en la mar sino obra de cuatro leguas, y así hablan una misma lengua; y el capitán halagó aquellos viejos y les dio cuentezuelas verdes, y les envió a llamar al calachioni de aquel pueblo, que así se dicen los caciques de aquella tierra, y fueron y nunca volvieron; y estándoles aguardando, vino una india moza, de buen parecer, y comenzó a hablar la lengua de la isla de Jamaica, y dijo que todos los indios e indias de aquella isla y pueblo se habían ido a los montes, de miedo; y como muchos de nuestros soldados y yo entendíamos muy bien aquella lengua, que es la de Cuba, nos admiramos, y la preguntamos que cómo estaba allí, y dijo que había dos años que dio a través con una canoa grande en que iban a pescar diez indios de Jamaica a unas isletas, y que las corrientes la echaron en aquella tierra, mataron a su marido y a todos los demás indios jamaicanos sus compañeros, y los sacrificaron a los ídolos; y desque la entendió el capitán, como vio que aquella india sería buena mensajera, envióla a llamar los indios y caciques de aquel pueblo, y dióla de plazo dos días para que volviese; porque los indios Melchorejo y Julianillo, que llevamos de la punta de Cotoche, tuvimos temor que, apartados de nosotros, se huirían a su tierra, y por esta causa no los enviamos a llamar con ellos; y la india volvió otro día, y dijo que ningún indio ni india quería venir, por más palabras que les decía. A este pueblo pusimos por nombre Santa Cruz, porque cuatro o cinco días antes de Santa Cruz le vimos; había en él buenos colmenares de miel y muchos boniatos y batatas y manadas de puercos de la tierra, que tienen sobre el espinazo el ombligo; había en él tres pueblezuelos, y este donde desembarcamos era mayor, y los otros dos eran más chicos, que estaba cada uno en una punta de la isla; tendrá de bojo como obra de dos leguas. Pues como el capitán Juan de Grijalva vio que era perder tiempo estar más allí aguardando, mandó que nos embarcásemos luego, y la india de Jamaica se fue con nosotros, y seguimos nuestro viaje.

Capítulo IX. De cómo vinimos a desembarcar a Champoton
Pues vuelto a embarcar, y yendo por las derrotas pasadas (cuando lo de Francisco Hernández de Córdoba), en ocho días llegamos en el paraje del pueblo de Champoton, que fue donde nos desbarataron los indios de aquella provincia, como ya dicho tengo en el capítulo que dello habla; y como en aquella ensenada mengua mucho la mar, ancleamos los navíos una legua de tierra, y con todos los bateles desembarcamos la mitad de los soldados que allí íbamos, junto a las casas del pueblo, y los indios naturales dél y otros sus comarcanos se juntaron todos, como la otra vez cuando nos mataron sobre cincuenta y seis soldados y todos los más nos hirieron, según dicho tengo en el capítulo que dello habla; y a esta causa estaban

muy ufanos y orgullosos, y bien armados a su usanza, que son: arcos, flechas, lanzas, rodelas, macanas y espadas de dos manos, y piedras con hondas, y armas de algodón, y trompetillas y atambores, y los más dellos pintadas las caras de negro, colorado y blanco; y puestos en concierto, esperando en la costa, para en llegando que llegásemos dar en nosotros; y como teníamos experiencia de la otra vez, llevábamos en los bateles unos falconetes, y íbamos apercibidos de ballestas y escopetas; y llegados a tierra, nos comenzaron a flechar y con las lanzas a dar a maneniente; y tal rociada nos dieron antes que llegásemos a tierra, que hirieron la mitad de nosotros, y desque hubimos saltado de los bateles les hicimos perder la furia a buenas estocadas y cuchilladas; porque, aunque nos flechaban a terreno, todos llevábamos armas de algodón; y todavía se sostuvieron buen rato peleando con nosotros, hasta que vino otra barcada de nuestros soldados, y les hicimos retraer a unas ciénagas junto al pueblo. En esta guerra mataron a Juan de Quiteria y a otros dos soldados, y al capitán Juan de Grijalva le dieron tres flechazos y aun le quebraron con un cobaco (que hay muchos en aquella costa) dos dientes, e hirieron sobre sesenta de los nuestros. Y desque vimos que todos los contrarios se habían huido, nos fuimos al pueblo, y se curaron los heridos y enterramos los muertos, y en todo el pueblo no hallamos persona ninguna, ni los que se habían retraído en las ciénagas, que ya se habían desgarrado; por manera que tenían alzadas sus haciendas. En aquellas escaramuzas prendimos tres indios, y el uno dellos parecía principal. Mandóles el capitán que fuesen a llamar al cacique de aquel pueblo, y les dio cuentas verdes y cascabeles para que los diesen, para que viniesen de paz; y asimismo a aquellos tres prisioneros se les hicieron muchos halagos y se les dieron cuentas porque fuesen sin miedo; y fueron y nunca volvieron; y creímos que el indio Julianillo y Melchorejo no les hubieran de decir lo que les fue mandado, sino al revés. Estuvimos en aquel pueblo cuatro días. Acuérdome que cuanto estábamos peleando en aquella escaramuza, que había allí unos prados algo pedregosos, y había langostas que cuando peleábamos saltaban y venían volando y nos daban en la cara, y como eran tantos flecheros y tiraban tanta flecha como granizos, que parecían eran langostas que volaban, y no nos rodelábamos, y la flecha que venía nos hería, y otras veces creíamos que era flecha, y eran langostas que venían volando: fue harto estorbo.

Capítulo X. Cómo seguimos nuestro viaje y entramos en Boca de Términos que entonces le pusimos este nombre

Yendo por nuestra navegación adelante, llegamos a una boca, como un río, muy grande y ancha, y no era río como pensamos, sino muy buen puerto, y porque está entre unas tierras y otras, y parecía como estrecho (tan gran boca tenía, que decía el piloto Antón de Alaminos que era isla) y partían términos con la tierra, y a esta causa le pusimos nombre Boca de Términos, y así está en las cartas del marear; y allí saltó el capitán Juan de Grijalva en tierra, con todos los más capitanes por mí nombrados, y muchos soldados estuvimos tres días sondando la boca de aquella entrada, y mirando bien arriba y abajo del ancón donde creíamos que iba y venía a parar, y hallamos no ser isla sino ancón, y era muy buen puerto; y hallamos unos adoratorios de cal y canto y muchos ídolos de barro y de palo, que eran dellos como figuras de sus dioses, y dellos de figuras de mujeres, y muchos como sierpes, y muchos cuernos de venados; y creímos que por allí cerca habría alguna población, y con el buen puerto, que sería bueno para poblar: lo cual no fue así, que estaba muy despoblado; porque aquellos adoratorios eran de mercaderes y cazadores que de pasada entraban en aquel puerto con canoas y allí sacrificaban, y había mucha caza de venados y conejos: matamos diez venados con una lebrela, y muchos conejos. Y luego, desque todo fue visto y sondado, nos tornamos a embarcar, y se nos quedó allí la lebrela, y cuando volvimos con Cortés la tornamos a hallar, y estaba muy gorda y lucida. Llaman los marineros a éste, puerto de Términos. Y vueltos a embarcar, navegamos costa a costa junto a tierra, hasta que llegamos al río de Tabasco, que por descubrirle el Juan de Grijalva, se nombra ahora el río de Grijalva.

Capítulo XI. Cómo llegamos al río de Tabasco, que llaman de Grijalva, y lo que allá nos acaeció

Navegando costa a costa la vía del poniente de día, porque de noche no osábamos por temor de bajos y arrecifes, a cabo de tres días vimos una boca de río muy ancha, y llegamos a tierra con los navíos, y parecía buen puerto; y como fuimos más cerca de la boca, vimos reventar los bajos antes de entrar en el río, y allí sacamos los bateles, y con la sonda en la mano hallamos que no podían entrar en el puerto los dos navíos de mayor porte: fue acordado que anclasen fuera en la mar, y con los otros dos navíos que demandaban menos agua, que con ellos y con los bateles fuésemos todos los soldados el río arriba, porque vimos muchos indios estar en canoas en las riberas, y tenían arcos y flechas y todas sus armas, según y de la manera de Champoton; por donde entendimos que había por allí algún pueblo grande, y también porque viniendo, como veníamos, navegando costa a costa, habíamos visto echadas nasas en la mar, con que pescaban, y aun a dos dellas se les tomó el pescado con un batel que traíamos a jorro de la capitana. Aqueste río se llama de Tabasco porque el cacique de aquel pueblo se llamaba Tabasco; y como le descubrimos deste viaje, y el Juan de Grijalva fue el descubridor, se nombra río de Grijalva, y así está en las cartas del marear. Y ya que llegamos obra de media legua del pueblo, bien oímos el rumor de cortar de madera, de que hacían grandes mamparos y fuerzas, y aderezarse para nos dar guerra, porque habían sabido de lo que pasó en Pontonchan y tenían la guerra por muy cierta. Y desque aquello sentirnos, desembarcamos de una punta de aquella tierra donde había unos palmares, que será del pueblo media legua; y desque nos vieron allí, vinieron obra de cincuenta canoas con gente de guerra, y traían arcos y flechas y armas de algodón, rodelas y lanzas y sus atambores y penachos, y estaban entre los esteros otras muchas canoas llenas de guerreros, y estuvieron algo apartados de nosotros, que no osaron llegar como los primeros. Y desque los vimos de aquel arte, estábamos para tirarles con los tiros y con las escopetas y ballestas; y quiso nuestro señor que acordamos de los llamar, y con Julianillo y Melchorejo, los de la punta de Cotoche, que sabían muy bien aquella lengua; y dijo a los principales que no hubiesen miedo, que les queríamos hablar cosas que desque las entendiesen, hubiesen por buena nuestra llegada allí y a sus casas, y que les queríamos dar de lo que traíamos. Y como entendieron la plática, vinieron obra de cuatro canoas, y en ellas hasta treinta indios, y luego se les mostraron sartalejos de cuentas verdes y espejuelos y diamantes azules, y desque los vieron parecía que estaban de mejor semblante, creyendo que eran chalchihuites, que ellos tienen en mucho. Entonces el capitán les dijo con las lenguas Julianillo o Melchorejo, que veníamos de lejas tierras y éramos vasallos de un gran emperador que se dice don Carlos, el cual tiene por vasallos a muchos grandes señores y calachioníes, y que ellos le deben tener por señor y les irá muy bien en ello, y que a trueco de aquellas cuentas nos den comida y gallinas. Y nos respondieron dos dellos, que el uno era principal y el otro papa, que son como sacerdotes que tienen cargo de los ídolos, que ya he dicho otra vez que papas les llaman en la Nueva España, y dijeron que darían el bastimento que decíamos y trocarían de sus cosas a las nuestras; y en lo demás, que señor tienen, y que ahora veníamos, y sin conocerlos, y ya les queríamos dar señor, y que mirásemos no les diésemos guerra como en Potoncha, porque tenían aparejados dos jiquipiles de gentes de guerra de todas aquellas provincias contra nosotros: cada jiquipil son ocho mil hombres; y dijeron que bien sabían que pocos días había que habíamos muerto y herido sobre más de doscientos hombres en Potonchan, y que ellos no son hombres de tan poca fuerza como los otros, y que por eso habían venido a hablar, por saber nuestra voluntad; y aquello que les decíamos, que se lo irían a decir a los caciques de muchos pueblos, que están juntos para tratar paces o guerra. Y luego el capitán les abrazó en señal de paz, y les dio unos sartalejos de cuentas, y les mandó que volviesen con la respuesta con brevedad, y que si no venían, que por fuerza habíamos de ir a su pueblo, y no para los enojar. Y aquellos mensajeros que enviamos hablaron con los caciques y papas, que también tienen voto entre ellos, y dijeron que eran buenas las paces y traer bastimento, y que entre todos ellos y los pueblos comarcanos se buscara luego un presente de oro para nos dar y hacer amistades; no les acaezca como a los de Potonchan. Y lo que yo vi y entendí después acá, en aquellas provincias se usaba enviar presentes cuando se trataba paces, y en aquella punta de los Palmares, donde estábamos, vinieron sobre treinta indios y trajeron pescados asados y gallinas y fruta y pan de maíz, y unos braseros con ascuas y con zahumerios, y nos zahumaron a todos y luego pusieron en el suelo unas esteras, que acá llaman petates, y encima una manta, y presentaron ciertas joyas de oro, que fueron ciertas ánades como las de Castilla, y otras joyas como lagartijas, y tres collares de cuentas vaciadizas, y otras cosas de oro de poco valor, que no valía 200 pesos; y más trajeron unas mantas y camisetas de las que ellos usan, y dijeron que recibiésemos aquello de buena voluntad, y que no tienen más oro que nos dar; que adelante, hacia donde se pone el Sol, hay mucho; y decía: «Culúa, Culúa, México, México»; y nosotros no sabíamos qué cosa era Culúa, ni aun México tampoco. Puesto que no valía mucho aquel presente que trajeron, tuvímoslo por bueno por saber cierto que tenían oro, y desque lo hubieron presentado, dijeron que nos fuésemos luego adelante, y el capitán les dio las gracias por ello y cuentas verdes; y fue acordado de irnos luego a embarcar, porque estaban en mucho peligro los dos navíos por temor del norte, que es travesía, y también por acercarnos hacia donde decían que había oro.

Capítulo XII. Cómo vimos el pueblo del Aguayaluco, que pusimos por nombre La Rambla
Vueltos a embarcar, siguiendo la costa adelante, desde a dos días vimos un pueblo junto a tierra, que se dice el Aguayaluco, y andaban muchos indios de aquel pueblo por la costa con unas rodelas hechas de conchas de tortugas, que relumbraban con el Sol que daba en ellas, y algunos de nuestros soldados porfiaban que eran de oro bajo, y los indios que las traían iban haciendo pernetas, como burlando de los navíos, como ellos estaban en salvo, por los arenales y costa adelante; y pusimos a este pueblo por nombre La Rambla, y así está en las cartas de marear. Y yendo más adelante costeando, vimos una ensenada, donde se quedó el río de Tonalá, que a la vuelta que volvimos entramos en él, y le pusimos nombre río de San Antonio, y así está en las cartas del mar. Y yendo más adelante navegando, vimos adonde quedaba el paraje del gran río de Guazacualco, y quisiéramos entrar en el ensenada que está, por ver qué cosa era, sino por ser el tiempo contrario; y luego se parecieron las grandes sierras nevadas, que en todo el año están cargadas de nieve; y también vimos otras sierras que están más junto al mar, que se llaman ahora de San Martín: y pusímoslas por nombre San Martín, porque el primero que las vio fue un soldado que se llamaba San Martín, vecino de La Habana. Y navegando nuestra costa adelante, el capitán Pedro de Alvarado se adelantó con su navío, y entró en un río que en nombre de indios, se llama Papaloata, y entonces pusimos por nombre

río de Alvarado, porque lo descubrió el mesmo Alvarado. Allí le dieron pescado unos indios pescadores, que eran naturales de un pueblo que se dice Tlacotalpa; estuvírnosle aguardando en el paraje del río donde entró con todos tres navíos, hasta que salió de él; y a causa de haber entrado en el río sin licencia del general, se enojó mucho con él, y le mandó que otra vez no se adelantase del armada, porque no le aviniese algún contraste en parte donde no le pudiésemos ayudar. Y luego navegamos con todos cuatro navíos en conserva, hasta que llegamos en paraje de otro río, que le pusimos por nombre río de Banderas, porque estaban en él muchos indios con lanzas grandes, y en cada lanza una bandera hecha de manta blanca, revoleándolas y llamándonos. Lo cual diré adelante cómo pasó.

Capítulo XIII. Cómo llegamos a un río que pusimos por nombre río de Banderas, y rescatamos 14.000 pesos
Ya habrán oído decir en España y en toda la más parte della y de la cristiandad, cómo México es tan gran ciudad, y poblada en el agua como Venecia; y había en ella un gran señor que era rey de muchas provincias y señoreaba todas aquellas tierras, que son mayores que cuatro veces nuestra Castilla; el cual señor se decía Moctezuma, y como era tan poderoso, quería señorear y saber hasta lo que no podía ni le era posible, y tuvo noticia de la primera vez que venimos con Francisco Hernández de Córdoba, lo que nos acaesció en la batalla de Cotoche y en la de Champotón, y ahora deste viaje la batalla del mismo Champotón, y supo que éramos nosotros pocos soldados y los de aquel pueblo muchos, y al fin entendió que nuestra demanda era buscar oro a trueque del rescate que traíamos, y todo se lo habían llevado pintado en unos paños que hacen de henequén, que es como el lino; y como supo que íbamos costa a costa hacia sus provincias, mandó a sus gobernadores que si por allí aportásemos que procurasen de trocar oro a nuestras cuentas, en especial a las verdes, que parecían a sus chalchihuites; y también lo mandó para saber e inquirir más por entero de nuestra persona de qué era nuestro intento. Y lo más cierto era, según entendimos, que dicen que sus antepasados les habían dicho que habían de venir gentes de hacia donde sale el Sol, que los habían de señorear. Ahora sea por lo uno o por lo otro, estaban a posta en vela indios del grande Moctezuma en aquel

río que dicho tengo, con lanzas largas y en cada lanza una bandera, enarbolándola y llamándonos que fuésemos allí donde estaban. Y desque vimos de los navíos cosas tan nuevas, para saber qué podía ser, fue acordado por el general, con todos los demás soldados y capitanes, que echásemos dos bateles en el agua y que saltásemos en ellos todos los ballesteros y escopeteros y veinte soldados, y Francisco de Montejo fuese con nosotros, y que si viésemos que eran de guerra los que estaban con las banderas, que de presto se lo hiciésemos saber, o otra cualquiera cosa que fuese. Y en aquella sazón quiso Dios que hacía bonanza en aquella costa, lo cual pocas veces suele acaecer; y como llegamos en tierra hallamos tres caciques, que el uno dellos era gobernador de Moctezuma y con muchos indios de proprio, y tenían muchas gallinas de la tierra y pan de maíz de lo que ellos suelen comer, y frutas que eran piñas y zapotes, que en otras partes llaman mameyes; y estaban debajo de una sombra de árboles, puestas esteras en el suelo, que ya he dicho otra vez que en estas partes se llaman petates, y allí nos mandaron asentar, y todo por señas, porque Julianillo, el de la punta de Cotoche, no entendía aquella lengua; y luego trajeron braseros de barro con ascuas, y nos zahumaron con una como resina que huele a incienso. Y luego el capitán Montejo lo hizo saber al general, y como lo supo, acordó de surgir allí en aquel paraje con todos los navíos, y saltó en tierra con todos los capitanes y soldados. Y desque aquellos caciques y gobernadores le vieron en tierra y conocieron que era el capitán de todos, a su usanza le hicieron grande acatamiento y le zahumaron, y él les dio las gracias por ello y les hizo muchas caricias, y les mandó dar diamantes y cuentas verdes, y por señas les dijo que trajesen oro a trocar a nuestros rescates. Lo cual luego el gobernador mandó a sus indios, y que todos los pueblos comarcanos trajesen de las joyas que tenían a rescatar; y en seis días que estuvimos allí trajeron más de 15.000 pesos en joyezuelas de oro bajo y de muchas hechuras; y aquesto debe ser lo que dicen los cronistas Francisco López de Gómara y Gonzalo Hernández de Oviedo en sus crónicas, que dicen que dieron los de Tabasco; y como se lo dijeron por relación, así lo escriben como si fuese verdad; porque vista cosa es que en la provincia del río de Grijalva no hay oro, sino muy pocas joyas. Dejemos esto y pasemos adelante, y es que tomamos posesión en aquella tierra por su majestad, y en su nombre real el gobernador de Cuba Diego Velázquez. Y después desto hecho, habló el general a los indios que allí estaban, diciendo que se querían embarcar, y les dio camisas de Castilla. Y de allí tomamos un indio, que llevamos en los navíos, el cual, después que entendió nuestra lengua, se volvió cristiano y se llamó Francisco, y después de ganado México, le vi casado en un pueblo que se llama Santa Fe. Pues como vio el general que no traían más oro a rescatar, y había seis días que estábamos allí y los navíos corrían riesgo, por ser travesía el norte, nos mandó embarcar. Y corriendo la costa adelante, vimos una isleta que bañaba la mar y tenía la arena blanca, y estaría, al parecer, obra de tres leguas de tierra, y pusímosle por nombre isla Blanca, y así está en las cartas del marear. Y no muy lejos desta isleta Blanca vimos otra isla que tenía muchos árboles verdes, y estará de la costa cuatro leguas: y pusímosle por nombre Isla Verde. Y yendo más adelante, vimos otra isla mayor, al parecer, que las demás, y estaría de tierra obra de legua y media, y allí enfrente della había buen surgidero, y mandó el general que surgiésemos. Echados los bateles en el agua, fue el capitán Juan de Grijalva con muchos de nosotros los soldados a ver la isleta, y hallamos dos casas hechas de cal y canto y bien labradas, y cada casa con unas gradas por donde subían a unos como altares, y en aquellos altares tenían unos ídolos de malas figuras, que eran sus dioses, y allí estaban sacrificados de aquella noche cinco indios, y estaban abiertos por los pechos y cortados los brazos y los muslos, y las paredes llenas de sangre. De todo lo cual nos admiramos, y pusimos por nombre a esta isleta isla de Sacrificios. Y allí enfrente de aquella isla saltamos todos en tierra, y en unos arenales grandes que allí hay, adonde hicimos ranchos y chozas con ramas y con las velas de los navíos. Habíanse allegado en aquella costa muchos indios que traían a rescatar oro hecho piecezuelas, como en el río de Banderas, y según después supimos, mandó el gran Moctezuma que viniesen con ello, y los indios que lo traían, al parecer estaban temerosos; y era muy poco. Por manera que luego el capitán Juan de Grijalva mandó que los navíos alzasen las anclas y pusiesen velas, y fuésemos delante a surgir enfrente de otra isleta que estaba obra de media legua de tierra, y esta isla es donde ahora está el puerto. Y diré lo que allí nos avino.

Capítulo XIV. Cómo llegamos al puerto de San Juan de Ulúa

Desembarcados en unos arenales, hicimos chozas encima de los más altos médanos de arena, que los hay por allí grandes, por causa de los mosquitos, que había muchos, y con bateles sondearon el puerto y hallaron que con el abrigo de aquella isleta estarían seguros los navíos del norte, y había buen fondo; y hecho esto, fuimos a la isleta con el general treinta soldados bien apercibidos en los bateles, y hallamos una casa de adoratorio donde estaba un ídolo muy grande y feo, el cual se llamaba Tezcatepuca, y estaban allí cuatro indios con mantas prietas y muy largas con capillas, como traen los dominicos o canónigos, o querían parecer a ellos, y aquellos eran sacerdotes del aquel ídolo, y tenían sacrificados de aquel día dos muchachos, y abiertos por los pechos, y los corazones y sangre ofrecidos a aquel maldito ídolo, y los sacerdotes, que ya he dicho que se dicen papas, nos venían a zahumar con lo que zahumaban aquel su ídolo, y en aquella sazón que llegamos le estaban zahumando con uno que huele a incienso, y no consentimos que tal zahumerio nos diesen; antes tuvimos muy gran lástima y mancilla de aquellos dos muchachos y verlos recién muertos y ver tan grandísima crueldad. Y el general preguntó al indio Francisco, que traíamos del río de Banderas, que pareció algo entendido, que por qué hacían aquello, y esto le decían medio por señas, porque entonces no teníamos lengua ninguna, como ya otras veces he dicho. Y respondió que los de Culúa lo mandaban sacrificar; y como era torpe de lengua, decía: «Ulúa, Ulúa». Y como nuestro capitán estaba presente y se llamaba Juan, y asimismo era día de San Juan, pusimos por nombre a aquella isleta San Juan de Ulúa, y este puerto es ahora muy nombrado, y están hechos en él grandes reparos para los navíos, y allí vienen a desembarcar las mercaderías para México y Nueva España. Volvamos a nuestro cuento: que como estábamos en aquellos arenales, vinieron luego indios de pueblos allí comarcanos a trocar su oro en joyezuelas a nuestros rescates; mas eran tan pocos y de tan poco valor, que no hacíamos cuenta dello; y estuvimos siete días de la manera que he dicho y con los muchos mosquitos no nos podíamos valer, viendo que el tiempo se nos pasaba, y teniendo ya por cierto que aquellas tierras no eran islas, sino tierra firme, y que había grandes pueblos; y el pan de casabe muy mohoso y sucio de las fátulas, y amargaba; y los que allí veníamos no éramos bastantes para poblar, cuanto más que faltaban diez de nuestros soldados, que se habían muerto de las heridas, y estaban otros cuatro dolientes. Y viendo todo esto, fue acordado que lo enviásemos a hacer saber al gobernador Diego Velázquez para que nos enviase socorro; porque el Juan de Grijalva muy gran voluntad tenía de poblar con aquellos pocos soldados que con él estábamos, y siempre mostró un grande ánimo de un muy valeroso capitán; y no como lo escribe el cronista Gómara. Pues para hacer esta embajada acordamos que fuese el capitán Pedro de Alvarado en un navío que se decía San Sebastián, porque hacía agua, aunque no mucho, porque en la isla de Cuba se diese carena y pudiesen en él traer socorro y bastimento. Y también se concertó que llevase todo el oro que se había rescatado y ropa de mantas, y los dolientes; y los capitanes escribieron al Diego Velázquez cada uno lo que le pareció, y luego se hizo a la vela e iba la vuelta de la isla de Cuba, adonde los dejaré ahora, así al Pedro de Alvarado como al Grijalva, y diré cómo el Diego Velázquez había enviado en nuestra busca.

Capítulo XV. Cómo Diego Velázquez, gobernador de la isla de Cuba, envió un navío pequeño en nuestra busca
Después que salimos con el capitán Juan de Grijalva de la isla de Cuba para hacer nuestro viaje, siempre Diego Velázquez estaba triste y pensativo no nos hubiese acaecido algún desastre, y deseaba saber de nosotros, y a esta causa envió un navío pequeño en nuestra busca con siete soldados, y por capitán dellos a un Cristóbal de Olí, persona de valía, muy esforzado; y le mandó que siguiese la derrota de Francisco Hernández de Córdoba hasta toparse con nosotros. Y según parece, el Cristóbal de Olí, yendo en nuestra busca, estando surto cerca de tierra, le dio un recio temporal, y por no anegarse sobre las amarras, el piloto que traían mandó cortar los cables, y perdió las anclas, y volvióse a Santiago de Cuba, de donde había salido, adonde estaba el Diego Velázquez, y cuando vio que no tenía nuevas de nosotros, si triste estaba antes que enviase al Cristóbal de Olí, muy más pensativo estuvo después. Y en esta sazón llegó el capitán Pedro de Alvarado con el oro y ropa y dolientes, y con entera relación de lo que habíamos descubierto. Y cuando el gobernador vio que estaba en joyas, parecía mucho más de lo que era, y estaban allí con el Diego Velázquez muchos vecinos de

aquella isla, que venían a negocios. Y cuando los oficiales del rey tomaron el real quinto que venía a su majestad estaban espantados de cuán ricas tierras habíamos descubierto; y como el Pedro de Alvarado se lo sabía muy bien platicar, dice que no hacía el Diego Velázquez sino abrazarlo, y en ocho días tener gran regocijo y jugar canas; y si mucha fama tenían de antes de ricas tierras, ahora con este oro se sublimó en todas las islas y en Castilla, como adelante diré; y dejaré al Diego Velázquez haciendo fiestas, y volveré a nuestros navíos, que estábamos en San Juan de Ulúa.

Capítulo XVI. De lo que nos sucedió costeando las sierras de Tuxtla y de Tuxpan

Después que de nosotros se partió el capitán Pedro de Alvarado para ir a la isla de Cuba, acordó nuestro general con los demás capitanes y pilotos que fuésemos costeando y descubriendo todo lo que pudiésemos; y yendo por nuestra navegación, vimos las sierras de Tuxtla, y más adelante de ahí a otros dos días vimos otras sierras muy altas, que ahora se llaman las sierras de Tuxpan; por manera que unas sierras se dicen Tuxtla porque están cabe un pueblo que se dice así, y las otras sierras se dicen Tuxpan porque se nombra el pueblo, junto adonde aquellas están, Tuxpan; y caminando más adelante vimos muchas poblaciones, y estarían la tierra adentro dos o tres leguas, y esto es ya en la provincia de Pánuco; y yendo por nuestra navegación, llegamos a un río grande, que le pusimos por nombre río de Canoas, y allí enfrente de la boca dél surgimos. Y estando surtos todos tres navíos, y estando algo descuidados, vinieron por el río dieciséis canoas muy grandes llenas de indios de guerra, con arcos y flechas y lanzas, y vanse derechos al navío más pequeño, del cual era capitán Alonso de Ávila, y estaba más llegado a tierra, y dándole una rociada de flechas, que hirieron a dos soldados, echaron mano al navío como que lo querían llevar, y aun cortaron una amarra; y puesto que el capitán y los soldados peleaban bien, y trastornaron tres canoas, nosotros con gran presteza les ayudamos con nuestros bateles y escopetas y ballestas, y herimos más de la tercia parte de aquellas gentes; por manera que volvieron con la mala ventura por donde habían venido. Y luego alzamos áncoras y dimos vela, y seguimos costa a costa hasta que llegamos a una punta muy grande; y era tan mala de doblar, y las corrientes muchas, que no podíamos ir adelante; y el piloto Antón de Alaminos dijo al general que no era bien navegar más aquella derrota, y para ello se dieron muchas causas, y juego se tomó consejo de lo que se había de hacer, y fue acordado que diésemos la vuelta de la isla de Cuba, lo uno porque ya entraba el invierno y no había bastimentos, y un navío hacía mucha agua, y los capitanes disconformes, porque el Juan Grijalva decía que quería poblar, y el Francisco Montejo y Alonso de Ávila decían que no se podían sustentar por causa de los muchos guerreros que en la tierra había; y también todos nosotros los soldados estábamos hartos y muy trabajados de andar por la mar. Así que dimos vuelta a todas velas, y las corrientes que nos ayudaban, en pocos días llegamos en el paraje del gran río de Guazacualco, y no pudimos estar por ser el tiempo contrario, y muy abrazados con la tierra entramos en el río de Tonalá, que se puso nombre entonces San Antón, y allí se dio carena al un navío que hacía mucha agua, puesto que tocó tres veces al estar en la barra, que es muy baja; y estando aderezando nuestro navío vinieron muchos indios del puerto de Tonalá, que estaba una legua de allí, y trajeron pan de maíz y pescado y fruta, y con buena voluntad nos lo dieron; y el capitán les hizo muchos halagos y les mandó dar cuentas verdes y diamantes, y les dijo por señas que trajesen oro a rescatar, y que les daríamos de nuestro rescate; y traían joyas de oro bajo, y se les daban cuentas por ello. Y desque lo supieron los de Guazacualco y de otros pueblos comarcanos que rescatábamos, también vinieron ellos con sus piecezuelas, y llevaron cuentas verdes, que aquellos tenían en mucho. Pues demás de aqueste rescate, traían comúnmente todos los indios de aquella provincia unas hachas de cobre muy lucidas, como por gentileza y a manera de armas, con unos cabos de palo muy pintados, y nosotros creímos que eran de oro bajo, y comenzamos a rescatar dellas; digo que en tres días se hubieron más de seiscientas dellas, y estábamos muy contentos con ellas, creyendo que eran de oro bajo, y los indios mucho más con las cuentas; mas todo salió vano que las hachas eran de cobre y las cuentas un poco de nada. Y un marinero había rescatado secretamente siete hachas y estaba muy alegre con ellas, y parece ser que otro marinero lo dijo al capitán, y mandole que las diese; y porque rogamos por él, se las dejó, creyendo que eran de oro. También me acuerdo que un soldado que se decía Bartolomé

Pardo fue a una casa de ídolos, que ya he dicho que se decía cues, que es como quien dice casa de sus dioses, que estaba en un cerro alto, y en aquella casa halló muchos ídolos, y copal, que es como incienso, que es con que zahuman, y cuchillos de pedernal, con que sacrificaban y retajaban, y unas arcas de madera, y en ellas muchas piezas de oro, que eran diademas y collares, y dos ídolos, y otros como cuentas; y aquel oro tomó el soldado para sí, y los ídolos del sacrificio trajo al capitán. Y no faltó quien le vio y dijo al Grijalva, y se lo quería tomar; y rogámosle que se lo dejase; y como era de buena condición, que sacado el quinto de su majestad, que lo demás fuese para el pobre soldado; y no valía 80 pesos. También quiero decir cómo Yo sembré unas pepitas de naranjas junto a otras casas de ídolos, y fue desta manera: que como había muchos mosquitos en aquel río, fuime a dormir a una casa alta de ídolos, y allí junto a aquella casa sembré siete u ocho pepitas de naranjas que había traído de Cuba, y nacieron muy bien; parece ser que los papas de aquellos ídolos les pusieron defensa para que no las comiesen hormigas, y las regaban y limpiaban desque vieron que eran plantas diferentes de las suyas. He traído aquí esto a la memoria para que se sepa que estos fueron los primeros naranjos que se plantaron en la Nueva España, porque después de ganado México y pacíficos los pueblos sujetos de Guazacualo, túvose por la mejor provincia, por causa de estar en la mejor comodación de toda la Nueva España, así por las minas, que las había, como por el buen puerto, y la tierra de suyo rica de oro y de pastos para ganados; a este efecto se pobló de los más principales conquistadores de México, y yo fui uno, y fui por mis naranjos y traspúselos, y salieron muy buenos. Bien se que dirán que no hace al propósito de mi relación estos cuentos viejos, y dejarlos he: y diré cómo quedaron todos los indios de aquellas provincias muy contentos, y luego nos embarcamos y vamos la vuelta de Cuba, y en cuarenta y cinco días, unas veces con buen tiempo y otras veces con contrario, llegamos a Santiago de Cuba, donde estaba el gobernador Diego Velázquez, y él nos hizo buen recibimiento; y desque vio el oro que traíamos, que sería 4.000 pesos, y con el que trajo primero el capitán Pedro de Alvarado sería por todo unos 20.000 pesos, unos decían más y otros decían menos, y los oficiales de su majestad sacaron el real quinto; y también trajeron las seiscientas hachas que parecían de oro, y cuando las trajeron para quintar estaban tan mohosas, en fin como cobre que era, y allí hubo bien que reír y decir de la burla y del rescate. Y el Diego Velázquez con todo esto estaba muy contento, puesto que parecía estar mal con el pariente Grijalva; y no tenía razón sino que el Alfonso de Ávila era mal acondicionado: y decía que el Grijalva era para poco, y no faltó el capitán Montejo, que le ayudó mal. Y cuando esto pasé, ya había otras pláticas para enviar otra armada, y a quién elegirían por capitán.

Capítulo XVII. Cómo Diego Veláquez envió a Castilla a su procurador

Y aunque parezca a los lectores que va fuera de nuestra relación esto que yo traigo aquí a la memoria antes que entre en lo del capitán Hernando Cortés, conviene que se diga por las causas que adelante se verán, y también porque en un tiempo acaecen dos o tres cosas, y por fuerza hemos de hablar de una, la que más viene al propósito. Y el caso es que, como ya he dicho, cuando llegó el capitán de Alvarado a Santiago de Cuba con el oro que hubimos de las tierras que descubrimos, y el Diego Velázquez temió que primero que él hiciese relación a su majestad, que algún caballero privado en corte tenía relación dello y le hurtaba la bendición, a esta causa envió el Diego Velázquez a un su capellán, que se decía Benito Martín, hombre que entendía muy bien de negocios, a Castilla con probanzas, y cartas para don Juan Rodríguez de Fonseca, obispo de Burgos, y se nombraba arzobispo de Rosano, y para el licenciado Luis Zapata y para el secretario Lope Conchillos, que en aquella sazón entendían en las cosas de las Indias, y Diego Velázquez era muy servidor del obispo y de los demás oidores, y como tal les dio pueblos de indios en la isla de Cuba, que les sacaban oro de las minas, y a esta causa hacía mucho por el Diego Velázquez, especialmente el obispo de Burgos, y no dio ningún pueblo de indios a su majestad, porque en aquella sazón estaba en Flandes; y demás de les haber dado los indios que dicho tengo, nuevamente envió a estos oidores muchas joyas de oro de lo que habíamos enviado con el capitán Alvarado, que eran 20.000 pesos, según dicho tengo, y no se hacía otra cosa en el real consejo de Indias sino lo que aquellos señores mandaban; y lo que enviaba a negociar Diego Velázquez era que le diesen licencia para rescatar y conquistar y poblar en todo lo que había descubierto y en lo que más descubriese, y decía en sus relaciones y cartas que había gastado muchos millares de pesos de oro en el descubrimiento. Por manera que el capellán Benito Martín fue a Castilla y negoció todo lo que pidió, y aun más cumplidamente: que trajo provisión para el Diego Velázquez para ser adelantado de la isla de Cuba. Pues ya negociado lo que aquí por mí dicho, no dieron tan presto los despachos, que primero no saliese Cortés con otra armada. Quedarse ha aquí, así los despachos del Diego Veláquez como la armada de Cortés, y diré cómo estando escribiendo esta relación vi una crónica del cronista Francisco López de Gómara, y habla en lo de las conquistas de la Nueva España y México; y lo que sobre ello me parece declarar, adonde hubiere contradicción sobre lo que dice Gómara, lo diré según y de la manera que pasó en las conquistas, y va muy diferente de lo que escribe, porque todo es contrario de la verdad.

Capítulo XVIII. De algunas advertencias acerca de lo que escribe Francisco López de Gómara, mal informado, en su historia
Estando escribiendo esta relación, acaso vi una historia de buen estilo, la cual se nombra de un Francisco López de Gómara, que había de las conquistas de México y Nueva España, y cuando leí su gran retórica, y como mi obra es tan grosera, dejé de escribir en ella, y aun tuve vergüenza que pareciese entre personas notables; y estando tan perplejo como digo, torné a leer y a mirar las razones y pláticas que el Gómara en sus libros escribió, y vi desde el principio y medio hasta el cabo no llevaba buena relación, y va muy contrario de lo que fue y pasó en la Nueva España; y cuando entró a decir de las grandes ciudades, y tantos números que dice que había de vecinos en ellas, que tanto se le dio poner ocho como ocho mil. Pues de aquellas grandes matanzas que dice que hacíamos, siendo nosotros obra de cuatrocientos soldados los que andábamos en la guerra, que harto teníamos de defendernos que no nos matasen o llevasen de vencida; que aunque entuvieran los indios atados, no hiciéramos tantas muertes y crueldades como dice que hicimos; que juro ¡amén!, que cada día estábamos rogando a Dios y a nuestra señora no nos desbaratasen. Volviendo a nuestro cuento, Atalarico, muy bravísimo rey, y Atila, muy soberbio guerrero, en los campos

catalanes no hicieron tantas muertes de hombres como dice que hacíamos. También dice que derrotamos y abrasamos muchas ciudades y templos, que son sus cues, donde tienen sus ídolos, y en aquello le parece a Gómara que place mucho a los oyentes que leen su historia, y no quiso ver ni entender cuando lo escribía que los verdaderos conquistadores y curiosos lectores que saben lo que pasó, claramente le dirán que en su historia en todo lo que escribe se engañó, y si en las demás historias que escribe de otras cosas va del arte del de la Nueva España, también irá todo errado. Y es lo bueno que ensalza a unos capitanes y abaja a otros; y los que no se hallaron en las conquistas dice que fueron capitanes, y que un Pedro Dircio fue por capitán cuando el desbarate que hubo en un pueblo que le pusieron nombre Almería; porque el que fue por capitán en aquella entrada fue un Juan de Escalante, que murió en el desbarate con otros siete soldados; y dice que un Juan Velázquez de León fue a poblar a Guazacualeo; mas la verdad es así: que un Gonzalo de Sandoval, natural de Ávila, lo fue a poblar. También dice cómo Cortés mandó quemar un indio que se decía Quezalpopoca, capitán de Moctezuma, sobre la población que se quemó. El Gómara no acierta también lo que dice de la entrada que fuimos a un pueblo y fortaleza: Anga Panga escríbelo, mas no como pasó. Y de cuando en los arenales alzamos a Cortés por capitán general y justicia mayor, en todo le engañaron. Pues en la toma de un pueblo que se dice Chamula, en la provincia de Chiapas, tampoco acierta en lo que escribe. Pues otra cosa peor dice, que Cortés mandó secretamente barrenar los once navíos en que habíamos venido; antes fue público, porque claramente por consejo de todos los demás soldados mandó dar con ellos a través a ojos vistas, porque nos ayudase la gente de la mar que en ellos estaba, a velar y guerrear. Pues en lo de Juan de Grijalva, siendo buen capitán, te deshace y disminuye. Pues en lo de Francisco Fernández de Córdoba, habiendo él descubierto lo de Yucatán, lo pasa por alto. Y en lo de Francisco de Garay dice que vino él primero con cuatro navíos de lo de Pánuco antes que viniese con la armada postrera; en lo cual no acierta, como en lo demás. Pues en todo lo que escribe de cuando vino el capitán Narváez y de cómo le desbaratamos, escribe según y como las relaciones. Pues en las batallas de Taxcala hasta que hicimos las paces, en todo escribe muy lejos de lo que pasó. Pues las guerras de México de cuando nos desbarataron y echaron de la ciudad, y nos mataron y sacrificaron sobre ochocientos y sesenta soldados; digo otra vez sobre ochocientos y sesenta soldados, porque de mil trescientos que entramos al socorro de Pedro de Alvarado, y íbamos en aquel socorro los de Narváez y los de Cortés, que eran los mil y trescientos que he dicho, no escapamos sino cuatrocientos y cuarenta, y todos heridos, y dícelo de manera como si no fuera nada. Pues desque tornamos a conquistar la gran ciudad de México y la ganamos, tampoco dice los soldados que nos mataron e hirieron en las conquistas, sino que todo lo hallábamos como quien va a bodas y regocijos. ¿Para qué meto yo aquí tanto la pluma en contar cada cosa por sí, que es gastar papel y tinta? Porque si en todo lo que escribe va de aquesta arte, es gran lástima; y puesto que él lleve buen estilo, había de ver que para que diese fe a lo que dice, que en esto se había de esmerar. Dejemos esta plática, y volveré a mi materia; que después de bien mirado todo lo que he dicho que escribe el Gómara, que por ser tan lejos de lo que pasó es en perjuicio de tantos, torno a proseguir en mi relación e historia; porque dicen sabios varones que la buena política y agraciado componer es decir verdad en lo que escribieren, y la mera verdad resiste a mi rudeza; y mirando en esto que he dicho, acordé, de seguir mi intento con el ornato y pláticas que adelante se verán, para que salga a luz y se vean las conquistas de la Nueva España claramente y como se han de ver, y su majestad sea servido conocer los grandes y notables servicios que le hicimos los verdaderos conquistadores, pues tan pocos soldados como vinimos a estas tierras con el venturoso y buen capitán Hernando Cortés, nos pusimos a tan grandes peligros y le ganamos ésta tierra, que es una buena parte de las del Nuevo Mundo, puesto que su majestad, como cristianísimo rey y señor nuestro, nos lo ha mandado muchas veces gratificar; y dejaré de hablar acerca desto, porque hay mucho que decir.

Y quiero volver con la pluma en la mano, como el buen piloto lleva la sonda por la mar, descubriendo los bajos cuando siente que los hay, así haré yo en caminar, a la verdad de lo que pasó, la historia del cronista Gómara, y no será todo en lo que escribe; porque si parte por parte se hubiese de escribir, sería más la costa en coger la rebusca que en las verdaderas vendimias. Digo que sobre esta mi relación pueden los cronistas sublimar y dar loas cuantas quisieren, así al capitán Cortés como a los fuertes conquistadores, pues tan grande y santa empresa salió de nuestras manos, pues ello mismo da fe muy verdadera; y no son cuentos de naciones extrañas, ni sueños ni porfías, que ayer pasó a manera de decir, si no vean toda la Nueva España qué cosa es. Y lo que sobre ello escriben, diremos lo que en aquellos tiempos nos hallamos ser verdad, como testigos de vista, y no estaremos hablando las contrariedades y falsas relaciones (como decimos) de los que escribieron de oídas, pues sabemos que la verdad es cosa sagrada; y quiero dejar de más hablar en esta materia; y aunque había bien que decir della y lo que se sospechó del cronista que le dieron falsas relaciones cuando hacía aquella historia; porque toda la honra y prez della la dio solo al marqués don Hernando Cortés, y no hizo memoria de ninguno de nuestros valerosos capitanes y fuertes soldados; y bien se parece en todo lo que el Gómara escribe en su historia serle muy aficionado, pues a su hijo, el marqués que ahora es, le eligió su crónica y obra, y la dejó de elegir a nuestro rey y señor; y no solamente el Francisco López de Gómara escribió tantos borrones y cosas que no son verdaderas, de que ha hecho mucho daño a muchos escritores y cronistas que después del Gómara han escrito en Las cosas de la Nueva España, como es el doctor Illescas y Pablo Iovio, que se van por sus mismas palabras y escriben ni más ni menos que el Gómara: Por manera que lo que sobre esta materia escribieron es porque les ha hecho errar el Gómara.

Capítulo XIX. Cómo vinimos otra vez con otra armada a las tierras nuevamente descubiertas, y por capitán de la armada Hernando Cortés, que después fue marqués del Valle y tuvo otros ditados, y de las contrariedades que hubo para le estorbar que no fuese capitán
En 15 días del mes de noviembre de 1518 años, vuelto el capitán Juan de Grijalva de descubrir las tierras nuevas (como dicho habemos), el gobernador Diego Velázquez ordenaba de enviar otra armada muy mayor que las de antes, y para ello tenía ya diez navíos en el puerto de Santiago de Cuba; los cuatro dellos eran en los que volvimos cuando lo de Juan de Grijalva, porque luego les hizo dar carena y adobar, y los otros seis recogieron de toda la isla, y los hizo proveer de bastimento, que era pan casabe y tocino,

porque en aquella sazón no había en la isla de Cuba ganado vacuno ni carneros, y este bastimento no era para más de hasta llegar a La Habana, porque allí habíamos de hacer todo el matalotaje, como se hizo. Y dejemos de hablar en esto, y volvamos a decir las diferencias que se hubo en elegir capitán para aquel viaje. Había muchos debates y contrariedades, porque ciertos caballeros decían que viniese un capitán de calidad, que se decía Vasco Porcallo, pariente cercano del conde de Feria, y temióse el Diego Velázquez que se alzaría con la armada, porque era atrevido; otros decían que viniese Agustín Bermúdez o un Antonio Velázquez Borrego o un Bernardino Velázquez, parientes del gobernador Diego Velázquez; y todos los más soldados que allí nos hallamos decíamos que volviese el Juan de Grijalva, pues era buen capitán y no había falta en su persona y en saber mandar. Andando las cosas y conciertos desta manera que aquí he dicho, dos grandes privados del Diego Velázquez, que se decían Andrés de Duero, secretario del mismo gobernador, y un Amador de Lares, contador de su majestad, hicieron secretamente compañía con un buen hidalgo, que se decía Hernando Cortés, natural de Medellín, el cual fue hijo de Martín Cortés de Monroy y de Catalina Pizarro Altamirano, y ambos hijosdalgo, aunque pobres; y así era por la parte de su padre Cortés y Monroy, y la de su madre Pizarro y Altamirano: fue de los buenos linajes de Extremadura, y tenía indios de encomienda en aquella isla, y poco tiempo había que se había casado por amores con una señora que se decía doña Catalina Juárez Pacheco, y esta señora era hija de Diego Juárez Pacheco, ya difunto, natural de la ciudad de Ávila, y de María de Marcaida, vizcaína y hermana de Juan Juárez Pacheco, y éste, después que se ganó la Nueva España, fue vecino y encomendado en México; y sobre este casamiento de Cortés le sucedieron muchas pesadumbres y prisiones; porque Diego Velázquez favoreció las partes della, como más largo contarán otros; y así pasaré adelante y diré acerca de la compañía, y fue desta manera: que concertaron estos dos grandes privados del Diego Velázquez que le hiciesen dar a Hernando Cortés la capitanía general de toda la armada, y que partirían entre todos tres la ganancia del oro y plata y joyas de la parte que lo cupiese a Cortés; porque secretamente el Diego Velázquez enviaba a rescatar, y no a poblar. Pues hecho este concierto, tienen tales modos el Duero y el contador con el Diego Velázquez, y le dicen tan buenas y melosas palabras, loando mucho a Cortés, que es persona en quien cabe aquel cargo, y para capitán muy esforzado, y que le sería muy fiel, pues era su ahijado, porque fue su padrino cuando Cortés se veló con doña Catalina Juárez Pacheco: por manera que le persuadieron a ello y luego se eligió por capitán general; y el Andrés de Duero, como era secretario del gobernador, no tardó de hacer las provisiones, como dice en el refrán, de muy buena tinta, y como Cortés las quiso bastantes, y se las trajo firmadas. Ya publicada su elección, a unas personas les placía y a otras les pesaba. Y un domingo, yendo a misa el Diego Velázquez, como era gobernador, íbanle acompañando las más nobles personas y vecinos que había en aquella villa, y llevaba a Hernando Cortés a su lado derecho por le honrar; e iba delante del Diego Velázquez un truhán que se decía Cervantes «el loco», haciendo gestos y chocarrerías: «A la gala de mi amo; Diego, Diego, ¿qué capitán has elegido? Que es de Medellín de Extremadura, capitán de gran ventura. Mas temo, Diego, no se te alce con el armada; que le juzgo por muy gran varón en sus cosas». Y decía otras locuras, que todas iban inclinadas a malicia. Y porque lo iba diciendo de aquella manera le dio de pescotazos el Andrés de Duero, que iba allí junto con Cortés, y le dijo: «Calla, borracho, loco, no seas más bellaco; que bien entendido tenemos que esas malicias, so color de gracias, no salen de ti»; y todavía el loco iba diciendo: «Viva, viva la gala de mi amo Diego y del su venturoso capitán Cortés. Y juro a tal, mi amo Diego, que por no te ver llorar tu mal recaudo que ahora has hecho, yo me quiero ir con Cortés a aquellas ricas tierras». Túvose por cierto que dieron los Velázquez parientes del gobernador ciertos pesos de oro a aquel chocarrero porque dijese aquellas malicias, so color de gracias. Y todo salió verdad como lo dijo. Dicen que los locos muchas veces aciertan en lo que hablan; y fue elegido Hernando Cortés, por la gracia de Dios, para ensalzar nuestra santa fe y servir a su majestad, como adelante se dirá.

Capítulo XX. De las cosas que hizo y entendió el capitán Hernando Cortés después que fue elegido por capitán, como dicho es

Pues como ya fue elegido Hernando Cortés por general de la armada que dicho tengo, comenzó a buscar todo género de armas, así escopetas como pólvora y ballestas, y todos cuantos pertrechos de guerra pudo haber, y buscar todas cuantas maneras de rescate, y también otras cosas pertenecientes para aquel viaje. Y demás desto, se comenzó de pulir y abellidar en su persona mucho más que de antes, y se puso un penacho de plumas con su medalla de oro, que le parecía muy bien. Pues para hacer aquestos gastos que he dicho no tenía de qué, porque en aquella sazón estaba muy adeudado y pobre, puesto que tenía buenos indios de encomienda y le daban buena renta de las minas de oro; mas todo lo gastaba en su persona y en atavíos de su mujer, que era recién casado. Era apacible en su persona y bienquisto y de buena conversación, y había sido dos veces alcalde en la villa de Santiago de Baracoa, adonde era vecino, porque en aquestas tierras se tiene por mucha honra. Y como ciertos mercaderes amigos suyos, que se decían Jaime Tría o Jerónimo Tría y un Pedro de Jerez, le vieron con la capitanía y prosperado, le prestaron 4.000 pesos de oro y le dieron otras mercaderías sobre la renta de sus indios, y luego hizo hacer unas lazadas de oro, que puso en una ropa de terciopelo, y mandó hacer estandartes y banderas labradas de oro con las armas reales, y una cruz de cada parte juntamente con las armas de nuestro rey y señor, con un letrero en latín, que decía: «Hermanos, sigamos la señal de la santa cruz con fe verdadera, que con ella venceremos»; y luego mandó dar pregones y tocar sus atambores y trompetas en nombre de su majestad, y en su real nombre por Diego Velázquez: para que cualesquier personas que quisiesen ir en su compañía a las tierras nuevamente descubiertas a las conquistas y poblar, les darían sus partes del oro, plata y joyas que se hubiese, y encomiendas de indios después de pacificadas, y que para ella tenía licencia el Diego Velázquez de su majestad. Y puesto que se pregonó de la licencia del rey nuestro señor, aun no había venido con ella de Castilla el capellán Benito Martín, que fue el que Diego Velázquez hubo despachado a Castilla para que lo trajese, como dicho tengo en el capítulo que dello habla. Pues como se supo esta nueva en toda la isla de Cuba, y también Cortés escribió a todas las villas a sus amigos que se aparejasen para ir con él aquel viaje, unos vendían sus haciendas para buscar armas y caballos, otros comenzaban a hacer casabe y salar tocinos para matalotaje, y se colchaban armas y se apercibían de lo que habían de menester lo mejor que podían. De manera que nos juntamos en Santiago de Cuba, donde salimos con el armada, más de trescientos soldados; y de la casa del mismo Diego Velázquez vinieron los más principales que tenía a su servicio, que era un Diego de Ordás, su mayordomo mayor, y a este el mismo Velázquez lo envió para que mirase y entendiese no hubiese alguna mala traza en la armada; que siempre se temió de Cortés, aunque lo disimulaba; y vino un Francisco de Morla y un Escobar y un Heredia, y Juan Ruano y Pedro Escudero, y un Martín Ramos de Lares, vizcaíno, y otros muchos que eran amigos y paniaguados del Diego Velázquez. Y yo me pongo a la postre, ya que estos soldados pongo aquí por memoria, y no a otros, porque en su tiempo y sazón los nombraré a todos los que se me acordare. Y como Cortés andaba muy solícito en aviar su armada, y en todo se daba mucha prisa, como ya la malicia y envidia reinaba siempre en aquellos deudos del Diego Velázquez, estaban afrentados como no se fiaba el pariente dellos, y dio aquel cargo y capitanía a Cortés, sabiendo que le había tenido por su grande enemigo pocos días había sobre el casamiento de la mujer de Cortés, que se decía Catalina Juárez la Marcaida (como dicho tengo); y a esta causa andaban murmurando del pariente Diego de Velázquez y aun de Cortés, y por todas las vías que podían le revolvían con el Diego Velázquez para que en todas maneras le revocasen el poder; de lo cual tenía dello aviso el Cortés, y a esta causa no se quitaba de la compañía de estar con el gobernador y siempre mostrándose muy gran su servidor. El decía que le había de hacer mue ilustre señor y rico en poco tiempo. Y demás desto, el Andrés de Duero avisaba siempre a Cortés que se diese prisa en embarcar, porque ya tenían trastrocado al Diego Velázquez con importunidades de aquellos sus parientes los Velázquez. Y desque aquello vio Cortés, mandó a su mujer doña Catalina Juárez la Marcaida que todo lo que hubiese de llevar de bastimento y otros regalos que suelen hacer para sus maridos, en especial para tal jornada, se llevase luego a embarcar a los navíos. Y ya tenía mandado apregonar y apregonado, y apercibido a los maestres y pilotos y a todos los soldados, que para tal día y noche no quedase ninguno en tierra. Y desque aquello tuvo mandado y los vio todos embarcados, se fue a despedir del Diego Velázquez, acompañado de aquellos sus grandes amigos y compañeros, Andrés de Duero y el contador Amador de Lares, y todos los más nobles vecinos de aquella villa; y después de muchos ofrecimientos y abrazos de Cortés al gobernador y del gobernador a Cortés, se despidió de él; y al otro día muy de mañana, después de haber oído misa, nos fuimos a los navíos, y el mismo Diego Velázquez le tornó a acompañar, y otros muchos hidalgos, hasta hacernos a la vela, y con próspero tiempo en pocos días llegamos a la villa de la Trinidad; y tomado puerto y saltados en tierra, lo que allí le avino a Cortés adelante se dirá. Aquí en esta relación verán lo que a Cortés le acaeció y las contrariedades que tuvo hasta elegir por capitán y todo lo demás ya por mí dicho; y sobre ello miren lo que dice Gómara en su historia, y hallarán ser muy contrario lo uno de lo otro, y cómo a Andrés de Duero, siendo secretario que mandaba la isla de Cuba, le hace mercader, y al Diego de Ordás, que vino ahora con Cortés, dijo que había venido con Grijalva. Dejemos al Gómara y a su mala relación, y digamos cómo desembarcamos con Cortés en la villa de La Trinidad.

Capítulo XXI. De lo que Cortés hizo desque llegó a la villa de la Trinidad, y de los caballeros y soldados que allí nos juntamos para ir en su compañía, y de lo que más le avino
Y así como desembarcamos en el puerto de la villa de la Trinidad, y salidos en tierra, y como los vecinos lo supieron, luego fueron a recibir a Cortés Y a todos nosotros los que veníamos en su compañía, y a darnos el parabién venido a su villa, y llevaron a Cortés a aposentar entre los vecinos, porque había en aquella villa poblados muy buenos hidalgos; y luego mandó Cortés poner su estandarte delante de su posada y dar pregones, como se había hecho en la villa de Santiago, y mandó buscar todas las ballestas y escopetas que había, y comprar otras cosas necesarias y aun bastimentos; y de aquesta villa salieron hidalgos para ir con nosotros, y todos hermanos; que fue el capitán Pedro de Alvarado y Gonzalo de Alvarado y Jorge de Alvarado y Gonzalo y Gómez y Juan de Alvarado el viejo, que era bastardo; el capitán Pedro, de Alvarado es el por mí muchas veces nombrado; y también salió de aquesta villa Alonso de Ávila, natural de Ávila, capitán que fue cuando lo de Grijalva, y salió Juan de Escalante y Pedro Sánchez Farfán, natural de Sevilla, y Gonzalo Mejía, que fue tesorero en lo de México, y un Baena y Juanes de Fuenterrabía, y Cristóbal de Olí, el muy esforzado, que fue maestre de campo en la toma de la ciudad de México y en todas las guerras de la Nueva

España, y Ortiz el músico, y un Gaspar Sánchez, sobrino del tesorero de Cuba, y un Diego de Pineda o Pinedo, y un Alonso Rodríguez, que tenía unas minas ricas de oro, y un Bartolomé García y otros hidalgos que no me acuerdo sus nombres, y todas personas de mucha valía. Y desde la Trinidad escribió Cortés a la villa de Santispíritus, que estaba de allí dieciocho leguas, haciendo saber a todos los vecinos como iba a aquel viaje a servir a su majestad, y con palabras sabrosas y ofrecimientos para atraer a sí muchas personas de calidad que estaban en aquella villa poblados, que se decían Alonso Hernández Portocarrero, Primo del conde de Medellín, y Gonzalo de Sandoval, alguacil mayor y gobernador que fue ocho meses, y capitán que después fue en la Nueva España, y a Juan Velázquez de León, pariente del gobernador Velázquez, y Rodrigo Rangel y Gonzalo López de Jimena y su hermano Juan López, y Juan Sedeño. Este Juan Sedeño era vecino de aquella villa; y declárolo así porque había en nuestra armada otros dos Juan Sedeños; y todos estos que he nombrado, personas muy generosas, vinieron a la villa de la Trinidad, donde Cortés estaba; y como lo supo que venían, los salió a recibir con todos nosotros los soldados que estábamos en su compañía y se dispararon muchos tiros de artillería y les mostró mucho amor y ellos le tenían grande acato. Digamos ahora cómo todas las personas que he nombrado, vecinos de la Trinidad, tenían sus estancias, donde hacían el pan casabe, y manadas de puercos, cerca de aquella villa, y cada uno procuró de poner el más bastimento que podía. Pues estando desta manera recogiendo soldados y comprando caballos, que en aquella sazón y tiempo no los había, sino muy pocos y caros; y como aquel hidalgo por mí ya nombrado, que se decía Alonso Hernández Portocarrero, no tenía caballo ni aun de qué comprarlo, Cortés le compró una yegua rucia y dio por ella unas lazadas de oro que traía en la ropa de terciopelo que mandó hacer en Santiago de Cuba (como dicho tengo); y en aquel instante vino un navío de La Habana a aquel puerto de la Trinidad, que traía un Juan Sedeño, vecino de la misma Habana, cargado de pan casabe y tocinos, que iba a vender a unas minas de oro cerca de Santiago de Cuba; y como saltó en tierra el Juan Sedeño, fue a besar las manos a Cortés, y después de muchas pláticas que tuvieron, le compré el navío y tocinos y casabe fiado, y se fue el Juan Sedeño con nosotros. Ya teníamos once navíos, y todo se nos hacía prósperamente, gracias a Dios por ello; y estando de la manera que dicho, envió Diego Velázquez cartas y mandamientos para que detengan la armada a Cortés, lo cual verán adelante lo que pasó.

Capítulo XXII. Cómo el gobernador Diego Velázquez envió dos criados suyos en posta a la villa de la Trinidad con poderes y mandamientos para revocar a Cortés el poder de ser capitán y tomarle la armada; y lo que pasó diré adelante
Quiero volver algo atrás de nuestra plática para decir que como salimos de Santiago de Cuba con todos los navíos de la manera que he dicho, dijeron a Diego Velázquez tales palabras contra Cortés, que le hicieron volver la hoja; porque le acusaban que ya iba alzado y que salió del puerto como a cencerros tapados, y que le habían oído decir que aunque pesase al Diego Velázquez había de ser capitán, y que por este efecto había embarcado todos sus soldados en los navíos de noche, para si le quitasen la capitanía por fuerza hacerse a la vela, y que le habían engañado al Velázquez su secretario Andrés de Duero y el contador Amador de Lares, y que por tratos que habla entre ellos y entre Cortés, que le habían hecho dar aquella capitanía. Y quien más metió la mano en ello para convocar al Diego Velázquez que le revocase luego el poder eran sus parientes Velázquez —y un viejo que se decía Juan Millán, que le llamaban «el astrólogo»—; otros decían que tenía ramos de locura y que era atronado, y este viejo decía muchas veces al Diego Velázquez: «Mirad, señor, que Cortés se vengará ahora de vos de cuando le tuvistes preso, y como es mañoso, os ha de echar a perder si no lo remediáis presto». A estas palabras y otras muchas que le decían dio oídos a ellas, y con mucha brevedad envió dos mozos de espuelas, de quien se fiaba, con mandamientos y provisiones para el alcalde mayor de la Trinidad, que se decía Francisco Verdugo, el cual era cuñado del mismo gobernador; en las cuales provisiones mandaba que en todo caso le detuviesen el armada a Cortés, porque ya no era capitán, y le habían revocado poder y dado a Vasco Porcallo. Y también traían cartas para Diego de Ordás y para Francisco de Morla y para todos los amigos y parientes del Diego Velázquez, para que en todo caso le quitasen la armada. Y como Cortés lo supo, habló secretamente al Ordás y a todos aquellos soldados y vecinos de la Trinidad

que le pareció a Cortés que serían en favorecer las provisiones del gobernador Diego Velázquez, y tales palabras y ofertas les dijo, que los trajo a su servicio; y aun el mismo Diego de Ordás habló y convocó luego a Francisco Verdugo, que era alcalde mayor, que no hablasen en el negocio, sino que lo disimulasen; y púsole por delante que hasta allí no había visto ninguna novedad en Cortés, antes se mostraba muy servidor al gobernador; y ya que en algo se quisiesen poner por el Velázquez para quitarle la armada en aquel tiempo, que Cortés tenía muchos hidalgos por amigos, y enemigos de Diego Velázquez porque no les había dado buenos indios; y demás de los hidalgos sus amigos, tenía grande copia de soldados y estaba muy pujante, y que sería meter cizaña en la villa, y que por ventura los soldados le darían sacomano y le robarían y harían otro peor desconcierto; y así, se quedó sin hacer bullicio. Y el un mozo de espuelas de los que traían las cartas y recaudos se fue con nosotros, el cual se decía Pedro Laso, y con el otro mensajero escribió Cortés muy mansa y amorosamente al Diego Velázquez que se maravillaba de su merced de haber tomado aquel acuerdo, y que su deseo es servir a Dios y a su majestad, y a él en su real nombre; y que le suplicaba que no oyese más a aquellos señores sus deudos los Velázquez, ni por un viejo loco, como era Juan Millán, se mudase. Y también escribió a todos sus amigos, en especial al Duero y al contador, sus compañeros; y después de haber escrito, mandó entender a todos los soldados en aderezar armas, y a los herreros que estaban en aquella villa, que siempre hiciesen casquillos, y a los ballesteros que desbastasen almacén para que tuviesen muchas saetas, y también atrajo y convocó a los herreros que se fuesen con nosotros, y así lo hicieron; y estuvimos en aquella villa doce días, donde lo dejaré, y diré cómo nos embarcamos para ir a La Habana. También quiero que vean los que esto leyeren la diferencia que hay de la relación de Francisco Gómara cuando dice que envió a mandar Diego Velázquez a Ordás que convidase a comer a Cortés en un navío y lo llevase preso a Santiago. Y pone otras cosas en su crónica, que por no me alargar lo dejo de decir: y al parecer de los curiosos lectores si lleva mejor camino lo que se vio por vista de ojos o lo que dice el Gómara, que no vio. Volvamos a nuestra materia.

Capítulo XXIII. Cómo el capitán Hernando Cortés se embarcó con todos los demás caballeros y soldados para ir por la banda del sur al puerto de La Habana; y envió otro navío por la banda del norte al mismo puerto, y lo que más le acaeció

Después que Cortés vio que en la villa de la Trinidad no teníamos en qué entender, apercibió a todos los caballeros y soldados que allí se habían juntado para ir en su compañía, que embarcasen juntamente con él en los navíos que estaban en el puerto de la banda del sur, y los que por tierra quisiesen ir, fuesen hasta La Habana con Pedro de Alvarado, para que fuese recogiendo más soldados, que estaban en unas estancias que era camino de la misma Habana; porque el Pedro de Alvarado era muy apacible, y tenía gracia en hacer gente de guerra. Yo fui en su compañía por tierra, y más de otros cincuenta soldados. Dejemos esto, y diré que también mandó Cortés a un hidalgo que se decía Juan de Escalante, muy su amigo, que se fuese en un navío por la banda del norte. Y también mandó que todos los caballos fuesen por tierra. Pues ya despachado todo lo que dicho tengo, Cortés se embarcó en la nao capitana con todos los navíos para ir la derrota de La Habana. Parece ser que las naos que llevaba en conserva no vieron a la capitana, donde iba Cortés, porque era de noche, y fueron al puerto; y asimismo llegamos por tierra con Pedro de Alvarado a la villa de La Habana; y el navío en que venía Juan de Escalante por la banda del norte también había llegado, y todos los caballos que iban por tierra; y Cortés no vino, ni sabían dar razón de él ni dónde quedaba, y pasáronse cinco días, y no había nuevas ningunas de su navío, y teníamos sospecha no se hubiese perdido en los Jardines que es cerca de las islas de Pinos, donde hay muchos bajos, que son diez o doce leguas de La Habana; y fue acordado por todos nosotros que fuesen tres navíos de los de menos porte en busca de Cortés; y en aderezar los navíos y en debates, «vaya Fulano, vaya Zutano, o Pedro o Sancho», se pasaron otros dos días y Cortés no venía; y había entre nosotros bandos y medio chirinolas sobre quién sería capitán hasta saber de Cortés; y quien más en ello metió la mano fue Diego de Ordás, como mayordomo mayor del Velázquez, a quien enviaba para entender solamente en lo de la armada, no se le alzase con ella. Dejemos esto, y volvamos a Cortés, que como venía en el navío de mayor porte (como antes tengo dicho), en el paraje de la isla de

Pinos o cerca de los Jardines hay muchos bajos, parece ser tocó y quedó algo en seco el navío, y no pudo navegar, y con el batel mandó descargar toda la carga que se pudo sacar, porque allí cerca había tierra, donde lo descargaron; y desque vieron que el navío estuvo en flote y podía nadar, le metieron en más hondo, y tornaron a cargar lo que habían descargado en tierra, y dio vela; y fue su viaje hasta el puerto de La Habana; y cuando llegó, todos los más de los caballeros y soldados que le aguardábamos nos alegramos con su venida, salvo algunos que pretendían ser capitanes; y cesaron las chirinolas. Y después que le aposentamos en la casa de Pedro Barba, que era teniente de aquella villa por el Diego Velázquez, mandó sacar sus estandartes, y ponerlos delante de las casas donde posaba; y mandó dar pregones según y de la manera de los pasados, y allí en La Habana vino un hidalgo que se decía Francisco de Montejo, y éste es el por mí muchas veces nombrado, que, después de ganado México fue adelantado y gobernador de Yucatán y Honduras; y vino Diego de Soto el de Toro, que fue mayordomo de Cortés en lo de México; y vino un Angulo, y Garci Caro y Sebastián Rodríguez, y un Pacheco, y un fulano Gutiérrez, y un Rojas (no digo Rojas «el rico»), y un mancebo que se decía Santa Clara, y dos hermanos que se decían los Martínez, del Fregenal, y un Juan de Nájera (no lo digo por «el sordo», el del juego de la pelota de México), y todas personas de calidad, sin otros soldados que no me acuerdo sus nombres. Y cuando Cortés los vio todos aquellos hidalgos y soldados juntos se holgó en grande manera, y luego envió un navío a la punta de Guaniguanico, a un pueblo que allí estaba de indios, adonde hacían casabe y tenían muchos puercos, para que cargase el navío de tocinos, porque aquella estancia era del gobernador Diego Velázquez; y envió por capitán del navío al Diego de Ordás, como mayordomo mayor de las haciendas del Velázquez, y envióle por tenerle apartado de sí; porque Cortés supo que no se mostró mucho en su favor cuando hubo las contiendas sobre quién sería capitán cuando Cortés estaba en la isla de Pinos, que tocó su navío, y por no tener contraste en su persona le envió; y le mandó que después que estuviese cargado el navío de bastimentos, se estuviese aguardando en el mismo puerto de Guaniguanico hasta que se juntase con otro navío que había de ir por la banda del norte, y que irían ambos en conserva hasta lo de Cozumel, o le avisaría con indios en canoas lo que había que hacer. Volvamos a decir del Francisco de Montejo y de todos aquellos vecinos de La Habana, que metieron mucho matalotaje de casabe y tocinos, que otra cosa no había; y luego Cortés mandó sacar toda la artillería de los navíos, que eran diez tiros de bronce y ciertos falconetes, y dio cargo dellos a un artillero que se decía Mesa y a un levantisco que se decía Arbenga y a un Juan Catalán, para que los limpiasen y probasen y para que las pelotas y pólvora todo lo tuviesen muy a punto; y dioles vino y vinagre con que lo refinasen, y dioles por compañero a uno que se decía Bartolomé de Usagre. Asimismo mandó aderezar las ballestas y cuerdas, y nueces y almacén, y que tirasen a terrero, y que a cuántos pasos llegaba la fuga de cada una dellas. Y como en aquella tierra de La Habana había mucho algodón, hicimos armas muy bien colchadas, porque son buenas para entre indios, porque es mucha la vara y flecha y lanzadas que daban, pues piedra era como granizo; y allí en La Habana comenzó Cortés a poner casa y a tratarse como señor, y el primer maestresala que tuvo fue un Guzmán, que luego se murió o mataron indios; no digo por el mayordomo Cristóbal de Guzmán, que fue de Cortés, que prendió Guatemuz cuando la guerra de México. Y también tuvo Cortés por camarero a un Rodrigo Rangel, y por mayordomo a un Juan de Cáceres, que fue, después de ganado México, hombre rico. Y todo esto ordenado, nos mandó apercibir para embarcar, y que los caballos fuesen repartidos en todos los navíos: hicieron pesebrera, y metieron mucho maíz y yerba seca. Quiero aquí poner por memoria todos los caballos y yeguas que pasaron.

El capitán Cortés, un caballo castaño zaino, que luego se le murió en San Juan de Ulúa.

Pedro de Alvarado y Hernando López de Ávila, una yegua castaña muy buena, de juego y de carrera; y de que llegamos a la Nueva España el Pedro de Alvarado le compró la mitad de la yegua, o se la tomó por fuerza.

Alonso Hernández Portocarrero, una yegua rucia de buena carrera, que le compré Cortés por las lazadas de oro.

Juan Velázquez de León, otra yegua rucia muy poderosa, que llamábamos «la rabona», muy revuelta y de buena carrera.

Cristóbal de Olí, un caballo castaño oscuro, harto bueno.

Francisco de Montejo y Alonso de Ávila, un caballo alazán tostado: no fue para cosa de guerra.

Francisco de Morla, un caballo castaño oscuro, gran corredor y revuelto.

Juan de Escalante, un caballo castaño claro, tresalvo: no fue bueno.

Diego de Ordás, una yegua rucia, machorra, pasadera aunque corría poco.

Gonzalo Domínguez, muy extremado jinete, un caballo castaño oscuro muy bueno y grande corredor.

Pedro González de Trujillo, un buen caballo castaño, perfecto castaño, que corría muy bien.

Moron, vecino del Bayamo, un caballo overo, labrado de las manos, y era bien revuelto.

Baena, vecino de la Trinidad, un caballo overo algo sobre morcillo: no salió bueno.

Lares, el muy buen jinete, un caballo muy bueno, de color castaño algo claro y buen corredor.

Ortiz el músico, y un Bartolomé García, que solía tener minas de oro, un muy buen caballo oscuro que decían «el arriero»: este fue uno de los buenos caballos que pasamos en la armada.

Juan Sedeño, vecino de La Habana, una yegua castaña, y esta yegua parió en el navío. Este Juan Sedeño pasó el más rico soldado que hubo en toda la armada, porque trajo un navío suyo, y la yegua y un negro, y casabe y tocinos; porque en aquella sazón no se podía hallar caballos ni negros si no era a peso de oro, y a esta causa no pasaron más caballos, porque no los había. Y dejarlos he aquí, y diré lo que allá nos avino, ya que estábamos a punto para nos embarcar.

Capítulo XXIV. Cómo Diego Velázquez envió a un su criado que se decía Gaspar de Garnica, con mandamiento y provisiones para que en todo caso se prendiese a Cortés y se le tomase el armada, y lo que sobre ello se hizo

Hay necesidad que algunas cosas desta relación vuelvan muy atrás a se relatar, para que se entienda bien lo que se escribe; y esto digo que parece ser que, como el Diego Velázquez vio y supo de cierto que Francisco

Verdugo, su teniente y cuñado, que estaba en la villa de la Trinidad, no quiso apremiar a Cortés que dejase el armada, antes le favoreció, juntamente con Diego de Ordás, para que saliese; diz que estaba tan enojado el Diego Velázquez, que hacía bramuras, y decía al secretario Andrés de Duero y al contador Amador de Lares que ellos le habían engañado por el trato que hicieron, y que Cortés iba alzado: y acordó de enviar a un criado con cartas y mandamientos para La Habana a su teniente, que se decía Pedro Barba, y escribió a todos sus parientes que estaban por vecinos en aquella villa, y al Diego de Ordás y a Juan Velázquez de León, que eran sus deudos y amigos, rogándoles muy afectuosamente que en bueno ni en malo no dejasen pasar aquella armada, y que luego prendiesen a Cortés, y se lo enviasen preso y a buen recaudo a Santiago de Cuba. Llegado que llegó Garnica (que así se decía el que envió con las cartas y mandamientos a La Habana), se supo lo que traía, y con este mismo mensajero tuvo aviso Cortés de lo que enviaba el Velázquez, y fue desta manera: que parece ser que un fraile de la Merced que se daba por servidor de Velázquez, que estaba en su compañía del mismo gobernador, escribía a otro fraile de su orden, que se decía fray Bartolomé de Olmedo, que iba con Cortés, y en aquella carta del fraile le avisaban a Cortés sus dos compañeros Andrés de Duero y el contador de lo que pasaba: volvamos a nuestro cuento. Pues como al Ordás lo había enviado Cortés a lo de los bastimentos con el navío (como dicho tengo), no tenía Cortés contradictor sino a Juan Velázquez de León; luego que le habló lo trajo a su mandado, y especialmente que el Juan Velázquez no estaba bien con el pariente, porque no le había dado buenos indios. Pues a todos los más que había escrito el Diego Velázquez, ninguno le acudía a su propósito; antes todos a una se mostraron por Cortés, y el teniente Pedro Barba muy mejor; y demás desto, aquellos hidalgos Alvarados, y el Alonso Hernández Portocarrero, y Francisco de Montejo, y Cristóbal de Olí, y Juan de Escalante, y Andrés de Monjaraz, y su hermano Gregorio de Monjaraz; y todos nosotros pusiéramos la vida por el Cortés. Por manera que si en la villa de la Trinidad se disimularon los mandamientos, muy mejor se callaron en La Habana entonces; y con el mismo Garnica escribió el teniente Pedro Barba al Diego Velázquez, que no osé prender a Cortés porque estaba muy pujante de soldados, y que hubo temor no metiese a sacomano la villa y la robase, y embarcase todos los vecinos y se los llevase consigo. Y que, a lo que ha entendido, que Cortés era su servidor, y que no se atrevió a hacer otra cosa. Y Cortés escribió al Velázquez con palabras tan buenas y de ofrecimientos, que los sabía muy bien decir, y que otro día se haría a la vela, y que le sería muy servidor.

Capítulo XXV. Cómo Cortés se hizo a la vela con toda su compañía de caballeros y soldados para la isla de Cozumel, y lo que allí le avino
No hicimos alarde hasta la isla de Cozumel, más de mandar Cortés que los caballos se embarcasen; y mandó Cortés a Pedro de Alvarado que fuese por la banda del norte en un buen navío que se decía San Sebastián, y mandó al piloto que llevaba el navío que le aguardase en la punta de San Antonio, para que allí se juntase con todos los navíos para ir en conserva hasta Cozumel, y envió mensajero a Diego de Ordás, que había ido por el bastimento, que aguardase, que hiciese lo mismo, porque estaba en la banda del norte; y en 10 días del mes de febrero, año de 1519, después de haber oído misa, nos hicimos a la vela con nueve navíos por la banda del sur con la copia de los caballeros y soldados que dicho tengo, y con dos navíos de la banda del norte (como he dicho), que fueron once; con el en que fue Pedro de Alvarado con sesenta soldados, y yo fui en su compañía; y el piloto que llevábamos, que se decía Camacho, no tuvo cuenta de lo que le fue mandado por Cortés, y siguió su derrota, y llegamos dos días antes que Cortés a Cozumel, y surgimos en el puerto, ya por mí otras veces dicho cuando lo de Grijalva; y Cortés aún no había llegado con su flota, por causa que un navío en que venía por capitán Francisco de Morla, con tiempo se le saltó el gobernalle, y fue socorrido con otro gobernalle de los navíos que venían con Cortés, y vinieron todos en conserva. Volvamos a Pedro de Alvarado, que así como llegamos al puerto saltamos en tierra en el pueblo de Cozumel con todos los soldados, y no hallamos indios ningunos, que se habían ido huyendo; y mandó que luego fuésemos a otro pueblo que estaba de allí una legua, y también se amontaron y huyeron los naturales, y no pudieron llevar su hacienda, y dejaron gallinas y otras cosas; y de las gallinas mandó Pedro de Alvarado que tomasen hasta cuarenta dellas, y

también en una casa de adoratorios de ídolos tenían unos paramentos de mantas viejas, y unas arquillas donde estaban unas como diademas y ídolos, cuenta se pinjantillos de oro bajo, y también se les tomó dos indios y una india; y volvimos al pueblo donde desembarcamos. Estando en esto llegó Cortés con todos los navíos, y después de aposentado, la primera cosa que hizo fue mandar echar preso en grillos al piloto Camacho porque no aguardó en la mar, como le fue mandado. Y desque vio el pueblo sin gente, y supo cómo Pedro de Alvarado había ido al otro pueblo, y que les había tomado gallinas y paramentos y otras cosillas de poco valor de los ídolos, y el oro medio cobre, mostró tener mucho enojo dello y de cómo no aguardó el piloto; y reprendióle gravemente al Pedro de Alvarado, y le dijo que no se habían de apaciguar las tierras de aquella manera, tomando a los naturales su hacienda; y luego mandó traer a los dos indios y a la india que habíamos tomado, y con Melchorejo, que llevábamos de la punta de Cotoche, que entendía bien aquella lengua, les habló, porque Julianillo su compañero se había muerto, que fuesen a llamar los caciques e indios de aquel pueblo, y que no hubiesen miedo, y les mandó volver el oro y paramentos y todo lo demás; y por las gallinas, que ya se habían comido, les mandó dar cuentas y cascabeles, y más dio a cada indio una casima de Castilla. Por manera que fueron a llamar al señor de aquel pueblo, y otro día vino el cacique con toda su gente, hijos y mujeres de todos los del pueblo, y andaban entre nosotros como si toda su vida nos hubieran tratado; y mandó Cortés que no se les hiciese enojo ninguno. Aquí en esta isla comenzó Cortés a mandar muy de hecho, y nuestro señor le daba gracia que doquiera que ponía la mano se le hacía bien, especial en pacificar los pueblos y naturales de aquellas partes, como adelante verán.

Capítulo XXVI. Cómo Cortés mandó hacer alarde todo su ejército, y de lo que más nos avino

De allí a tres días que estábamos en Cozumel mandó Cortés hacer alarde para ver qué tantos soldados llevaba, y halló por su cuenta que éramos quinientos y ocho, sin maestres y pilotos y marineros, que serían ciento nueve, y dieciséis caballos y yeguas (las yeguas todas eran de juego y de carrera), y once navíos grandes y pequeños, con uno que era como bergantín, que traía a cargo un Ginés Nortes, y eran treinta y dos ballesteros y trece escopeteros, que así se llamaban en aquel tiempo, y tiros de bronce y cuatro falconetes y mucha pólvora y pelotas, y esto desta cuenta de los ballesteros no se me acuerda bien, no hace al caso de la relación; y hecho el alarde, mandó a Mesa el artillero, que así se llamaba, y un Bartolomé de Usagre, y Arbenga y a un Catalán, que todos eran artilleros, que lo tuviesen muy limpio y aderezado, y los tiros y pelotas muy a punto, juntamente con la pólvora. Puso por capitán de la artillería a un Francisco de Orozco, que había sido buen soldado en Italia; asimismo mandó a dos ballesteros, maestros de aderezar ballestas, que se decían Juan Benítez y Pedro de Guzmán «el ballestero», que mirasen que todas las ballestas tuviesen a dos y a tres nueces y otras tantas cuerdas, y que siempre tuviesen cepillo e ingijuela, y tirasen a terreno, y que los caballos estuviesen a punto. No sé yo en qué gasto ahora tanta tinta en meter la mano en cosas de apercibimiento de armas y de lo demás; porque Cortés verdaderamente tenía grande vigilancia en todo.

Capítulo XXVII. Cómo Cortés supo de dos españoles que estaban en poder de indios en la punta de Cotoche, y lo que sobre ello se hizo
Como Cortés en todo ponía gran diligencia, me mandó llamar a mí y a un vizcaíno que se llamaba Martín Ramos, y nos preguntó que qué sentíamos de aquellas palabras que nos hubieron dicho los indios de Campeche cuando venimos con Francisco Hernández de Córdoba, que decían «Castilan, Castilan», según lo he dicho en el capítulo que dello habla; y nosotros se lo tornamos a contar según de la manera que lo habíamos visto y oído, y dijo que ha pensado en ello muchas veces, y que por ventura estarían algunos españoles en aquellas tierras, y dijo: «Paréceme que será bien preguntar a estos caciques de Cozumel si sabían alguna nueva dellos»; y con Melchorejo, el de la punta de Cotoche, que entendía ya poca cosa la lengua de Castilla, y sabía muy bien la de Cozumel, se lo preguntó a todos los principales, y todos a una dijeron que habían conocido ciertos españoles, y daban señas dellos, y que en la tierra adentro, andadura de dos soles, estaban, y los tenían por esclavos unos caciques, y que allí en

Cozumel había indios mercaderes que les hablaron pocos días había; de lo cual todos nos alegramos con aquellas nuevas. Y díjoles Cortés que luego les fuesen a llamar con carta, que en su lengua llaman amales, y dio a los caciques y a los indios que fueron con las carios, camisas, y los halagó, y los dijo que cuando volviesen les darían más cuentas; y el cacique dijo a Cortés que enviase rescate para los amos con quien estaban, que los tenían por esclavos, porque los dejasen venir; y así se hizo, que se les dio a los mensajeros de todo género de cuentas, y luego mandó apercibir dos navíos, los de menos porte, que el uno era poco mayor que el bergantín, y con veinte ballesteros y escopeteros, y por capitán dellos a Diego de Ordás; y mandó que estuviesen en la costa de la punta de Cotoche, aguardando ocho días en el navío mayor; y entre tanto que iban y venían con la respuesta de las cartas, con el navío pequeño volviesen a dar la respuesta a Cortés de lo que hacían, porque estaba aquella tierra de la punta de Cotoche obra de cuatro leguas, y se parece la una tierra desde la otra; y escrita la carta, decía en ella: «Señores y hermanos: Aquí en Cozumel he sabido que estáis en poder de un cacique detenidos, y os pido por merced que luego os vengáis aquí en Cozumel, que para ello envío un navío con soldados, si los hubiereis menester, y rescate para dar a esos indios con quien estáis, y lleva el navío de plazo ocho días para os aguardar. Veníos con toda brevedad; de mí seréis bien mirados y aprovechados. Yo quedo aquí en esta isla con quinientos soldados y once navíos; en ellos voy, mediante Dios, la vía de un pueblo que se dice Tabasco o Potonchan, etc.». Luego se embarcaron en los navíos con las cartas y los dos indios mercaderes de Cozumel que las llevaban, y en tres horas atravesaron el golfete, y echaron en tierra los mensajeros con las cartas y el rescate, y en dos días las dieron a un español que se decía Jerónimo de Aguilar, que entonces supimos que así se llamaba, y de aquí adelante así le nombraré. Y desque las hubo leído, y recibido el rescate de las cuentas que le enviamos, él se holgó con ello y lo llevó a su amo el cacique para que le diese licencia; la cual luego la dio para que se fuese adonde quisiese. Caminó el Aguilar adonde estaba su compañero, que se decía Gonzalo Guerrero, que le respondió: «Hermano Aguilar, yo soy casado, tengo tres hijos, y tiénenme por cacique y capitán cuando hay guerras; íos vos con Dios; que yo tengo labrada la cara y horadadas las orejas;

¿qué dirán de mí desque me vean esos españoles ir desta manera? Y ya veis estos mis tres hijitos cuán bonicos son. Por vida vuestra que me deis desas cuentas verdes que traéis, para ellos, y diré que mis hermanos me las envían de mi tierra»; y asimismo la india mujer del Gonzalo habló al Aguilar en su lengua muy enojada, y le dijo: «Mirá con que viene este esclavo a llamar a mi marido: íos vos, y no curéis de más pláticas»; y el Aguilar tornó a hablar al Gonzalo que mirase que era cristiano, que por una india no se perdiese el ánima; y si por mujer e hijos lo hacía, que la llevase consigo si no los quería dejar; y por más que dijo y amonestó, no quiso venir. Y parece ser que aquel Gonzalo Guerrero era hombre de la mar, natural de Palos. Y desque el Jerónimo de Aguilar vio que no quería venir, se vino luego con los dos indios mensajeros adonde había estado el navío aguardándole, y desque llegó no le halló; que ya se había ido, porque ya se habían pasado los ocho días, y aun uno más que llevó de plazo el Ordás para que aguardase; y porque desque vio el Aguilar no venía, se volvió a Cozumel, sin llevar recaudo a lo que había venido; y después el Aguilar vio que no estaba allí el navío, quedó muy triste, y se volvió a su amo al pueblo donde antes solía vivir. Y dejaré esto y diré cuando Cortés vio venir al Ordás sin recaudo ni nueva de los españoles ni de los indios mensajeros, estaba tan enojado, que dijo con palabras soberbias al Ordás que había creído que otro mejor recaudo trajera que no venirse así sin los españoles ni nueva dellos; porque ciertamente estaban en aquella tierra. Pues en aquel instante aconteció que unos marineros que se decían los Peñates, naturales de Gibraleón, habían hurtado a un soldado que se decía Berrio ciertos tocinos, y no se los querían dar, y quejóse el Berrio a Cortés; y tomando juramento a los marineros, se perjuraron, y en la pesquisa pareció el hurto; los cuales tocinos estaban repartidos en siete marineros, y a todos siete los mandó luego azotar; que no aprovecharon ruegos de ningún capitán. Donde lo dejaré, así esto de los marineros como esto del Aguilar, y nos iremos sin él nuestro viaje hasta su tiempo y sazón. Y diré cómo venían muchos indios en romería a aquella isla de Cozumel, los cuales eran naturales de los pueblos comarcanos de la punta de Cotoche y de otras partes de tierras de Yucatán; porque, según pareció, había allí en Cozumel ídolos de muy disformes figuras, y estaban en un adoratorio, en que ellos tenían por costumbre en aquella tierra por aquel tiempo sacrificar, y una mañana estaba lleno el patio donde estaban los ídolos, de muchos indios e indias quemando resina, que es como nuestro incienso; y como era cosa nueva para nosotros, paramos a mirar en ello con atención, y luego se subió encima de un adoratorio un individuo viejo con mantas largas, el cual era sacerdote de aquellos ídolos (que ya he dicho otras veces que papas los llaman en la Nueva España) y comenzó a predicarles un rato, y Cortés y todos nosotros mirando en qué paraba aquel negro sermón; y Cortés preguntó a Melchorejo, que entendía muy bien aquella lengua, que qué era aquello que decía aquel indio viejo; y supo que les predicaba cosas malas; y luego mandó llamar al cacique y a todos los principales y al mismo papa, y como mejor se pudo dárselo a entender con aquella nuestra lengua, y les dijo que si habían de ser nuestros hermanos, que quitasen de aquella casa aquellos sus ídolos, que eran muy malos y les harían errar, y que no eran dioses, sino cosas malas, y que les llevarían al infierno sus almas; y se les dio a entender otras cosas santas y buenas, y que pusiesen una imagen de nuestra señora que les dió y una cruz, y que siempre serían ayudados y tendrían buenas sementeras, y se salvarían sus ánimas, y se les dijo otras cosas acerca de nuestra santa fe, bien dichas. Y el papa con los caciques respondieron que sus antepasados adoraban en aquellos dioses porque eran buenos, y que no se atrevían ellos de hacer otra cosa, y que se los quitásemos nosotros, y que veríamos cuánto mal nos iba dello, porque nos iríamos a perder en la mar; y luego Cortés mandó que los despedazásemos y echásemos a rodar unas gradas abajo, y así se hizo; y luego mandó traer mucha cal, que había harta en aquel pueblo, e indios albañiles, y se hizo un altar muy limpio, donde pusiésemos la imagen de nuestra señora; y mandó a dos de nuestros carpinteros de lo blanco, que se decían Alonso Yáñez y Álvaro López, que hiciesen una cruz de unos maderos nuevos que allí estaban; la cual se puso en uno como humilladero que estaba hecho cerca del altar, y dijo misa el padre que se decía Juan Díaz, y el papa y cacique y todos los indios estaban mirando con atención. Llaman en esta isla de Cozumel a los caciques calachionis, como otra vez he dicho en lo de Potonchan. Y dejarlos he aquí, y pasaré adelante, y diré cómo nos embarcamos.

Capítulo XXVIII. Cómo Cortés repartió los navíos y señaló capitanes para ir en ellos, y asimismo se dio la instrucción de lo que habían de hacer a los pilotos, y las señales de los faroles de noche, y otras cosas que nos avino

Cortés, que llevaba la capitana; Pedro de Alvarado y sus hermanos, un buen navío que se decía San Sebastián; Alonso Hernández Portocarrero, otro; Francisco de Montejo, otro buen navío; Cristóbal de Olí, otro; Diego de Ordás, otro; Juan Velázquez de León, otro; Juan de Escalante, otro; Francisco de Morla, otro; otro de Escobar, «el paje»; y el más pequeño, como bergantín, Ginés Nortes; y en cada navío su piloto, y el piloto mayor Antón de Alaminos, y las instrucciones por donde se habían de regir y lo que habían de hacer, y de noche las señales de los faroles; y Cortés se despidió de los caciques y papas, y les encomendó aquella imagen de nuestra señora, y a la cruz que la reverenciasen, y tuviesen limpio y enramado, y verían cuánto provecho dello les venía; y dijéronle que así lo harían, y trajéronle cuatro gallinas y dos jarros de miel, y se abrazaron; y embarcados que fuimos en ciertos días del mes de marzo de 1519 años, dimos velas, y con muy buen tiempo íbamos nuestra derrota; y aquel mismo día a hora de las diez dan desde una nao grandes voces, y capean y tiran un tiro para que todos los navíos que veníamos en conserva lo oyesen; y como Cortés lo oyó y vio se puso luego en el bordo de la capitana, y vido ir arribando el navío en que venía Juan de Escalante, que se volvía hacia Cozumel; y dijo Cortés a otras naos que venían allí cerca: «¿Qué es aquello, qué es aquello?». Y un soldado que se decía Zaragoza le respondió que se anegaba el navío de Escalante, que era adonde iba el casabe. Y Cortés dijo: «Plegue a Dios no tengamos algún desmán». Y mandó al piloto Alaminos que hiciese señas a todos los navíos que aribasen a Cozumel. Ese mismo día volvimos al puerto donde salimos, y descargamos el casabe, y hallamos la imagen de nuestra señora y la cruz muy limpio y puesto incienso, y dello nos alegramos; y luego vino el cacique y papas a hablar a Cortés, y le preguntaron que a qué volvíamos; y dijo que porque hacía agua un navío, que lo quería adobar, y que les rogaba que con todas sus canoas ayudasen a los bateles a sacar el pan casabe, y así lo hicieron; y estuvimos en adobar el navío cuatro días. Y dejemos de más hablar en ello, y diré cómo lo supo el español que estaba en poder de los indios, que se decía Aguilar, y lo que más hicimos.

Capítulo XXIX. Cómo el español que estaba en poder de indios, que se llamaba Jerónimo de Aguilar, supo cómo habíamos arribado a Cozumel, y se vino a nosotros, y lo que más pasó

Cuando tuvo noticia cierta el español que estaba en poder de indios que habíamos vuelto a Cozumel con los navíos, se alegró en grande manera y dio gracias a Dios, y mucha prisa en se venir él, y los indios que llevaron las cartas y rescate, a se embarcar en una canoa; y como le pagó bien en cuentas verdes del rescate que le enviamos, luego la halló alquilada con seis indios remeros con ella; y dan tal prisa en remar, que en espacio de poco tiempo pasaron el golfete que hay de una tierra a la otra, que serían cuatro leguas, sin tener contraste de la mar; y llegados a la costa de Cozumel, ya que estaban desembarcando, dijeron a Cortés unos soldados que iban a montería (porque había en aquella isla puercos de la tierra) que había venido una canoa grande allí junto al pueblo, y que venía de la punta de Cotoche; y mandó Cortés a Andrés de Tapia y a otros dos soldados que fuesen a ver qué cosa nueva era venir allí junto a nosotros indios sin temor ninguno con canoas grandes, y luego fueron; y desque los indios que venían en la canoa, que traía alquilados el Aguilar, vieron los españoles, tuvieron temor y se querían tornar a embarcar y hacer a lo largo con la canoa; y Aguilar les dijo en su lengua que no tuviesen miedo, que eran sus hermanos; y el Andrés de Tapia, como los vio que eran indios (porque el Aguilar ni más ni menos era que indio), luego envió a decir a Cortés con un español que siete indios de Cozumel eran los que allí llegaron en la canoa; y después que hubieron saltado en tierra, en español, mal mascado y peor pronunciado, dijo: «Dios y Santa María y Sevilla»; y luego le fue a abrazar el Tapia; y otro soldado de los que habían ido con el Tapia a ver que cosa era, fue a mucha prisa a demandar albricias a Cortés, cómo era español el que venía en la canoa: de que todos nos alegramos; y luego se vino el Tapia con el español donde estaba Cortés; y antes que llegasen donde Cortés estaba, ciertos españoles preguntaban al Tapia que es del español, aunque iba allí junto con él, porque le tenían por indio propio, porque de suyo era moreno y tresquilado a manera de indio esclavo, y traía un remo al hombro y una cotara vieja calzada y la otra en la cinta, y una manta vieja muy ruin y un braguero peor, con que cubría sus vergüenzas, y traía atado en la manta un bulto, que eran Horas muy viejas. Pues desque Cortés lo vio de aquella manera, también pico como los demás soldados y preguntó al Tapia que qué era del español. Y el español como lo entendió se puso de cuclillas, como hacen los indios, y dijo: «Yo soy». Y luego le mandó dar de vestir camisa y jubón, y zaragüelles, y caperuza, y alpargatas, que otros vestidos no había, y le preguntó de su vida y cómo se llamaba y cuándo vino a aquella tierra. Y él dijo, aunque no bien pronunciado, que se decía Jerónimo de Aguilar y que era natural de Écija, y que tenía órdenes de evangelio; que había ocho años que se había perdido él y otros quince hombres y dos mujeres que iban desde el Darién a la isla de Santo Domingo, cuando hubo unas diferencias y pleitos de un Enciso y Valdivia, y dijo que llevaban 10.000 pesos de oro y los procesos de unos contra los otros, y que el navío en que iban dio en Los Alacranes, que no pudo navegar, y que en el batel del mismo navío se metieron él y sus compañeros y dos mujeres, creyendo tomar la isla de Cuba o Jamaica, y que las corrientes eran muy grandes, que les echaron en aquella tierra, y que los calachionis de aquella comarca los repartieron entre sí, y que habían sacrificado a los ídolos muchos de sus compañeros, y dellos se habían muerto de dolencia; y las mujeres, que Poco tiempo pasado había que de trabajo también se murieron, porque las hacían moler, y que a él que le tenían para sacrificar, y una noche se huyó y se fue a aquel cacique, con quien estaba (ya no se me acuerda el nombre que allí le nombró), y que no habían quedado de todos sino él y un Gonzalo Guerrero, y dijo que le fue a llamar y no quiso venir. Y desque Cortés le oyó, dio muchas gracias a Dios por todo, y le dijo que, mediante Dios, que de él sería bien mirado y gratificado. Y le preguntó por la tierra y pueblos, y el Aguilar dijo que, como le tenían por esclavo, que no sabía sino traer leña y agua y cavar en los maíces; que no había salido sino hasta cuatro leguas que le llevaron con una carga, y que no la pudo llevar y cayó malo dello, y que ha entendido que hay muchos pueblos. Y luego le preguntó por el Gonzalo Guerrero, y dijo que estaba casado y tenía tres hijos, y que tenía labrada la cara y horadadas las orejas y el bezo de abajo, y que era hombre de la mar, natural de Palos, y que los indios le tienen por esforzado; y que había poco más de un año que cuando vinieron a la punta de Cotoche una capitanía con tres navíos (parece ser que fueron cuando vinimos los de Francisco Hernández de Córdoba), que él fue inventor que nos diesen la guerra que nos dieron, y que vino él allí por capitán, juntamente con un cacique de un gran pueblo, según ya he dicho en lo de Francisco Hernández de Córdoba. Y cuando Cortés lo oyó, dijo: «En verdad que le querría haber a las manos, porque jamás será bueno». ¡Dejarlo he!, y diré cómo los caciques de Cozumel cuando vieron al Aguilar que hablaba su lengua, le daban muy bien de comer, y el Aguilar los aconsejaba que siempre tuviesen devoción y revencia a la santa imagen de nuestra señora y a la cruz, que conocieran que por allí les vendría mucho bien; y los caciques, por consejo de Aguilar, demandaron una carta de favor a Cortés, para que si viniesen a aquel puerto otros españoles, que fuesen bien tratados y no les hiciesen agravios; la cual carta luego se la dio; y después de despedidos con muchos halagos y ofrecimientos, nos hicimos a la vela para el río de Grijalva, y desta manera que he dicho se hubo Aguilar, y no de otra, como lo escribe el cronista Gómara; y no me maravillo, pues lo que dice es por nuevas. Y volvamos a nuestra relación.

Capítulo XXX. Cómo nos tornamos a embarcar y nos hicimos a la vela para el río de Grijalva, y lo que nos avino en el viaje
En 4 días del mes de marzo de 1519 años, habiendo tan buen suceso en llevar tan buena lengua y fiel, mandó Cortés que nos embarcásemos según y de la manera que habíamos venido antes que arribásemos a Cozumel, y con las mismas instrucciones y señas de los faroles para de noche. Yendo navegando con buen tiempo, revuelve un viento, ya que quería anochecer, tan recio y contrario, que echó cada navío por su parte, con harto riesgo de dar en tierra; y quiso Dios que a media noche aflojó, y desque amaneció luego se volvieron a juntar todos los navíos, excepto uno en que iba Juan Velázquez de León; y íbamos nuestro viaje sin saber de él hasta mediodía, de lo cual llevábamos pena, creyendo fuese perdido en unos bajos, y desque se pasaba el día y no parecía, dijo Cortés al piloto Alaminos que no era bien ir más adelante sin saber de él, y el piloto hizo señas a todos los navíos que

estuviesen al reparo, aguardando si por ventura le echó el tiempo en alguna ensenada, donde no podía salir por ser el viento contrario; y como vio que no venía, dijo el piloto a Cortés: «Señor, tengo por cierto que se metió en uno como un puerto o bahía que queda atrás, y que el viento no le deja salir, porque el piloto que lleva es el que vino con Francisco Hernández de Córdoba y volvió con Grijalva», que se decía Juan Álvarez «el manquillo», y sabe aquel puerto; y luego fue acordado de volver a buscarle con toda la armada, y en aquella bahía donde había dicho el piloto lo hallamos anclado, de que todos hubimos placer; y estuvimos allí un día, y echamos dos bateles en el agua, y saltó en tierra el piloto y un capitán que se decía Francisco de Lugo; y había por allí unas estancias donde había maizales y hacían sal, y tenían cuatro cues, que son casas de ídolos, y en ellos muchas figuras, y todas las más de mujeres, y eran altas de cuerpo, y se puso nombre a aquella tierra la punta de las Mujeres. Acuérdome que decía el Aguilar que cerca de aquellas estancias estaba el pueblo donde era esclavo, y que allí vino cargado, que le trajo su amo, y cayó malo de traer la carga; y que también estaba no muy lejos el pueblo donde estaba Gonzalo Guerrero, y que todos tenían oro, aunque era poco, y que si quería, que él guiaría, y que fuésemos allá; y Cortés le dijo riendo que no venía para tan pocas cosas, sino para servir a Dios y al rey. Y luego mandó Cortés a un capitán que se decía Escobar que fuese en el navío de que era capitán, que era muy velero y demandaba poca agua, hasta Boca de Términos, y mirase muy bien qué tierra era, y si era buen puerto para poblar, y si había mucha caza, como le habían informado; y esto que le mandó fue por consejo del piloto, porque cuando por allí pasásemos con todos los navíos no nos detener en entrar en él; y que después de visto, que pusiese una señal y quebrase árboles en la boca del puerto, o escribiese una carta y la pusiese donde la viésemos de una parte y de otra del puerto para que conociésemos que había entrado dentro, o que aguardase en la mar a la armada barloventeando después que lo hubiese visto. Y luego el Escobar partió y fue a puerto de Términos (que así se llama), e hizo todo lo que le fue mandado, y halló la lebrela que se hubo quedado cuando lo de Grijalva, y estaba gorda y lucía; y dijo el Escobar que cuando la lebrela vio el navío que estaba en el puerto, que estaba halagando con la cola y haciendo otras señas de halagos, y se vino luego a los soldados, y se metió con ellos en la nao; y esto hecho, se salió luego el Escobar del puerto a la mar, y estaba esperando el armada, y parece ser, con viento sur que le dio, no pudo esperar al reparo y metióse mucho en la mar. Volvamos a nuestra armada, que quedábamos en la punta de las Mujeres, que otro día de mañana salimos con buen tiempo terral y llegamos en Boca de Términos, y no hallamos a Escobar. Mandó Cortés que sacasen el batel y con diez ballesteros le fuesen a buscar en la Boca de Términos o a ver si había señal o carta; y luego se halló árboles cortados y una carta que en ella decía cómo era muy buen puerto y buena tierra y de mucha caza, y lo de la lebrela; y dijo el piloto Alaminos a Cortés que fuésemos nuestra derrota, porque con el viento sur se debía haber metido en la mar, y que no podría ir muy lejos, porque había de navegar a orza. Y puesto que Cortés sintió pena no le hubiese acaecido algún desmán, mandó meter velas, y luego le alcanzamos y dio el Escobar sus descargos a Cortés y la causa por que no pudo aguardar. Estando en esto llegamos en el paraje de Potonchan, y Cortés mandó al piloto que surgiésemos en aquella ensenada; y el piloto respondió que era mal puerto, porque habían de estar los navíos surtos más de dos leguas lejos de tierra, que mengua mucho la mar; porque tenía pensamiento Cortés de darles una buena mano por el desbarate de lo de Francisco Hernández de Córdoba y Grijalva, y muchos de los soldados que nos habíamos hallado en aquellas batallas se lo suplicamos que entrase dentro, y no quedasen sin buen castigo, aunque se detuviesen allí dos o tres días. El piloto Alaminos con otros pilotos porfiaron que si allí entrábamos que en ocho días no podríamos salir, por el tiempo contrario, y que ahora llevábamos buen viento y que en dos días llegaríamos a Tabasco; y así, pasamos de largo, y en tres días que navegamos llegamos al río de Grijalva; y lo que allí nos acaeció y las guerras que nos dieron diré adelante.

Capítulo XXXI. Cómo llegamos al río de Grijalva, que en lengua de indios llaman Tabasco, y de lo que más con ello pasamos

En 12 días del mes de marzo de 1519 años llegamos con toda la armada al río de Grijalva, que se dice Tabasco; y como sabíamos ya de cuando lo de Grijalva que en aquel puerto y río no podían entrar navíos de mucho porte, surgieron en la mar los mayores, y con los pequeños y los bateles fuimos todos los soldados a desembarcar a la punta de los Palmares (como cuando con Grijalva, que estaba el pueblo de Tabasco, obra de media legua, y andaban por el río, y en la ribera, y entre unos manglares, todo lleno de indios guerreros; de lo cual nos maravillamos los que habíamos venido con Grijalva; y demás desto, estaban juntos en el pueblo más de doce mil guerreros aparejados para darnos guerra, porque en aquella sazón aquel pueblo era de mucho trato y estaban sujetos a él otros grandes pueblos, y todos los tenían apercibidos con todo género de armas, según las usaban. Y la causa dello fue porque los de Potonchan y los de Lázaro y otros pueblos comarcanos los tuvieron por cobardes, y se lo dieron en rostro, por causa que dieron a Grijalva las joyas de oro que antes he dicho en el capítulo que dello habla, y que de medrosos no nos osaron dar guerra, pues eran más pueblos y tenían más guerreros que no ellos; y esto les decían por afrentarlos, y que en sus pueblos nos. habían dado guerra y muerto cincuenta y seis hombres. Por manera que con aquellas palabras que les habían dicho se determinaron de tomar armas; y cuando Cortés los vio puestos de aquella manera dijo a Aguilar, la lengua, que entendía bien la de Tabasco, que dijese a unos indios que parecían principales, que pasaban en una gran canoa cerca de nosotros, que para qué andaban tan alborotados; que no les veníamos a hacer ningún mal, sino a decirles que les queremos dar de lo que traemos, como a hermanos; y que les rogaba que mirasen no comenzasen la guerra, porque les pesaría dello, y les dijo otras muchas cosas acerca de la paz; y mientras más les decía el Aguilar, más bravos se mostraban, y decían que nos matarían a todos si entrábamos en su pueblo, porque le tenían muy fortalecido todo a la redonda de árboles muy gruesos, de cercas y albarradas. Aguilar les tornó a hablar y requerir con la paz, y que nos dejasen tomar agua y comprar de comer a trueco de nuestro rescate, y también decir a los calachionis cosas que sean de su provecho y servicio de Dios nuestro señor; y todavía ellos a porfiar que no pasásemos de aquellos palmares adelante; si no, que nos matarían. Y cuando aquello vio Cortés mandó apercibir los bateles y navíos menores, y mandó poner en cada un batel tres tiros, y repartió en ellos los ballesteros y escopeteros; y teníamos memoria cuando lo de Grijalva, que iba un camino angosto desde los palmares al pueblo por unos arroyos y ciénegas. Cortés mandó a tres soldados que aquella noche mirasen bien si iba a las casas, y que no se detuviesen mucho en traer la respuesta; y los que fueron vieron que sí iba; y visto todo esto, y después de bien mirado, se nos pasó aquel día dando orden en cómo y de qué manera habíamos de ir en los bateles; y otro día por la mañana, después de haber oído misa, y todas nuestras armas muy a punto, mandó Cortés a Alonso de Ávila, que era capitán, que con cien soldados, y entre ellos diez ballesteros, fuese por el caminillo, el que he dicho que iba al pueblo; y que de que oyese los tiros, él por una parte y nosotros por otra diésemos en el pueblo; y Cortés y todos los más soldados y capitanes fuimos en los bateles y navíos de menos porte por el río arriba; y cuando los indios guerreros que estaban en la costa y entre los manglares vieron que de hecho íbamos, vienen sobre nosotros con tantas canoas al puerto adonde habíamos de desembarcar, para defendernos que no saltásemos en tierra, que en toda la costa no había sino indios de guerra con todo género de armas que entre ellos se usan, tañendo trompetillas y caracoles y atabalejos; y como Cortés así vio la cosa, mandó que nos detuviésemos un poco y que no soltásemos tiros ni escopetas ni ballestas; y como todas las cosas quería llevar muy justificadamente, les hizo otro requerimiento delante de un escribano del rey, que allí con nostros iba, que se decía Diego de Godoy, y por la lengua de Aguilar, para que nos dejasen saltar en tierra, y tomar agua y hablarles cosas de Dios nuestro señor y de su majestad; y que si guerra nos daban, que si por defendernos algunas muertes hubiese o otros cualesquier daños, fuesen a su culpa y cargo, y no a la nuestra; y ellos todavía haciendo muchos fieros y que no saltásemos en tierra; si no, que nos matarían. Luego comenzaron muy valientemente a nos flechar y hacer sus señas con sus atambores para que todos sus escuadrones apechugasen con nosotros, y como esforzados hombres vinieron y nos cercaron con las canoas con tan grandes rociadas de flechas, que nos hirieron e hicieron detener en el agua hasta la cinta y en otras partes más arriba; y como había allí en aquel desembarcadero mucha lama y ciénega, no podíamos tan presto salir della; y cargaron sobre nosotros tantos indios, que, con las lanzas a maneniente y otros a flecharnos, hacían que no tomásemos tierra tan presto como quisiéramos, y también porque en aquella lama estaba Cortés peleando y se le quedó un alpargate en el cieno, que no lo pudo sacar, y descalzo el un pie salió a tierra; y luego le sacaron el alpargate y se lo calzó. Y desque le hubimos sacado de aquella lama y tomado tierra, llamando y nombrando a señor Santiago y arremetiendo a ellos, les hicimos retraer, y aunque no muy lejos, por causa de las grandes albarradas y cercas que tenían hechas de maderos gruesos, adonde se amparaban, hasta que se las deshicimos, y tuvimos lugar por unos portillos de entrar en el pueblo y pelear con ellos, y los llevamos por una calle adelante adonde tenían hechas otras albarradas y fuerzas, y allí tornaron a reparar y hacer cara, y pelearon muy valientemente, con grande esfuerzo y dando voces y silbos, diciendo: «Ala, lala, al calachoni, al calachoni»; que en su lengua quiere decir que matasen a nuestro capitán. Estando desta manera envueltos con ellos, vino Alonso de Ávila con sus soldados, que había ido por tierra desde los Palmares, como dicho tengo, que pareció ser no acertó a venir más presto por causa de unas ciénagas y esteros que pasó; y su tardanza fue bien menester, según habíamos estado detenidos en los requerimientos y deshacer portillos en las albarradas para pelear; así que todos juntos los tornamos a echar de las fuerzas donde estaban, y los llevamos retrayendo; y ciertamente que como buenos guerreros iban tirando grandes rociadas de flechas y varas tostadas, y nunca volvieron de hecho las espaldas hasta un gran patio donde estaban unos aposentos y salas grandes, y tenían tres casas de ídolos, y ya habían llevado todo cuanto hato había. En aquel patio, mandó Cortés que reparásemos y que no fuésemos más en su seguimiento del alcance, pues iban huyendo; y allí tomó Cortés posesión de aquella tierra por su majestad, y él en su real nombre. Y fue desta manera: que desenvainada su espada, dio tres cuchilladas, en señal de posesión, en un árbol grande, que se dice ceiba, que estaba en la plaza de aquel gran patio, y dijo que si había alguna persona que se lo contradijese que él se lo defenderá con su espada y una rodela que tenía embrazada; y todos los soldados que presentes nos hallamos cuando aquello pasó dijimos que era bien tomar aquella real posesión en nombre de su majestad, y que nosotros seríamos en ayudarle si alguna persona otra cosa dijere; y por ante un escribano del rey se hizo aquel auto. Sobre esta posesión, la parte de Diego Velázquez tuvo que remurmurar della. Acuérdome que en aquellas reñidas gueras que nos dieron de aquella vez hirieron a catorce soldados, y a mí me dieron un flechazo en el muslo, mas poca la herida, y quedaron tendidos y muertos dieciocho indios en el agua y en tierra donde desembarcamos; y allí dormimos aquella noche con grandes velas y escuchas. Y dejarlo he, por contar lo que más pasamos.

Capítulo XXXII. Cómo mandó Cortés a todos los capitanes que fuesen con cada cien soldados a ver la tierra adentro, y lo que sobre ello nos acaeció

Otro día de mañana mandó Cortés a Pedro de Alvarado que saliese por capitán con cien soldados, y entre ellos quince ballesteros y escopeteros, y que fuese a ver la tierra adentro hasta andadura de dos leguas, y que llevase en su compañía a Melchorejo, la lengua de la punta de Cotoche; y cuando le fueron a llamar al Melchorejo, no le hallaron, que se había huido con los de aquel pueblo de Tabasco; porque, según parecía, el día antes en las puntas de los Palmares dejó colgados sus vestidos que tenía de Castilla, y se fue de noche en una canoa; y Cortés sintió enojo con su ida, porque no dijese a los indios, sus naturales, algunas cosas que no trajesen provecho. Dejémosle ido con la mala ventura, y volvamos a nuestro cuento: que asimismo mandó Cortés que fuese otro capitán que se decía Francisco de Lugo por otra parte con otros cien soldados y doce ballesteros y escopeteros, y que no pasase de otras dos leguas, y que volviese en la noche a dormir en el real. Y yendo que iba el Francisco de Lugo con su compañía obra de una legua de nuestro real, se encontró con grandes capitanías y escuadrones de indios, todos flecheros, y con lanzas y rodelas, y atambores y penachos, y se vienen derechos a la capitanía de nuestros soldados, y les cercan por todas partes, y les comienzan a flechar de arte, que no se podían sustentar con tanta multitud de indios, y les tiraban muchas varas tostadas y piedras con hondas, que como granizo caían sobre ellos, y con espadas de navajas de a dos manos; y por bien que peleaba el Francisco de Lugo y sus soldados, no los podía apartar de sí; y cuando aquesto vio, con gran concierto se venía ya retrayendo al real, y habían enviado adelante un indio de Cuba gran corredor y suelto, a dar mandado a Cortés para que le fuésemos a ayudar; y todavía el Francisco de Lugo, con gran concierto de sus ballesteros y escopeteros, unos armando y otros tirando, y algunas arremetidas que hacían, se sostenían con todos los escuadrones que sobre él estaban. Dejémosle de la manera que he dicho, y con gran peligro, y volvamos al capitán Pedro de Alvarado, que pareció ser había andado más de una legua, y topó con un estero muy malo de pasar, y quiso Dios nuestro señor encaminarlo que volviese por otro camino hacia donde estaba el Francisco de Lugo peleando, como dicho tengo; y como oyó las escopetas que tiraban y el gran ruido de atambores y trompetillas, y voces y silbos de los indios, bien entendió que estaban revueltos en guerra y con mucha presteza y con gran concierto acudió a las voces y tiros, y halló al capitán Francisco de Lugo con su gente haciendo rostro y peleando con los contrarios, y cinco indios muertos; y luego que se juntaron con el Lugo, dan tras los indios, que los hicieron apartar, y no de manera que los pudiesen poner en huida, que todavía los fueron siguiendo los indios a los nuestros hasta el real; y asimismo nos habían acometido y venido a dar guerra otras capitanías de guerreros adonde estaba Cortés con los heridos; mas muy presto los hicimos retraer con los tiros, que llevaban muchos dellos, y a buenas cuchilladas y estocadas. Volvamos a decir algo atrás, que cuando Cortés oyó al indio de Cuba que venía a demandar socorro, y del arte que quedaba Francisco de Lugo, de presto les íbamos a ayudar, y nosotros que íbamos y los dos capitanes por mí nombrados, que llegaban con sus gentes obra de media legua del real; y murieron dos soldados de la capitanía de Francisco de Lugo, y ocho heridos, y de la de Pedro de Alvarado le hirieron tres, y cuando llegaron al real se curaron, y enterramos los muertos, y hubo buena vela y escuchas; y en aquellas escaramuzas matamos quince indios y se prendieron tres, y el uno parecía algo principal; y Aguilar, en nuestra lengua, les preguntaba que por qué eran locos y salían a dar guerra y que mirasen que les mataríamos si otra vez volviesen. Luego se envió un indio dellos con cuentas verdes para dar a los caciques porque viniesen de paz; y aquel mensajero dijo que el indio Melchorejo, que traíamos con nosotros de la punta de Cotoche, se fue a ellos la noche antes, les aconsejó que nos diesen guerra de día y de noche, que nos vencerían, porque éramos muy pocos; de manera que traíamos con nosotros muy mala ayuda y nuestro contrario. Aquel indio que enviamos por mensajero fue, y nunca volvió con la respuesta; y de los otros dos indios que estaban presos supo Aguilar, la lengua, por muy cierto, que para otro día estaban juntos cuantos caciques habían en aquella provincia, con todas sus armas, según las suelen usar, aparejados para nos dar guerra, y que nos habían de venir otro día a cercar en el real, y que el Melchorejo se lo aconsejó. Y dejarlos he aquí, y diré lo que sobre ello hicimos.

Capítulo XXXIII. Cómo Cortés mandó que para otro día nos aparejásemos todos para ir en busca de los escuadrones guerreros, y mandó sacar los caballos de los navíos, y lo que más nos avino en la batalla que con ellos tuvimos
Luego Cortés supo que muy ciertamente nos venían a dar guerra, y mandó que con brevedad sacasen todos los caballos de los navíos en tierra, y que escopeteros y ballesteros y todos los soldados estuviésemos muy a punto con nuestras armas, y aunque estuviésemos heridos; y cuando hubieron sacados los caballos en tierra, estaban muy torpes y temerosos en el correr, como había muchos días que estaban en los navíos, y otro día estuvieron sueltos. Una cosa acaeció en aquella sazón a seis o siete soldados, mancebos y bien dispuestos, que les dio mal de lomos, que no se pudieron tener poco ni mucho en sus pies si no los llevaban a cuestas: no supimos de qué; decían que de ser regalados en Cuba, y que con el peso y calor de las armas que les dio aquel mal. Luego Cortés los mandó llevar a los navíos, no quedasen en tierra, y apercibió a los caballeros que habían de ir los mejores jinetes, y caballos y que fuesen con pretales de cascabeles, y les mandó que no se parasen a alancear hasta haberlos desbaratado, sino que las lanzas se les pasasen por los rostros; y señaló trece de a caballo, a Cristóbal de Olí, y Pedro de Alvarado, y Alonso Hernández Portocarrero, y Juan de Escalante, y Francisco de Montejo; y a Alonso de Ávila le dieron un caballo que era de Ortiz el músico y de un Bartolomé García, que ninguno dellos era buen jinete; y Juan Velázquez de León, y Francisco de Morla, y Lares el buen jinete (nómbrole así porque había otro Lares), y Gonzalo Domínguez, extremado hombre de a caballo; Morón el del Bayamo y Pedro González de Trujillo; todos estos caballeros señaló Cortés, y él por capitán. Y mandó a Mesa el artillero que tuviese muy a punto su artillería, y mandó a Diego de Ordás que fuese por capitán de todos nosotros, y aun de los ballesteros

y escopeteros, porque no era hombre de a caballo. Y otro día muy de mañana, que fue dia de nuestra señora de marzo, después de haber oído misa, puestos todos en ordenanza con nuestro alférez, que entonces era Antonio de Villarroel, marido que fue de una señora que se decía Isabel de Ojeda, que desde allí a tres años se mudó el nombre, el Villarroel, y se llamó Antonio Serrano de Cardona. Tornemos a nuestro propósito: que fuimos por unas sabanas grandes, donde habían dado guerra a Francisco de Lugo y a Pedro de Alvarado, y llamábase aquella sabana y pueblo Cintla, sujeta al mismo Tabasco, una legua del aposento donde salimos; y nuestro Cortés se apartó un poco espacio de trecho de nosotros por causa de unas ciénagas que no podían pasar los caballos; y yendo de la manera que he dicho con el Ordás, dimos con todo el poder de escuadrones de indios guerreros que nos venían ya a buscar a los aposentos, y fue donde los encontramos junto al mismo pueblo de Cintla en un buen llano. Por manera que si aquellos guerreros tenían deseos de nos dar guerra y nos iban a buscar, nosotros los encontramos con el mismo motivo. Y dejarlo he aquí, y diré lo que pasó en la batalla, y bien se puede nombrar así, como adelante verán.

Capítulo XXXIV. Cómo nos dieron guerra todos los caciques de Tabasco y sus provincias, y lo que sobre ello sucedió
Ya he dicho de la manera y concierto que íbamos, y cómo hallamos todas las capitanías y escuadrones de contrarios que nos iban a buscar, y traían todos grandes penachos, y atambores y trompetillas, y las caras enalmagradas y blancas y prietas, y con grandes arcos y flechas, y lanzas y rodelas, y espadas como montantes de a dos manos, y mucha onda y piedra, y varas tostadas, y cada uno sus armas colchadas de algodón; y así como llegaron a nosotros, como eran grandes escuadrones, que todas las sabanas cubrían, se vienen como Perros rabiosos y nos cercan por todas partes, y tiran tanta de flecha y vara y piedra, que de la primera arremetida hirieron más de setenta de los nuestros, y con las lanzas pie con pie nos hacían mucho daño, y un soldado murió luego de un flechazo que le dio por el oído, el cual se llamaba Saldaña; y no hacían sino flechar y herir en los nuestros; y nosotros con los tiros y escopetas, y ballestas y grandes estocadas nos perdíamos punto de buen pelear; y como conocieron las estocadas y el mal

que les hacíamos, poco a poco se apartaban de nosotros, mas era para flechar más a su salvo, puesto que Mesa, nuestro artillero, con los tiros mataba muchos dellos, porque eran grandes escuadrones y no se apartaban lejos, y daba en ellos a su placer, y con todos los males y heridos que les hacíamos, no los podíamos apartar. Yo dije al capitán Diego de Ordás: Paréceme que debemos cerrar y apechugar con ellos; porque verdaderamente sienten bien el cortar de las espadas, y por esta causa se desvían algo de nosotros por temor dellas, y por mejor tirarnos sus flechas y varas tostadas, y tanta piedra como granizo. Respondió el Ordás que no era buen acuerdo, porque había para cada uno de nosotros trescientos indios, y que no nos podíamos sostener con tanta multitud, y así estuvimos con ellos sosteniéndonos. Todavía acordamos de nos llegar cuanto pudiésemos a ellos, como se lo había dicho al Ordás, por darles mal año de estocadas; y bien lo sintieron, y se pasaron luego de la parte de una ciénaga; y en todo este tiempo Cortés con los de a caballo no venía, aunque deseábamos en gran manera su ayuda, y temíamos que por ventura no le hubiese acaecido algún desastre. Acuérdome que cuando soltábamos los tiros, que daban los indios grandes silbos y gritos, y echaban tierra y pajas en alto porque no viésemos el daño que les hacíamos, y tañían entonces trompetas y trompetillas, silbos y voces, y decían Ala lala. Estando en esto, vimos asomar los de a caballo, y como aquellos grandes escuadrones estaban embebecidos dándonos guerra, no miraron tan de presto en los de a caballo, como venían por las espaldas; y como el campo era llano y los caballeros buenos jinetes, y algunos de los caballos muy revueltos y corredores, dánles tan buena mano, y alancean a su placer, como convenía en aquel tiempo; pues los que estábamos peleando, como los vimos, dimos tanta prisa en ellos, los de a caballo por una parte y nosotros por otra, que de presto volvieron las espaldas. Y aquí creyeron los indios que el caballo y caballero era todo un cuerpo, como jamás habían visto caballos hasta entonces; iban aquellas sabanas y campos llenos dellos, y se acogieron a unos montes que allí había. Y después que los hubimos desbaratado, Cortés nos contó cómo no había podido venir más presto por causa de una ciénaga, y que estuvo peleando con otros escuadrones de guerreros antes que a nosotros llegasen, y traía heridos cinco caballeros y ocho caballos. Y después de apeados debajo de unos árboles que allí estaban, dimos muchas gracias y loores a Dios y a nuestra señora su bendita Madre, alzando todos las manos al cielo, porque nos había dado aquella victoria tan cumplida; y como era día de nuestra señora de marzo, llamóse una villa que se pobló el tiempo andando, Santa María de la Victoria, así por ser día de nuestra señora como por la gran victoria que tuvimos. Aquesta fue pues la primera guerra que tuvimos en compañía de Cortés en la Nueva España. Y esto pasado, apretamos as heridas a los heridos con paños, que otra cosa no había, y se curaron los caballos con quemarles las heridas con unto de un indio de los muertos, que abrimos para sacarle el unto, y fuimos a ver los muertos que había por el campo, y eran más de ochocientos, y todos los más de estocadas, y otros de los tiros y escopetas y ballestas, y muchos estaban medio muertos y tendidos. Pues donde anduvieron los de a caballo había buen recaudo, dellos muertos y otros quejándose de las heridas. Estuvimos en esta batalla sobre una hora, que no les pudimos hacer perder punto de buenos guerreros, hasta que vinieron los de a caballo, como he dicho; y prendimos cinco indios, y los dos dellos capitanes; y como era tarde y hartos de pelear, y no habíamos comido, nos volvimos al real, y luego enterramos dos soldados que iban heridos por las gargantas y por el oído, y quemamos las heridas a los demás y a los caballos con el unto del indio, y pusimos buenas velas y escuchas, y cenamos y reposamos. Aquí es donde dice Francisco López de Gómara que salió Francisco de Morla en un caballo rucio picado antes que llegase Cortés con los de a caballo, y que eran los santos apóstoles señor Santiago o señor san Pedro. Digo que todas nuestras obras y victorias son por mano de nuestro señor Jesucristo, y que en aquella batalla había para cada uno de nosotros tantos indios, que a puñados de tierra nos cegaran, salvo que la gran misericordia de Dios en todo nos ayudaba; y pudiera ser que los que dice el Gómara fueran los gloriosos apóstoles señor Santiago o señor san Pedro, y yo, como pecador, no fuese digno de verles; lo que yo entonces vi y conocí fue a Francisco de Morla en un caballo castaño, que venía juntamente con Cortés, que me parece que ahora que lo estoy escribiendo, se me representa por estos ojos pecadores toda la guerra, según y de la manera que allí pasamos. Y ya que yo, como indigno pecador, no fuera merecedor de ver a cualquiera de aquellos gloriosos apóstoles, allí en nuestra compañía había sobre cuatrocientos soldados, y Cortés y otros muchos caballeros; y platicárase dello y tomárase por testimonio, y se hubiera hecho una iglesia cuando se pobló la villa, y se nombrara la villa de Santiago de la Victoria u de san Pedro de la Victoria, como se nombró Santa María de la Victoria; y si fuera así como lo dice el Gómara, harto malos cristianos fuéramos, enviándonos nuestro señor Dios sus santos apóstoles, no reconocer la gran merced que nos hacía, y reverenciar cada día aquella iglesia; y pluguiere a Dios que así fuera como el cronista dice, y hasta que leí su crónica, nunca entre conquistadores que allí se hallaron tal se oyó. Y dejémoslo aquí, y diré lo que más pasamos.

Capítulo XXXV. Cómo envió Cortés a llamar a todos los caciques de aquellas provincias, y lo que sobre ello se hizo
Ya he dicho cómo prendimos en aquella batalla cinco indios, y los dos dellos capitanes; con los cuales estuvo Aguilar, la lengua, a pláticas, y conoció en lo que le dijeron que serían hombres para enviar por mensajeros; y díjole al capitán Cortés que les soltasen, y que fuesen a hablar con los caciques de aquel pueblo y otros cualesquier; y a aquellos dos indios mensajeros se les dio cuentas verdes y diamantes azules, y les dijo Aguilar muchas palabras bien sabrosas y de halagos, y que les queremos tener por hermanos y que no hubiesen miedo, y que lo pasado de aquella guerra que ellos tenían la culpa, y que llamasen a todos los caciques de todos los pueblos, que les queríamos hablar, y se les amonestó otras muchas cosas bien mansamente para atraerlos de paz; y fueron de buena voluntad, y hablaron con los principales y caciques, y les dijeron todo lo que les enviamos a hacer saber sobre la paz. Y oída nuestra embajada, fue entre ellos acordado de enviar luego quince indios de los esclavos que entre ellos tenían, y todos tiznadas las caras y las mantas y bragueros que traían muy ruines, y con ellos enviaron gallinas y pescado asado y pan de maíz; y llegados delante de Cortés, los recibió de buena voluntad, y Aguilar, la lengua, les dijo medio enojado que cómo venían de aquella manera prietas las caras; que más venían de guerra que para tratar paces, y que luego fuesen a los caciques y les dijesen que si querían paz, como se la ofrecimos, que viniesen señores a tratar della, como se usa, y no enviasen esclavos. A aquellos mismos tiznados se les hizo ciertos halagos, y se envió con ellos cuentas azules en señal de paz y para

ablandarles los pensamientos. Y luego otro día vinieron treinta indios principales y con buenas mantas, y trajeron gallinas y pescado, y fruta y pan de maíz, y demandaron licencia a Cortés para quemar y enterrar los cuerpos de los muertos en las batallas pasadas, porque no oliesen mal o los comiesen tigres o leones; la cual licencia les dio luego, y ellos se dieron prisa en traer mucha gente para los enterrar y quemar los cuerpos, según su usanza; y según Cortés supo dellos, dijeron que les faltaba sobre ochocientos hombres, sin los que estaban heridos; y dijeron que no se podían tener con nosotros en palabras ni paces, porque otro día habían de venir todos los principales y señores de todos aquellos pueblos, y concertarían las paces. Y como Cortés en todo era muy avisado, nos dijo riendo a los soldados que nos hallamos teniéndole compañía: «¿Sabéis, señores, que me parece que estos indios temerán mucho a los caballos, y deben de pensar que ellos solos hacen la guerra y asimismo las bombardas? He pensado una cosa para que mejor lo crean, que traigan la yegua de Juan Sedeño, que parió el otro día en el navío, y atarla han aquí adonde yo estoy, y traigan el caballo de Ortiz "el músico", que es muy rijoso, y tomará olor de la yegua; y cuando haya tomado olor della, llevarán la yegua y el caballo, cada uno de por sí, en parte que desque vengan los caciques que han de venir, no los oigan relinchar ni los vean hasta que estén delante de mí y estemos hablando»; y así se hizo, según Y de la manera que lo mandó; que trajeron la yegua y el caballo, y tomó olor della en el aposento de Cortés; y demás desto, mandó que cebasen un tiro, el mayor de los que teníamos, con una buena pelota y bien cargada de pólvora. Y estando en esto que ya era mediodía, vinieron cuarenta indios, todos caciques, con buena manera y mantas ricas a la usanza dellos; saludaron a Cortés y todos nosotros, y traían de sus inciensos, zahumándonos cuantos allí estábamos, y demandaron perdón de lo pasado, y que allí adelante serían buenos. Cortés les respondió con Aguilar, nuestra lengua, algo con gravedad, como haciendo del enojado, que ya ellos habían visto cuantas veces les habían requerido con la paz, y que ellos tenían la culpa, y que ahora eran merecedores que a ellos y a cuantos quedan en todos sus pueblos matásemos; y. porque somos vasallos de un gran rey y señor que nos envió a estas partes, el cual se dice el emperador don Carlos, que manda que a los que estuvieren en su real servicio que les ayudemos y favorezcamos; y que si ellos fueren buenos, como dicen, que así lo haremos, y si no, que soltará de aquellos tepustles que los maten (al hierro llaman en su lengua tepustle), que aun por lo pasado que han hecho en darnos guerra están enojados algunos dellos. Entonces secretamente mandó poner fuego a la bombarda que estaba cebada, y dio tan buen trueno y recio como era menester; iba la pelota zumbando por los montes, que, como en aquel instante era mediodía y hacía calma, llevaba gran ruido, y los caciques se espantaron de la oír; y como no habían visto cosa como aquella, creyeron que era verdad lo que Cortés les dijo, y para asegurarles del miedo, les tornó a decir con Aguilar que ya no hubiesen miedo, que él mandó que no hiciese daño, y en aquel instante trajeron el caballo que había tomado olor de la yegua, y átanlo no muy lejos de donde estaba Cortés hablando con los caciques; y como a la yegua la habían tenido en el mismo aposento adonde Cortés y los indios estaban hablando, pateaba el caballo, y relinchaba y hacía bramuras, y siempre los ojos mirando a los indios y al aposento donde había tomado olor de la yegua, y los caciques creyeron que por ellos hacía aquellas bramuras del relinchar y el patear, y estaban espantados. Y cuando Cortés los vio de aquel arte, se levantó de la silla, y se fue para el caballo y le tomó del freno, y dijo a Aguilar que hiciese creer a los indios que allí estaban que había mandado al caballo que no les hiciese mal ninguno; y luego dijo a dos mozos de espuelas que lo llevasen de allí lejos, que no lo tornasen a ver los caciques. Y estando en esto, vinieron sobre treinta indios de carga, que entre ellos llaman tamemes, que traían la comida de gallinas y pescado asado y otras cosas de frutas, que parece ser se quedaron atrás o no pudieron venir juntamente con los caciques. Allí hubo muchas pláticas Cortes con aquellos principales, y dijeron que otro día vendrían todos, y traerían un presente y hablarían en otras cosas; y así, se fueron muy contentos. Donde los dejaré ahora hasta otro día.

Capítulo XXXVI. Cómo vinieron todos los caciques y calachionis del río de Grijalva y trajeron un presente, y lo que sobre ello pasó
Otro día de mañana, que fue a los postreros del mes de marzo de 1519 años, vinieron muchos caciques y principales de aquel pueblo de Tabasco y otros

comarcanos, haciendo mucho acato a todos nosotros, y trajeron un presente de oro, que fueron cuatro diademas, y unas lagartijas, y dos como perrillos, y orejeras, y cinco ánades, y dos figuras de caras de indios, y dos suelas de oro, como de sus cotaras, y otras cosillas de poco valor, que yo no me acuerdo que tanto valía, y trajeron mantas de las que ellos traían y hacían, que son muy bastas; porque ya habrán oído decir los que tienen noticia de aquella provincia que no las hay en aquella tierra sino de poco valor; y no fue nada este presente en comparación de veinte mujeres, y entre ellas una muy excelente mujer, que se dijo doña Marina, que así se llamó después de vuelta cristiana. Y dejaré esta plática, y de hablar della y de las demás mujeres que trajeron, y diré que Cortés recibió aquel presente con alegría, y se apartó con todos los caciques y con Aguilar el intérprete a hablar, y les dijo que por aquello que traían se lo tenía en gracia; mas que una cosa les rogaba, que luego mandasen poblar aquel pueblo con toda su gente, mujeres e hijos, y que dentro de dos días le quería ver poblado, y que en esto conocerá tener verdadera paz. Y luego los caciques mandaron llamar todos los vecinos, y con sus hijos y mujeres en dos días se pobló. Y a lo otro que les mandó, que dejasen sus ídolos y sacrificios, respondieron que así lo harían; y les declaramos con Aguilar, lo mejor que Cortés pudo, las cosas tocantes a nuestra santa fe, y cómo éramos cristianos y adorábamos a un solo Dios verdadero, y se les mostró una imagen muy devota de nuestra señora con su hijo precioso en los brazos, y se les declaró que aquella santa imagen reverenciábamos porque así está en el cielo y es madre de nuestro señor Dios. Y los caciques dijeron que les parece muy bien aquella gran tecleciguata, y que se la diesen para tener en su pueblo, porque a las grandes señoras en su lengua llaman tecleciguatas. Y dijo Cortés que sí daría, y les mandó hacer un buen altar bien labrado; el cual luego le hicieron. Y otro día de mañana mandó Cortés a dos de nuestros carpinteros de lo blanco, que se decían Alonso Yáñez y Álvaro López (ya otra vez por mí memorados), que luego labrasen una cruz bien alta; y después de haber mandado todo esto, dijo a los caciques qué fue la causa que nos dieran guerra tres veces, requiriéndoles con la paz. Y respondieron que ya habían demandado perdón dello y estaban perdonados, y que el cacique de Champoton, su hermano, se lo aconsejó, y porque no le tuviesen por cobarde, porque se lo reñían y deshonraban, porque no nos dio guerra cuando la otra vez vino otro capitán con cuatro navíos; y según pareció, decíalo por Juan de Grijalva. Y también dijo que el indio que traíamos por lengua, que se nos huyó una noche, se lo aconsejó, que de día y de noche nos diesen guerra, porque éramos muy pocos. Y luego Cortés les mandó que en todo caso se lo trajesen; y dijeron que como les vio que en la batalla no les fue bien, que se les fue huyendo, y que no sabían de él aunque le han buscado; y supimos que le sacrificaron, pues tan caro les costó sus consejos. Y más les preguntó, que de qué parte traían oro y aquellas joyezuelas. Respondieron que de hacia donde se pone el Sol, y decían Culhúa y México, y como no sabíamos qué cosa era México ni Culhúa, dejábamoslo pasar por alto; y allí traíamos otra lengua que se decía Francisco, que hubimos cuando lo de Grijalva, ya otra vez por mí nombrado, mas no entendía poco ni mucho la de Tabasco, sino la de Culhúa, que es la mexicana; y medio por señas dijo a Cortés que Culhúa era muy adelante, y nombraba México, México, y no le entendimos. Y en esto cesó la plática hasta otro día, que se puso en el altar la santa imagen de nuestra señora y la cruz, la cual todos adoramos; y dijo misa el padre fray Bartolomé de Olmedo, y estaban todos los caciques y principales delante, y púsose nombre a aquel pueblo Santa María de la Victoria, y así se llama ahora la villa de Tabasco; y el mismo fraile con nuestra lengua Aguilar predicó a las veinte indias que nos presentaron, muchas buenas cosas de nuestra santa fe, y que no creyesen en los ídolos de que antes creían que eran malos y no eran dioses, ni más les sacrificasen, que los traían engañados, y adorasen a nuestro señor Jesucristo; y luego se bautizaron, y se puso por nombre doña Marina aquella india y señora que allí nos dieron y verdaderamente era gran cacica e hija de grandes caciques y señora de vasallos, y bien se le parecía en su persona; lo cual diré adelante cómo y de qué manera fue allí traída; y de las otras mujeres no me acuerdo bien de todos sus nombres, y no hace al caso nombrar algunas, mas estas fueron las primeras cristianas que hubo en la Nueva España. Y Cortés las repartió a cada capitán la suya, y a esta doña Marina, como era de buen parecer y entremetida y desenvuelta, dio a Alonso Hernández Portocarrero, que ya he dicho otra vez que era muy buen caballero, primo del conde de Medellín; y desque fue a Castilla el Portocarrero, estuvo la doña Marina con

Cortés, y della hubo un hijo, que se dijo don Martín Cortés, que el tiempo andando fue comendador de Santiago. En aquel pueblo estuvimos cinco días, así porque se curaban las heridas como por los que estaban con dolor de lomos, que allí se les quitó; y demás desto, porque Cortés siempre atraía con buenas palabras a los caciques, y les dijo cómo el emperador nuestro señor, cuyos vasallos somos, tiene a su mandado muchos grandes señores, y que es bien que ellos le den la obediencia; y que en lo que hubieren menester, así favor de nosotros como otra cualquiera cosa, que se lo hagan saber dondequiera que estuviésemos, que él les vendrá a ayudar. Y todos los caciques le dieron muchas gracias por ello, y allí se otorgaron por vasallos de nuestro gran emperador. Estos fueron los primeros vasallos que en la Nueva España dieron la obediencia a su majestad. Y luego Cortés les mandó que para otro día, que era domingo de Ramos, muy de mañana viniesen al altar que hicimos, con sus hijos y mujeres, para que adorasen la santa imagen de nuestra señora y la cruz; y asimismo les mandó que viniesen seis indios carpinteros, y que fuesen con nuestros carpinteros, y que en el pueblo de Cintla, adonde Dios nuestro señor fue servido de darnos aquella victoria de la batalla pasada, por mí referida, que hiciesen una cruz en un árbol grande que allí estaba, que llaman ceiba, e hiciéronla en aquel árbol a efecto que durase mucho, que con la corteza, que suele reverdecer, está siempre la cruz señalada. Hecho esto mandó que aparejasen todas las canoas que traían, para nos ayudar a embarcar, porque aquel santo día nos queríamos hacer a la vela, porque en aquella sazón vinieron dos pilotos a decir a Cortés que estaban en gran riesgo los navíos por amor del norte, que es travesía. Y otro día muy de mañana vinieron todos los caciques y principales con todas sus mujeres e hijos, y estaban ya en el patio donde teníamos la iglesia y cruz, y muchos ramos cortados para andar en procesión; y desque los caciques vimos juntos, Cortés y todos los capitanes a una, con gran devoción anduvimos una muy devota procesión, y el padre de la Merced y Juan Díaz el clérigo revestidos, y se dijo misa, y adoramos y besamos la santa cruz, y los caciques e indios mirándonos. Y hecha nuestra solemne fiesta según el tiempo, vinieron los principales y trajeron a Cortés diez gallinas y pescado asado y otras legumbres, y nos despedimos dellos y siempre Cortés encomendándoles la santa imagen de nuestra señora y las santas cruces, y que las tuviesen muy limpias, y barrida la casa y la iglesia y enramado, y que las reverenciasen, y hallarían salud y buenas sementeras; y después que era ya tarde nos embarcamos, y a otro día lunes por la mañana nos hicimos a la vela, y con buen viaje navegamos y fuimos la vía de San Juan de Ulúa, y siempre muy juntos a tierra; y yendo navegando con buen tiempo, decíamos a Cortés los soldados que veníamos con Grijalva, como sabíamos aquella derrota: «Señor, allí queda La Rambla, que en lengua de indios se dice Ayahualulco». Y luego llegamos al paraje de Tonala, que se dice San Antón, y se lo señalábamos; más adelante le mostramos el gran río de Guazacualco, y vio las muy altas sierras nevadas, y luego las sierras de San Martín; y más adelante le mostramos la roca partida, que es unos grandes peñascos que entran en la mar, y tiene una señal arriba como a manera de silla; y más adelante le mostramos el río de Alvarado, que es adonde entró Pedro de Alvarado cuando lo de Grijalva; y luego vimos el río de Banderas, que fue donde rescatamos los 16.000 pesos, y luego le mostramos la isla Verde; y junto a tierra vio la isla de Sacrificios, donde hallamos los altares cuando lo de Grijalva, y los indios sacrificados, y luego en buena hora llegamos a San Juan de Ulúa jueves de la Cena después de mediodía. Acuérdome que llegó un caballero que se decía Alonso Hernández Portocarrero, y dijo a Cortés: «Paréceme, señor, que os han venido diciendo estos caballeros que han venido otras dos veces a esta tierra:

Cata Francia, Montesinos
Cata París la ciudad,
Cata las aguas del Duero,
Do van a dar a la mar.

Yo digo que miréis las tierras ricas y sabeos bien gobernar». Luego Cortés bien entendió a qué fin fueron aquellas palabras dichas, y respondió: «Dénos Dios ventura en armas como al paladín Roldán; que en lo demás, teniendo a vuestra merced y a otros caballeros por señores, bien me sabré entender». Y dejémoslo, y no pasemos de aquí: esto es lo que pasó; y Cortés no entró en el río de Alvarado, como dice Gómara.

Capítulo XXXVII. Cómo doña Marina era cacica e hija de grandes señores, y señora de pueblos y vasallos, y de la manera que fue traída a Tabasco

Antes que más meta la mano en lo del gran Moctezuma y su gran México y mexicanos, quiero decir lo de doña Marina, cómo desde su niñez fue gran señora de pueblos y vasallos, y es desta manera: que su padre y su madre eran señores y caciques de un pueblo que se dice Painala, y tenía otros pueblos sujetos a él, obra de ocho leguas de la villa de Guazacualco, y murió el padre quedando muy niña, y la madre se casó con otro cacique mancebo y hubieron un hijo, y según pareció, querían bien al hijo que habían habido; acordaron entre el padre y la madre de darle el cargo después de sus días, y porque en ello no hubiese estorbo, dieron de noche la niña a unos indios de Xicalango, porque no fuese vista, y echaron fama que se había muerto, y en aquella sazón murió una hija de una india esclava suya, y publicaron que era la heredera, por manera que los de Xicalango la dieron a los de Tabasco, y los de Tabasco a Cortés, y conocí a su madre y a su hermano de madre, hijo de la vieja, que era ya hombre y mandaba juntamente con la madre a su pueblo, porque el marido postrero de la vieja ya era fallecido; y después de vueltos cristianos, se llamó la vieja Marta y el hijo Lázaro; y esto sélo muy bien, porque en el año de 1523, después de ganado México y otras provincias, y se había alzado Cristóbal de Olí en las Higüeras, fue Cortés allá y pasó por Guazacualco, fuimos con él a aquel viaje toda la mayor parte de los vecinos de aquella villa, como diré en su tiempo y lugar; y como doña Marina en todas las guerras de Nueva España, Tlaxcal y México fue tan excelente mujer y buena lengua, como adelante diré, a esta causa la traía siempre Cortés consigo. Y en aquella sazón y viaje se casó con ella un hidalgo que se decía Juan Jaramillo, en un pueblo que se decía Orizava, delante de ciertos testigos, que uno dellos se decía Aranda, vecino que fue de Tabasco, y aquel contaba el casamiento, y no como lo dice el cronista Gómara; y la doña Marina tenía mucho ser y mandaba absolutamente entre los indios en toda la Nueva España. Y estando Cortés en la villa de Guazacualco, envió a llamar a todos los caciques de aquella provincia para hacerles un parlamento acerca de la santa doctrina y sobre su buen tratamiento, y entonces vino la madre de doña Marina, y su hermano de madre

Lázaro, con otros caciques. Días había que me había dicho la doña Marina que era de aquella provincia y señora de vasallos, y bien lo sabía el capitán Cortés, y Aguilar, la lengua; por manera que vino la madre y su hijo, el hermano, y conocieron que claramente era su hija, porque se le parecía mucho. Tuvieron miedo della, que creyeron que los enviaba a llamar para matarlos, y lloraban; y como así los vio llorar la doña Marina, los consoló, y dijo que no hubiesen miedo, que cuando la traspusieron con los de Xicalango que no supieron lo que se hacían, y se lo perdonaba, y les dio muchas joyas de oro y de ropa y que se volviesen a su pueblo, y que Dios le había hecho mucha merced en quitarla de adorar ídolos ahora y ser cristiana, y tener un hijo de su amo y señor Cortés, y ser casada con un caballero como era su marido Juan Jaramillo; que aunque la hiciesen cacica de todas cuantas provincias había en la Nueva España, no lo sería; que en más tenía servir a su marido y a Cortés que cuanto en el mundo hay; y todo esto que digo se lo oí muy certificadamente, y así lo juro, amén. Y esto me parece que quiere remedar a lo que le acaeció con sus hermanos en Egipto a Josef, que vinieron a su poder cuando lo del trigo. Esto es lo que pasó, y no la relación que dieron al Gómara, y también dice otras cosas que dejo por alto. Y volviendo a nuestra materia, doña Marina sabía la lengua de Guazacualco, que es la propia de México, y sabía la de Tabasco; como Jerónimo de Aguilar, sabía la de Yucatán y Tabasco, que es toda una, entendíanse bien; y el Aguilar lo declaraba en castellano a Cortés: fue gran principio para nuestra conquista; y así se nos hacían las cosas, loado sea Dios, muy prósperamente. He querido declarar esto, porque sin doña Marina no podíamos entender la lengua de Nueva España y México. Donde lo dejaré, y volveré a decir cómo nos desembarcamos en el puerto de San Juan de Ulúa.

Capítulo XXXVIII. Cómo llegamos con todos los navíos a San Juan de Ulúa, y lo que allí pasamos

En jueves santo de la Cena del Señor de 1519 años llegamos con toda la armada al puerto de San Juan de Ulúa; y como el piloto Alaminos lo sabía muy bien desde cuando venimos con Juan de Grijalva, luego mandó surgir en parte que los navíos estubiesen seguros del norte, y pusieron en la nao capitana sus estandartes reales y veletas, y desde obra de media hora que surgimos, vinieron dos canoas muy grandes (que en aquellas partes a las canoas grandes llaman piraguas), y en ellas vinieron muchos indios mexicanos, y como vieron los estandartes y navío grande, conocieron que allí habían de ir a hablar al capitán, y fuéronse derechos al navío, y entran dentro y preguntan quién era el tlatoan, que en su lengua dicen el señor. Y doña Marina, que bien lo entendió, porque sabía muy bien la lengua, se lo mostró. Y los indios hicieron mucho acato a Cortés a su usanza, y le dijeron que fuese bien venido, y que un criado del gran Moctezuma, su señor, les enviaba a saber qué hombres éramos y qué buscábamos, y que si algo hubiésemos menester para nosotros y los navíos, que se lo dijésemos, que traerían recaudo para ello. Y nuestro Cortés respondió con las dos lenguas, Aguilar y doña Marina, que se lo tenía en merced; y luego les mandó dar de comer y beber vino, y unas cuentas azules, y cuando hubieron bebido, les dijo que veníamos para verlos y contratar, y que no se les haría enojo ninguno, y que hubiesen por buena nuestra llegada a aquella tierra. Y los mensajeros se volvieron muy contentos a su tierra; y otro día, que fue viernes santo de la Cruz, desembarcamos, así caballos como artillería, en unos montones de arena, que no había tierra llana, sino todos arenales, y asentaron los tiros como mejor le pareció al artillero, que se decía Mesa, e hicimos un altar, adonde se dijo luego misa, e hicieron chozas y enramadas para Cortés y para los capitanes, y entre tres soldados acarreábamos madera e hicimos nuestras chozas, y los caballos se pusieron adonde estuviesen seguros; y en esto se pasó aquel viernes santo. Y otro día sábado, víspera de pascua, vinieron muchos indios que envió un principal que era gobernador de Moctezuma, que se decía Pitalpitoque, que después le llamamos Ovandillo, y trajeron hachas y adobaron las chozas del capitán Cortés y los ranchos que más cerca hallaron, y les pusieron mantas grandes encima, por amor del Sol, que era cuaresma y hacía muy gran calor, trajeron gallinas y pan de maíz y ciruelas, que era tiempo dellas, y paréceme que entonces trajeron unas joyas de oro, y todo lo presentaron a Cortés, y dijeron que otro día había de venir un gobernador a traer más bastimento. Cortés se lo agradeció mucho y les mandó dar ciertas cosas de rescate, con que fueron muy contentos. Y otro día, pascua santa de resurrección, vino el gobernador que habían dicho, que se decía Tendile, hombre de negocios, y trajo con él a Pitalpitoque, que también era persona entre ellos principal, y traían detrás de sí muchos indios con presentes y gallinas y otras legumbres, y a estos que los traían mandó Tendile que se apartasen un poco a un cabo, y con mucha humildad hizo tres reverencias a Cortés a su usanza, y después a todos los soldados que más cercanos nos hallamos. Y Cortés les dijo con nuestras lenguas que fuesen bien venidos, y los abrazó, y les mandó que esperasen y que luego les hablaría, y entre tanto mandó hacer un altar lo mejor que en aquel tiempo se pudo hacer, y dijo misa cantada fray Bartolomé de Olmedo, y la beneficiaba el padre Juan Díaz, y estuvieron a la misa los dos gobernadores y otros principales de los que traían en su compañía; y oído misa, comió Cortés y ciertos capitanes de los nuestros y los dos indios criados del gran Moctezuma. Y alzadas las mesas, se apartó Cortés con las dos nuestras lenguas doña Marina y Jerónimo de Aguilar y con aquellos caciques, y les dijimos cómo éramos cristianos y vasallos del mayor señor que hay en el mundo, que se dice el emperador don Carlos, y que tiene por vasallos y criados a muchos grandes señores, y que por su mandado veníamos a aquestas tierras, porque ha muchos años que tienen noticias dellas y del gran señor que las manda, y que lo quiere tener por amigo, y decirle muchas cosas en su real nombre, y cuando las sepa y haya entendido se holgará dello, y para contratar con él y sus indios y vasallos de buena amistad, y quería saber dónde manda que se vean y se hablen. Y el Tendile le respondió algo soberbio, y le dijo: «Aun ahora has llegado y ya le quieres hablar; recibe ahora este presente que te damos en su nombre, y después me dirás lo que te cumpliere»; y luego sacó de una petaca, que es como caja, muchas piezas de oro y de buenas labores y ricas, y más de diez cargas de ropa blanca de algodón y de pluma, cosas muy de ver, y otras joyas que ya no me acuerdo, como ha muchos años, y tras esto mucha comida, que eran gallinas de la tierra, fruta y pescado asado. Cortés las recibió riendo y con buena gracia, y les dio cuentas de diamantes torcidas y otras cosas de Castilla; y les rogó que mandasen en sus pueblos que viniesen a contratar con nosotros, porque él traía muchas cuentas a trocar a oro, y le dijeron que así lo mandarían. Y según después supimos, estos Tendile y Pitalpitoque eran gobernadores de unas provincias que se dicen Cotastlan, Tuxtepec, Huaspaltepec, Tlaltecleclo, y de otros pueblos que nuevamente tenían sojuzgados; y luego Cortés mandó traer una silla de caderas con entalladuras muy pintadas y unas piedras margajitas que tienen dentro en sí muchas labores, y envueltas en unos algodones que tenían almizcle porque oliesen bien, y un sartal de diamantes torcido y una gorra de carmesí con una medalla de oro, y en ella figurado a san Jorge, que estaba a caballo con una lanza y parecía que mataba a un dragón; y dijo a Tendile que luego enviase aquella silla en que se asiente el señor Moctezuma para cuando le vaya a ver y hablar Cortés, y que aquella gorra que la ponga en la cabeza, y que aquellas piedras y todo lo demás le mandó dar el rey nuestro señor, y que mande señalar para qué día y en qué parte quiere que le vaya a ver. Y el Tendile le recibió y dijo que su señor Moctezuma es tan gran señor, que se holgará de conocer a nuestro gran rey, y que le llevará presto aquel presente y traerá respuesta. Y parece ser que el Tendile traía consigo grandes pintores, que los hay tales en México, y mandó pintar al natural rostro, cuerpo y facciones de Cortés y de todos los capitanes y soldados, y navíos y velas y caballos, y a doña Marina y Aguilar, hasta dos lebreles, y tiros y pelotas, y todo el ejército que traíamos, y lo llevó a su señor. Y luego mandó Cortés a nuestros artilleros que tuviesen muy bien cebadas las bombardas con buen golpe de pólvora para que hiciesen gran trueno cuando las soltasen, y mandó a Pedro de Alvarado que él y todos los de a caballo y se aparejasen para que aquellos criados de Moctezuma los viesen correr, y que llevasen pretales de cascabeles; y también Cortés cabalgó y dijo: «Si en estos médanos de arena pudiéramos correr, bueno fuera; mas ya veran que a pie atollamos en la arena: salgamos a la playa desque sea menguante, y correremos de dos en dos»; y al Pedro de Alvarado, que era su yegua alazana, de gran carrera y revuelta, le dio el cargo de todos los de a caballo. Todo lo cual se hizo delante de aquellos dos embajadores, y para que viesen salir los tiros dijo Cortés que les quería tornar a hablar con otros muchos principales, y ponen fuego a las bombardas, y en aquella sazón hacía calma; iban las piedras por los montes retumbando con gran ruido, y los gobernadores y todos los indios se espantaron de cosas tan nuevas para ellos, y lo mandaron pintar a sus pintores para que Moctezuma lo viese. Y parece ser que un soldado tenía un casco medio dorado, viole Tendile, que era más entremetido indio que el otro, y dijo que parecía a unos que ellos tienen que les habían dejado sus antepasados del linaje donde venían, el cual tenían puesto en la cabeza a sus dioses Huichilobos, que es su ídolo de la guerra, y que su señor Moctezuma se holgará de lo ver, y luego se lo dieron; y les dijo Cortés que porque quería saber si el oro desta tierra es como el que sacan de la nuestra de los ríos, que le envíen aquel casco lleno de granos para enviarlo a nuestro gran emperador, y después de todo esto, el Tendile se despidió de Cortés y de todos nosotros, y después de muchos ofrecimientos que les hizo el mismo Cortés, le abrazó y se despidió de él, y dijo el Tendile que él volvería con la respuesta con toda brevedad; e ido, alcanzamos a saber que, después de ser indio de grandes negocios, fue el más suelto peón que su amo Moctezuma tenía; el cual fue en posta y dio relación de todo a su señor, y le mostró el dibujo que llevaba pintado y el presente que le envió Cortés; y cuando el gran Moctezuma le vio quedó admirado, y recibió por otra parte mucho contento, y desque vio el casco y el que tenía su Huichilobos, tuvo por cierto que éramos del linaje de los que les habían dicho sus antepasados que vendrían a señorear aquesta tierra. Aquí es donde dice el cronista Gómara muchas cosas que no le dieron buena relación. Dejarlos he aquí, y diré lo que más nos acaeció.

Capítulo XXXIX. Cómo fue Tendile a hablar a su señor Moctezuma y llevar el presente, y lo que hicimos en nuestro real
Desque fue Tendile con el presente que el capitán Cortés le dio para su señor Moctezuma, y había quedado en nuestro real el otro gobernador que se decía Pitalpitoque, quedó en unas chozas apartadas de nosotros, y allí trajeron indios para que hiciesen pan de maíz, y gallinas, frutas y pescado, y de aquella proveían a Cortés y a los capitanes que comían con él (que a nosotros los soldados, si no lo mariscábamos o íbamos a pescar, no lo teníamos); y en aquella sazón vinieron muchos indios de los pueblos por mí nombrados, donde eran gobernadores aquellos criados del gran Moctezuma, y traían algunos dellos oro y joyas de poco valor y gallinas a trocar por nuestros rescates, que eran cuentas verdes, diamantes y otras cosas, y con aquello nos sustentábamos, porque comúnmente todos los soldados traíamos rescate: como teníamos aviso cuando lo de Grijalva que era bueno traer cuentas, y en esto pasaron seis o siete días; y estando en esto

vino el Tendile una mañana con más de cien indios cargados, y venía con ellos un gran cacique mexicano, y en el rostro, facciones y cuerpo se parecía al capitán Cortés, y adrede lo envió el gran Moctezuma; porque, según dijeron, cuando a Cortés le llevó Tendile dibujada su misma figura, todos los principales que estaban con Moctezuma dijeron que un principal que se decía Quintalbor se le parecía a lo propio a Cortés, que así se llamaba aquel gran cacique que venía con Tendile; y como parecía a Cortés, así le llamábamos en el real Cortés allá, Cortés acullá. Volvamos a su venida y lo que hicieron en llegando donde nuestro capitán estaba, y fue que besó la tierra con la mano, y con braseros que traían de barro, y en ellos de su incienso le zahumaron, y a todos los demás soldados que allí cerca nos hallamos; y Cortés les mostró mucho amor y asentólos cabe sí; y aquel principal que venía con aquel presente traía cargo de hablar juntamente con el Tendile (ya he dicho que se decía Quintalbor); y después de haberle dado el parabién venido a aquella tierra, y otras muchas pláticas que pasaron, mandó sacar el presente que traían encima de unas esteras que llaman petates, y tendidas otras mantas de algodón encima dellas, lo primero que dio fue una rueda de hechura de Sol, tan grande como de una carreta, con muchas labores, todo de oro muy fino, gran obra de mirar, que valía, a lo que después dijeron que le había pesado, sobre 20.000 pesos de oro, y otra mayor rueda de plata, figurada la Luna con muchos resplandores, y otras figuras en ella, y esta era de gran peso, que valía mucho, y trajo el casco lleno de oro en granos crespos como lo sacan de las minas, que valía 3.000 pesos. Aquel oro del casco tuvimos en más, por saber cierto que había buenas minas, que si trajeran 30.000 pesos. Mas trajo veinte ánades de oro, de muy prima labor y muy al natural, y unos como perros de los que entre ellos tienen, y muchas piezas de oro figuradas, de hechura de tigres y leones y monos, y diez collares hechos de una hechura muy prima, y otros pinjantes, y doce flechas y arco con su cuerda, y dos varas como de justicia, de largo de cinco palmos, y todo esto de oro muy fino de obra vaciadiza; y luego mandó traer penachos de oro y de ricas plumas verdes y otras de plata, y aventadores de lo mismo, pues venados de oro sacados de vaciadizo; y fueron tantas cosas, que, como ha ya tantos años que pasó, no me acuerdo de todo; y luego mandó traer allí sobre treinta cargas de ropa de algodón tan prima y de muchos géneros de labores, y de pluma de muchos colores, que por ser tantos no quiero en ello más meter la pluma, porque no lo sabré escribir. Y después de haberlo dado, dijo aquel gran cacique Quintalbor y el Tendile a Cortés que reciba aquello con la gran voluntad que su señor se lo envía, y que lo reparta con los teules que consigo trae; y Cortés con alegría los recibió; y dijeron a Cortés aquellos embajadores que le querían hablar lo que su señor Moctezuma le envía a decir. Y lo primero que le dijeron, que se ha holgado que hombres tan esforzados vengan a su tierra, como le han dicho que somos, porque sabía lo de Tabasco; y que deseaba mucho ver a nuestro gran emperador, pues tan gran señor es, pues de tan lejanas tierras como venimos tiene noticias de él, y que le enviará un presente de piedras ricas, y que entre tanto que allí en aquel puerto estuviéremos, si en algo nos puede servir que lo hará de buena voluntad; y cuanto a las vistas, que no curasen dellas, que no había para qué; poniendo muchos inconvenientes. Cortés les tornó a dar las gracias con buen semblante por ello, y con muchos halagos dio a cada gobernador dos camisas de holanda y diamantes azules y otras cosillas, y les rogó que volviesen por su embajador a México a decir a su señor el gran Moctezuma que, pues habíamos pasado tantas mares y veníamos de tan lejanas tierras solamente por le ver y hablar de su persona a la suya, que si así se volviese, que no lo recibiría de buena manera nuestro gran rey y señor, y que adonde quiera que estuviese le quiere ir a ver y hacer lo que mandare. Y los embajadores dijeron que irían y se lo dirían; mas que las vistas que dice, que entienden que son por demás. Y envió Cortés con aquellos mensajeros a Moctezuma de la pobreza que traíamos, que era una copa de vidrio de Florencia, labrada y dorada, con muchas arboledas y monterías que estaban en la copa, y tres camisas de holanda, y otras cosas, y les encomendó la respuesta. Fuéronse estos dos gobernadores, y quedó en el real Pitalpitoque, que parece ser le dieron cargo los demás criados de Moctezuma para que trajese la comida de los pueblos más cercanos. Dejarlo he aquí, y diré lo que en nuestro real pasó.

Capítulo XL. Cómo Cortés envió a buscar otro puerto y asiento para poblar y lo que sobre ello se hizo

Despachados los mensajeros para México, luego Cortés mandó ir dos navíos a descubrir la costa adelante, y por capitán dellos a Francisco de Montejo, y le mandó que siguiese el viaje que habíamos llevado con Juan de Grijalva, porque el mismo Montejo había venido en nuestra compañía y del Grijalva, y que procurase buscar puerto seguro y mirase por tierras en que pudiésemos estar, porque bien veía que en aquellos arenales no nos podíamos valer de mosquitos y estar tan lejos de poblaciones; y mandó al piloto Alaminos y Juan Álvarez «el manquillo», fuesen por pilotos, porque sabían aquella derrota, y que diez días navegase costa a costa todo lo que pudiesen; y fueron de la manera que les fue dicho y mandado, y llegaron al paraje del río Grande, que es cerca de Pánuco, adonde otra vez llegamos cuando lo del capitán Juan de Grijalva, y desde allí adelante no pudieron pasar, por las grandes corrientes. Y viendo aquella mala navegación, dio la vuelta a San Juan de Ulúa, sin más pasar adelante, ni otra relación, excepto que doce leguas de allí habían visto un pueblo como fortaleza, el cual pueblo se llamaba Quiahuistlan, y que cerca de aquel pueblo estaba un puerto que le parecía al piloto Alaminos que podrían estar seguros los navíos, del norte; púsosele un nombre feo, que es el tal de Bernal, que parecía a otro puerto que hay en España que tenía aquel propio nombre feo; y en estas idas y venidas se pasaron al Montejo diez o doce días. Y volveré a decir que el indio Pitalpitoque, que quedaba para traer la comida, aflojó de tal manera, que nunca más trajo cosa ninguna; y teníamos entonces gran falta de mantenimientos, porque ya el casabe amargaba de mohoso, podrido y sucio de fátulas, y si no íbamos a mariscar no comíamos, y los indios que solían traer oro y gallinas a rescatar, ya no venían tantos como al principio, y estos que acudían, muy recatados y medrosos; y estábamos aguardando a los indios mensajeros que fueron a México, por horas. Y estando desta manera, vuelve Tendile con muchos indios, y después de haber hecho el acato que suelen entre ellos de zahumar a Cortés y a todos nosotros, dio diez cargas de mantas de plumas muy finas y ricas, y cuatro chalchiuites, que son unas piedras verdes de muy gran valor, y tenidas en más estima entre ellos, más que nosotros las esmeraldas, y es color verde, y ciertas piezas de oro, que dijeron que valía el oro, sin los chalchiuites, 3.000 pesos; y entonces vinieron el Tendile y Pitalpitoque, porque el otro gran cacique, que se decía

Quintalbor, no volvió más, porque había adolecido en el camino; y aquellos dos gobernadores se apartaron con Cortés y doña Marina y Aguilar, y le dijeron que su señor Moctezuma recibió el presente, y que se holgó con él, y que en cuanto a la vista, que no le hablen más sobre ello, y que aquellas ricas piedras de chalchiuites que las envía para el gran emperador, porque son tan ricas, que vale cada una dellas una gran carga de oro, y que en más estima las tenía, y que ya no cure de enviar más mensajeros a México. Y Cortés les dio las gracias con ofrecimientos; y ciertamente que le pesó a Cortés que tan claramente le decían que no podríamos ver al Moctezuma, y dijo a ciertos soldados que allí nos hallamos: «Verdaderamente debe de ser gran señor y rico, y si Dios quisiere, algún día le hemos de ir a ver». Y respondimos los soldados: «Ya querríamos estar envueltos con él». Dejemos por ahora las vistas, y digamos que en aquella sazón era hora del Ave María, y en el real teníamos una campana, y todos nos arrodillamos delante de una cruz que teníamos puesta en un médano de arena, el más alto, y delante de aquella cruz decíamos la oración del Ave María; y como Tendile y Pitalpitoque nos vieron así arrodillar, como eran indios muy entremetidos, preguntaron que a qué fin nos humillábamos delante de aquel palo hecho de aquella manera. Y como Cortés lo oyó, y el fraile de la Merced estaba presente, le dijo Cortés al fraile: «Bien es ahora, padre, que has, buena materia para ello, que les demos a entender con nuestras lenguas las cosas tocantes a nuestra santa fe»; y entonces se les hizo un tan buen razonamiento para en tal tiempo, que unos buenos teólogos no lo dijeran mejor; y después de declarado cómo somos cristianos y todas las cosas tocantes a nuestra santa fe que se convenían decir, les dijeron que sus ídolos son malos y que no son buenos; que huyen de donde está aquella señal de la cruz, porque en otra de aquella hechura padeció muerte y pasión el señor del cielo y de la tierra y de todo lo criado, que es el en que nosotros adoramos y creemos, que es nuestro Dios verdadero, que se dice Jesucristo, y que quiso sufrir y pasar aquella muerte por salvar todo el género humano, y que resucitó al tercer día y está en los cielos, y que habemos de ser juzgados por él; y se les dijo otras muchas cosas muy perfectamente dichas, y las entendían bien, y respondían cómo ellos lo dirían a su señor Moctezuma; y también se les declaró que una de las cosas por que nos envió a estas partes nuestro gran emperador fue para quitar que no sacrificasen ningunos indios ni otra manera de sacrificios malos que hacen, ni se robasen unos a otros, ni adorasen aquellas malditas figuras; y que les ruega que pongan en su ciudad, en los adoratorios donde están los ídolos que ellos tienen por dioses, una cruz como aquella, y pongan una imagen de nuestra señora, que allí les dio, con su hijo precioso en los brazos, y verán cuánto bien les va y lo que nuestro Dios por ellos hace. Y porque pasaron otros muchos razonamientos, y yo no los sabré escribir tan por extenso, lo dejaré, y traeré a la memoria que como vinieron con Tendile muchos indios esta postrera vez a rescatar piezas de oro, y no de mucho valor, todos los soldados lo rescatábamos; y aquel oro que rescatábamos dábamos a los hombres, que traíamos, de la mar, que iban a pescar, a trueco de su pescado, para tener de comer; porque de otra manera pasábamos mucha necesidad de hambre, y Cortés se holgaba dello y lo disimulaba, aunque lo veía, y se lo decían muchos criados y amigos de Diego Velázquez que para qué nos dejaba rescatar. Y lo que sobre ello pasó diré adelante.

Capítulo XLI. De lo que se hizo sobre el rescate del oro, y de otras cosas que en el real pasaron

Como vieron los amigos de Diego Velázquez, gobernador de Cuba, que algunos soldados rescatábamos oro, dijéronselo a Cortés que para qué lo consentía, y que no lo envió Diego Velázquez para que los soldados llevasen todo el más oro, y que era bien mandar pregonar que no rescatasen más de ahí adelante, sino fuese el mismo Cortés; y lo que hubiesen habido, que lo manifestasen para sacar el real quinto, y que se pusiese una persona que fuese conveniente para cargo de tesorero. Cortés a todo dijo que era bien lo que decían, y que la tal persona nombrasen ellos; y señalaron a un Gonzalo Mejía. Y después desto hecho, les dijo Cortés, no de buen semblante: «Mirad, señores, que nuestros compañeros pasan gran trabajo de no tener con qué se sustentar, y por esta causa habíamos de disimular, porque todos comiesen; cuanto más que es una miseria cuanto rescatan, que, mediante Dios, mucho es lo que habemos de haber, porque todas las cosas tiene su haz y envés; ya está pregonado que no rescaten más oro, como habéis querido; veremos de qué comeremos». Aquí es donde dice el cronista

Gómara que lo hacía Cortés porque no creyese Moctezuma que se nos daba nada por oro; y no le informaron bien, que desde lo de Grijalva en el río de Banderas lo sabía muy claramente; y además desto, cuando le enviamos a demandar el casco de oro en granos de las minas, y nos veían rescatar. Pues qué, ¡gente mexicana para no entenderlo! Y dejemos esto pues dice que por información lo sabe; y digamos cómo una mañana no amaneció indio ninguno de los que estaban en las chozas, que solían traer de comer, ni los que rescataban, y con ellos Pitalpitoque, que sin hablar palabra se fueron huyendo; y la causa fue, según después alcanzamos a saber, que se lo envió a mandar Moctezuma, que no aguardase más plásticas de Cortés ni de los que con él estábamos; porque parece ser cómo el Moctezuma era muy devotos de sus ídolos, que se decían Tezcatepuca y Huichilobos; el uno decían que era dios de la guerra, y el Tezcatepuca el dios del infierno, y les sacrificaba cada día muchachos para que le diesen respuesta de lo que había de hacer de nosotros, porque ya el Moctezuma tenía pensamiento que si no nos tornábamos a ir en los navíos, de nos haber todos a las manos para que hiciésemos generación, y también para tener que sacrificar; según después supimos, que la respuesta que le dieron sus ídolos fue que no curase de oír a Cortés, ni las palabras que le enviaba a decir que tuviese cruz; y la imagen de nuestra señora, que no la trajesen a su ciudad: y por esta causa se fueron sin hablar. Y como vimos tal novedad, creímos que siempre estaban de guerra, y estábamos muy más a punto apercibidos. Y un día estando yo y otro soldado puestos por espías en unos arenales, vimos venir por la playa cinco indios, y por no hacer alboroto por poca cosa en el real, los dejamos allegar a nosotros, y con alegres rostros nos hicieron reverencias a su usanza, y por señas nos dijeron que los llevásemos al real; y lo dije a mi compañero que se quedase en el puesto, y yo iría con ellos, que en aquella sazón no me pesaban los pies como ahora, que soy viejo; y cuando llegaron adonde Cortés estaba, le hicieron grande acato y le dijeron: «Lopelucio, lopelucio»; que quiere decir en la lengua totonaque, señor y gran señor; y traían unos grandes agujeros en los bezos de abajo, y en ellos unas rodajas de piedras pintadillas de azul, y otros con unas hojas de oro delgadas, en las orejas muy grandes agujeros, y en ellos puestas otras rodajas de oro y piedras, y muy diferente el traje y habla que traían a lo de los mexicanos que solían allí estar en los ranchos con nosotros, que envió el gran Moctezuma; y como doña Marina y Aguilar, las lenguas, oyeron aquello de lopelucio, no lo entendieron; dijo la doña Marina en la lengua mexicana que si había allí entre ellos nahuatlatos, que son intérpretes de la lengua mexicana; y respondieron los dos de aquellos cinco que sí, que ellos la entendían y hablarían; y dijeron luego en la lengua mexicana que somos bien venidos, y que su señor les enviaba a saber quién éramos, y que se holgaba servir a hombres tan esforzados, porque parece ser ya sabían lo de Tabasco y lo de Potonchan; y, más dijeron, que ya hubieran venido a vernos, si no fuera por temor de los de Culúa, que debían estar allí con nosotros; y Culúa entiéndese por mexicanos, que es como si dijésemos cordobeses o sevillanos; y que supieron que había tres días que se habían ido huyendo a sus tierras; y de plática en plática supo Cortés cómo tenía Moctezuma enemigos y contrarios, de lo cual se holgó; y con dádivas y halagos que les hizo, despidió aquellos cinco mensajeros, y les dijo que dijesen a su señor que él los iría a ver muy presto. A aquellos indios llamábamos desde ahí adelante «los lopelucios». Y dejarlos he ahora, y pasemos adelante y digamos que en aquellos arenales donde estábamos había siempre muchos mosquitos zancudos, como de los chicos que llaman jejenes, y son peores que los grandes, y no podíamos dormir dellos, y no había bastimentos, y el casabe se apocaba, y muy mohoso y sucio de las fátulas, y algunos soldados de los que solían tener indios en la isla de Cuba suspirando continuamente por volverse a sus casas, y en especial los criados y amigos de Diego Velázquez. Y como Cortés así vio la cosa y voluntades, mandó que nos fuésemos al pueblo que había visto el Montejo y el piloto Alaminos que estaba en fortaleza, que se dice Quiahuistlan, y que los navíos estarían al abrigo del peñol por mi nombrado. Y como se ponía por la obra para nos ir, todos los amigos, deudos y criados del Diego Velázquez dijeron a Cortés que para qué quería hacer aquel viaje sin bastimentos, y que no tenía posibilidad para pasar más adelante, porque ya se había muerto en el real de heridas de lo de Tabasco y de dolencias y hambre sobre treinta y cinco soldados, y que la tierra era grande y las poblaciones de mucha gente, y que nos darían guerra un día que otro; y que sería mejor que nos volviésemos a Cuba a dar cuenta a Diego Velázquez del oro rescatado, pues era cantidad, y de los grandes presentes de Moctezuma, que era el Sol de oro y la Luna de plata y el casco de oro menudo de minas, y de todas las joyas y ropa por mí referidas. Y Cortés les respondió que no era buen consejo volver sin ver por qué: que hasta entonces que no nos podíamos quejar de la fortuna, y que diésemos gracias a Dios, que en todo nos ayudaba; y que en cuanto a los que se han muerto, que en las guerras y trabajos suele acontecer; y que sería bien saber lo que había en la tierra, y que entre tanto del maíz que tenían los indios y pueblos cercanos comeríamos, o mal nos andarían las manos. Y con esta respuesta se sosegó algo la parcialidad del Diego Velázquez, aunque no mucho; que ya había corrillos dellos y pláticas en el real sobre la vuelta de Cuba. Y dejarlo he aquí, y diré lo que más avino.

Capítulo XLII. Cómo alzamos a Hernando Cortés por capitán general y justicia mayor hasta que su majestad en ello mandase lo que fuese servido, y lo que en ello se hizo
Ya he dicho que en el real andaban los parientes y amigos del Diego Velázquez perturbando que no pasásemos adelante, y que desde allí de San Juan de Ulúa nos volviésemos a la isla de Cuba. Parece ser que ya Cortés tenía pláticas con Alonso Hernández Portocarrero y con Pedro de Alvarado, y sus cuatro hermanos, Jorge, Gonzalo, Gómez y Juan, todos Alvarados, y con Cristóbal de Olí, Alonso de Ávila, Juan de Escalante, Francisco de Lugo, y conmigo y otros caballeros y capitanes, que le pidiésemos por capitán. El Francisco de Montejo bien lo entendió, y estábase a la mira; y una noche a más de media noche vinieron a mi choza el Alonso Hernández Portocarrero y el Juan Escalante y Francisco de Lugo, que éramos algo deudos yo y el Lugo, y de una tierra, y me dijeron: «Ah señor Bernal Díaz del Castillo, salid acá con vuestras armas a rondar, acompañaremos a Cortés, que anda rondando»; y cuando estuve apartado de la choza me dijeron: «Mirad, señor, tened secreto de un poco que ahora os queremos decir, porque pesa mucho, y no lo entiendan los compañeros que están en vuestro rancho, que son de la parte del Diego Velázquez»; y lo que platicaron fue: «¿Paréceos, señor, bien que Hernando Cortés así nos haya traído engañados a todos, y dio pregones en Cuba que venía a poblar, y ahora hemos sabido que no trae poder para ello, sino para rescatar, y quieren que nos volvamos a Santiago

de Cuba con todo el oro que se ha habido, y quedaremos todos perdidos, y tomarse ha el oro el Diego Velázquez, como la otra vez? Mirad, señor, que habéis venido ya tres veces con esta postrera, gastando vuestros haberes, y habéis quedado empeñado, aventurando tantas veces la vida con tantas heridas; hacémoslo, señor, saber, porque no pase esto adelante; y estamos muchos caballeros que sabemos que son amigos de vuestra merced, para que esta tierra se pueble en nombre de su majestad, y Hernando Cortés en su real nombre, y en teniendo que tengamos posibilidad de hacerlo saber en Castilla a nuestro rey y señor. Y tenga, señor, cuidado de dar el voto para que todos le elijamos por capitán de unánime voluntad, porque es servicio de Dios y de nuestro rey y señor». Yo respondí que la idea de Cuba no era buen acuerdo, y que sería bien que la tierra se poblase, y que eligiésemos a Cortés por general y justicia mayor hasta que su majestad otra cosa mandase. Y andando de soldado en soldado este concierto, alcanzáronlo a saber los deudos y amigos del Diego Velázquez, que eran muchos más que nosotros, y con palabras algo sobradas dijeron a Cortés que para qué andaba con mañas para quedarse en aquesta tierra sin ir a dar cuenta a quien le envió para ser capitán; porque Diego Velázquez no se lo tendría a bien; y que luego fuésemos a embarcar, y que no curase de más rodeos y andar en secreto con los soldados, pues no tenía bastimentos ni gente ni posibilidad para que pudiese poblar. Y Cortés respondió sin mostrar enojo, y dijo que le placía, que no iría contra las intrucciones y memorias que traía del señor Diego Velázquez; y mandó luego pregonar que para otro día todos nos embarcásemos, cada uno en el navío que había venido; y los que habíamos sido en el concierto le respondimos que no era bien traernos engañados; que en Cuba pregonó que venía a poblar, y que viene a rescatar; y que le requeríamos de parte de Dios nuestro señor y de su majestad que luego poblase, y no hiciese otra cosa, porque era muy gran bien y servicio de Dios y de su majestad; y se le dijeron muchas cosas bien dichas sobre el caso, diciendo que los naturales no nos dejarían desembarcar otra vez como ahora, y que en estar poblada aquesta tierra siempre acudirían de todas las islas soldados para nos ayudar, y que Velázquez nos había echado a perder con publicar que tenía provisiones de su majestad para poblar, siendo al contrario; y que nosotros queríamos poblar, y que se fuese quien quisiese a Cuba. Por manera que Cortés lo aceptó, y aunque se hacía mucho de rogar, y como dice el refrán: «Tú me lo ruegas y yo me lo quiero»; y fue con condición que le hiciésemos justicia mayor y capitán general; y lo peor de todo que le otorgamos, que le daríamos el quinto del oro de lo que se hubiese, después de sacado el real quinto, y luego le dimos poderes muy bastantísimos delante de un escribano del rey, que se decía Diego de Godoy, para todo lo por mí aquí dicho. Y luego ordenamos de hacer y fundar y poblar una villa, que se nombró la Villarrica de la Veracruz, porque llegamos jueves de la Cena, y desembarcamos en viernes santo de la Cruz, y rica por aquel caballero que dije en el capítulo, que se llegó a Cortés y le dijo que mirase las tierras ricas: y que se supiese bien gobernar, y quiso decir que se quedase por capitán general; el cual era el Alonso Hernández Portocarrero. Y volvamos a nuestra relación: que fundada la villa, hicimos alcalde y regidores, y fueron los primeros alcaldes Alonso Hernández Portocarrero, Francisco de Montejo, y a este Montejo, porque no estaba muy bien con Cortés, por meterle en los primeros y principal, le mandó nombrar por alcalde; y los regidores dejarlos he de escribir, porque no hace al caso que nombre algunos, y diré cómo se puso una picota en la plaza, y fuera de la villa una horca, y señalamos por capitán para las entradas a Pedro de Alvarado, y maestre de campo a Cristóbal de Olí, alguacil mayor a Juan de Escalante, y tesorero Gonzalo Mejías, y contador a Alonso de Ávila, y alférez a fulano Corral: porque el Villarroel, que había sido alférez, no sé qué enojo había hecho a Cortés sobre una india de Cuba, y se le quitó el cargo; y alguacil del real a Ochoa, vizcaíno, a un Alonso Romero. Dirán ahora cómo no nombro en esta relación al capitán Gonzalo de Sandoval, siendo un capitán tan nombrado, que después de Cortés, fue la segunda persona, y de quien tanta noticia tuvo el emperador nuestro señor. A esto digo que, como era mancebo entonces, no se tuvo tanta cuenta con él y con otros valerosos capitanes; hasta que le vimos florecer en tanta manera, que Cortés y todos los soldados le teníamos en tanta estima como al mismo Cortés, como adelante diré. Y quedarse ha aquí esta relación; y diré cómo el cronista Gómara dice que por relación sabe lo que escribe; y esto que aquí digo, pasó así; y en todo lo demás que escribe no le dieron buena cuenta de lo que dice. Y otra cosa veo: que para que parezca ser verdad lo que en ello escribe, todo lo que en el caso pone es muy al revés, por más buena retórica que en el escribir ponga. Y dejarlo he, y diré lo que la parcialidad del Diego Velázquez hizo sobre que no fuese por capitán elegido Cortés, y nos volviésemos a la isla de Cuba.

Capítulo XLIII. Cómo la parcialidad de Diego Velázquez perturbaba el poder que habíamos dado a Cortés, y lo que sobre ello se hizo

Y desque la parcialidad de Diego Velázquez vieron que de hecho habíamos elegido a Cortés por capitán general y justicia mayor, y nombrada la villa y alcaldes y regidores, y nombrado capitán a Pedro de Alvarado, y alguacil mayor y maestre de campo y todo lo por mí dicho, estaban tan enojados y rabiosos, que comenzaron a armar bandos y chirinolas, y aun palabras muy mal dichas contra Cortés y contra los que le elegimos, y que no era bien hecho sin ser sabidores dello todos los capitanes y soldados que allí venían y que no le dio tales poderes el Diego Velázquez, sino para rescatar, y harto teníamos los del bando de Cortés de mirar que no se desvergonzasen más y viniésemos a las armas; y entonces avisó Cortés secretamente a Juan de Escalante que le hiciésemos parecer las instrucciones que traían del Diego Velázquez; por lo cual luego Cortés las sacó del seno y las dio a un escribano del rey que las leyese, y decía en ellas: «Desque hubiéredes rescatado lo más que pudiéredes, os volveréis»; y venían firmadas del Diego Velázquez y refrendadas de su secretario Andrés de Duero. Pedimos a Cortés que las mandase incorporar juntamente con el poder que le dimos, y asimismo el pregón que se dio en la isla de Cuba; y esto fue a causa que su majestad supiese en España cómo todo lo que hacíamos era en su real servicio, y no nos levantasen alguna cosa contraria de la verdad; y fue harto buen acuerdo según en Castilla nos trataba don Juan Rodríguez de Fonseca, obispo de Burgos y arzobispo de Rosano, que así se llamaba; lo cual supimos por muy cierto que andaba por nos destruir, y todo por ser mal informado, como adelante diré. Hecho esto, volvieron otra vez los mismos amigos y criados del Diego Velázquez a decir que no estaba bien hecho haberle elegido sin ellos, y que no querían estar debajo de su mandado, sino volverse luego a la isla de Cuba; y Cortés les respondió que él no detendría a ninguno por fuerza, y a cualquiera que le viniese a pedir licencia se la daría de buena voluntad, aunque se quedase solo; y con esto los asosegó a algunos dellos, excepto al Juan Velázquez de León, que era pariente del Diego Velázquez, y a Diego de Ordás; y a Escobar, que llamábamos «el paje» porque había sido criado del Diego Velázquez; y a Pedro Escudero y a otros amigos del Diego Velázquez; y a tanto vino la cosa, que poco ni mucho le querían obedecer, y Cortés con nuestro favor determinó de prender al Juan Velázquez de León, y al Diego de Ordás, y a Escobar «el paje», y a Pedro Escudero, y a otros que ya no me acuerdo; y por los demás mirábamos no hubiese algún ruido, y estuvieron presos con cadenas y velas que les mandaba poner ciertos días. Y pasaré adelante, y diré cómo fue Pedro de Alvarado a entrar en un pueblo cerca de allí. Aquí dice el cronista Gómara en su historia muy al contrario de lo que pasó, y quien viere su historia verá ser muy extremado en hablar, si bien le informaran y él dijera lo que pasaba.

Capítulo XLIV. Cómo fue ordenado de enviar a Pedro de Alvarado la tierra adentro a buscar maíz y bastimentos, y lo que más pasó

Ya que habíamos hecho y ordenado lo por mi aquí dicho, acordamos que fuese Pedro de Alvarado la tierra adentro a unos pueblos que teníamos noticia que estaban cerca, para que viese qué tierra era y para traer maíz y algún bastimento, porque en el real pasábamos mucha necesidad; y llevó cien soldados, y entre ellos quince ballesteros y seis escopeteros, y eran destos soldados más de la mitad de la parcialidad de Diego Velázquez, y quedamos con Cortés todos los de su bando, por temor no hubiese más ruido ni chirinola y se levantasen contra él, hasta asegurar más la cosa; y desta manera fue el Alvarado a unos pueblos pequeños, sujetos de otro pueblo que se decía Cotastlán, que era de lengua de Culúa; y este nombre de Culúa es en aquella tierra como si dijesen los romanos o sus aliados; así es toda la lengua de la parcialidad de México y de Moctezuma; y a este fin en toda aquesta tierra cuando dijere Culúa son vasallos y sujetos a México, y así se ha de entender. Y llegado Pedro de Alvarado a los pueblos, todos estaban despoblados de aquel mismo día, y halló sacrificados en unos cues hombres y muchachos, y las paredes y altares de sus ídolos con sangre, y los corazones presentados a los ídolos; y también hallaron las piedras sobre que los sacrificaban, y los cuchillazos de pedernal con que los abrían por los pechos para les sacar los corazones. Dijo el Pedro de Alvarado que habían hallado todos los más de aquellos cuerpos sin brazos y piernas. Y que dijeron otros indios que los habían llevado para comer; de lo cual nuestros soldados se admiraron mucho de tan grandes crueldades. Y dejemos de hablar de tanto sacrificio, pues dende allí adelante en cada pueblo no hallábamos otra cosa. Y volvamos a Pedro de Alvarado, que aquellos pueblos los halló muy abastecidos de comida y despoblados de aquel día de indios, que no pudo hallar sino dos indios que le trajeron maíz; y así, hubo de cargar cada soldado de gallinas y de otras legumbres; y volvióse al real sin más daño le hacer, aunque halló bien en qué, porque así se lo mandó Cortés, que no fuese como lo de Cozumel; y en el real nos holgamos con aquel poco bastimento que trajo, porque todos los males y trabajos se pasan con el comer. Aquí es donde dice el cronista Gómara que fue Cortés la tierra adentro con cuatrocientos soldados; no le informaron bien, que el primero que fue es el por mí aquí dicho, y no otro. Y tornemos a nuestra plática: que como Cortés en todo ponía gran diligencia, procuró de hacerse amigo con la parcialidad del Diego Velázquez, porque a unos con dádivas del oro que habíamos habido, que quebranta peñas, y otros procedimientos, los atrajo a sí y los sacó de las prisiones, excepto Juan Velázquez de León y al Diego de Ordás, que estaban en cadenas en los navíos, y desde a pocos días también los sacó de las prisiones, e hizo tan buenos y verdaderos amigos dellos como adelante verán, y todo con el oro, que lo amansa. Ya todas las cosas puestas en este estado, acordamos de nos ir al pueblo que estaba en la fortaleza, ya otra vez por mí memorado, que se dice Quiahuistlan, y que los navíos se fuesen al peñol y puerto que estaba enfrente de aquel pueblo, obra de una legua de él; y yendo costa a costa, acuérdome que se mató un gran pescado que le echó la mar en la costa en seco, y llegamos a un río donde está poblada ahora la Veracruz, y venía algo hondo, y con unas canoas quebradas lo pasamos, y a nado y en balsas, y de aquella parte del río estaban unos pueblos sujetos a otro gran pueblo que se decía Cempoal, donde eran naturales los cinco indios de los bezotes de oro, que he dicho que vinieron por mensajeros a Cortés, que les llamamos «lopelucios» en el real, y hallamos las casas de ídolos y sacrificaderos, y sangre derramada e inciensos con que zahumaban, y otras cosas de ídolos y de piedras con que sacrificaban, y plumas de papagayos y muchos libros de su papel cosidos a dobleces, como a manera de paños de Castilla, y no hallamos indios ningunos, porque se habían ya huido; que, como no habían visto hombres como nosotros ni caballos, tuvieron temor, y allí aquella noche no hubo qué cenar; caminamos la tierra adentro hacia el poniente, y dejamos la costa, y no sabíamos el camino, y topamos unos buenos prados que llaman sabanas, y estaban paciendo unos venados, y corrió Pedro de Alvarado con su yegua alazana tras un venado y le dio una lanzada, y herido, se metió por un monte, que no se pudo haber. Y estando en esto, vimos venir doce indios que eran vecinos de aquellas estancias donde habíamos dormido, y venían de hablar a su cacique, y traían gallinas y pan de maíz, y dijeron a Cortés con nuestras lenguas que su señor enviaba aquellas gallinas que comiésemos, y nos rogaba que fuésemos a su pueblo, que estaba de allí, a lo que señalaron, andadura de un día, porque es un Sol; y Cortés les dio las gracias y los halagó, y caminamos adelante y dormimos en otro pueblo pequeño, que también tenía hechos muchos sacrificios. Y porque estarán hartos de oír de tantos indios e indias que hallábamos sacrificados en todos los pueblos y caminos que topábamos, pasaré adelante sin tornar a decir de qué manera y qué cosas tenían; y diré cómo nos dieron en aquel pueblezuelo de cenar, y supimos que era por Cempoal el camino para ir a Quiahuistlan, que ya he dicho que estaba en una sierra, y pasaré adelante, y diré cómo entramos en Cempoal.

Capítulo XLV. Cómo entramos en Cempoal, que en aquella sazón era muy buena población, y lo que allí pasamos
Y como dormimos en aquel pueblo donde nos aposentaron los doce indios que he dicho, y después de bien informados del camino que habíamos de llevar para ir al pueblo que estaba en el peñol, muy de mañana se lo hicimos saber a los caciques de Cempoal cómo íbamos a su pueblo, y que lo tuviesen por bien; y para ello envió Cortés los seis indios por mensajeros, y los otros seis quedaron para que nos guiasen; y mandó Cortés poner en orden los tiros y escopetas y ballesteros, y siempre corredores del campo

descubriendo, y los de a caballo y todos los demás muy apercibidos. Y desta manera caminamos hasta que llegamos una legua del pueblo; y ya que estábamos cerca de él, salieron veinte indios principales a nos recibir de parte del cacique, y trajeron unas piñas rojas de la tierra, muy olorosas, y las dieron a Cortés y a los de a caballo con gran amor, y le dijeron que su señor nos estaba esperando en los aposentos, y por ser hombre muy gordo y pesado no podía venir a nos recibir; y Cortés les dio las gracias, y se fueron adelante. Y ya que íbamos entrando entre las casas, desque vimos tan gran pueblo, y no habíamos visto otro mayor, nos admiramos mucho dello; y como estaba tan vicioso y hecho un verjel, y tan poblado de hombres y mujeres, las calles llenas que nos salían a ver, dábamos muchos loores a Dios, que tales tierras habíamos descubierto; y nuestros corredores del campo, que iban a caballo, parece ser llegaron a la gran plaza y patios donde estaban los aposentos, y de pocos días, según pareció, teníanlos muy encalados y relucientes, que lo saben muy bien hacer, y pareció al uno de los de a caballo que era aquello blanco que relucía plata, y vuelve a rienda suelta a decir a Cortés cómo tenían las paredes de plata. Y doña Marina y Aguilar dijeron que sería yeso o cal, y tuvimos bien que reír de su plata y frenesí, que siempre después le decíamos que todo blanco le parecía plata. Dejemos de la burla, y digamos cómo llegamos a los aposentos, y el cacique gordo nos salió a recibir junto al patio, que porque era muy gordo así le nombraré, e hizo muy gran reverencia a Cortés y le zahumó, que así lo tenían de costumbre, y Cortés le abrazó, y allí nos aposentaron en unos aposentos harto buenos y grandes, que cabíamos todos, y nos dieron de comer y pusieron unos cestos de ciruelas, que había muchas, porque era tiempo dellas, y pan de maíz; y como veníamos hambrientos, y no habíamos visto otro tanto bastimento como entonces, pusimos nombre a aquel pueblo Villaviciosa, y otros le nombraron Sevilla. Mandó Cortés que ningún soldado les hiciese enojo ni se apartase de aquella plaza. Y cuando el cacique gordo supo que habíamos comido, le envió a decir a Cortés que le quería ir a ver, y vino con buena copia de indios principales, y todos traían grandes bezotes de oro y ricas mantas; y Cortés también les salió al encuentro del aposento, y con grandes caricias y halagos le tornó a abrazar; y luego mandó el cacique gordo que trajesen un presente que tenía aparejado de cosas de joyas de oro y mantas, aunque no fue mucho, sino de poco valor, y le dijo a Cortés: «Lopelucio, lopelucio, recibe esto de buena voluntad»; y que si más tuviera, que se lo diera. Ya he dicho que en lengua totonaque dijeron señor y gran señor, cuando dicen lopelucio, etc. Y Cortés le dijo con doña Marina y Aguilar que él se lo pagaría en buenas obras, y que lo que hubiese menester, que se lo dijese, que lo haría por ellos; porque somos vasallos de un tan gran señor, que es el emperador don Carlos, que manda muchos reinos y señoríos, que nos envía para deshacer agravios y castigar a los malos, y mandar que no sacrificasen más ánimas; y se les dio a entender otras muchas cosas tocantes a nuestra santa fe. Y luego como aquello oyó el cacique gordo, dando suspiros, se quejó reciamente del gran Moctezuma y de sus gobernadores, diciendo que de poco tiempo acá le había sojuzgado, y que le había llevado todas sus joyas de oro, y les tiene tan apremiados, que no osan hacer sino lo que les manda, porque es señor de grandes ciudades, tierras, y vasallos y ejércitos de guerra. Y como Cortés entendió que, de aquellas quejas que daban, al presente no podían entender en ello, les dijo que él haría de manera que fuesen desagraviados; y porque él iba a ver sus acales (que en lengua de indios así llaman a los navíos), y hacer su estada y asiento en el pueblo de Quiahuistlán, que desque allí esté de asiento se verán más de espacio; y el cacique gordo les respondió muy concertadamente. Y otro día de mañana salimos de Cempoal, y tenía aparejados sobre cuatrocientos indios de carga, que en aquellas partes llaman tamemes, que llevan dos arrobas de peso a cuestas y caminan con ellas cinco leguas; y desque vimos tanto indio para carga nos holgamos, porque de antes siempre traíamos a cuestas nuestras mochilas, los que no traían indios de Cuba, porque no pasaron en la armada sino cinco o seis, y no tantos como dice el Gómara. Y doña Marina y Aguilar nos dijeron, que en aquestas tierras, que cuando están de paz, sin demandar quien lleve carga, los caciques son obligados de dar de aquellos tamemes; y desde allí adelante, donde quiera que íbamos demandábamos indios para las cargas. Y despedido Cortés del cacique gordo, otro día caminamos nuestro camino, y fuimos a dormir a un pueblezuelo cerca de Quiahuistlán, y estaba despoblado, y los de Cempoal trajeron de cenar. Aquí es donde dice el cronista Gómara que estuvo Cortés muchos días en Cempoal, y que se concertó la rebelión y liga contra Moctezuma: no le informaron bien; porque, como he dicho, otro día por la mañana salimos de allí; y dónde se concertó la rebelión y por qué causa, adelante lo diré. Y quédese así, y digamos cómo entramos en Quiahuistlán.

Capítulo XLVI. Cómo entramos en Quiahuistlán, que era pueblo puesto en fortaleza, y nos acogieron de paz

Otro día, a hora de las diez, llegamos en el pueblo fuerte, que se decía Quiahuistlán, que está entre grandes peñascos y muy altas cuestas, y si hubiera resistencia era mala de tomar. Y yendo con buen concierto y ordenanza, creyendo que estuviese de guerra, iba el artillería delante, y todos subíamos en aquella fortaleza, de manera que si algo aconteciera, hacer lo que éramos obligados. Entonces Alonso de Ávila llevó cargo de capitán; y como era soberbio y de mala condición, porque un soldado que se decía Hernando Alonso de Villanueva no iba en buena ordenanza, le dio un bote de lanza en un brazo que le mancó; y después se llamó Hernando Alonso de Villanueva «el manquillo». Dirán que siempre salgo de orden al mejor tiempo por contar cosas viejas. Dejémoslo, y digamos que hasta en la mitad de aquel pueblo no hallamos indios ninguno con quien hablar, de lo cual nos maravillamos, que se habían ido huyendo de miedo aquel propio día; y cuando nos vieron subir a sus casas, y estando en lo más de la fortaleza en una plaza junto adonde tenían los cues y casas grandes de sus ídolos, vimos estar quince indios con buenas mantas, y cada uno un brasero de barro, y en ellos de sus inciensos, y vinieron donde Cortés estaba y le zahumaron, y a los soldados que cerca dellos estábamos, y con grandes reverencias le dicen que les perdonen porque no le han salido a recibir, y que fuésemos bien venidos y que reposemos, y que de miedo se habían huido y ausentado hasta ver qué cosas éramos, porque tenían miedo de nosotros y de los caballos, y que aquella noche les mandarían poblar todo el pueblo; y Cortés les mostró mucho amor, y les dijo muchas cosas tocantes a nuestra santa fe, como siempre lo teníamos de costumbre a do quiera que llegábamos, y que éramos vasallos de nuestro gran emperador don Carlos, y les dio unas cuentas verdes y otras cosillas de Castilla; y ellos trajeron luego gallinas y pan de maíz. Y estando en estas pláticas, vinieron luego a decir a Cortés que venía el cacique gordo de Cempoal en andas, y las andas a cuestas de muchos indios principales; y desque llegó el cacique habló con Cortés, juntamente con el cacique y otros principales de aquel pueblo dando tantas quejas de Moctezuma, y contaba de sus grandes poderes, y decíalo con lágrimas y suspiros, que Cortés y los que estábamos presentes tuvimos mancilla; y demás de contar por qué vía y modo los había sujetado, que cada año les demandaban muchos de sus hijos e hijas para sacrificar y otros para servir en sus casas y sementeras, y otras muchas quejas, que fueron tantas, que ya no se me acuerda; y que los recaudadores de Moctezuma les tomaban sus mujeres e hijas si eran hermosas, y las forzaban; y que otro tanto hacían en aquellas tierras de la lengua de Totonaque, que eran más de treinta pueblos; y Cortés los consolaba con nuestras lenguas cuanto podía, y que los favorecería en todo cuanto pudiese, y quitaría aquellos robos y agravios, y para eso les envió a estas partes el emperador nuestro señor, y que no tuviesen pena ninguna, que presto verían lo que sobre ello hacíamos; y con estas palabras recibieron algún contento, mas no se les aseguraba el corazón con el gran temor que tenían a los mexicanos. Estando en estas pláticas vinieron unos indios del mismo pueblo a decir a todos los caciques que allí estaban hablando con Cortés, cómo venían cinco mexicanos que eran los recaudadores de Moctezuma, y como los vieron se les perdió la color y temblaban de miedo, y dejan solo a Cortés y los salen a recibir, y de presto les enraman una sala y les guisan de comer y les hacen mucho cacao, que es la mejor cosa que entre ellos beben; y cuando entraron en el pueblo los cinco indios vinieron por donde estábamos, porque allí estaban las casas del cacique y nuestros aposentos; y pasaron con tanta continencia y presunción, que sin hablar a Cortés ni a ninguno de nosotros se fueron y pasaron delante; y traían ricas mantas labradas, y los bragueros de la misma manera (que entonces bragueros se ponían), y el cabello lucio y alzado, como atado en la cabeza, y cada uno unas rosas oliéndolas, y mosqueadores que les traían otros indios como criados, y cada uno un bordón con un garabato en la mano, y muy acompañados de principales de otros pueblos de la lengua totonaque; y hasta que los llevaron a aposentar, y les dieron de comer muy altamente, no les dejaron de acompañar. Y después que hubieron comido mandaron llamar al cacique gordo y a los demás principales, y les dijeron muchas amenazas y les riñeron que por qué nos habían hospedado en sus pueblos, y les dijeron que qué tenían ahora que hablar y ver con nosotros. Y que su señor Moctezuma no era servido de aquello, porque sin su licencia y mandado no nos habían de recoger en su pueblo ni dar joyas de oro. Y sobre ello al cacique gordo y a los demás principales les dijeron muchas amenazas, y que luego les diesen veinte indios e indias para aplacar a sus dioses por el mal oficio que había hecho. Y estando en esto, viéndole Cortés, preguntó a doña Marina y Jerónimo de Aguilar, nuestras lenguas, de qué estaban alborotados los caciques desque vinieron aquellos indios, y quién eran. Y doña Marina, que muy bien lo entendió, se lo contó lo que pasaba; y luego Cortés mandó llamar al cacique gordo y a todos los más principales, y les dijo que quién eran aquellos indios, que les hacían tanta fiesta. Y dijeron que los recaudadores del gran Moctezuma, y que vienen a ver por qué causa nos recibían en el pueblo sin licencia de su señor, y que les demandan ahora veinte indios e indias para sacrificar a sus dioses Huichilobos porque les de victoria contra nosotros, porque han dicho que dice Moctezuma que os quiere tomar para que seáis sus esclavos; y Cortés le consoló y que no hubiesen miedo, que él estaba allí con todos nosotros y que los castigarían. Y pasemos adelante a otro capítulo, y diré muy por extenso lo que sobre ello se hizo.

Capítulo XLVII. Cómo Cortés mandó que prendiesen aquellos cinco recaudadores de Moctezuma, y mandó que dende allí adelante no obedeciesen ni diesen tributo, y la rebelión que entonces se ordenó contra Moctezuma
Como Cortés entendió lo que los caciques le decían, les dijo que ya les había dicho otras veces que el rey nuestro señor le mandó que viniese a castigar los malhechores y que no consintiese sacrificios ni robos; y pues aquellos recaudadores venían con aquella demanda, les mandó que luego los aprisionasen y los tuviesen presos hasta que su señor Moctezuma supiese la causa cómo vienen a robar y llevar por esclavos sus hijos y mujeres, y hacer otras fuerzas. Y cuando los caciques lo oyeron estaban espantados de tal osadía, mandar que los mensajeros del gran Moctezuma fuesen maltratados, y temían y no osaban hacerlo; y todavía Cortés les convocó para

que luego los echasen en prisiones, y así lo hicieron, y de tal manera, que en unas varas largas y con colleras (según entre ellos se usa) los pusieron de arte que no se les podían ir; y uno dellos porque no se dejaba atar le dieron de palos; y demás desto, mandó Cortés a todos los caciques que no les diesen más tributo, ni obediencia a Moctezuma, y que así lo publicasen en todos los pueblos aliados y amigos. Y que si otros recaudadores hubiese en otros pueblos como aquellos, que se lo hiciesen saber, que él enviaría por ellos. Y como aquella nueva se supo en toda aquella provincia, porque luego envió mensajeros el cacique gordo haciéndoselo saber, y también lo publicaron los principales que habían traído en su compañía aquellos recaudadores, que como los vieron presos, luego se descargaron y fueron cada uno a su pueblo a dar mandado y a contar lo acaecido. Y viendo cosas tan maravillosas y de tanto peso para ellos, dijeron que no osaran hacer aquello hombres humanos, sino teules, que así llamaban a sus ídolos en que adoraban; y a esta causa desde allí adelante nos llamaron teules, que es, como he dicho, o dioses o demonios; y cuando dijere en esta relación teules en cosas que han de ser tocadas nuestras personas, sepan que se dice por nosotros. Volvamos a decir de los prisioneros, que los querían sacrificar por consejo de todos los caciques, porque no se les fuese alguno dellos a dar mandado a México; y como Cortés lo entendió les mandó que no los matasen, que él los quería guardar, y puso de nuestros soldados que los velasen; y a media noche mandó llamar Cortés a los mismos nuestros soldados que los guardaban, y les dijo: «Mirad que soltéis dos dellos, los más diligentes que os parecieren, de manera que no lo sientan los indios destos pueblos»; y que se los llevasen a su aposento; y así hicieron y después que los tuvo delante les preguntó con nuestras lenguas que por qué estaban presos y de qué tierra eran, como haciendo que no los conocía; y respondieron que los caciques de Cempoal y de aquel pueblo con su favor y el nuestro los prendieron; y Cortés respondió que él no sabía nada y que le pesa dello; y les mandó dar de comer y les dijo palabras de muchos halagos, y que se fuesen luego a decir a su señor Moctezuma cómo éramos todos sus grandes amigos y servidores; y porque no pasasen más mal les quitó las prisiones, y que rifió con los caciques que los tenían presos, y que todo lo que hubiesen menester para su servicio que lo hará de muy buena voluntad, y que los tres indios sus compañeros que tienen en prisiones que él los mandará soltar y guardar, y que vayan muy presto, no los tornen a prender y los maten; y los dos prisioneros respondieron que se lo tenían en merced, y que habían miedo que los tornarían a las manos, porque por fuerza habían de pasar por sus tierras; y luego mandó Cortés a seis hombres de la mar que esa noche los llevasen en un batel obra de cuatro leguas de allí, hasta sacarlos a tierra segura fuera de los términos de Cempoal. Y como amaneció, y los caciques de aquel pueblo y el cacique gordo hallaron menos los dos prisioneros, querían muy de hecho sacrificar los otros tres que quedaban, si Cortés no se los quitara de su poder, e hizo del enojado porque se habían huido los otros dos; y mandó traer una cadena del navío y echólos en ella, y luego los mandó llevar a los navíos, y dijo que él los quería guardar, pues tan mal cobro pusieron de los demás; y cuando los hubieron llevado les mandó quitar las cadenas, y con buenas palabras les dijo que presto les enviaría a México. Dejémoslo así, que luego que esto fue hecho todos los caciques de Cempoal y de aquel pueblo y de otros que se habían allí juntado de la lengua totonaque, dijeron a Cortés que qué harían, pues que Moctezuma sabría la prisión de sus recaudadores, que ciertamente vendrían sobre ellos los poderes de México del gran Moctezuma, y que no podrían escapar de ser muertos y destruidos. Y dijo Cortés con semblante muy alegre: que él y sus hermanos, que allí estábamos, los defenderíamos, y mataríamos a quien enojarlos quisiese. Entonces prometieron todos aquellos pueblos y caciques a una que serían con nosotros en todo lo que les quisiésemos mandar, y juntarían todos sus poderes contra Moctezuma y todos sus aliados. Y aquí dieron la obediencia a su majestad por ante un Diego de Godoy el escribano, y todo lo que pasó lo enviaron a decir a los demás, pueblos de aquella provincia; y como ya no daban tributo ninguno, y los recogedores no parecían, no cabían de gozo en haber quitado aquel dominio. Y dejémos esto, y diré cómo acordamos de nos bajar a lo llano a unos prados, donde comenzamos a hacer una fortaleza. Esto es lo que pasó, y no la relación que sobre ello dieron al cronista Gómara.

Capítulo XLVIII. Cómo acordamos de poblar la Villarrica de la Veracruz, y de hacer una fortaleza en unos prados junto

a unas salinas y cerca del puerto del nombre feo, donde estaban anclados nuestros navíos, y lo que allí se hizo

Después que hubimos hecho liga y amistad con más de treinta pueblos de las sierras, que se decían los totonaques, que entonces se rebelaron al gran Moctezuma y dieron la obediencia a su majestad, y se prefirieron a nos servir, con aquella ayuda tan presta acordamos de poblar e de fundar la Villarrica de la Veracruz en unos llanos media legua del pueblo, que estaba como en fortaleza, que se dice Quiahuistlán, y trazado iglesia y plaza y atarazanas, y todas las cosas que convenían para ser villa; e hicimos una fortaleza, y desde los cimientos; y en acabarla de tener alta para enmaderar, y hechas troneras y cubos y barbacanas, dimos tanta prisa, que desde Cortés, que comenzó el primero a sacar tierra a cuestas y piedra e ahondar los cimientos, como todos los capitanes y soldados, y a la continua, entendimos en ello y trabajamos por la acabar de presto, los unos en los cimientos y otros en hacer las tapias, y otros en acarrear agua y en las caleras, en hacer ladrillos y tejas; y buscar comida, y otros en la madera, y los herreros en la clavazón, porque teníamos herreros; y desta manera trabajábamos en ello a la continua desde el mayor hasta el menor, y los indios que nos ayudaban, de manera que ya estaba hecha iglesia y casas, e casi que la fortaleza. Estando en esto, parece ser que el gran Moctezuma tuvo noticia en México cómo le habían preso sus recaudadores e que le habían quitado la obediencia y cómo estaban rebelados los pueblos totonaques; mostró tener mucho enojo de Cortés y de todos nosotros, y tenía ya mandado a un su gran ejército de guerreros que viniesen a dar guerra a los pueblos que se le rebelaron y que no quedase ninguno dellos a vida; e para contra nosotros aparejaba de venir con gran ejército y pujanza de capitanes; y en aquel instante van los dos indios prisioneros que Cortés mandó soltar, según he dicho en el capítulo pasado, y cuando Moctezuma entendió que Cortés les quitó de las prisiones y los envió a México, y las palabras de ofrecimientos que les envió a decir, quiso nuestro señor Dios que amansó su ira e acordó enviar a saber de nosotros qué voluntad teníamos, y para ello envió dos mancebos sobrinos suyos, con cuatro viejos, grandes caciques, que los traían a cargo, y con ellos envió un presente de oro y mantas, e a dar las gracias a Cortés porque les soltó a sus criados; y por otra parte se envió a quejar mucho, diciendo que con nuestro favor se habían atrevido aquellos pueblos de hacerle tan gran traición e que no le diesen tributo e quitarle la obediencia; e que ahora, teniendo respeto a que tiene por cierto que somos los que sus antepasados les habían dicho que habían de venir a sus tierras, e que debemos de ser de sus linajes, y porque estábamos en casa de los traidores, no les envió luego a destruir; mas que el tiempo andando no se alabarán de aquellas traiciones. Y Cortés recibió el oro y la ropa, que valía sobre 2.000 pesos, y les abrazó, y dio por disculpa que él y todos nosotros éramos muy amigos de su señor Moctezuma, y como tal servidor tiene guardados sus tres recaudadores; y luego los mandó traer de los navíos, y con buenas mantas y bien tratados se los entregó; y también Cortés se quejó mucho del Moctezuma, y les dijo cómo su gobernador Pitalpitoque se fue una noche del real sin le hablar, y que no fue bien hecho, y que cree y tiene por cierto que no se lo mandaría el señor Moctezuma que hiciese la villanía, e que por aquella causa nos veníamos a aquellos pueblos donde estábamos, e que hemos recibido dellos honra; e que le pide por merced que les perdone el desacato que contra él han tenido; y que en cuanto a lo que dice que no le acuden con el tributo, que no pueden servir a dos señores, que en aquellos días que allí hemos estado nos han servido en nombre de nuestro rey y señor; y porque el Cortés y todos sus hermanos iríamos presto a le ver y servir, y cuando allá estemos se dará orden en todo lo que mandare. Y después de aquestas pláticas y otras muchas que pasaron, mandó dar a aquellos mancebos, que eran grandes caciques, y a los cuatro viejos que los traían a cargo, que eran hombres principales, diamantes azules y cuentas verdes, y se les hizo honra; y allí delante dellos, porque había buenos prados, mandó Cortés que corriesen y escaramuzasen Pedro de Alvarado, que tenía una buena yegua alazana que era muy revuelta, y otros caballeros, de lo cual se holgaron de los haber visto correr; y despedidos y muy contentos de Cortés y de todos nosotros se fueron a su México. En aquella sazón se le murió el caballo a Cortés y compró o le dieron otro que se decía «arriero», que era castaño oscuro, que fue de Ortiz «el músico» y un Bartolomé García «el minero», y fue uno de los mejores caballos que venían en el armada. Dejemos de hablar en esto, y diré que como aquellos pueblos de la sierra, nuestros amigos, y el pueblo de Cempoal solían estar de antes muy temerosos de los mexicanos, creyendo que el gran Moctezuma los había de enviar a destruir con sus grandes ejércitos de guerreros, y cuando vieron a aquellos parientes del gran Moctezuma que venían con el presente por mí nombrado, y a darse por servidores de Cortés y de todos nosotros, estaban espantados; y decían unos caciques a otros que ciertamente éramos teules, pues que Moctezuma nos habla miedo, pues enviaba oro en presente. Y si de antes teníamos mucha reputación de esforzados, de allí en adelante nos tuvieron en mucho más. Y quedarse ha aquí, y diré lo que hizo el cacique gordo y otros sus amigos.

Capítulo XLIX. Cómo vino el cacique gordo y otros principales a quejarse delante de Cortés cómo en un pueblo fuerte, que se decía Cingapacinga, estaban guarniciones de mexicanos y les hacían mucho daño, y lo que sobre ello se hizo

Después de despedidos los mensajeros mexicanos, vino el cacique gordo, con otros muchos principales nuestros amigos, a decir a Cortés que luego vaya a un pueblo que se decía Cingapacinga, que estaría de Cempoal dos días de andadura, que serían ocho o nueve leguas, porque decían que estaban en él juntos muchos indios de guerra de los culúas, que se entiende por los mexicanos, y que les venían a destruir sus sementeras y estancias, y les salteaban sus vasallos y les hacían otros malos tratamientos; y Cortés lo creyó, según se lo decían tan afectuadamente; y viendo aquellas quejas y con tantas importunaciones, y habiéndoles prometido que los ayudaría, y mataría a los culúas o a otros indios que los quisiesen enojar; y a esta causa no sabía qué decir, salvo echarlos de allí y estuvo pensando en ello, y dijo riendo a ciertos compañeros que estábamos acompañándole: «Sabéis, señores, que me parece que en todas estas tierras ya tenemos fama de esforzados, y por lo que han visto estas gentes por los recaudadores de Moctezuma, nos tienen por dioses o por cosas como sus ídolos». He pensado que, para que crean que uno de nosotros basta para desbaratar aquellos indios guerreros que dicen que están en el pueblo de la fortaleza de sus enemigos, enviemos a Heredia «el viejo»; que era vizcaíno, y tenía mala catadura en la cara, y la barba grande, y la cara medio acuchillada, y un ojo tuerto, y cojo de una pierna, escopetero; el cual le mandó llamar, y le dijo: «Id con estos caciques hasta el río (que estaba de allí un cuarto de legua) y cuando allá llegáreis, haced que os paráis a beber y lavar las manos, y tirad un tiro con vuestra escopeta, que yo os enviaré a llamar; que esto hago porque crean que somos dioses, o de aquel nombre y reputación que nos tienen puesto; y como vos sois mal agestado, crean que sois ídolo»; y el Heredia lo hizo según y de la manera que le fue mandado, porque era hombre que había sido soldado en Italia; y luego envió Cortés a llamar al cacique gordo y a todos los demás principales que estaban aguardando el ayuda y socorro, y les dijo: «Allá envío con vosotros este mi hermano, para que mate y eche todos los culúas de ese pueblo, y me traiga presos a los que no se quisieren ir». Y los caciques estaban elevados desque lo oyeron, y no sabían si lo creer o no, y miraban a Cortés, si hacía algún mudamiento en el rostro, que creyeron que era verdad lo que les decía; y luego el viejo Heredia, que iba con ellos, cargó su escopeta, e iba tirando tiros al aire por los montes porque lo oyesen y viesen los indios, y los caciques enviaron a dar mandado a los otros pueblos cómo llevan a un teule para matar a los mexicanos que estaban en Cingapacinga; y esto pongo aquí por cosa de risa, porque vean las mañas que tenía Cortés. Y cuando entendió que había llegado el Heredia al río que le había dicho, mandó de presto que le fuesen a llamar, y vueltos los caciques y el viejo Heredia, les tornó a decir Cortés a los caciques que por la buena voluntad que les tenía que el propio Cortés en persona con algunos de sus hermanos quería ir a hacerles aquel socorro y a ver aquellas tierras y fortalezas, y que luego le trajesen cien hombres tamemes para llevar los tepuzques, que son los tiros, y vinieron otro día por la mañana; y habíamos de partir aquel mismo día con cuatrocientos soldados y catorce de a caballo y ballesteros y escopeteros, que estaban apercibidos; y ciertos soldados que eran de la parcialidad de Diego Velázquez dijeron que no querían ir, y que se fuese Cortés con los que quisiese; que ellos a Cuba se querían volver. Y lo que sobre ello se hizo diré adelante.

Capítulo L. Cómo ciertos soldados de la parcialidad del Diego Velázquez, viendo que de hecho queríamos poblar y comenzamos a pacificar pueblos, dijeron que no querían ir a ninguna entrada, sino volverse a la isla de Cuba

Ya me habrán oído decir en el capítulo antes deste que Cortés había de ir a un pueblo que se dice Cingapacinga, y había de llevar consigo cuatrocientos soldados y catorce de a caballo y ballesteros y escopeteros, y tenían puestos en la memoria para ir con nosotros a ciertos soldados de la parcialidad del Diego Velázquez; y yendo los cuadrilleros a apercibirlos que saliesen luego con sus armas y caballos los que los tenían, respondieron soberbiamente que no querían ir a ninguna entrada, sino volverse a sus estancias y haciendas que dejaron en Cuba; que bastaba lo que habían perdido por sacarlos Cortés de sus casas, que les había prometido en el arenal que cualquiera persona que se quisiese ir que les daría licencia, navío y matalotaje; y a esta causa estaban siete soldados apercibidos para se volver a Cuba. Y como Cortés lo supo, los envió a llamar, y preguntando por qué hacían aquella cosa tan fea, respondieron algo alterados, y dijeron que se maravillaban querer poblar adonde había tanta fama de millares de indios y grandes poblaciones, con tan pocos soldados como éramos, y que ellos estaban dolientes y hartos de andar de una parte a otra, y que se querían ir a Cuba a sus casas y haciendas; que les diese luego licencia, como se lo había prometido; y Cortés les respondió mansamente que era verdad que se la prometió, mas que no harían lo que debían en dejar la bandera de su capitán desamparada; y luego les mandó que sin detenimiento ninguno se fuesen a embarcar, y les señaló navío, y les mandó dar casabe y una botija de aceite y otras de legumbres de bastimentos de lo que teníamos. Y uno de aquellos soldados, que se decía hulano Morón, vecino de la villa que se decía del Bayamo, tenía un buen caballo overo, labrado de las manos, y le vendió luego bien vendido a un Juan Ruano a trueco de otras haciendas que el Juan Ruano dejaba en Cuba; y ya que se querían hacer a la vela, fuimos todos los compañeros y alcaldes y regidores de nuestra Villarrica a requerir a Cortés que por vía ninguna no diese licencia a persona ninguna para salir de la tierra, porque así conviene al servicio de Dios nuestro señor y de su majestad; y que la persona que tal licencia pidiese le tuviese por hombre que merecía pena de muerte, conforme a las leyes de lo militar: pues quieren dejar a su capitán y bandera desamparada en la guerra y peligro, en especial habiendo tanta multitud de pueblos de indios guerreros como ellos han dicho. Y Cortés hizo como que les quería dar la licencia, mas a la postre se la revocó, y se quedaron burlados y aun avergonzados, y el Morón su caballo vendido, y el Juan Ruano, que lo hubo, no se lo quiso volver, y todo fue mañeado por Cortés; y fuimos nuestra entrada a Cingapacinga.

Capítulo LI. De lo que nos acaeció en Cingapacinga, y cómo a la vuelta que volvimos por Cempoal les derrocamos sus ídolos, otras cosas que pasaron
Como ya los siete hombres que se querían volver a Cuba estaban pacíficos, luego partimos con los soldados de infantería ya por mí nombrados, y fuimos a dormir al pueblo de Cempoal, y tenían aparejado para salir con nosotros dos mil indios de guerra en cuatro capitanías; y el primero día caminamos cinco leguas con buen concierto, y otro día a poco más de vísperas llegamos a las estancias que estaban junto al pueblo de Cingapacinga, y los naturales de él tuvieron noticia cómo íbamos; y ya que comenzábamos a subir por la fortaleza y casas, que estaban entre grandes riscos y peñascos, salieron de paz a nosotros ocho indios principales y papas, y dicen a Cortés llorando que por qué los quiere matar y destruir no habiendo hecho por qué, pues teníamos fama que a todos hacíamos bien y desagraviábamos a los que estaban robados, y habíamos prendido a los recaudadores de Moctezuma; y que aquellos indios de guerra de Cempoal que allí iban con nosotros estaban mal con ellos de enemistades viejas que habían tenido sobre tierras y términos, y que con nuestro favor les venían a matar y robar; y que es verdad que mexicanos solían estar en guarnición en aquel pueblo, y que pocos días había se habían ido a sus tierras cuando supieron que habíamos preso a otros recaudadores; y que le ruegan que no pase más adelante la cosa y les favorezca. Y como Cortés lo hubo muy bien entendido con nuestras lenguas doña Marina y Aguilar, luego con mucha brevedad mandó al capitán Pedro de Alvarado y al maestre de campo, que era Cristóbal de Olí, y a todos nosotros los compañeros que con él íbamos, que detuviésemos a los indios de Cempoal que no pasasen más adelante; y así lo hicimos. Y por presto que fuimos a detenerlos, ya estaban robando en las estancias; de lo cual hubo Cortés gran enojo, y mandó que viniesen luego los capitanes que traían a cargo aquellos guerreros de Cempoal, y con palabras de muy enojado y de grandes amenazas les dijo que luego les

trajesen los indios e indias y mantas y gallinas que habían robado en las estancias, y que no entre ninguno dellos en aquel pueblo; y que porque le habían mentido y venían a sacrificar y robar a sus vecinos con nuestro favor, eran dignos de muerte, y que nuestro rey y señor, cuyos vasallos somos, no nos envió a estas partes y tierras para que hiciesen aquellas maldades, y que abriesen bien los ojos no les aconteciese otra como aquella, porque no había que quedar hombre dellos a vida; y luego los caciques y capitanes de Cempoal trajeron a Cortés todo lo que habían robado, así indios como indias y gallinas, y se los entregó a los dueños cuyo era, y con semblante muy furioso les tornó a mandar que se saliesen a dormir al campo, y así lo hicieron. Y desque los caciques y papas de aquel pueblo y otros comarcanos vieron que tan justificados éramos, y las palabras amorosas que les decía Cortés con nuestras lenguas, y también las cosas tocantes a nuestra santa fe, como la teníamos de costumbre, y que dejasen el sacrificio y de se robar unos a otros, y las suciedades de sodomías, y que no adorasen sus malditos ídolos, y se les dijo otras muchas cosas buenas, tomáronnos de buena voluntad, que luego fueron a llamar a otros pueblos comarcanos, y todos dieron la obediencia a su majestad. Y allí luego dieron muchas quejas de Moctezuma, como las pasadas que habían dado los de Cempoal cuando estábamos en el pueblo de Quiahuistlán. Y otro día por la mañana Cortés mandó llamar a los capitanes y caciques de Cempoal, que estaban en el campo aguardando para ver lo que les mandábamos, y aun muy temerosos de Cortés por lo que habían hecho en haberle mentido; y venidos delante, hizo amistades entre ellos y los de aquel pueblo, que nunca faltó por ninguno dellos. Y luego partimos para Cempoal por otro camino, y pasamos por dos pueblos amigos de los de Cingapacinga; y estábamos descansando, porque hacía recio Sol y veníamos muy cansados con las armas a cuestas; y un soldado que se decía Fulano de Mora, natural de Ciudad Rodrigo, tomó dos gallinas de una casa de indios de aquel pueblo, y Cortés, que lo acertó a ver, hubo tanto enojo de lo que delante de él hizo aquel soldado en los pueblos de paz en tomar las gallinas, que luego le mandó echar una soga a la garganta, y le tenían ahorcado si Pedro de Alvarado, que se halló junto a Cortés, no le cortara la soga con la espada, y medio muerto quedó el pobre soldado. He querido traer esto aquí a la memoria para que vean los curiosos lectores y aun los sacerdotes que ahora tienen cargo de administrar los santos sacramentos y doctrina a los naturales de estas partes, que porque aquel soldado tomó dos gallinas en un pueblo de paz, aína le costara la vida, y para que vean ahora ellos de qué manera se han de haber con los indios, y no tomarles sus haciendas. Después murió este soldado en una guerra en la provincia de Guatemala sobre un peñol. Volvamos a nuestra relación: que, como salimos de aquellos pueblos que dejamos de paz, yendo para Cempoal, estaba el cacique gordo, con otros principales, aguardándonos en unas chozas con comida; que, aunque son indios, vieron y entendieron que la justicia es santa y buena, y que las palabras que Cortés les había dicho, que veníamos a desagraviar y quitar tiranías, conformaban con lo que pasó en aquella entrada, y tuviéronnos en mucho más que de antes, y allí dormimos en aquellas chozas, y todos los caciques nos llevaron acompañando hasta los aposentos de su pueblo; y verdaderamente quisieran que no saliéramos de su tierra, porque se temían de Moctezuma no enviase su gente de guerra contra ellos. Y dijeron a Cortés, pues éramos ya sus amigos, que nos quieren tener por hermanos, que será bien que tomásemos de sus hijas y parientas para hacer generación; y que para que más fijas sean las amistades trajeron ocho indias, todas hijas de caciques, y dieron a Cortés una de aquellas cacicas, y era sobrina del mismo cacique gordo, y otra dieron a Alonso Hernández Portocarrero, y era hija de otro gran cacique que se decía Cuesco en su lengua; y traíanlas vestidas a todas ocho con ricas camisas de la tierra, y bien ataviadas a su usanza, y cada una dellas un collar de oro al cuello, y en las orejas zarcillos de oro, y venían acompañadas de otras indias para se servir dellas; y cuando el cacique gordo las presentó, dijo a Cortés: «Tecle (que quiere decir en su lengua señor), estas siete mujeres son para los capitanes que tienes, y esta, que es mi sobrina, es para ti, que es señora de pueblos y vasallos». Cortés las recibió con alegre semblante, y les dijo que se lo tenían en merced; mas para tomarlas, como dice que seamos hermanos, que hay necesidad que no tengan aquellos ídolos en que creen y adoran, que los traen engañados y que como él vea aquellas cosas malísimas en el suelo y que no sacrifiquen, que luego tendrán con nosotros muy más fija la hermandad; y que aquellas mujeres que se volverán cristianas primero que las recibamos, y que también habían de ser limpios de sodomías, porque tenían muchachos vestidos en hábito de mujeres que andaban a ganar en aquel maldito oficio; y cada día sacrificaban delante de nosotros tres o cuatro o cinco indios, y los corazones ofrecían a sus ídolos y la sangre pegaban por las paredes, y cortábanles las piernas y brazos y muslos, y los comían como vaca que se trae de las carnicerías en nuestra tierra, y aun tengo creído que lo vendían por menudo en los tiangues, que son mercados; y que como estas maldades se quiten y que no lo usen, que no solamente les seremos amigos, mas que les hará que sean señores de otras provincias. Y todos los caciques, papas y principales respondieron que no les estaba bien de dejar sus ídolos y sacrificios, y que aquellos sus dioses les daban salud y buenas sementeras y todo lo que habían menester; y que en cuanto a lo de las sodomías, que pondrán resistencia en ello para que no se use más. Y como Cortés y todos nosotros vimos aquella respuesta tan desacatada y habíamos visto tantas crueldades y torpedades, ya por mí otra vez dichas, no las pudimos sufrir; y entonces nos habló Cortés sobre ello y nos trajo a la memoria unas santas y buenas doctrinas, y que ¿cómo podíamos hacer ninguna cosa buena si no volvíamos por la honra de Dios y en quitar los sacrificios que hacían a los ídolos? Y que estuviésemos muy apercibidos para pelear si nos lo viniesen a defender que no se los derrocásemos, y que, aunque nos costase las vidas, en aquel día habían de venir al suelo. Y puestos que estábamos todos muy a punto con nuestras armas, como lo teníamos de costumbre para pelear, les dijo Cortés a los caciques que los habían de derrocar. Y cuando aquello vieron, luego mandó el cacique gordo a otros sus capitanes que se apercibiesen muchos guerreros en defensa de sus ídolos; y cuando vio que queríamos subir en un alto cu, que es su adoratorio, que estaba alto y había muchas gradas, que ya no se me acuerda que tantas había, vimos al cacique gordo con otros principales muy alborotados y sañudos, y dijeron a Cortés que por qué les queríamos destruir. Y que si les hacíamos deshonor a sus dioses o se los quitábamos, que ellos perecerían, y aun nosotros con ellos. Y Cortés les respondió muy enojado que otra vez les ha dicho que no sacrifiquen a aquellas malas figuras, porque no les traigan más engañados, y que a esta causa veníamos a quitar de allí, y que luego a la hora los quitasen ellos, si no, que luego los echaríamos a rodar por las gradas abajo; y les dijo que no los tendríamos por amigos, sino por enemigos mortales, pues que les daba buen consejo y no le querían creer; y porque habían visto que habían venido sus capitanes puestos en armas de guerreros, que está enojado con ellos y que se lo pagarán con quitarles las vidas. Y como vieron a Cortés que les decía aquellas amenazas, y nuestra lengua doña Marina que se lo sabía muy bien dar a entender y aun los amenazaba con los poderes de Moctezuma, que cada día los aguardaba, por temor desto dijeron que ellos no eran dignos de llegar a sus dioses, y que si nosotros los queríamos derrocar, que no era con su consentimiento, que se los derrocásemos e hiciésemos lo que quisiésemos. Y no lo hubo bien dicho, cuando subimos sobre cincuenta soldados y los derrocamos, y venían rodando aquellos sus ídolos hechos pedazos, y eran de manera de dragones espantables, tan grandes como becerros, y otras figuras de manera de medio hombre, y de perros grandes y de malas semejanzas; y cuando así los vieron hechos pedazos, los caciques y papas que con ellos estaban lloraban y tapaban los ojos, y en su lengua totonaque les decían que les perdonasen y que no era más en su mano ni tenían culpa, sino estos teules que les derruecan, y que por temor de los mexicanos no nos daban guerra. Y cuando aquello pasó, comenzaban las capitanías de los indios guerreros, que he dicho que venían a nos dar guerra, a querer flechar; y cuando aquello vimos, echamos mano al cacique gordo y a seis papas y a otros principales, y les dijo Cortés que si hacían algún descomedimiento de guerra que habían de morir todos ellos; y luego el cacique gordo mandó a sus gentes que se fuesen delante de nosotros y que no hiciesen guerra; y como Cortés los vio sosegados, les hizo un parlamento, lo cual diré adelante, y así se apaciguó todo; y esta de Cingapacinga fue la primera entrada que hizo Cortés en la Nueva España, y fue de harto provecho. Y no como dice el cronista Gómara, que matamos y prendimos y asolamos tantos millares de hombres en lo de Cingapacinga; y miren los curiosos que esto leyeren cuánto va del uno al otro, por muy buen estilo que lo dice en su Crónica, pues en todo lo que escribe no pasa como dice.

Capítulo LII. Cómo Cortés mandó hacer un altar y se puso una imagen de nuestra señora y una cruz, y se dijo misa y se bautizaron las ocho indias

Como ya callaban los caciques y papas y todos los más principales, mandó Cortés que a los ídolos que derrocamos, hechos pedazos, que los llevasen adonde no pareciesen más y los quemasen; y luego salieron de un aposento ocho papas que tenían cargo dellos, y toman sus ídolos y los llevan a la misma casa donde salieron y los quemaron. El hábito que traían aquellos papas eran unas mantas prietas, a manera de sábana, y lobas largas hasta los pies, y unos como capillos que querían parecer a los que traen los canónigos, y otros capillos traían más chicos como los que traen los dominicos, y los cabellos traían largos hasta la cinta, y aun algunos hasta los pies, llenos de sangre pegada, y muy enredados, que no se podían esparcir, y las orejas hechas pedazos, sacrificadas dellas, y hedían como azufre, y tenían otro muy mal olor como de carne muerta. Y según decían, y alcanzamos a saber, aquellos papas eran hijos de principales y no tenían mujeres, mas tenían el maldito oficio de sodomías, y ayunaban ciertos días; y lo que yo les veía comer eran unos meollos o pepitas de algodón cuando lo desmotan, salvo si ellos no comían otras cosas que yo no se las pudiese ver. Dejemos a los papas y volvamos a Cortés, que les hizo un buen razonamiento con nuestras lenguas doña Marina y Jerónimo de Aguilar, y les dijo que ahora los teníamos como hermanos, y que les favorecería en todo lo que pudiese contra Moctezuma y sus mexicanos, porque ya envió a mandar que no les diesen guerra ni les llevasen tributo; y que pues en aquellos sus altos cues no habían de tener más ídolos, que él les quiere dejar una gran señora, que es madre de nuestro señor Jesucristo, en quien creemos y adoramos, para que ellos también la tengan por señora y abogada; y sobre ello, y otras cosas de pláticas que pasaron, se les hizo un buen razonamiento, y tan bien propuesto, para según el tiempo, que no había más que decir; y se les declaró muchas cosas tocantes a nuestra santa fe, tan bien dichas como ahora los religiosos se lo dan a entender; de manera que los oían de buena voluntad. Y luego les mandó llamar todos los indios albañiles que había en aquel pueblo, y traer mucha cal, porque había mucha, y mandó que quitasen las costras de sangre que estaban en aquellos cues y que lo aderezasen muy bien, y luego otro día se encaló y se hizo un altar con buenas mantas, y mandó traer muchas rosas de las naturales que había en la tierra, que eran bien olorosas, y muchos ramos, y lo mandó enramar y que lo tuviesen limpio y barrido a la continua; y para que tuviesen cargo dello, apercibió a cuatro papas que se trasquilasen el cabello, que lo traían largo, como otra vez he dicho, y que vistiesen mantas blancas y se quitasen las que traían, y que siempre anduviesen limpios y que sirviesen aquella santa imagen de nuestra señora, en barrer y enramar; y para que, tuviesen más cargo dello puso a un nuestro soldado cojo y viejo, que se decía Juan de Torres, de Córdoba, que estuviese allí por ermitaño, y que mirase que se hiciese cada día así como lo mandaba a los papas. Y mandó a nuestros carpinteros, otra vez por mí nombrados, que hiciesen una cruz y la pusiesen en un pilar que teníamos ya nuevamente hecho y muy bien encalado; otro día de mañana se dijo misa en el altar, la cual dijo el padre fray Bartolomé de Olmedo, y entonces se dio orden como con el incienso de la tierra se encensase a la santa imagen de nuestra señora y a la santa cruz, y también se les mostró hacer candelas de la cera de la tierra, y se les mandó que aquellas candelas siempre estuviesen ardiendo en el altar, porque hasta entonces no se sabían aprovechar de la cera; y a la misa estuvieron los más principales caciques de aquel pueblo y de otros que se habían juntado. Y asimismo trajeron las ocho indias para volver cristianas, que todavía estaban en poder de sus padres y tíos, y se les dio a entender que no habían de sacrificar más ni adorar ídolos, salvo que habían de creer en nuestro señor Dios, y se les amonestó muchas cosas tocantes a nuestra santa fe, y se bautizaron, y se llamó a la sobrina del cacique gordo doña Catalina, y era muy fea; aquélla dieron a Cortés por la mano, y la recibió con buen semblante; a la hija de Cuesco, que era un gran cacique, se puso por nombre doña Francisca; ésta era muy hermosa para ser india, y la dio Cortés a Alonso Hernández Portocarrero; las otras seis ya no se me acuerda el nombre de todas, mas sé que Cortés las repartió entre soldados. Y después desto hecho, nos despedimos de todos los caciques y principales, y dende adelante siempre les tuvieron muy buena voluntad, especialmente cuando vieron que recibió Cortés sus hijas y las llevamos con nosotros; y con muy grandes ofrecimientos que Cortés les hizo que les ayudaría, nos fuimos a nuestra Villarrica, y lo que allí se hizo lo diré adelante.

Esto es lo que pasó en este pueblo de Cempoal, y no otra cosa que sobre ello hayan escrito el Gómara ni los demás cronistas.

Capítulo LIII. Cómo llegamos a nuestra Villarrica de la Veracruz, y lo que allí pasó

Después que hubimos hecho aquella jornada y quedaron amigos los de Cingapacinga con los de Cempoal, y otros pueblos comarcanos dieron la obediencia a su majestad, y se derrocaron los ídolos y se puso la imagen de nuestra señora y la santa cruz, y le puso por ermitaño el viejo soldado y todo lo por mí referido, fuimos a la villa y llevamos con nosotros ciertos principales de Cempoal, y hallamos que aquel día había venido de la isla de Cuba un navío, y por capitán de él un Francisco de Saucedo, que llamábamos «el Pulido»; y pusímosle aquel nombre porque en demasía se preciaba de galán y pulido, y decían que había sido maestresala del almirante de Castilla, y era natural de Medina de Rioseco; y vino entonces Luis Marín, capitán que fue en lo de México, persona que valió mucho, y vinieron diez soldados; y traía el Saucedo un caballo y Luis Marín una yegua, y nuevas de Cuba, que le habían llegado al Diego Velázquez de Castilla las provisiones para poder rescatar y poblar; y los amigos del Diego Velázquez se regocijaron mucho, y más de que supieron que le trajeron provisión para ser adelantado de Cuba. Y estando en aquella villa sin tener en qué entender más de acabar de hacer la fortaleza, que todavía se entendía en ella, dijimos a Cortés todos los más soldados que se quedase aquello que estaba hecho en ella para memoria, pues estaba ya para enmaderar, y que había ya más de tres meses que estábamos en aquella tierra, y que sería bueno ir a ver qué cosa era el gran Moctezuma y buscar la vida y nuestra ventura, y que antes que nos metiésemos en camino que enviásemos a besar los pies a su majestad y a darle cuenta de todo lo acaecido desde que salimos de la isla de Cuba; y también se puso en plática que enviásemos a su majestad el oro que se había habido, así rescatado como los presentes que nos envió Moctezuma. Y respondió Cortés que era muy bien acordado y que ya lo había puesto él en plática con ciertos caballeros; y porque en lo del oro por ventura habría algunos soldados que querrían sus partes, y si se partiese que sería poco lo que se podría enviar, por esta causa dio cargo a Diego de Ordás y a Francisco de

Montejo, que eran personas de negocios, que fuesen de soldado en soldado de los que se tuviesen sospecha que demandarían las partes del oro, y les decían estas palabras: «Señores, ya veis que queremos hacer un presente a su majestad del oro que aquí hemos habido, y para ser el primero que enviamos destas tierras había ser mucho más; parécenos que todos le sirvamos con las partes que nos caben; los caballeros y soldados que aquí estamos escritos, tenemos firmado cómo no queremos parte ninguna dello, sino que sirvamos a su majestad con ello porque nos haga mercedes. El que quisiere su parte no se le negará; el que no la quisiere haga lo que todos hemos hecho, fírmelo aquí»; y desta manera todos los firmaron a una. Y hecho esto, luego se nombraron para procuradores que fuesen a Castilla a Alonso Hernández Portocarrero y Francisco de Montejo, porque ya Cortés le había dado sobre 2.000 pesos por tenerle de su parte. Y se mandó apercibir el mejor navío de toda la flota, y con dos pilotos, que fue uno Antón de Alaminos, que sabía cómo habían de desembocar por la canal de Bahama, porque él fue el primero que navegó por aquella canal; y también apercibimos quince marineros, y se les dio todo recaudo de matalotaje. Y esto apercibido, acordamos de escribir y hacer saber a su majestad todo lo acaecido, y Cortés escribió por sí, según él nos dijo, con recta relación; mas no vimos su carta; y el cabildo escribió juntamente con diez soldados de los que fuimos en que se poblase la tierra, y le alzamos a Cortés por general; y con toda verdad que no faltó cosa ninguna en la carta, e iba yo firmado en ella; y demás destas cartas y relaciones, todos los capitanes y soldados juntamente escribimos otra carta y relación. Y lo que se contenía en la carta que escribimos es lo siguiente.

Capítulo LIV. De la relación y carta que escribimos a su majestad con nuestros procuradores Alonso Hernández Portocarrero y Francisco de Montejo, la cual iba firmada de algunos capitanes y soldados

Después de poner en el principio aquel muy debido acato que somos obligados a tan gran majestad del emperador nuestro señor, que fue así: «Siempre sacra, católica, cesárea, real majestad»; y poner otras cosas que se convenían decir en la relación y cuenta de nuestra vida y viaje, cada capítulo por sí, fue esto que aquí diré en suma breve. Cómo salimos de la isla de Cuba con Hernando Cortés, los pregones que se dieron, cómo veníamos a poblar, y que Diego Velázquez secretamente enviaba a rescatar, y no a poblar; cómo Cortés se quería volver con cierto oro rescatado, conforme a las instrucciones que de Diego Velázquez traía, de las cuales hicimos presentación; cómo hicimos a Cortés que poblase y le nombramos por capitán general y justicia mayor hasta que otra cosa su majestad fuese servido mandar; cómo le prometimos el quinto de lo que se hubiese, después de sacado su real quinto; cómo llegamos a Cozumel y por qué ventura se hubo Jerónimo de Aguilar en la punta de Cotoche, y de la manera que decía que allí aportó él y un Gonzalo Guerrero, que se quedó con los indios por estar casado y tener hijos y estar ya hecho indio; cómo legamos a Tabasco, y de las guerras que nos dieron y batallas que con ellos tuvimos; cómo los atrajimos de paz; cómo a do quiera que llegamos se les hacen buenos razonamientos para que dejen sus ídolos, y se les declara las cosas tocantes a nuestra santa fe; cómo dieron la obediencia a su real majestad y fueron los primeros vasallos que tiene en aquestas partes; cómo hicieron un presente de mujeres, y en él una cacica, para india, de mucho ser, que sabe la lengua de México, que es la que se usa en toda la tierra, y que con ella y el Aguilar tenemos verdaderas lenguas; cómo desembarcamos en San Juan de Ulúa, y de las pláticas de los embajadores del gran Moctezuma, y quién era el gran Moctezuma y lo que se decía de sus grandeza s y del presente que trajeron; y cómo fuimos a Cempoal, que es un pueblo grande, y desde allí a otro pueblo que se dice Quiahuistlán, que estaba en fortaleza, y cómo se hizo la liga y confederación con nos otros y quitaron la obediencia a Moctezuma en aquel pueblo; de más de treinta pueblos que todos le dieron la obediencia y están en su real patrimonio, y la ida de Cingapacinga; cómo hicimos la fortaleza; y que ahora estamos de camino para ir la tierra adentro hasta vernos con el Moctezuma. Cómo aquella tierra es muy grande y de muchas ciudades y muy pobladísima, y los naturales grandes guerreros; cómo entre ellos hay mucha diversidad de lenguas y tienen guerra unos con otros; cómo son idólatras y se sacrifican y, matan en sacrificios muchos hombres y niños y mujeres, y comen carne humana y usan otras torpedades; cómo el primer descubridor fue un Francisco Hernández de Córdoba, y luego cómo vino

Juan de Grijalva. Y que ahora al presente le servimos con el oro que hemos habido, que es el Sol de oro y la Luna de plata y un casco de oro en granos como se coge en las minas, y muchas diversidades y géneros de piezas de oro hechas de muchas maneras; mantas de algodón muy labradas de plumas, y primas; otras muchas piezas de oro, que fueron mosqueadores, rodelas y otras cosas que ya no se me acuerda, como ha ya tantos años que pasó; también enviamos cuatro indios que quitamos en Cempoal, que tenían a engordar en unas jaulas de madera para después de gordos sacrificarlos y comérselos. Y después de hecha esta relación y otras cosas, dimos cuenta y relación cómo quedábamos en estos sus reinos cuatrocientos y cincuenta soldados, a muy gran peligro entre tanta multitud del pueblo y gentes belicosos y muy grandes guerreros, para servir a Dios y a su real corona; y le suplicamos que en todo lo que se nos ofreciese nos haga mercedes. Y que no hiciese merced de la gobernación destas tierras ni de ningunos oficios reales a persona ninguna, porque son tales ricas y de grandes pueblos y ciudades, que conviene para un infante o gran señor; y tenemos pensamiento que, como don Juan Rodríguez de Fonseca, obispo de Burgos y arzobispo de Rosano, es su presidente y manda a todas las Indias, que lo dará a algún su deudo o amigo, especialmente a un Diego Velázquez que está por gobernador en la isla de Cuba; y la causa es, por qué se le dará la gobernación o otro cualquier cargo, que siempre le sirve con presentes de oro, y le ha dejado en la misma isla pueblos de indios que le sacan oro de las minas; de lo cual había primeramente de dar los mejores pueblos a su real corona, y no le dejó ninguno, que solamente por esto es digno de que no se le hagan mercedes; y que como en todo somos sus muy leales servidores, y hasta fenecer nuestras vidas le hemos de servir, se lo hacemos saber para que tenga noticia de todo; y que estamos determinados que, hasta que sea servido que nuestros procuradores que allá enviamos besen sus reales pies y vea nuestras cartas y nosotros veamos su real firma, que entonces, los pechos por tierra, para obedecer sus reales mandos; y que si el obispo de Burgos por su mandado nos envía a cualquiera persona a gobernar o ser capitán, que primero que le obedezcamos se lo haremos saber a su real persona a do quiera que estuviere, y lo que fuere servido de mandar, que le obedeceremos como mando de nuestro rey y señor, como somos obligados; y demás destas relaciones, le suplicamos que entre tanto que otra cosa sea servido mandar, que le hiciese merced de la gobernación a Hernando Cortés; y dimos tantos loores de él y que es tan gran servidor suyo, hasta ponerlo en las nubes. Y después de haber escrito todas estas relaciones con todo el mayor acato y humildad que pudimos y convenía, y cada capítulo por sí, y declaramos cada cosa cómo y cuándo y de qué arte pasaron, como carta para nuestro rey y señor, y no del arte que va aquí en esta relación; y la firmamos todos los capitanes y soldados que éramos de la parte de Cortés, y fueron dos cartas duplicadas; y nos rogó que se la mostrásemos, y como vio la relación tan verdadera y los grandes loores que dél dábamos, hubo mucho placer y dijo que nos lo tenía en merced, con grandes ofrecimientos que nos hizo; empero no quisiera que dijéramos en ella ni mentáramos del quinto del oro que le prometimos, ni que declaráramos quiénes fueron los primeros descubridores; porque, según entendimos, no hacía en su carta relación de Francisco Hernández de Córdoba ni del Grijalva, sino a él solo se atribuía el descubrimiento y la honra y honor de todo; y dijo que ahora al presente aquello estuviera mejor por escribir, y no dar relación dello a su majestad; y no faltó quien le dijo que a nuestro rey y señor no se le ha de dejar de decir todo lo que pasa. Pues ya escritas estas cartas y dadas a nuestros procuradores, les encomendamos mucho que por vía ninguna entrasen en La Habana ni fuesen a una estancia que tenía allí el Francisco de Montejo, que se decía el Marien, que era puerto para navíos, porque no alcanzase a saber el Diego Velázquez lo que pasaba; y no lo hicieron así, como adelante diré. Pues ya puesto todo a punto para se ir a embarcar, dijo misa el padre de la Merced, y encomendándoles al Espíritu Santo que les guiase, en 26 días del mes de julio de 1519 años partieron de San Juan de Ulúa a La Habana; y el Francisco de Montejo con grandes importunaciones convocó y atrajo al piloto Alaminos guiase a su estancia, diciendo que iba a tomar bastimento de puercos y casabe, hasta que le hizo hacer lo que quiso. Fue a surgir a su estancia, porque el Portocarrero iba muy malo, y no hizo cuenta de él; y la noche que allí llegaron, desde la nao echaron un marinero en tierra con cartas y avisos para el Diego Velázquez; y supimos que el Montejo le mandó que fuese con las cartas, y en posta fue el marinero por la isla de Cuba de pueblo en pueblo publicando todo lo aquí por mí dicho, hasta que el Diego Velázquez lo supo. Y lo que sobre ello hizo, adelante lo diré.

Capítulo LV. Cómo Diego Velázquez, gobernador de Cuba, supo por cartas muy por cierto que enviábamos procuradores con embajadas y presentes a nuestro rey, y lo que sobre ello se hizo

Como Diego Velázquez, gobernador de Cuba, supo las nuevas, así por las cartas que le enviaron secretas y dijeron que fueron del Montejo, como lo que dijo el marinero que se halló presente en todo lo por mí dicho en el capítulo pasado, que se había echado a nado para le llevar las cartas; y cuando entendió del gran presente de oro que enviábamos a su majestad y supo quién eran los embajadores, temió y decía palabras muy lastimosas y maldiciones contra Cortés y su secretario Duero y del contador Amador de Lares, y de presto mandó armar dos navíos de poco porte, grandes veleros, con toda la artillería y soldados que pudo haber y con dos capitanes que fueron en ellos, que se decían Gabriel de Rojas, y el otro capitán se decía hulano de Guzmán, y les mandó que fuesen hasta La Habana, y que en todo caso le trajesen presa la nao en que iban nuestros procuradores y todo el oro que llevaban; y de presto, así como lo mandó, llegaron en ciertos días a la canal de Bahama, y preguntaban los de los navíos a barcos que andaban por la mar de acarreto que si habían visto ir una nao de mucho porte, y todos daban noticia della y que ya sería desembocada por la canal de Bahama, por que siempre tuvieron buen tiempo; y después de andar barloventeando con aquellos dos navíos entre la canal y La Habana, y no hallaron recado de lo que venían a buscar, se volvieron a Santiago de Cuba; y si triste estaba el Diego Velázquez antes que enviase los navíos, muy más se acongojó cuando los vio volver de aquel arte; y luego le aconsejaron sus amigos que se enviase a quejar a España al obispo de Burgos, que estaba por presidente de Indias, que hacía mucho por él; y también envió a dar sus quejas a la isla de Santo Domingo a la audiencia real que en ella residía y a los frailes jerónimos que estaban por gobernadores en ella, que se decían fray Luis de Figueroa y fray Alonso de Santo Domingo y fray Bernardino de Manzanedo; los cuales religiosos solían estar y residir en el monasterio de la Mejorada, que es dos leguas de Medina del Campo, y envían en posta un navío a la Española y danles muchas quejas de Cortés y de todos nosotros. Y como alcanzaron a saber en la real audiencia nuestros grandes servicios, la respuesta que le dieron los frailes fue que a Cortés y a los que con él andábamos en las guerras no se nos podía poner culpa, pues sobre todas cosas acudíamos a nuestro rey y señor, y le enviábamos tan gran presente, que otro como él no se había visto de muchos tiempos pasados en nuestra España, y esto dijeron porque en aquel tiempo y sazón no había Perú ni memoria de él; y también le enviaron a decir que antes éramos dignos de que su majestad nos hiciese muchas mercedes. Entonces le enviaron al Diego de Velázquez a Cuba a un licenciado que se decía Zuazo, para que le tomase residencia, o a lo menos había pocos meses que había llegado a la isla de Cuba; y como aquella respuesta le trajeron al Diego Velázquez, se acongojó mucho más; y como de antes era muy gordo, se paró flaco en aquellos días; y luego con gran diligencia mandó buscar todos los navíos que pudo haber en la isla de Cuba y apercibir soldados y capitanes, y procuró enviar una recia armada para prender a Cortés y a todos nosotros; y tanta diligencia puso, que él mismo en persona andaba de villa en villa y en unas estancias y en otras, y escribía, a todas las partes de la isla donde él no podía ir, a rogar a sus amigos fuesen a aquella jornada; por manera que en obra de once meses o un año allegó dieciocho velas grandes y pequeñas y sobre mil y trescientos soldados entre capitanes y marineros; porque, como le verían, del arte que he dicho, andar tan apasionado y corrido, todos los más principales vecinos de Cuba, así los parientes como los que tenían indios, se aparejaron para le servir, y también envió por capitán general de toda la armada a un hidalgo que se decía Pánfilo de Narváez, hombre alto de cuerpo y membrudo, y hablaba algo entonado, como medio de bóveda; y era natural de Valladolid, casado en la isla de Cuba con una dueña que se llamaba María de Valenzuela, ya viuda, y tenía buenos pueblos de indios y era muy rico. Donde lo dejaré ahora haciendo y aderezando su armada, y volveré a decir de nuestros procuradores y su buen viaje; y porque en una sazón acontecían tres y cuatro cosas, no puedo seguir la relación y materia de lo que voy hablando por dejar de decir lo que más viene al propósito; y a esta causa no me culpen porque salgo y me aparto de la orden por decir lo que más adelante pasa.

Capítulo LVI. Cómo nuestros procuradores con buen tiempo desembocaron la canal de Bahama y en pocos días llegaron a Castilla, y lo que en la corte les sucedió
Ya he dicho que partieron nuestros procuradores del puerto de San Juan de Ulúa en 6 del mes de julio de 1519 años, y con buen viaje llegaron a La Habana, y luego desembarcaron la canal, y diz que aquella fue la primera vez que por allí navegaron, y en poco tiempo llegaron a las islas de la Tercera, y desde allí a Sevilla, y fueron en posta a la corte, que estaba en Valladolid, y por presidente del real consejo de Indias don Juan Rodríguez de Fonseca, que era obispo de Burgos, y se nombraba arzobispo de Rosano y mandaba toda la corte, porque el emperador nuestro señor estaba en Flandes y era mancebo; y como nuestros procuradores le fueron a besar las manos al presidente muy ufanos, creyendo que les hiciera mercedes, y darle nuestras cartas y relaciones y a presentar todo el oro y joyas, le suplicaron que luego hiciese mensajero a su majestad y le enviasen aquel presente y cartas, y que ellos mismos irían con ello a besar sus reales pies; y porque se lo dijeron, les mostró mala cara y peor voluntad, y aun les dijo palabras mal miradas que nuestros embajadores estuvieron para le responder; de manera que se reportaron y dijeron que mirase su señoría los grandes servicios que Cortés y sus compañeros hacíamos a su majestad, y que le suplicaban otra vez que todas aquellas joyas de oro, cartas y relaciones las enviase luego a su majestad para que sepa todo lo que pasa, y que ellos irían con él. Y les tornó a responder muy soberbiamente, y aun les mandó que no tuviesen ellos cargo dello, que él escribiría lo que pasaba, y no lo que le decían, pues se habían levantado contra el Diego Velázquez; y pasaron otras muchas palabras agrias; y en esta sazón llegó a la corte el Benito Martín, capellán de Diego Velázquez, otra vez por mí nombrado, dando muchas quejas de Cortés y de todos nosotros, de que el obispo se airó mucho más contra nosotros; y porque el Alonso Hernández Portocarrero, como era caballero primo del conde de Medellín, y porque el Montejo no osaba desagradar al presidente, decía al obispo que le suplicaba muy ahincadamente que sin

pasión fuesen oídos y que no dijese las palabras que decía, y que luego enviase aquellos recaudos así como los traían a su majestad, y que éramos servidores de la real corona, y que eran dignos de mercedes, y no de ser por palabras afrentados. Cuando oyó el obispo le mandó echar preso, porque le informaron que había sacado de Medellín tres años había una mujer que se decía María Rodríguez, y la llevó a las Indias. Por manera que todos nuestros servicios y los presentes de oro estaban del arte que aquí he dicho; y acordaron nuestros embajadores de callar hasta su tiempo y lugar. Y el obispo escribió a su majestad a Flandes en favor de su privado y amigo Diego Velázquez, y muy malas palabras contra Hernando Cortés y contra todos nosotros; mas no hizo relación de ninguna manera de las cartas que le enviávamos, salvo que se había alzado Hernando Cortés al Diego Velázquez, y otras cosas que dijo. Volvamos a decir del Alonso Hernández Portocarrero y del Francisco de Montejo, y aun de Martín Cortés, padre del mismo Cortés, y de un licenciado Núñez, relator del real consejo de su majestad, y cercano pariente de Cortés, que hacían por él: acordaron de enviar mensajeros a Flandes con otras cartas como las que dieron al obispo de Burgos, porque iban duplicadas las que enviamos con los procuradores, y escribieron a su majestad todo lo que pasaba y la memoria de las joyas de oro del presente, y dando quejas del obispo, y descubriendo sus tratos que tenía con el Diego Velázquez; y aun otros caballeros les favorecieron, que no estaban muy bien con el don Juan Rodríguez de Fonseca: porque, según decían, era malquisto por muchas demasías y soberbias que mostraba con los grandes cargos que tenía; y como nuestros grandes servicios eran por Dios nuestro señor y por majestad, y siempre poníamos nuestras fuerzas en ello, quiso Dios que su majestad lo alcanzó a saber muy claramente; y como lo vio y entendió, fue tanto el contentamiento que mostró, y los duques, marqueses y condes y otros caballeros que estaban en su real corte, que en otra cosa no hablaban por algunos días sino de Cortés y de todos nosotros los que le ayudamos en las conquistas, y de las riquezas que destas partes le enviamos; y así por esto como por las cartas glosadas que sobre ello le escribió el obispo de Burgos, desque vio su majestad que todo era al contrario de la verdad, desde allí adelante le tuvo mala voluntad al obispo, especialmente que no envió todas las piezas de oro, y se quedó con gran parte dellas. Todo lo cual alcanzó a saber el mismo obispo, que se lo escribieron desde Flandes, de lo cual recibió muy grande enojo; y si, de antes que fuesen nuestras cartas ante su majestad, el obispo decía muchos males de Cortés y de todos nosotros, de allí adelante a boca llena nos llamaba traidores; mas quiso Dios que perdió la furia y braveza, que desde ahí a dos años fue recusado y aun quedó corrido y afrentado, y nosotros quedamos por muy leales servidores, como adelante diré de que venga a coyuntura; y escribió su majestad que presto vendría a Castilla y entendería en lo que nos conviene, y nos haría mercedes. Y porque adelante lo diré muy por extenso cómo y de qué manera pasó, se quedará aquí así: y nuestros procuradores aguardando la venida de su majestad. Y antes que más pase adelante quiero decir, por lo que me han preguntado ciertos caballeros muy curiosos y aun tienen razón de lo saber, que ¿cómo puedo yo escribir en esta relación lo que no vi, pues estaba en aquella sazón en las conquistas de la Nueva España cuando los procuradores dieron las cartas, recaudos y presente de oro que llevaban para su majestad, y tuvieron aquellas contiendas con el obispo de Burgos? A esto digo que nuestros procuradores nos escribían a los verdaderos conquistadores lo que pasaba, así lo del obispo de Burgos como lo que su majestad fue servido mandar en nuestro favor, letra por letra en capítulos, y de qué manera pasaba; y Cortés nos enviaba otras cartas, que recibía de nuestros procuradores, a las villas donde vivíamos en aquella sazón, para que viésemos cuán bien negociábamos con su majestad y qué grande contrario teníamos en el obispo de Burgos. Y esto doy por descargo de lo que me preguntaban aquellos caballeros que dicho tengo. Dejemos esto, y digamos en otro capítulo lo que en nuestro real pasó.

Capítulo LVII. Cómo después que partieron nuestros embajadores para su majestad con todo el oro y relaciones: de lo que en el real se hizo, y la justicia que Cortés mandó hacer
Desde a cuatro días que partieron nuestros procuradores para ir ante el emperador nuestro señor, como dicho habemos, y los corazones de los hombres son de muchas calidades y pensamientos, parece ser que unos amigos y criados del Diego Velázquez, que se decían Pedro Escudero y un Juan Cermeño, y un Gonzalo de Umbría, piloto, y Bernardino de Coria,

vecino que fue después de Chiapas, padre de un hulano Centeno, y un clérigo que se decía Juan Díaz, y ciertos hombres de la mar que se decían Peñates, naturales de Gibraleón, estaban mal con Cortés, los unos porque no les dio licencia para se volver a Cuba, como se la habían prometido, y otros porque no les dio parte del oro que enviamos a Castilla; los Peñates porque los azotó en Cozumel, como ya otra vez tengo dicho, cuando hurtaron los tocinos a un soldado que se decía Berrio; acordaron todos de tomar un navío de poco porte e irse con él a Cuba a dar mandado al Diego Velázquez, para avisarle cómo en La Habana podían tomar en la estancia de Francisco de Montejo a nuestros procuradores con el oro y recaudos; que, según pareció, de otras personas principales que estaban en nuestro real fueron aconsejados que fuesen a aquella estancia que he dicho, y aun escribieron para que el Diego Velázquez tuviese tiempo de haberlos a las manos. Por manera que las personas que he dicho ya tenían metido matalotaje, que era pan casabe, aceite, pescado y agua, y otras pobrezas de lo que podían haber; y ya que se iban a embarcar, y era a más de media noche, el uno dellos, que era el Bernardino de Coria, parece ser se arrepintió de se volver a Cuba, y lo fue a hacer saber a Cortés. Y como lo supo, y de qué manera y cuántos y por qué causas se querían ir, y quien fueron en los consejos y tramas para ello, les mandó luego sacar las velas, aguja y timón del navío, y los mandó echar presos y les tomó sus confesiones, y confesaron la verdad, y condenaron a otros que estaban con nosotros, que se disimuló por el tiempo, que no permitía otra cosa; y por sentencia que dio, mandó ahorcar al Pedro Escudero y a Juan Cermeño, y a cortar los pies al piloto Gonzalo de Umbría, y azotar a los marineros Peñates, a cada doscientos azotes; y el padre Juan Díaz si no fuera de misa también lo castigara, mas metióle harto temor. Acuérdome que cuando Cortés firmó aquella sentencia dijo con grandes suspiros y sentimientos: «¡Oh, quién no supiera escribir, para no firmar muertes de hombres!». Y paréceme que aqueste dicho es muy común entre los jueces que sentencian algunas personas a muerte, que lo tomaron de aquel cruel Nerón en el tiempo que dio muestras de buen emperador. Y así como se hubo ejecutado la sentencia, se fue Cortés luego a mata caballo a Cempoal, que es cinco leguas de la villa, y nos mandó que luego fuésemos tras él doscientos soldados y todos los de a caballo; y acuérdome que Pedro de Alvarado, que había tres días que le había enviado Cortés con otros doscientos soldados por los pueblos de la sierra porque tuviesen qué comer, porque en nuestra villa pasábamos mucha necesidad de bastimentos, y le mandó que se fuese a Cempoal para que allí diéramos orden de nuestro viaje a México. Por manera que el Pedro de Alvarado no se halló presente cuando se hizo la justicia que dicho tengo. Y cuando nos vimos juntos en Cempoal, la orden que se dio en todo diré adelante.

Capítulo LVIII. Cómo acordamos de ir a México, y antes que partiésemos dar con todos los navíos a través, y lo que más pasó; y esto de dar con los navíos a través fue por consejo y acuerdo. de todos nosotros los que éramos amigos de Cortés
Estamos en Cempoal, como dicho tengo, platicando con Cortés en las cosas de la guerra y camino para adelante, de plática en plática le aconsejamos los que éramos sus amigos que no dejase navío en el puerto ninguno, sino que luego diese a través con todos, y no quedasen ocasiones, porque entre tanto que estábamos la tierra adentro no se alzasen otras personas como los pasados; y demás desto, que teníamos mucha ayuda de los maestres, pilotos y marineros, que serían al pie de cien personas, y que mejor nos ayudarían a pelear y guerrear que no estando en el puerto; y según vi y entendí, esta plática de dar con los navíos a través que allí le propusimos, el mismo Cortés lo tenía ya concertado, sino que quiso que saliese de nosotros, porque si algo le demandasen que pagase los navíos, que era por nuestro consejo, y todos fuésemos en los pagar. Y luego mandó a un Juan Escalante, que era alguacil mayor y persona de mucho valor y gran amigo de Cortés, y enemigo de Diego Velázquez porque en la isla de Cuba no le dio buenos indios, que luego fuese a la villa, y que de todos los navíos se sacasen todas las anclas, cables, velas y lo que dentro tenían de que se pudiesen aprovechar, y que diese con todos ellos a través, que no quedasen más de los bateles; y que los pilotos y maestres viejos y marineros que no eran buenos para ir a la guerra, que se quedasen en la villa, y con dos chinchorros que tuviesen cargo de pescar, que en aquel puerto siempre había pescado, aunque no mucho; y el Juan de Escalante lo hizo según y de la manera que le fue mandado, y luego se vino a Cempoal con una capitanía

de hombres de la mar, que fueron los que sacaron de los navíos, y salieron algunos dellos muy buenos soldados. Pues hecho esto, mandó Cortés llamar a todos los caciques de la serranía de los pueblos nuestros confederados, y rebelados al gran Moctezuma, y les dijo cómo habían de servir a los que quedaban en la Villarrica, y acabar de hacer la iglesia, fortaleza y casas; y allí delante dellos tomó Cortés por la mano al Juan de Escalante, y les dijo: «Este es mi hermano»; y que lo que les mandase que lo hiciesen; y que si hubiesen menester favor y ayuda contra algunos indios mexicanos, que a él recurriesen, que él iría en persona a les ayudar. Y todos los caciques se ofrecieron de buena voluntad de hacer lo que les mandase; y acuérdome que luego le zahumaron al Juan de Escalante con sus inciensos, y aunque no quiso. Ya he dicho era persona muy bastante para cualquier cargo y amigo de Cortés, y con aquella confianza le puso en aquella villa y puerto por capitán, para si algo enviase Diego Velázquez, que hubiese resistencia. Dejarlo he aquí, y diré lo que pasó. Aquí es donde dice el cronista Gómara que mandó Cortés barrenar los navíos y también dice el mismo que Cortés no osaba publicar a los soldados que quería ir a México en busca del gran Moctezuma. Pues ¿de qué condición somos los españoles para no ir adelante, y estarnos en partes que no tengamos provecho y guerras? También dice el mismo Gómara que Pedro de Ircio quedó por capitán en la Veracruz; no le informaron bien. Digo que Juan de Escalante fue el que quedó por capitán y alguacil mayor de la Nueva España, que aún al Pedro de Ircio no le habían dado cargo ninguno, ni aun de cuadrillero, ni era para ello; ni es justo dar a nadie lo que no tuvo, ni quitarlo a quien lo tuvo.

Capítulo LIX. De un razonamiento que Cortés nos hizo después de haber dado con los navíos a través, y cómo aprestamos nuestra ida para México
Después de haber dado con los navíos a través a ojos vistas, y no como lo dice el cronista Gómara, una mañana, después de haber oído misa, estando que estábamos todos los capitanes y soldados juntos hablando con Cortés en cosas de la guerra, dijo que nos pedía por merced que le oyésemos, y propuso un razonamiento desta manera: «Que ya habíamos entendido la jornada a que íbamos, y mediante nuestro señor Jesucristo habíamos de

vencer todas las batallas y rencuentros, y que habíamos de estar tan prestos para ello como convenía; porque en cualquier parte que fuésemos desbaratados (lo cual Dios no permitiese) no podríamos alzar cabeza, por ser muy pocos, y que no teníamos otro socorro ni ayuda sino el de Dios, porque ya no teníamos navíos para ir a Cuba, salvo nuestro buen pelear y corazones fuertes; y sobre ello dijo otras muchas comparaciones de hechos heroicos de los romanos». Y todos a una le respondimos que haríamos lo que ordenase; que echada estaba la suerte de la buena o mala ventura, como dijo Julio César sobre el Rubicón, pues eran todos nuestros servicios para servir a Dios y a su majestad. Y después deste razonamiento, que fue muy bueno, cierto que con otras palabras más melosas y elocuencia que yo aquí las digo, luego mandó llamar al cacique gordo, y le tornó a traer a la memoria que tuviese muy reverenciada y limpia la iglesia y cruz; y demás desto le dijo que él se quería partir luego para México a mandar a Moctezuma que no robe ni sacrifique; y que ha menester doscientos indios tamemes para llevar el artillería, que ya he dicho otra vez que llevan dos arrobas a cuestas y andan con ellas cinco leguas; y también les demandó cincuenta principales hombres de guerra que fuesen con nosotros. Estando desta manera para partir, vino de la Villarrica un soldado con una carta del Juan de Escalante, que ye le había mandado otra vez Cortés que fuese a la villa para que le enviase otros soldados, y lo que en la carta decía el Escalante era que andaba un navío por la costa, y que le había hecho ahumadas y otras grandes señas, y había puesto unas mantas blancas por banderas, y que cabalgó a caballo con una capa de grana colorada porque lo viesen los del navío; y que le pareció a él que bien vieron las señas, banderas, caballo y capa, y no quisieron venir al puerto; y que luego envió españoles a ver en qué paraje iba, y le trajeron respuesta que tres leguas de allí estaba surto, cerca de una boca de un río; y que se lo hace saber para ver lo que manda. Y como Cortés vio la carta, mandó luego a Pedro de Alvarado que tuviese cargo de todo el ejército que estaba allí en Cempoal, y juntamente con él a Gonzalo de Sandoval, que ya daba muestras de varón muy esforzado, como siempre lo fue. Y éste fue el primer cargo que tuvo el Sandoval; y aun sobre que le dio entonces aquel cargo, que fue el primero, y se lo dejó de dar a Alonso de Ávila, tuvieron ciertas cosquillas el Alonso de Ávila y el Sandoval.

Volvamos a nuestro cuento, y es, que luego Cortés cabalgó con cuatro de a caballo que le acompañaron, y mandó que le siguiésemos cincuenta soldados de los más sueltos, porque Cortés nos nombró los que habíamos de ir con él; y aquella noche llegamos a la Villarrica. Y lo que allí pasamos diré adelante.

Capítulo LX. Cómo Cortés fue adonde estaba surto el navío, y prendimos seis soldados y marineros que del navío hubimos, y lo que sobre ello pasó
Así como llegamos a la Villarrica, como dicho tengo, vino Juan de Escalante a hablar a Cortés, y le dijo que sería bien ir luego aquella noche al navío, por ventura no alzase velas y se fuese, y que reposase el Cortés, que él iría con veinte soldados. Y Cortés dijo que no podía reposar; «que cabra coja no tenga siesta», que él quería ir en persona con los soldados que consigo traía; y antes que bocado comiésemos comenzamos a caminar la costa adelante, y topamos en el camino a cuatro españoles que venían a tomar posesión en aquella tierra por Francisco de Garay, gobernador de Jamaica, los cuales enviaba un capitán que estaba poblando de pocos días había en el río de Pánuco, que se llamaba Alonso Álvarez de Pineda o Pinedo; y los cuatro españoles que tomamos se decían Guillén de la Loa, éste venía por escribano; y los testigos que traía para tomar la posesión se decían Andrés Núñez, y era carpintero de ribera, y el otro se decía maestre Pedro el de la Arpa, y era valenciano; el otro no me acuerdo el nombre. Y como Cortés hubo bien entendido cómo venían a tomar posesión en nombre de Francisco Garay, y supo que quedaba en Jamaica y enviaba capitanes, preguntóles Cortés que por qué título o por qué vía venían aquellos capitanes. Respondieron los cuatro hombres que en el año de 1518, como había fama, de todas las islas de las tierras que descubrimos cuando lo de Francisco Hernández de Córdoba y Juan de Grijalva, y llevamos a Cuba los 20.000 pesos de oro a Diego Velázquez, que entonces tuvo relación el Garay del piloto Antón de Alaminos y de otro piloto que habíamos traído con nosotros, que podía pedir a su majestad desde el río de San Pedro y San Pablo por la banda del norte todo lo que descubrirse; y como el Garay tenía en la corte quien le favoreciese con el favor que esperaba, envió un mayordomo suyo

que se decía Torralva, a lo negociar, y trajo provisiones para que fuese adelantado y gobernador desde el río de San Pedro y San Pablo y todo lo que descubriese; y por aquellas provisiones envió luego tres navíos con hasta doscientos y setenta soldados con bastimentos y caballos, con el capitán por mí nombrado, que se decía Alonso Álvarez Pineda o Pinedo, y que estaba poblando en un río que se dice Pánuco, obra de setenta leguas de allí; y que ellos hicieron lo que su capitán les mandó, y que no tienen culpa. Y como lo hubo entendido Cortés, con palabras amorosas les halagó y les dijo que si podríamos tomar aquel navío; y el Guillén de la Loa, que era el más principal de los cuatro hombres, dijo que capearían y harían lo que pudiesen; y por bien que los llamaron y capearon, ni por señas que les hicieron, no quisieron venir; porque, según dijeron aquellos hombres, su capitán les mandó que mirasen que los soldados de Cortés no topasen con ellos, porque tenían noticia que estábamos en aquella tierra; y cuando vimos que no venía el batel, bien entendimos que desde el navío nos habían visto venir por la costa adelante, y que si no era con maña no volverían con el batel a aquella tierra; y rogóles Cortés que se desnudasen aquellos cuatro hombres sus vestidos para que se los vistiesen otros cuatro hombres de los nuestros, y así lo hicieron; y luego nos volvimos por la costa adelante por donde habíamos venido, para que nos viesen volver desde el navío, para que creyesen los del navío que de hecho nos volvimos; y quedádamos los cuatro de nuestros soldados vestidos los vestidos de los otros cuatro, y estuvimos con Cortés en el monte escondidos hasta más de media noche que hiciese oscuro para volvernos enfrente del riachuelo, y muy escondidos, que no aparecíamos otros, sino los cuatro soldados de los nuestros; y como amaneció comenzaron a capear los cuatro soldados, y luego vinieron en el batel seis marineros, y los dos saltaron en tierra con unas dos botijas de agua; y entonces aguardamos los que estábamos con Cortés escondidos que saltasen los demás marineros, y no quisieron saltar en tierra; y los cuatro de los nuestros que tenían vestidas las ropas de los otros de Garay hacían que estaban lavando las manos y escondiendo las caras, y decían los del batel: «Veníos a embarcar; ¿qué hacéis?, ¿por qué no venís?». Y entonces respondió uno de los nuestros: «Saltad en tierra y veréis aquí un poco». Y como desconocieron la voz, se volvieron con su batel, y por más que los llamaron, no quisieron responder; y queríamos les tirar con las escopetas y ballestas, y Cortés dijo que no se hiciese tal, que se fuesen con Dios a dar mandado a su capitán; por manera que se hubieron de aquel navío seis soldados, los cuatro que hubimos primero, y dos marineros que saltaron en tierra; y así, volvimos a Villarrica, y todo esto sin comer cosa ninguna, y esto es lo que se hizo, y no lo que escribe el cronista Gómara, porque dice que vino Garay en aquel tiempo, y engañóse, que primero que viniese envió tres capitales con navíos; los cuales diré adelante en qué tiempo vinieron y qué se hizo dellos, y también en el tiempo que vino Garay; y pasemos adelante, y diremos cómo acordamos ir a México.

Capítulo LXI. Cómo ordenamos de ir a la ciudad de México, y por consejo del Cacique fuimos por Tlaxcala, y de lo que nos acaeció así de rencuentros de guerra como de otras cosas

Después de bien considerada la partida para México, tomamos consejo sobre el camino que habíamos de llevar, y fue acordado por los principales de Cempoal que el mejor y más conveniente era por la provincia de Tlaxcala, porque eran sus amigos y mortales enemigos de mexicanos, y ya tenían aparejados cuarenta principales, y todos hombres de guerra, que fueron con nosotros y nos ayudaron mucho en aquella jornada, y más nos dieron doscientos tamemes para llevar el artillería; que para nosotros los pobres soldados no habíamos menester ninguno, porque en aquel tiempo no teníamos que llevar, porque nuestras armas, así lanzas como escopetas y ballestas y rodelas, y todo otro género dellas, con ellas dormíamos y caminábamos, y calzados nuestros alpargates, que era nuestro calzado, y como he dicho siempre, muy apercibidos para pelear; y partimos de Cempoal demediado el mes de agosto de 1519 años, y siempre con muy buena orden, y los corredores del campo y ciertos soldados muy sueltos delante; y la primera jornada fuimos a un pueblo que se dice Jalapa, y desde allí a Socochima, y estaba muy fuerte y mala entrada, y en él había muchas parras de uvas de la tierra; y en estos pueblos se les dijo con doña Marina y Jerónimo de Aguilar, nuestras lenguas, todas las cosas tocantes a nuestra santa fe, y cómo éramos vasallos del emperador don Carlos, y que nos envió para quitar que no haya más sacrificios de hombres ni se robasen unos a otros, y se les declaró muchas cosas que se les convenía decir; y como eran amigos de Cempoal y no tributaban a Moctezuma, hallábamos en ellos muy buena voluntad y nos daban de comer, y se puso en cada pueblo una cruz, y se les declaró lo que significaba y que la tuviesen en mucha reverencia; y desde Socochima pasamos unas altas sierras y puertos, y llegamos a otro pueblo que se dice Texutla, y también hallamos en ellos buena voluntad, porque tampoco daban tributo como los demás; y desde aquel pueblo acabamos de subir todas las tierras y entramos en el despoblado, donde hacían muy gran frío y granizó aquella noche, donde tuvimos falta de comida, y venía un viento de la sierra nevada, que estaba a un lado, que nos hacia temblar de frío; porque, como habíamos venido de la isla de Cuba y de la Villarrica, y toda aquella costa es muy calurosa, y entramos en tierra fría, y no teníamos con que nos abrigar sino con nuestras armas, sentíamos las heladas, como no éramos acostumbrados al frío; y desde allí pasamos a otro puerto, donde hallamos unas caserías y grandes adoratorios de ídolos, que ya he dicho que se dicen cues, y tenían grandes rimeros de leña para el servicio de los ídolos que estaban en aquellos adoratorios; y tampoco tuvimos que comer, y hacía recio frío; desde allí entramos en tierra de un pueblo que se decía Zocotlan, y enviamos dos indios de Cempoal a decirle al cacique cómo íbamos, que tuviesen por bien nuestra llegada a sus casas; y era sujeto este pueblo a México, y siempre caminábamos muy apercibidos y con gran concierto, porque veíamos que ya era otra manera de tierra, y cuando vimos blanquear muchas azoteas, y las casas del cacique y los cues, y adoratorios, que eran muy altos y encalados, parecían muy bien, como algunos pueblos de nuestra España, pusímosle nombre Castilblanco, porque dijeron unos soldados portugueses que parecía la villa de Casteloblanco de Portugal, y así se llama ahora; y como supieron en aquel pueblo por mí nombrado, por los mensajeros que enviábamos, cómo íbamos, salió el cacique a recibirnos con otros principales junto a sus casas; el cual cacique se llamaba Olintecle, y nos llevaron a unos aposentos y nos dieron de comer poca cosa y de mala voluntad. Y después que hubimos comido, Cortés les preguntó con nuestras lenguas de las cosas de su señor Moctezuma; y dijo de sus grandes poderes de guerreros que tenía en todas las provincias sujetas, sin otros muchos ejércitos que tenía en las fronteras y provincias comarcanas; y luego dijo de la gran fortaleza de México y cómo estaban fundadas las casas sobre agua, y que de una casa a otro no se podía pasar sino por puentes que tenían hechas y en canoas; y las casas todas de azoteas, y en cada azotea si querían poner mamparos eran fortalezas; y que para entrar dentro en la ciudad que había tres calzadas, y en cada calzada cuatro o cinco aberturas por donde se pasaba el agua de una parte a otra; y en cada una de aquellas aberturas había una puente, y con alzar cualquiera dellas, que son hechas de madera, no pueden entrar en México; y luego dijo del mucho oro y plata y piedras chalchiuites y riquezas que tenía Moctezuma, su señor, que nunca acababa de decir otras muchas cosas de cuán gran señor era, que Cortés y todos nosotros estábamos admirados de lo oír; y con todo cuanto contaban de su gran fortaleza y puentes, como somos de tal calidad los soldados españoles, quisiéramos ya estar probando ventura, y aunque nos parecía cosa imposible, según lo señalaba y decía el Olintecle. Y verdaderamente era México muy más fuerte y tenía mayores pertrechos de albarradas que todo lo que decía; porque una cosa es haberlo visto de la manera y fuerzas que tenía, y no como lo escribo; y dijo que era tan gran señor Moctezuma, que todo lo que quería señoreaba, y que no sabía si sería contento cuando supiese nuestra estada allí en aquel aposento del pueblo, por nos haber aposentado y dado de comer sin su licencia; y Cortés le dijo con nuestras lenguas: «Pues hágoos saber que nosotros venimos de lejanas tierras por mandado de nuestro rey y señor, que es el emperador don Carlos, de quien son vasallos muchos y grandes señores, y envía a mandar a ese vuestro gran Moctezuma que no sacrifique ni mate ningunos indios, ni robe sus vasallos ni tome ningunas tierras, y para que dé la obediencia a nuestro rey y señor; y ahora lo digo asimismo a vos. Olintecle, y a todos los demás caciques que aquí estáis, que dejéis vuestros sacrificios y no comáis carnes de vuestros prójimos, ni hagáis sodomías, ni las cosas feas que soléis hacer, porque así lo manda nuestro señor Dios, que es el que adoramos y creemos, y nos da la vida y la muerte y nos ha de llevar a los cielos»; y se les declaró otras muchas cosas tocantes a nuestra santa fe, y ellos a todo callaban. Y dijo Cortés a los soldados que allí nos hallamos: «Paréceme, señores, que ya que no podemos hacer otra cosa, que se ponga una cruz». Y respondió el padre fray Bartolomé de Olmedo: «Paréceme,

Señor, que en estos pueblos no es tiempo para dejarles cruz en su poder, porque son algo desvergonzados y sin temor; y como son vasallos de Moctezuma, no la quemen o hagan alguna cosa mala; y esto que se les dijo basta hasta que tengan más conocimiento de nuestra santa fe»; y así, se quedó sin poner la cruz. Dejemos esto y de las santas amonestaciones que les hacíamos, y digamos que como llevávamos un lebrel de muy gran cuerpo, que era de Francisco de Lugo, y ladraba mucho de noche, parece ser preguntaban aquellos caciques del pueblo a los amigos que traíamos de Cempoal que si era tigre o león, o cosa con que mataban los indios; y respondieron: «Tráenle para que cuando alguno los enoja los mate». Y también les preguntaron que aquellas bombardas que traíamos, qué hacíamos con ellas; y respondieron que con unas piedras que metíamos dentro dellas matábamos a quien queríamos; y que los caballos corrían como venados, y alcanzábamos con ellos a quien les mandábamos. Y dijo el Olintecle y los demás principales: «Luego desa manera teules deben de ser». Ya he dicho otras veces que a los ídolos o sus dioses o cosas malas llamaban teules. Y respondieron nuestros amigos: «Pues ¡cómo!, ¿ahora lo veis? Mirad que no hagáis cosa con que los enojéis, de luego sabrán, que saben lo que tenéis en el pensamiento; porque estos teules son los que prendieron a los recaudadores del vuestro gran Moctezuma, y mandaron que no les diesen más tributo en todas las sierras ni en nuestro pueblo de Cempoal; y éstos son los que nos derrocaron de nuestros templos nuestros teules, y pusieron los suyos, y han vencido los de Tabasco y Cingapacinga. Y además desto, ya habréis visto cómo el gran Moctezuma, aunque tiene tantos poderes, les envía oro y mantas, y ahora han venido a este vuestro pueblo y veo que no les dais nada; andad presto y traedles algún presente». Por manera que traíamos con nosotros buenos echacuervos, porque luego trajeron cuatro pinjantes y tres collares y unas lagartijas, aunque eran de oro todo muy bajo; y más trajeron cuatro indias, que eran buenas para moler pan, y una carga de mantas. Cortés las recibió con alegre voluntad y con grandes ofrecimientos. Acuérdome que tenían en una plaza, adonde estaban unos adoratorios, puestos tantos rimeros de calaveras de muertos, que se podían bien contar, según el concierto con que estaban puestas, que me parece que eran más de cien mil, y digo otra vez sobre cien mil; y en otra parte de la plaza estaban otros tantos rimeros de zancarrones y huesos de muertos que no se podían contar, y tenían en unas vigas muchas cabezas colgadas de una parte a otra, y estaban guardando aquellos huesos y calaveras tres papas que, según entendimos, tenían cargo dellos; de lo cual tuvimos que mirar más después que entramos más la tierra adentro; y en todos los pueblos estaban de aquella manera, y también en lo de Tlaxcala. Pasado todo esto que aquí he dicho, acordamos de ir nuestro camino por Tlaxcala, porque decían nuestros amigos estaban muy cerca, y que los términos estaban allí junto donde tenían puestos por señales unos mojones; y sobre ello se preguntó al cacique Olintecle que cuál era mejor camino y más llano para ir a México; y dijo que por un pueblo muy grande que se decía Cholula; y los de Cempoal dijeron a Cortés: «Señor, no vayáis por Cholula, que son muy traidores y tiene allí siempre Moctezuma sus guarniciones de guerra»; y que fuésemos por Tlaxcala, que eran sus amigos, y enemigos de mexicanos; y así, acordamos de tomar el consejo de los de Cempoal, que Dios lo encaminaba todo; y Cortés demandó luego al Olintecle veinte hombres principales guerreros que fuesen con nosotros, y luego nos los dieron; y otro día de mañana fuimos camino de Tlaxcala, y llegamos a un pueblezuelo que era de los de Xalacingo, y de allí enviamos por mensajeros dos indios de los principales de Cempoal, de los indios que solían decir muchos bienes y loas de los tlaxcaltecas y que eran sus amigos, y les enviamos una carta, puesto que sabíamos que no lo entenderían, y también un chapeo de los vedijudos colorados de Flandes, que entonces se usaban; y lo que se hizo diremos adelante.

Capítulo LXII. Cómo se determinó que fuésemos por Tlaxcala, y les enviábamos mensajeros para que tuviesen por bien nuestra ida por su tierra, y cómo prendieron a los mensajeros, y lo que más se hizo

Como salimos de Castilblanco, y fuimos por nuestro camino, los corredores del campo siempre delante y muy apercibidos, en gran concierto los escopeteros y ballesteros, como convenía, y los de a caballo mucho mejor, y siempre nuestras armas vestidas, como lo teníamos de costumbre. Dejemos esto; no sé para qué gasto más palabras sobre ello, sino que estábamos tan apercibidos, así de día como de noche, que si diesen la arma diez veces, en aquel punto nos hallaran muy puestos, calzados nuestros alpargates, y las espadas y rodelas y lanzas puesto todo muy a mano; y con aquesta orden llegamos a un pueblezuelo de Xalacingo, y allí nos dieron un collar de oro y unas mantas y dos indias, y desde aquel pueblo enviamos dos mensajeros principales de los de Cempoal a Tlaxcala con una carta y con un chapeo vedijudo de Flandes, colorado, que se usaban entonces, y puesto que la carta bien entendimos que no la sabrían leer, sino que como viesen el papel diferenciado de lo suyo, conocerían que era de mensajería; y lo que les enviamos a decir con los mensajeros como íbamos a su pueblo, y que lo tuviesen por bien, que no les íbamos a hacer enojo, sino tenerlos por amigos; y esto fue porque en aquel pueblezuelo nos certificaron que toda Tlaxcala estaba puesta en armas contra nosotros, porque, según pareció, ya tenían noticias cómo íbamos y que llevábamos con nosotros muchos amigos, así de Cempoal como los de Zotoltán y de otros pueblos por donde habíamos pasado, y todos solían dar tributo a Moctezuma, tuvieron por cierto que íbamos contra ellos, porque les tenían por enemigos; y como otras veces los mexicanos con mañas y cautelas les entraban en la tierra y se la saqueaban, así creyeron querían hacer ahora; por manera que luego como llegaron los dos nuestros mensajeros con la carta y el chapeo, y comenzaron a decir su embajada, los mandaron prender sin ser más oídos, y estuvimos aguardando respuesta aquel día y otro; y como no venían, después de haber hablado Cortés a los principales de aquel pueblo, y dicho las cosas que convenían decir acerca de nuestra santa fe, y cómo éramos vasallos de nuestro rey y señor, que nos envió a estas partes para quitar que no sacrifiquen y no maten hombres ni coman carne humana, ni hagan las torpedades que suelen hacer; y les dijo otras muchas cosas que en los más pueblos por donde pasábamos les solíamos decir, y después de muchos ofrecimientos que les hizo que les ayudaría, les demandó veinte indios de guerra que fuesen con nosotros, y ellos nos los dieron de buena voluntad, y con la buena ventura, encomendándonos a Dios, partimos otro día para Tlaxcala; y yendo por nuestro camino con el concierto que ya he dicho, vienen nuestros mensajeros que tenían presos: que parece ser, como andaban revueltos en la guerra los indios que los tenían a cargo y guarda, se descuidaron, y de hecho, como eran amigos, los soltaron de las prisiones; y vinieron tan medrosos de lo que habían visto y oído, que no lo acertaban a decir; porque, según dijeron, cuando estaban presos los amanezaban y decían: «Ahora hemos de matar a esos que llamáis teules y comer sus carnes, y veremos si son tan esforzados como publicáis, y también comeremos vuestras carnes, pues venís con traiciones y con embustes de aquel traidor de Moctezuma»; y por más que les decían los mensajeros, que éramos contra los mexicanos, que a todos los tlaxcaltecas los teníamos por hermanos, no aprovechaban nada sus razones; y cuando Cortés y todos nosotros entendíamos aquellas soberbias palabras, y cómo estaban de guerra; puesto que nos dio bien que pensar en ello, dijimos todos: «Pues que así es, adelante en buena hora»; encomendándonos a Dios, y nuestra bandera tendida, que llevaba el alférez Corral; porque ciertamente nos certificaron los indios del pueblezuelo donde dormimos, que habían de salir al camino a nos defender la entrada en Tlaxcala; y asimismo nos los dijeron los de Cempoal, como dicho tengo. Pues yendo desta manera que he dicho, siempre íbamos hablando cómo habían de entrar y salir los de a caballo a media rienda y las lanzas algo terciadas, y de tres en tres porque se ayudasen; y que cuando rompiésemos por los escuadrones, que llevasen las lanzas por las caras y no parasen a dar lanzadas, porque no les echasen mano dellas, y que si acaeciese que les echasen mano, que con toda fuerza la tuviesen, y debajo del brazo se ayudasen, y poniendo espuelas con la furia del caballo, se la tornarían a sacar o llevarían al indio arrastrando. Dirán ahora que para qué tanta diligencia sin ver contrarios guerreros que nos acometiesen. A esto respondo, y digo que decía Cortés: «Mirad, señores compañeros, ya veis que somos pocos hemos de estar siempre tan apercibidos y aparejados como si ahora viésemos venir los contrarios a pelear, y no solamente verlos venir, sino hacer cuenta que estamos ya en la batalla con ellos; y que, como acaece muchas veces que echan mano de la lanza, por eso hemos de estar avisados para el tal menester, así dello como de otras cosas que convienen en lo militar; que ya bien he entendido que en el pelear no tenemos necesidad de aviso, porque he conocido que por bien que yo lo quiera decir, lo haréis muy más animosamente». Y desta manera caminamos obra de dos leguas, y hallamos una fuerza bien fuerte hecha de cal y canto y de otro betún tan recio, que con picos de hierro era forzoso deshacerla, y hecha de tal manera, que para defensa era harto recia de tomar; y detuvímonos a mirar en ella, y preguntó Cortés a los indios de Zocotlan que a qué fin tenían aquella fuerza hecha de aquella manera; y dijeron que, como entre su señor Moctezuma y los de Tlaxcala tenían guerras a la continua, que los tlaxcaltecas para defender mejor sus pueblos la habían hecho tan fuerte, porque ya aquella es su tierra; y reparamos un rato, y nos dio bien que pensar en ello y en la fortaleza. Y Cortés, dijo: «Señores, sigamos nuestra bandera, que es la señal de la santa cruz, que con ella venceremos». Y todos a una le respondimos que vamos mucho en buen hora, que Dios es fuerza verdadera; y así, comenzamos a caminar con el concierto que he dicho, y no muy lejos vieron nuestros corredores del campo hasta obra de treinta indios que estaban por espías, y tenían espadas de dos manos, rodelas, lanzas y penachos, y las espadas son de pedernales, que cortan más que navajas, puestas de arte que no se pueden quebrar ni quitar las navajas, y son largas como montantes, y tenían sus divisas y penachos; y como nuestros corredores del campo los vieron, volvieron a dar mandado. Y Cortés mandó a los mismos de a caballo que corriesen tras ellos y que procurasen tomar algunos sin heridas; y luego envió otros cinco de a caballo, porque si hubiese alguna celada, para que se ayudasen; y con todo nuestro ejército dimos prisa y el paso largo, y con gran concierto, porque los amigos que teníamos nos dijeron que ciertamente traían gran copia de guerreros en celadas; y desque los treinta indios que estaban por espías vieron que los de a caballo iban hacia ellos y los llamaban con la mano, no quisieron aguardar, hasta que los alcanzaron y quisieron tomar a algunos dellos; mas defendiéronse muy bien, que con los montantes y sus lanzas hirieron los caballos; y cuando los nuestros vieron tan bravosamente pelear, y sus caballos heridos, procuraron de hacer lo que eran obligados, y mataron cinco dellos; y estando en esto, viene muy de presto y con gran furia un escuadrón de tlaxcaltecas, que estaba en celada, de más de tres mil dellos, y comenzaron a flechar en todos los nuestros de a caballo, que ya estaban juntos todos, y dan una refriega; y en este instante llegamos con nuestra artillería, escopetas y ballestas, y poco a poco comenzaron a volver las espaldas, puesto que se detuvieron buen rato peleando con buen concierto; y en aquel encuentro hirieron a cuatro de los nuestros, y paréceme que desde allí a pocos días murió el uno de las heridas; y como era tarde, se fueron los tlaxcaltecas recogiendo, y no los seguimos; y quedaron muertos hasta diecisiete dellos, sin muchos heridos; y desde aquellas sierras pasamos adelante, y era llano y había muchas casas de labranza de maíz y magüeyales, que es de lo que hacen el vino; y dormimos cabe un arroyo, y con el unto de un indio gordo que allí matamos, que se abrió, se curaron los heridos; que aceite no lo había, y tuvimos muy bien de cenar de unos perrillos que ellos crían, puesto que estaban todas las casas despobladas, y alzado el hato, y aunque los perrillos llevaban consigo, de noche se volvían a sus casas, y allí los apañábamos, que era harto buen mantenimiento; y estuvimos toda la noche muy a punto con escuchas y buenas rondas y corredores del campo, y los caballos ensillados y enfrentados, por temor no diesen sobre nosotros. Y quedarse ha aquí, y diré las guerras que nos dieron.

Capítulo LXIII. De las guerras y batallas muy peligrosas que tuvimos con los tlaxcaltecas, y de lo que más pasó
Otro día, después de habernos encomendado a Dios, partimos de allí muy concertados todos nuestros escuadrones, y los de a caballo muy avisados y cómo habían de entrar rompiendo y salir; y en todo caso procurar que no nos rompiesen ni nos apartasen unos de otros; y yendo así como dicho tengo, viénense a encontrar con nosotros dos escuadrones, que habría seis mil, con grandes gritas, atambores y trompetas, y flechando y tirando varas, y haciendo como fuertes guerreros. Cortés mandó que estuviésemos quedos, y con tres prisioneros que les habíamos tomado el día antes les enviamos a decir y a requerir que no nos diesen guerra, que los queremos tener por hermanos; y dijo a uno de nuestros soldados, que se decía Diego de Godoy, que era escribano de su majestad, mirase lo que pasaba, y diese testimonio dello si se hubiese menester, porque en algún tiempo no nos demandasen las muertes y daños que se recreciesen, pues les requeríamos con la paz; y como les hablaron los tres prisioneros que les enviábamos, mostráronse muy más recios y nos daban tanta guerra, que no les podíamos sufrir. Entonces dijo Cortés: «Santiago y a ellos»; y de hecho arremetimos de manera, que

les matamos y herimos muchas de sus gentes con los tiros, y entre ellos tres capitanes. Íbanse retrayendo hacia unos arcabuezos, donde estaban en celada sobre más de cuarenta mil guerreros con su capitán general, que se decía Xicotencatl, y con sus divisas de blanco y colorado, porque aquella divisa y librea era de aquel Xicotencatl; y como había allí unas quebradas, no nos podíamos aprovechar de los caballos, y con mucho concierto los pasamos. Al pasar tuvimos muy gran peligro, porque se aprovechaban de su buen flechar, y con sus lanzas y montantes nos hacían mala obra, y aun las hondas y piedras como granizo eran harto malas; y como nos vimos en lo llano con los caballos y artillería, nos lo pagaban, que matábamos muchos; mas no osábamos deshacer nuestro escuadrón, porque el soldado que en algo se desmandaba para seguir algunos indios de los montantes o capitanes, luego era herido y corría gran peligro. Y andando en estas batallas, nos cercan por todas partes, que no nos podíamos valer poco ni mucho; que no osábamos arremeter a ellos si no era todos juntos, porque no nos desconcertasen y rompiesen; y si arremetíamos como dicho tengo, hallábamos sobre veinte escuadrones sobre nosotros, que nos resistían; y estaban nuestras vidas en mucho peligro, porque eran tantos guerreros, que a puñados de tierra nos cegaran, sino que la gran misericordia de Dios nos socorría y nos guardaba. Y andando en estas prisas entre aquellos grandes guerreros y sus temerosos montantes, parece ser acordaron de se juntar muchos dellos y de mayores fuerzas para tomar a manos algún caballo, y lo pusieron por obra, y arremetieron, y echan mano a una muy buena yegua y bien revuelta, de juego y de carrera, y el caballero que en ella iba muy buen jinete, que se decía Pedro de Morón; y como entró rompiendo con otros tres de a caballo entre los escuadrones de los contrarios, porque así les era mandado, porque se ayudasen unos a otros, échanle mano de la lanza, que no la pudo sacar, y otros le dan de cuchilladas con los montantes y le hirieron malamente, y entonces dieron una cuchillada a la yegua, que le cortaron el pescuezo en redondo, y allí quedó muerta; y si de presto no socorrieran los dos compañeros de a caballo al Pedro de Morón, también le acabaran de matar ¡pues quizá podíamos con todo nuestro escuadrón ayudarle! Digo otra vez que por temor que nos desbaratasen o acabasen de desbaratar, no podíamos ir ni a una parte ni a otra; que harto teníamos que sustentar no nos llevasen de vencida, que estábamos muy en peligro; y todavía acudíamos a la presa de la yegua, y tuvimos lugar de salvar al Morón y quitársele de su poder, que ya le llevaban medio muerto; y cortamos la cincha de la yegua, porque no se quedase allí la silla; y allí en aquel socorro hirieron diez de los nuestros; y tengo en mí que matamos entonces cuatro capitanes, porque andábamos juntos pie con pie, y con las espadas les hacíamos mucho daño; porque como aquello pasó se comenzaron a retirar y llevaron la yegua, la cual hicieron pedazos para mostrar en todos los pueblos de Tlaxcala; y después supimos que habían ofrecido a sus ídolos las herraduras y el chapeo de Flandes vedijudo, y las dos cartas que les enviamos para que viniesen de paz. La yegua que mataron era de un Juan Sedeño; y porque en aquella sazón estaba herido el Sedeño de tres heridas del día antes, por esta causa se la dio al Morón, que era muy buen jinete, y murió el Morón entonces de allí a dos días de las heridas, porque no me acuerdo verle más. Volvamos a nuestra batalla: que, como había bien una hora que estábamos en las rencillas peleando, y los tiros les debían de hacer mucho mal; porque, como eran muchos, andaban tan juntos, que por fuerza les habían de llevar copia dellos; pues los de a caballo, escopetas, ballestas, espadas, rodelas y lanzas, todos a una peleábamos como valientes soldados por salvar nuestras vidas y hacer lo que éramos obligados, porque ciertamente las teníamos en grande peligro, cual nunca estuvieron, y a lo que después supimos, en aquella batalla les matamos muchos indios, y entre ellos ocho capitanes muy principales, hijos de los viejos caciques que estaban en el pueblo cabecera mayor; a esta causa se retrajeron con muy buen concierto, y a nosotros que no nos pesó dello; y no los seguimos porque no nos podíamos tener en los pies, de cansados; allí nos quedamos en aquel pueblezuelo, que todos aquellos campos estaban muy poblados, y aun tenían hechas otras casas debajo de tierra como cuevas, en que vivían muchos indios; y llamábase donde pasó esta batalla Tehuacingo o Tehuacacingo, y fue dada en 2 días del mes de septiembre de 1519 años; y desque nos vimos con victoria, dimos muchas gracias a Dios, que nos libró de tan grandes peligros; y desde allí nos retrajimos luego a unos cues que estaban buenos y altos como en fortaleza, y con el unto del indio que ya he dicho otras veces se curaron nuestros soldados, que fueron quince, y murió uno de las heridas; y también se curaron cuatro o cinco caballos que estaban heridos. Y reposamos y cenamos muy bien aquella noche, porque teníamos muchas gallinas y perrillos que hubimos en aquellas casas; con muy buen recaudo de escuchas y rondas y los corredores del campo, y descansamos hasta otro día por la mañana. En aquesta batalla tomamos y prendimos quince indios y los dos dellos principales; y una cosa tenían los tlaxcaltecas en esta batalla y en todas las demás, que en hiriéndoles cualquiera indio, luego lo llevaban, y no podíamos ver los muertos.

Capítulo LXIV. Cómo tuvimos nuestro real asentado en unos pueblos y caseríos que se dicen Teoacingo o Teuacingo, y lo que allí hicimos
Como nos sentimos muy trabajados de las batallas pasadas y estaban muchos soldados y caballos heridos, y teníamos necesidad de adobar las ballestas y alistar almacén de saetas, estuvimos un día sin hacer cosa que de contar sea; y otro día por la mañana dijo Cortés que sería bueno ir a correr el campo con los de a caballo que estaban buenos para ello, porque no pensasen los tlaxcaltecas que dejábamos de guerrear por la batalla pasada, y porque viesen que siempre los habíamos de seguir; y el día pasado, como he dicho, habíamos estado sin salirlos a buscar, y que era mejor irles nosotros a acometer que ellos a nosotros, porque no sintiesen nuestra flaqueza; y porque aquel campo es muy llano y muy poblado. Por manera que con siete de a caballo y pocos ballesteros y escopeteros, y obra de doscientos soldados y con nuestros amigos, salimos y dejamos en el real buen recaudo, según nuestra posibilidad, y por las casas y pueblos por donde íbamos prendimos hasta veinte indios e indias sin hacerles ningún mal; y los amigos, como son crueles, quemaron muchas casas y trajeron bien de comer gallinas. y perrillos; y luego nos volvimos al real, que era cerca. Y acordó Cortés de soltar los prisioneros, y se les dio primero de comer, y doña Marina y Aguilar les halagaron y dieron cuentas, y les dijeron que no fuesen más locos, y que viniesen de paz que nosotros les queremos ayudar y tener por hermanos: y entonces también soltamos los dos prisioneros primeros, que eran principales, y se les dio otra carta para que fuesen a decir a los caciques mayores, que estaban en el pueblo cabe-

cera de todos los demás pueblos de aquella provincia, que no les veníamos a hacer mal ni enojo, sino para pasar por su tierra e ir a México a hablar a Moctezuma; y los dos mensajeros fueron al real de Xicotencatl, que estaba de allí obra de dos leguas, en unos pueblos y casas que me parece que se llamaban Tecuacinpacingo; y como les dieron la carta y dijeron nuestra embajada, la respuesta que les dio su capitán Xicotencatl «el mozo» fue que fuésemos a su pueblo, adonde está su padre; que allá harían las paces con hartarse de nuestras carnes y honrar sus dioses con nuestros corazones y sangre, y que para otro día de mañana veríamos su respuesta; y cuando Cortés y todos nosotros oímos aquellas tan soberbias palabras, como estábamos hostigados de las pasadas batallas y encuentros, verdaderamente no lo tuvimos por bueno, y a aquellos mensajeros halagó Cortés con blandas palabras, porque les pareció que habían perdido el miedo, y les mandó dar unos sartalejos de cuentas, y esto para tornarles a enviar por mensajeros sobre la paz. Entonces se informó muy por extenso cómo y de qué manera estaba el capitán Xicotencatl, y qué poderes tenía consigo, y le dijeron que tenía muy más gente que la otra vez cuando nos dio guerra, porque traía cinco capitanes consigo, y que cada capitanía traía diez mil guerreros. Fue desta manera que lo contaba, que de la parcialidad de Xicotencatl, que ya no veía de viejo, padre del mismo capitán venían diez mil, y de la parte de otro gran cacique que se decía Mase Escaci, otros diez mil, y de otro gran principal que se decía Chichimecatecle, otros tantos, y de otro gran cacique señor de Topeyanco, que se decía Tecapaneca cincuenta mil, y de otro cacique que se decía Guaxocingo, otros diez mil; por manera que eran a la cuenta cincuenta mil, y que habían de sacar su bandera y seña, que era un ave blanca, tendidas las alas como que quería volar, que parece como avestruz, y cada capitán con su divisa y librea; porque cada cacique así las tenía diferenciadas. Digamos ahora como en nuestra Castilla tienen los duques y condes; y todo esto que aquí he dicho tuvímoslo por muy cierto, porque ciertos indios de los que tuvimos presos, que soltamos aquel día, lo decían muy claramente, aunque no eran creídos. Y cuando aquello vimos, como somos hombres y temíamos la muerte, muchos de nosotros y aun todos los más, nos confesamos con el padre de la Merced y con el clérigo Juan Díaz, que toda la noche estuvieron en oír de penitencia y encomendándonos a

Dios que nos librase no fuésemos vencidos; y desta manera pasamos hasta otro día; y la batalla que nos dieron, aquí lo diré.

Capítulo LXV. De la gran batalla que hubimos con el poder de tlaxcaltecas, y quiso Dios nuestro señor darnos victoria, y lo que más pasó

Otro día de mañana, que fueron 5 de septiembre de 1519 años, pusimos los caballos en concierto, que no quedó ninguno de los heridos que allí no saliesen para hacer cuerpo y ayudasen lo que pudiesen, y apercibidos los ballesteros que con gran concierto gastasen el almacén, unos armando y otros soltando, y los escopeteros por el consiguiente, y los de espada y rodela que la estocada o cuchillada que diésemos, que pasasen a las entrañas, porque no se osasen juntar tanto como la otra vez, y el artillería bien apercibida iba; y como ya tenían aviso los de a caballo que se ayudasen unos a otros, y las lanzas terciadas, sin pararse a alancear sino por las caras y ojos, entrando y saliendo a media rienda, y que ningún soldado saliese del escuadrón, y con nuestra bandera tendida, y cuatro compañeros guardando al alférez Corral. Así salimos de nuestro real, y no habíamos andado medio cuarto de legua, cuando vimos asomar los campos llenos de guerreros con grandes penachos y sus divisas, y mucho ruido de trompetillas y bocinas. Aquí había. bien que escribir y ponerlo en relación lo que en esta peligrosa y dudosa batalla pasamos; porque nos cercaron por todas partes tantos guerreros, que se podía comparar como si hubiese unos grandes prados de dos leguas de ancho y otras tantas de largo, y en medio dellos cuatrocientos hombres; así era: todos los campos llenos dellos, y nosotros obra de cuatrocientos, muchos heridos y dolientes; y supimos de cierto que esta vez venían con pensamiento que no habían de dejar ninguno de nosotros a vida, que no había de ser sacrificado a sus ídolos. Volvamos a nuestra batalla: pues como comenzaron a romper con nosotros, ¡qué granizo de piedra de los honderos! Pues flechas, todo el suelo hecho parva de varas, todas de a dos gajos, que pasan cualquiera arma y las entrañas, adonde no hay defensa, y los de espada y rodela, y de otras mayores que espadas, como montantes y lanzas, ¡qué prisa nos daban y con qué braveza se juntaban con nosotros, y con qué grandísimos gritos y alaridos! Puesto que nos ayudábamos con tan gran concierto con nuestra artillería y escopetas y ballestas, que les hacíamos harto daño, y a los que se nos llegaban con sus espadas y montantes les dábamos buenas estocadas, que les hacíamos. apartar, y no se juntaban tanto como la otra vez pasada; y los de a caballo estaban tan diestros y hacíanlo tan varonilmente, que, después de Dios, que es el que nos guardaba, ellos fueron fortaleza. Yo vi entonces medio desbaratado nuestro escuadrón, que no aprovechaban voces de Cortés ni de otros capitanes para que tornásemos a cerrar; tanto número de indios se cargó entonces sobre nosotros, sino que a puras estocadas les hicimos que nos diesen lugar; con que volvimos a ponernos en concierto. Una cosa nos daba la vida, y era que, como eran muchos y estaban amontonados, los tiros les hacían mucho mal; y demás desto, no se sabían capitanear, porque no podían allegar todos los capitanes con sus gentes; y a lo que supimos, desde la otra batalla pasada habían tenido pendencias y rencillas entre el capitán Xicotencatl con otro capitán hijo de Chichimecatecle, sobre que decía el un capitán al otro que no lo había hecho bien en la batalla pasada, y el hijo de Chichimecatecle respondió que muy mejor que él, y se lo haría conocer de su persona a la suya de Xicotencatl; por manera que en esta batalla no quiso ayudar con su gente el Chichimecatecle al Xicotencatl; antes supimos muy ciertamente que convocó a la capitanía de Guaxocingo que no pelease. Y demás desto, desde la batalla pasada temían los caballos y tiros y espadas y ballestas y nuestro bien pelear; y sobre todo, la gran misericordia de Dios, que nos daba esfuerzo para nos sustentar. Y como el Xicotencatl no era obedecido de dos capitanes, y nosotros les hacíamos muy gran daño, que les matábamos muchas gentes; las cuales encubrían, porque, como eran muchos, en hiriéndolos a cualquiera de los suyos, luego le apañaban y le llevaban a cuestas: y así en esta batalla como en la pasada no podíamos ver ningún muerto. Y como ya peleaban de mala gana, y sintieron que las capitanías de los dos capitanes por mí nombrados no les acudían, comenzaron a aflojar; porque, según pareció, en aquella batalla matamos un capitán muy principal, que de los otros no los cuento, y comenzaron a retraerse con buen criterio, y los de a caballo a media rienda siguiéndolos poco trecho, porque no se podían ya tener de cansados; y cuando nos vimos libres de aquella tanta multitud de guerreros, dimos muchas gracias a Dios. Allí nos mataron un soldado e hirieron más de sesenta, y también hirieron a todos los caballos; y a mí me dieron dos heridas: la una en la cabeza, de pedrada, y otra en un muslo, de un flechazo, mas no eran para dejar de pelear y velar y ayudar a nuestros soldados. Y asimismo lo hacían todos los soldados que estaban heridos, que si no eran muy peligrosas las heridas, habíamos de pelear y velar con ellos, porque de otra manera pocos quedaron que estuviesen sin heridas; y luego nos fuimos a nuestro real muy contentos y dando muchas gracias a Dios, y enterramos los muertos en una de aquellas casas que tenían hechas en los soterraños, porque no viesen los indios que éramos mortales, sino que creyesen que éramos teules, como ellos decían; y derrocamos mucha tierra encima de la casa porque no oliesen los cuerpos, y se curaron todos los heridos con el unto del indio que otras veces he dicho. ¡Oh que mal refrigerio teníamos, que aun aceite para curar heridas ni sal no había! Otra falta teníamos, y grande, que era ropa para nos abrigar; que venía un viento tan frío de la sierra nevada, que nos hacía tiritar (aunque mostrábamos buen ánimo siempre), porque las lanzas y escopetas y ballestas mal nos cobijaban. Aquella noche dormimos con más sosiego que la pasada, puesto que teníamos mucho recaudo de corredores y espías, velas y rondas. Y dejarlo he aquí, y diré lo que otro día hicimos en esta batalla: y prendimos tres indios principales.

Capítulo LXVI. Cómo otro día enviamos mensajeros a los caciques de Tlaxcala rogándoles con la paz, y lo que sobre ellos hicieron
Después de pasada la batalla por mí contada, que prendimos en ella los tres indios principales, enviólos luego nuestro capitán Cortés, y con los dos que estaban en nuestro real, que habían ido otras veces por, mensajeros, les mandó que dijesen a los caciques de Tlaxcala que les rogábamos que vengan luego de paz y que nos den pasada por su tierra para ir a México, como otras veces les hemos enviado a decir, y que si ahora no vienen, que les mataremos todas sus gentes; y porque los queremos mucho y tener por hermanos, no les quisiéramos enojar si ellos no hubiesen dado causa a ello, y se les dijo muchos halagos para atraerlos a nuestra amistad; y aquellos mensajeros fueron de buena gana luego a la cabecera de Tlaxcala, y dijeron

su embajada a todos los caciques por mi ya nombrados; los cuales hallaron juntos con otros muchos viejos y papas, y estaban muy tristes, así del mal suceso de la guerra como de la muerte de los capitanes parientes o hijos suyos que en las batallas murieron, y dice que no les quisieron escuchar de buena gana; y lo que sobre ello acordaron, fue que luego mandaron llamar todos los adivinos y papas, y otros que echaban suertes, que llaman tacalnaguas, que son como hechiceros, y dijeron que mirasen por sus adivinanzas y hechizos y suertes qué gente éramos, y si podríamos ser vencidos dándonos guerra de día y de noche a la continua, y también para saber si éramos teules, así como lo decían los de Cempoal; que ya he dicho otras veces que son cosas malas, como demonios; y qué cosas comíamos, y que mirasen todo esto con mucha diligencia; y después que se juntaron los adivinos y hechiceros y muchos papas, y hechas sus adivinanzas y echadas sus suertes y todo lo que solían hacer, parece ser dijeron que en las suertes hallaron que éramos hombres de hueso y de carne, y que comíamos gallinas y perros y pan y fruta cuando lo teníamos, y que no comíamos carnes de indios ni corazones de los que matábamos; porque, según pareció, los indios amigos que traíamos de Cempoal les hicieron en creyente que éramos teules y que comíamos corazones de indios, que las bombardas echaban rayos como caen del cielo, que el lebrel, que era tigre o león, y que los caballos eran para lancear a los indios cuando los queríamos matar; y les dijeron otras muchas niñerías. Y volvamos a los papas: y lo peor de todo que les dijeron sus papas y adivinos fue que de día no podíamos ser vencidos, sino de noche, porque como anochecía se nos quitaban las fuerzas; y más les dijeron los hechiceros, que éramos esforzados, y que todas estas virtudes teníamos de día hasta que se ponía el Sol, y desque anochecía no teníamos fuerzas ningunas. Y cuando aquello oyeron los caciques, y lo tuvieron por muy cierto, se lo enviaron a decir a su capitán general Xicotencatl, para que luego con brevedad venga una noche con grandes poderes a nos dar guerra. El cual, como lo supo, juntó obra de diez mil indios, los más esforzados que tenía, y vino a nuestro real, y por tres partes nos comenzó a dar una mano de flechas y tirar varas con sus, tiraderas de un gajo y de dos, y los de espadas y macanas y montantes por otra parte; por manera que de repente tuvieron por cierto que llevarían alguno de nosotros para sacrificar; y mejor lo hizo nuestro señor Dios, que por muy secretamente que ellos venían, nos hallaron muy apercibidos; porque, como sintieron su gran ruido que traían, a mata caballo vinieron nuestros corredores del campo y las espías a dar el arma, y como estábamos tan acostumbrados a dormir calzados y las armas vestidas y los caballos ensillados y enfrenados, y todo género de armas muy a punto, les resistimos con las escopetas y ballestas y a estocadas; de presto, vuelven las espadas, y como era el campo llano y hacía Luna, los de a caballo los siguieron un poco, donde por la mañana hallamos tendidos muertos y heridos hasta veinte dellos; por manera que se vuelven con gran pérdida y muy arrepentidos de la venida de noche. Y aun oí decir que, como no les sucedió bien lo que los papas y las suertes y hechiceros les dijeron, que sacrificaron a dos dellos. Aquella noche mataron un indio de nuestros amigos de Cempoal, e hirieron dos soldados y un caballo, y allí prendimos cuatro dellos; y como nos vimos libres de aquella arrebatada refriega, dimos gracias a Dios, y enterramos el amigo de Cempoal, y curamos los heridos y al caballo, y dormimos lo que quedó de la noche con grande recaudo en el real, así como lo teníamos de costumbre; y desque amaneció, y nos vimos todos heridos a dos y a tres heridas, y muy cansados, y otros dolientes y entrapajados, y Xicotencatl que siempre nos seguía, y faltaban ya sobre cuarenta y cinco soldados, que se habían muerto en las batallas y dolencias y fríos, y estaban dolientes otros doce, y asimismo nuestro capitán Cortés también tenía calenturas, y aun el padre de la Merced, con el trabajo y peso de las armas, que siempre traíamos a cuestas, y otras malas venturas de fríos y falta de sal, que no la comíamos ni la hallábamos; y demás desto, dábamos qué pensar qué fin habríamos en aquestas guerras, y ya que allí se acabasen, qué sería de nosotros, adónde habíamos de ir; porque entrar en México teníamoslo por cosa de rica a causa de sus grandes fuerzas, y decíamos que cuando aquellos de Tlaxcala nos habían puesto en aquel punto, y nos hicieron creer nuestros amigos de Cempoal que estaban de paz, que cuando nos viésemos en la guerra con los grandes poderes de Moctezuma, que ¿qué podríamos hacer? Y demás desto, no sabíamos de los que quedaron poblados en la Villarrica, ni ellos de nosotros; y como entre todos nosotros había caballeros y soldados tan excelentes varones y tan esforzados y de buen consejo, que Cortés ninguna cosa decía ni hacía sin primero tomar sobre ello muy maduro consejo y acuerdo con nosotros; puesto que el cronista Gómara diga: «Hizo Cortés esto, fue allá, vino acullá»; dice otras cosas que no llevan camino; y aunque Cortés fuera de hierro, según lo cuenta el Gómara en su Historia, no podía acudir a todas partes; bastaba que dijera que lo hacía como buen capitán, como siempre lo fue; y esto digo, porque después de las grandes mercedes que nuestro señor nos hacía en todos nuestros hechos y en las victorias pasadas y en todo lo demás, parece ser que a los soldados nos daba gracia y consejo para aconsejar que Cortés hiciese todas las cosas muy bien hechas. Dejemos de hablar en loas pasadas, pues no hacen mucho a nuestra historia, y digamos cómo todos a una esforzábamos a Cortés, y le dijimos que curase de su persona, que allí estábamos, y que con el ayuda de Dios, que pues habíamos escapado, de tan peligrosas batallas, que para algún buen fin era nuestro señor servido de guardarnos; y que luego soltase a los prisioneros y que los enviase a los caciques mayores otra vez por mí nombrados, que vengan de paz se les perdonará todo lo hecho y la muerte de la yegua. Dejemos esto, y digamos cómo doña Marina, con ser mujer de la tierra, qué esfuerzo tan varonil tenía que con oír cada día que nos habían de matar y comer nuestras carnes, y habernos visto cercados en las batallas pasadas, y que ahora todos estábamos heridos y dolientes, jamás vimos flaqueza en ella, sino muy mayor esfuerzo que de mujer, y a los mensajeros que ahora enviábamos les habló la doña Marina y Jerónimo de Aguilar, que vengan luego de paz, y que si no vienen dentro de dos días, les iremos a matar y destruir sus tierras, e iremos a buscarlos a su ciudad; y con estas resueltas palabras fueron a la cabecera donde estaba Xicotencatl «el viejo». Dejemos esto, y diré otra cosa que he visto, que el cronista Gómara no escribe en su Historia ni hace mención si nos mataban o estábamos heridos, ni pasábamos trabajos ni adolecíamos, sino todo lo que escribe es como si lo halláramos hecho. ¡Oh cuán mal le informaron los que tal le aconsejaron que lo pusiese así en su Historia! Y a todos los conquistadores nos ha dado qué pensar en lo que ha escrito, no siendo así; y debía de pensar que cuando viésemos su Historia hablamos de decir la verdad. Olvidemos al cronista Gómara, y digamos cómo nuestros mensajeros fueron a la cabecera de Tlaxcala con nuestro mensaje; y paréceme que llevaron una carta, que aunque sabíamos que no la habían de entender, sino porque se tenía por cosa de mandamiento, y con ella una saeta; y hallaron a los dos caciques mayores que estaban hablando con otros principales, y lo que sobre ello respondieron adelante lo diré.

Capítulo LXVII. Cómo tornamos a enviar mensajeros a los caciques de Tlaxcala para que vengan de paz, y lo que sobre ello hicieron y acordaron

Como llegaron a Tlaxcala los mensajeros que enviamos a tratar de las paces, les hallaron que estaban en consulta los dos más principales caciques, que se decía Mase Escaci y Xicotencatl «el viejo», padre del capitán general, que también se decía Xicotencatl «el mozo», otras muchas veces por mí nombrado, como les oyeron su embajada, estuvieron suspensos un rato que no hablaron, y quiso Dios que inspiró en sus pensamientos que hiciesen paces con nosotros, y luego enviaron a llamar a todos los más caciques y capitanes que había en sus poblaciones, y a los de una provincia que están junto con ellos, que se dice Guaxocingo, que eran sus amigos y confederados; y todos juntos en aquel pueblo que estaban, que era cabecera, les hizo Mase Escaci y el viejo Xicotencatl, que eran bien entendidos, un razonamiento casi que fue desta manera, según después supimos, aunque no las palabras formales: «Hermanos y amigos nuestros, ya habéis visto cuántas veces estos teules que están en el campo esperando guerras nos han enviado mensajeros a demandar paz, y dicen que nos vienen a ayudar y tener en lugar de hermanos; y asimismo habéis visto cuántas veces han llevado presos muchos de nuestros vasallos, que no les hacen mal y luego los sueltan; bien veis cómo les hemos dado guerra tres veces con todos nuestros poderes, así de día como de noche, y no han sido vencidos, y ellos nos han muerto en los cambotes que les hemos dado muchas de nuestras gentes e hijos y parientes y capitanes; ahora de nuevo vuelven a demandar paz, y los de Cempoal, que traen en su compañía, dicen que son contrarios de Moctezuma y sus mexicanos, y que les ha mandado que no le den tributo los pueblos de las sierras Totonaque ni los de Cempoal; pues bien se os acordará que los mexicanos nos dan guerra cada año, de más de cien años a esta parte, y bien veis que estamos en estas nuestras tierras como acorralados, que no osamos salir a buscar sal, ni aun la comemos, ni aun algodón, que pocas mantas dello traemos; pues si salen o han salido algunos de los nuestros a buscar, pocos vuelven con las vidas, que estos traidores de mexicanos y sus confederados nos los matan o hacen esclavos; ya nuestros tacalnaguas y adivinos y papas nos han dicho lo que sienten de sus personas destos teules, y que son esforzados. Lo que me parece es, que procuremos de tener amistad con ellos, y si no fueran hombres, sino teules, de una manera y de otra les hagamos buena compañía, y luego vayan cuatro nuestros principales y les lleven muy bien de comer, y mostrémosles amor y paz, porque nos ayuden y defiendan de nuestros enemigos, y traigámoslos aquí luego con nosotros, y démosles mujeres para que de su generación tengamos parientes, pues según dicen los embajadores que nos envían a tratar las paces, que traen mujeres entre ellos». Y como oyeron este razonamiento, a todos los caciques les pareció bien, y dijeron que era cosa acertada, y que luego vayan a entender en las paces, y que se le envíe a hacer saber a su capitán Xicotencatl y a los demás capitanes que consigo tiene, para que luego vengan sin dar más guerras, y les digan que ya tenemos hechas paces; y enviaron luego mensajeros sobre ello; y el capitán Xicotencatl «el mozo» no los quiso escuchar a los cuatro principales, y mostró tener enojo, y los trató mal de palabra, y que no estaba por las paces; y dijo que ya habían muerto muchos teules y la yegua, y que él quería dar otra noche sobre nosotros y acabarnos de vencer y matar; la cual respuesta, desque la oyó su padre Xicotencatl «el viejo» y Mase Escaci y los demás caciques, se enojaron de manera, que luego enviaron a mandar a los capitanes y a todo su ejército que no fuesen con el Xicotencatl a nos dar guerra, ni en tal caso le obedeciesen en cosa que les mandase si no fuese para hacer paces; y tampoco lo quiso obedecer; y cuando vieron la desobediencia de su capitán, luego enviaron los cuatro principales, que otra vez les habían mandado que viniesen a nuestro real y trajesen bastimento y para tratar las paces en nombre de toda Tlaxcala y Guexocingo; y los cuatro viejos por temor de Xicotencatl «el mozo» no vinieron en aquella sazón. Y porque en un instante acaecen dos y tres cosas, así en nuestro real como en este tratar de paces, y por fuerza tengo de tomar entre manos lo que más viene a propósito, dejaré de hablar de los cuatro indios principales que enviaron a tratar las Paces, que aun no venían por temor de Xicotencatl: en este tiempo fuimos con Cortés a un pueblo junto a nuestro real, y lo que pasó diré adelante.

Capítulo LXVIII. Cómo acordamos de ir a un pueblo que estaba cerca de nuestro real, y lo que sobre ello se hizo

Como había dos días que estábamos sin hacer cosa que de contar sea, fue acordado, y aun aconsejamos a Cortés, que un pueblo que estaba obra de una legua de nuestro real, que le habíamos enviado a llamar de paz y no venía, que fuésemos una noche y diésemos sobre él, no para hacerles mal, digo matarles ni herirles ni traerles presos, mas de traer comida y atemorizarles o hablarles de paz, según viésemos lo que ellos hacían; y llámase este pueblo Zumpancingo, y era cabecera de muchos pueblos chicos, y era sujeto el pueblo donde estábamos allí donde teníamos nuestro real, que se dice Tecoadzumpancingo, que todo alrededor estaba muy poblado de casas y pueblos; por manera que una noche al cuarto de la modorra madrugamos para ir a aquel pueblo con seis de a caballo de los mejores, y con los más sanos soldados y con diez ballesteros y ocho escopeteros, y Cortés por nuestro capitán, puesto que tenía calenturas o tercianas; dejamos el mejor recaudo que pudimos en el real. Antes que amaneciese con dos horas, caminamos y hacía un viento tan frío aquella mañana, que venía de la sierra nevada, que nos hacía temblar y tiritar, y bien lo sintieron los caballos que llevábamos, porque dos de ellos se atorozaron y estaban temblando, de lo cual nos pesó en gran manera, temiendo no muriesen; y Cortés mandó que se volviesen al real los caballeros dueños cuyos eran, a curarlos; y como estaba cerca el pueblo, llegamos a él antes que fuese de día; y como nos sintieron los naturales de él, fuéronse huyendo de sus casas, dando voces unos a otros que se guardasen de los teules, que les íbamos a matar; que no se aguardaban padres a hijos; y como los vimos, hicimos alto en un patio hasta que fuera de día, que no se les hizo daño alguno; y como unos papas que estaban en unos cues, los mayores del pueblo y otros viejos principales vieron que estábamos allí sin les hacer enojo ninguno, vienen a Cortés y le dicen que les perdonen porque no han ido a nuestro real de paz ni llevar de comer cuando los enviamos a llamar, y la causa ha sido que el capitán

Xicotencatl, que está de allí muy cerca, se lo ha enviado a decir que no lo den; y porque de aquel pueblo y otros muchos le abastecen su real, y que tiene consigo todos los hombres de guerra y de toda la tierra de Tlaxcala; y Cortés les dijo con nuestras lenguas, doña Marina y Aguilar (que siempre iban con nosotros a cualquier entrada que íbamos y aunque fuese de noche) que no hubiesen miedo, y que luego fuesen a decir a sus caciques a la cabecera que vengan de paz, porque la guerra es mala para ellos; y envió a aquestos papas, porque de los otros mensajeros que habíamos enviado aún no teníamos respuesta ninguna sobre que enviaban a tratar las paces los caciques de Tlaxcala con los cuatro principales, que aún no habían venido; y aquellos papas de aquel pueblo buscaron de presto más de cuarenta gallinas y gallos, y dos indias para moler tortillas, y las trajeron, y Cortés se lo agradeció, y mandó luego le llevasen veinte indios de aquel pueblo a nuestro real, y sin temor ninguno fueron con el bastimento, y se estuvieron en el real hasta la tarde, y se les dio contezuelas, con que volvieron muy contentos a sus casas. Y a todas aquellas caserías, nuestros vecinos decían que éramos buenos, que no les enojábamos, y aquellos viejos y papas avisaron dello al capitán Xicotencatl cómo habían dado la comida y las indias, y riñó mucho con ellos, y fueron luego a la cabecera a hacerlo saber a los caciques viejos; y como supieron que no les hacíamos mal ninguno, y aunque pudiéramos matarles aquella noche muchos de sus gentes, y les enviábamos a demandar paces, se holgaron y les mandaron que cada día nos trajesen todo lo que hubiésemos menester; y tornaron otra vez a mandar a los cuatro principales, que otras veces les encargaron las paces, que luego en aquel instante fuesen a nuestro real y llevasen toda la comida y aparato que les mandaban; y así, nos volvimos luego a nuestro real con el bastimento e indias y muy contentos; y quedarse ha aquí, y diré lo que pasó en el real entretanto que habíamos ido a aquel pueblo.

Capítulo LXIX. Cómo después que volvimos con Cortés de Zumpancingo, hallamos en nuestro real ciertas pláticas, y lo que Cortés respondió a ellas

Vueltos de Zumpancingo, que así se dice, con bastimentos y muy contentos en dejarlos de paz, hallamos en el real corrillos y pláticas sobre los grandísimos peligros en que cada día estábamos en aquella guerra, y cuando llegamos avivaron más las pláticas; y los que más en ello hablaban e insistían, eran los que en la isla de Cuba dejaban sus casas y repartimientos de indios; y juntáronse hasta siete dellos, que aquí no quiero nombrar por su honor, y fueron al rancho y aposento de Cortés, y uno dellos, que habló por todos, que tenía buena expresiva, y aun tenía bien en la memoria lo que había de proponer, dijo como a manera de aconsejarle a Cortés, que mirase cuál andábamos malamente heridos y flacos y corridos, y los grandes trabajos que teníamos, así de noche con velas y con espías, y rondas y corredores del campo, como de día y de noche peleando; y que por la cuenta que han echado, que desde que salimos de Cuba que faltaban ya sobre cincuenta y cinco compañeros, y que no sabemos de los de la Villarrica que dejamos poblados; y que pues Dios nos había dado victoria en las batallas y rencuentros que desde que venimos en aquella provincia habíamos habido, y con su gran misericordia nos sostenía, que no le debíamos tentar tantas veces; y que no quiera ser peor que Pedro Carbonero, que nos había metido en parte que no se esperaba, sino, que un día u otro habíamos de ser sacrificados a los ídolos: lo cual plega Dios tal no permita; y que sería bueno volver a nuestra villa, y que en la fortaleza que hicimos, y entre los pueblos de los totonaques, nuestros amigos, nos estaríamos hasta que hiciésemos un navío que fuese a dar mandado a Diego Velázquez y a otras partes e islas para que nos enviasen socorro y ayudas; y que ahora fueran buenos los navíos que dimos con todos a través, o que se quedaran siquiera dos dellos para la necesidad si ocurriese, y que sin dalles parte dello ni de cosa ninguna, por consejo de quien no sabe considerar las cosas de fortuna, mandó dar con todos a través; y que plegue a Dios que él y los que tal consejo le dieron no se arrepientan dello. Y que ya no podíamos sufrir la carga, cuanto más muchas sobrecargas, y que andábamos peores que bestias: porque a las bestias que han hecho sus jornadas les quitan las albardas y les dan de comer y reposan, y que nosotros de día y de noche siempre andamos cargados de armas y calzados. Y más le dijeron, que mirase en todas las historias, así de romanos como las de Alejandro ni de otros capitanes de los muy nombrados que en el mundo ha habido, no se atrevieron a dar con los navíos a través, y con tan poca gente meterse en tan grandes poblaciones y de muchos guerreros, como él ha hecho. Y que parece que es autor de su muerte y de la de todos nosotros, y que quiera conservar su vida y las nuestras, y que luego nos volviésemos a la Villarrica, pues estaba de paz la tierra. Y que no se lo habían dicho hasta entonces porque no han visto tiempo para ello, por los muchos guerreros que teníamos cada día por delante y en los lados; y pues ya no tornaban de nuevo, los cuales creían que volverían, y pues Xicotencatl con su gran poder no nos ha venido a buscar aquellos tres días pasados, que debe estar allegando gente, y que no debíamos aguardar otra como las pasadas; le dijeron otras cosas sobre el caso. Y viendo Cortés que se lo decían algo como soberbios, puesto que iba a manera de consejo, les respondió muy mansamente, y dijo que bien conocido tenía muchas cosas de las que habían dicho, y que a lo que ha visto y tiene creído, que en el universo no hubiese otros españoles más fuertes ni que con tanto ánimo hayan peleado ni pasado tan excesivos trabajos como nosotros; y que andar con las armas a cuestas a la continua, y velas, rondas y fríos, que si así no lo hubiéramos hecho ya fuéramos perdidos, y que por salvar nuestras vidas, que aquellos trabajos y otros mayores habíamos de tomar. Y dijo: «¿Para qué es, señores, contar en esto cosas de valentías, que verdaderamente nuestro señor es servido ayudarnos?; y que cuando se me acuerda vernos cercados de tantas capitanías de contrarios, y verles esgrimir sus montantes y andar tan junto sobre de nosotros, ahora me pone grima, especial cuando nos mataron la yegua de una cuchillada, cuán perdidos y desbaratados estábamos; y entonces conocí vuestro muy grandísimo ánimo más que nunca. Y pues Dios nos libró de tan gran peligro, que esperanza tenía en él que así había de ser de allí adelante, pues en todos estos peligros no me conoceríais tener pereza, que en ellos me hallaba con vuestras mercedes». Y tuvo razón de lo decir, porque ciertamente en todas las batallas se hallaba de los primeros. «He querido, señores, traeros esto a la memoria, que pues nuestro señor fue servido guardarnos, tengamos esperanza que así será de aquí adelante, pues desque entramos en la tierra, en todos los pueblos les predicamos la santa doctrina lo mejor que podemos, y les procuramos deshacer sus ídolos. Y pues que ya veíamos que el capitán Xicotencatl ni sus capitanías no parecían, y que de miedo no debían de osar volver, porque les debiéramos de hacer mala obra en las batallas pasadas, y que no podría juntar sus gentes, habiendo sido ya desbaratado tres veces, y que por esta causa tenía confianza en Dios y en su abogado señor san Pedro, que era fenecida la guerra de aquella provincia; y ahora, como habéis visto, traen de comer los de Cimpancingo y quedan de paz, y estos nuestros vecinos que están por aquí poblados en sus casas; y que en cuanto dar con los navíos a través, fue muy bien aconsejado, y que si no llamó a alguno dellos al consejo, como a otros caballeros, fue por lo que sintió en el arenal, que no lo quisiera ahora traer a la memoria; y que el acuerdo y consejo que ahora le dan y el que entonces le dieron es todo de una manera y todo uno, y que miren que hay otros muchos caballeros en el real que serán muy contrarios de lo que ahora piden y aconsejan: que encaminemos siempre todas las cosas a Dios, y seguirlas en su santo servicio será mejor. Y a lo que, señores, decís, que jamás capitanes romanos de los muy nombrados han acometido tan grandes hechos como nosotros, vuestras mercedes dicen verdad. Y ahora en adelante, mediante Dios, dirán en las historias, que desto harán memoria, mucho más que de los antepasados; pues, como he dicho, todas nuestras cosas en servicio de Dios y de nuestro gran emperador don Carlos, y aun debajo de su recta justicia y cristiandad, serán ayudadas de la misericordia de nuestro señor, y nos sostendrá que vamos de bien en mejor. Así que, señores, no es cosa bien acertada volver un paso atrás; que si nos viesen volver estas gentes y los que dejamos atrás de paz, las piedras se levantarían contra nosotros; y como ahora nos tienen por dioses y ídolos, que así nos llaman, nos juzgarían por muy cobardes y de pocas fuerzas. Y a lo que decís de estar entre los amigos totonaques, nuestros aliados, si nos viesen que damos vuelta sin ir a México se levantarían contra nosotros, y la causa dello sería que, como les quitamos que no diesen tributo a Moctezuma, enviaría sus poderes mexicanos contra ellos para que los tornasen a tributar y sobre ello darles guerra, y aun les mandaría que nos den a nosotros; y ello, por no ser destruidos, porque les temen en gran manera, lo pondrían por obra; así que, donde pensábamos tener amigos, serían enemigos; pues desque lo supiese el gran Moctezuma que nos habíamos vuelto, ¿qué diría? ¿en qué tendría nuestras palabras ni lo que le enviamos a decir? que todo era cosa de burla o juego de niños. Así que, señores, mal allá y peor acullá, más vale que estemos aquí donde estamos, que es bien llano y todo bien poblado, y este nuestro real bien abastecido: unas veces gallinas, otras perros, gracias a Dios no falta de comer, si tuviésemos sal, que es la mayor falta que al presente tenemos, y ropa para guarecernos del frío. Y a lo que decís, señores, que se han muerto desde que salimos de la isla de Cuba cincuenta y cinco soldados de heridas, hambres, fríos, dolencias y trabajos, y que somos pocos, y todos heridos y dolientes; Dios nos da esfuerzo por muchos; porque vista cosa es que las guerras gastan hombres y caballos, y que unas veces comemos bien; y no venimos al presente para descansar, sino para pelear cuando se ofreciere; por tanto os pido, señores, por merced, que pues sois caballeros y personas que antes habíais de esforzar a quien viésedes mostrar flaqueza: que de aquí adelante se os quite del pensamiento la isla de Cuba y lo que allá dejáis, y procuremos de hacer lo que siempre habéis hecho como buenos soldados; que después de Dios, que es nuestro socorro y ayuda, han de ser nuestros valerosos brazos.» Y como Cortés hubo dado esta respuesta, volvieron aquellos soldados a repetir en la plática, y dijeron que todo lo que decía estaba bien dicho; mas que cuando salimos de la villa que dejábamos poblada, nuestro intento era, y ahora lo es, de ir a México, pues hay tan gran fama de tan fuerte ciudad y tanta multitud de guerreros, y que aquellos tlaxcaltecas decían los de Cempoal que eran pacíficos, y no había fama dellos, como de los de México; y habemos estado tan a riesgo nuestras vidas, que si otro día nos dieran otra batalla como alguna de las pasadas, ya no nos podíamos tener de cansados, ya que no nos diesen más guerras; que la ida de México les parecía muy terrible cosa, y que mirase lo que decía y ordenaba. Y Cortés respondió, medio enojado, que valía más morir por buenos, como dicen los cantares, que vivir deshonrados; y demás desto que Cortés les dijo, todos los más soldados que le fuimos en alzar capitán y dimos consejo sobre dar a través con los navíos, dijimos en alta voz que no curase de corrillos ni de oír semejantes pláticas, sino que con el ayuda de Dios con buen concierto estemos apercibidos para hacer lo que convenga, y así cesaron todas las pláticas; verdad es que murmuraban de Cortés y le maldecían, y aun de, nosotros, que le aconsejábamos, y de los de Cempoal, que por tal camino nos trajeron, y decían otras cosas no bien dichas; mas en tales tiempos se disimulaban.

En fin, todos obedecieron muy bien. Y dejaré de hablar en esto, y diré cómo los caciques viejos de la cabecera de Tlaxcala enviaron otra vez mensajeros de nuevo a su capitán general Xicotencatl, que en todo caso no nos de guerra, y que vaya de paz luego a nos ver y llevar de comer porque así está ordenado por todos los caciques y principales de aquella tierra y de Guaxocingo; y también enviaron a mandar a los capitanes que tenía en su compañía que si no fuese para tratar paces, que en cosa ninguna le obedeciesen; y esto le tornaron a enviar a decir tres veces, porque sabían cierto que no les quería obedecer, y tenía determinado el Xicotencatl que una noche había de dar otra vez en nuestro real, porque para ello tenía juntos veinte mil hombres; y como era soberbio y muy porfiado, así ahora como las otras veces no quiso obedecer. Y lo que sobre ello hizo diré adelante.

Capítulo LXX. Cómo el capitán Xicotencatl tenía apercibidos veinte mil hombres guerreros escogidos, para dar en nuestro real, y lo que sobre ello se hizo
Como Mase Escaci y Xicotencatl «el viejo», y todos los demás caciques de la cabecera de Tlaxcala enviaron cuatro veces a decir a su capitán que no nos diese guerra, sino que nos fuese a hablar de paz, pues estaba. cerca de nuestro real, y mandaron a los demás capitanes que con él estaban que no le siguiesen si no fuese para acompañarle si nos iba a ver de paz; como el Xicontenga era de mala condición, porfiado y soberbio, acordó de nos enviar cuarenta indios con comida de gallinas, pan y fruta, y cuatro mujeres indias viejas y de ruin manera, y mucho copal y plumas de papagayos, y los indios que lo traían al parecer creímos que venían de paz; y llegados a nuestro real, zahumaron a Cortés, y sin hacer acato, como suelen entre ellos, dijeron: «Esto os envía el capitán Xicotencatl, que comáis si sois teules, como dicen los de Cempoal; y si queréis sacrificios, tomad esas cuatro mujeres que sacrifiquéis, y podéis comer de sus carnes y corazones; y porque no sabemos de qué manera lo hacéis, por eso no las hemos sacrificado ahora delante de vosotros; y si sois hombres, comed de las gallinas, pan y fruta; y si sois teules mansos, aquí os traemos copal (que ya he dicho que es como incienso) y plumas de papagayos; haced vuestro sacrificio con ello». Y Cortés respondió con nuestras lenguas que ya les había enviado

a decir que quiere paz y que no venía a dar guerra, y les venían a rogar y manifestar de parte de nuestro señor Jesucristo, que es en quien creemos y adoramos, y el emperador don Carlos (cuyos vasallos somos), que no maten ni sacrifiquen a ninguna persona, como lo suelen hacer; y que todos nosotros somos hombres de hueso y de carne como ellos, y no teules, sino cristianos, y que no tenemos por costumbre de matar a ningunos; que si matar quisiéramos, que todas las veces que nos dieron guerra de día y de noche había en ellos hartos en que pudiéramos hacer crueldades, y que por aquella comida que allí traen se lo agradece, y que no sean más locos de lo que han sido, y vengan de paz. Y parece ser aquellos indios que envió el Xicotencatl con la comida, eran espías para mirar nuestras chozas y entradas y salidas, y todo lo que en nuestro real había, y ranchos y caballos y artillería, y cuántos estábamos en cada choza; y estuvieron aquel día y la noche, y se iban unos con mensajes a su Xicotencatl y venían otros; y los amigos que traíamos de Cempoal miraron y cayeron en ello, que no era cosa acostumbrada estar de día ni de noche nuestros enemigos en el real sin propósito ninguno, y que cierto eran espías, y tomaron dellos más sospecha porque cuando fuimos a lo del pueblezuelo Zumpancingo, dijeron dos viejos de aquel pueblo a los de Cempoal, que estaba apercibido Xicotencatl con muchos guerreros para dar en nuestro real de noche de manera que no fuesen sentidos, y los de Cempoal entonces tuviéronlo por burla y cosa de fieros, y por no saberlo muy de cierto no se lo habían dicho a Cortés; y súpolo luego doña Marina, y ella lo dijo a Cortés; y para saber la verdad mandó Cortés apartar dos de los tlaxcaltecas que parecían más hombres de bien, y confesaron que eran espías de Xicotencatl, y todo a la fin que venían; y Cortés les mandó soltar, y tomamos otros dos, y ni más ni menos confesaron que eran espías; y tomáronse otros dos ni más ni menos, y más dijeron, que estaba su capitán Xicotencatl aguardando la respuesta para dar aquella noche con todas sus capitanías en nosotros; y como Cortés lo hubo entendido, lo hizo saber en todo el real para que estuviésemos muy alerta, creyendo que había de venir, como lo tenían concertado; y luego mandó prender hasta diecisiete indios de aquellas espías, y dellos se cortaron las manos y a otros los dedos pulgares, y los enviamos a su capitán Xicotencatl, y se les dijo que por el atrevimiento de venir de aquella manera se les ha hecho ahora aquel castigo, y digan que venga cuando quisiere, de día o de noche; que allí le aguardaríamos dos días, y que si dentro de los dos días no viniese, que lo iríamos a buscar a su real; y que ya hubiéramos ido a les dar guerra y matarles, sino porque los queremos mucho; y que no sean más locos, y vengan de paz. Y como fueron aquellos indios de las manos cortadas y dedos, en aquel instante dicen que Xicotencatl quería salir de su real con todos sus poderes para dar sobre nosotros de noche, como lo tenían concertado; y como vio ir a sus espías de aquella manera, se maravilló y preguntó la causa dello, y le contaron todo lo acaecido, y desde entonces perdió el brío y soberbia; y demás desto, ya se le había ido del real una capitanía con toda su gente, con quien había tenido contienda y bandos en las batallas pasadas. Dejemos esto aquí, y pasemos adelante.

Capítulo LXXI. Cómo vinieron a nuestro real los cuatro principales que habían enviado a tratar paces, y el razonamiento que hicieron, y lo que más pasó
Estando en nuestro real sin saber que habían de venir de paz, puesto que la deseábamos en gran manera, y estábamos entendiendo en aderezar armas y en hacer saetas, y cada uno en lo que había menester para en cosas de la guerra; en este instante vino uno de nuestros corredores del campo a gran prisa, y dijo que por el camino principal de Tlaxcala vienen muchos indios e indias con cargas, y que sin torcer por el camino, vienen hacia nuestro real, y que el otro su compañero de a caballo, corredor del campo, está atalayando para ver a qué parte van; y estando en esto llegó el otro su compañero de a caballo, y dijo que muy cerca de allí venían derechos donde estábamos, y que de rato en rato hacían paradillas; y Cortés y todos nosotros nos alegramos con aquellas nuevas, porque creímos cierto ser de paz, como lo fue, y mandó Cortés que no se hiciese alboroto ni sentimiento, y que disimulados nos estuviésemos en nuestras chozas; y luego, de todas aquellas gentes que venían con las cargas se adelantaron cuatro principales que traían cargo de entender en las paces, como les fue mandado por los caciques viejos; y haciendo señas de paz, que era abajar la cabeza se vinieron derechos a la choza y aposento de Cortés, y pusieron la mano en el suelo y besaron la tierra, e hicieron tres reverencias y quemaron sus

copales, y dijeron que todos los caciques de Tlaxcala y vasallos y aliados, y amigos y confederados suyos, se vienen a meter debajo de la amistad y paces de Cortés y de todos sus hermanos los teules que consigo estaban, y que los perdone por que no han salido de paz y por la guerra que nos han dado, porque creyeron y tuvieron por cierto que éramos amigos de Moctezuma y sus mexicanos, los cuales son sus enemigos mortales de tiempos muy antiguos, porque vieron que venían con nosotros en nuestra compañía muchos de sus vasallos que le dan tributos; y que con engaño y traiciones les querían entrar en su tierra, como lo tenían de costumbre, para llevar robados sus hijos y mujeres, y que por esta causa no creían a los mensajeros que les enviábamos, y demás desto dijeron que los primeros indios que nos salieron a dar guerra así como enteramos en sus tierras, que no fue por su mandado y consejo, sino por los chontales y otomíes, que son gentes como monteses y sin razón; y que como vieron que éramos tan pocos, que creyeron de tomarnos a manos y llevarnos presos a sus señores y ganar gracias con ello, y que ahora vienen a demandar perdón de su atrevimiento, y que cada día traerán más bastimento del que allí traían, y que lo recibamos con el amor que lo envían, y que de allí a dos días vendrá el capitán Xicotencatl con otros caciques, y dará más relación de la buena voluntad que toda Tlaxcala tiene de nuestra buena amistad. Y luego que hubieron acabado su razonamiento bajaron sus cabezas y pusieron las manos en el suelo y besaron la tierra; y luego Cortés les habló con nuestras lenguas con gravedad e hizo del enojado, y dijo que, puesto que había causas para no los oír ni tener amistad con ellos, porque desde que entramos por su tierra les enviamos a demandar paces y les envió a decir que los quería favorecer contra sus enemigos los de México, y no lo quisieron creer y querían matar nuestros embajadores, y no contentos con aquello, nos dieron guerra tres veces, y de noche, que tenían espías y asechanzas sobre nosotros, y en las guerras que nos daban les pudiéramos matar muchos de sus vasallos; «y no quise, y que los que murieron me pesa por ello, que ellos dieron causa a ello»; y que tenía determinado de ir adonde están los caciques viejos a darles guerra; que pues ahora vienen de paz de parte de aquella provincia, que él los recibe en nombre de nuestro rey y señor, y les agradece el bastimento que traen; y les mandó que luego fuesen a sus señores a les decir vengan o envíen a tratar las paces con más certificación; y si no vienen, que iríamos a su pueblo a les dar guerra; y les mandó dar cuentas azules para que diesen a los caciques en señal de paz; y se les amonestó que cuando viniesen a nuestro real fuese de día, y no de noche, porque los mataríamos; y luego se fueron aquellos cuatro principales mensajeros, y dejaron en unas casas de indios algo apartadas de nuestro real las indias que traían para hacer pan, y gallinas y todo servicio, y veinte indios que les traían agua y leña, y desde allí adelante nos traían muy bien de comer; y cuando aquello vimos, y nos pareció que eran verdaderas las paces, dimos muchas gracias a Dios por ello; y vinieron en tiempo que ya estábamos tan flacos y trabajados y descontentos con las guerras, sin saber el fin que habría dellas, cual se puede colegir. Y en los capítulos pasados dice el cronista Gómara que Cortés se subió en unas peñas, y que vio al pueblo de Zumpancingo; digo que estaba junto a nuestro real, que harto ciego era el soldado que lo quería ver y no lo veía muy claro. También dice que se le querían amotinar y rebelar los soldados, y dice otras cosas que yo no las quiero escribir, porque es gastar palabras, porque dice que lo sabe por información. Digo que capitán nunca fue tan obedecido en el mundo, según adelante lo verán; que tal por pensamiento no pasé a ningún soldado desde que entramos en tierra adentro, sino fue cuando lo de los arenales, y las palabras que le decían en el capítulo pasado era por vía de aconsejarle y porque les parecía que eran bien dichas, y no por otra vía, porque siempre le siguieron muy bien y lealmente; y no es mucho que en los ejércitos algunos buenos soldados aconsejen a su capitán, y más si se ven tan trabajados como nosotros andábamos; y quien viera su Historia lo que dice, creerá que es verdad, según lo refiere con tanta elocuencia, siendo muy contrario de lo que pasó. Y dejarlo he aquí, y diré lo que más adelante nos avino con unos mensajeros que envió el gran Moctezuma.

Capítulo LXXII. Cómo vinieron a nuestro real embajadores de Moctezuma, gran señor de México, y del presente que trajeron
Como nuestro señor Dios, por su gran misericordia, fue servido darnos victoria de aquellas batallas de Tlaxcala, voló nuestra fama por todas aquellas comarcas, y fue a oídos del gran Moctezuma a la gran ciudad de México,

y si antes nos tenían por teules, que son como sus ídolos, de allí adelante nos tenían en muy mayor reputación y por fuertes guerreros; y puso espanto en toda la tierra como, siendo nosotros tan pocos y los tlaxcaltecas de muy grandes poderes, los vencimos, y ahora enviarnos a demandar paz. Por manera que Moctezuma, gran señor de México, de muy bueno que era, o temió nuestra ida a su ciudad, despachó cinco principales hombres de mucha cuenta a Tlaxcala y a nuestro real para darnos el bien venido, y a decir que se había holgado mucho de nuestra gran victoria y que hubimos contra tantos escuadrones de guerreros, y envió un presente, obra de 1.000 pesos de oro, en joyas muy ricas y de muchas maneras labradas, y veinte cargas de ropa fina de algodón, y envió a decir que se holgaba porque estábamos ya cerca de su ciudad, por la buena voluntad que tenía a Cortés y a todos los teules sus hermanos que con él estábamos, que así nos llamaba, y que viese cuánto quería de tributo cada año para nuestro gran emperador, que lo dará en oro, plata y joyas y ropa, con tal que no fuésemos a México; y esto que no lo hacía porque no fuésemos, que de muy buena voluntad nos acogiera, sino por ser la tierra estéril y fragosa, y que le pesaría de nuestro trabajo si nos lo viese pasar, y que por ventura que no lo podía remediar tan bien como querría. Cortés le respondió y dijo que le tenía en merced la voluntad que mostraba y el presente que envió, y el ofrecimiento de dar a su majestad el tributo que decía; y luego rogó a los mensajeros que no se fuesen hasta ir a la cabecera de Tlaxcala, y que allí los despacharía, porque viese en lo que paraba aquello de la guerra; y no les quiso dar luego la respuesta porque estaba purgado del día antes, y purgóse con unas manzanillas que hay en la isla de Cuba, y son muy buenas para quien sabe cómo se han de tomar. Dejaré esta materia, y diré lo que más en nuestro real pasó.

Capítulo LXXIII. Cómo vino Xicotencatl, capitán general de Tlaxcala; a entender en las paces, y lo que dijo, y lo que nos avino

Estando platicando Cortés con los embajadores de Moctezuma, como dicho habemos, y quería reposar porque estaba malo de calenturas y purgado de otro día antes, viénenle a decir que venía el capitán Xicotencatl con muchos caciques y capitanes, y que traen cubiertas mantas blancas y coloradas, digo la mitad de las mantas blancas y la otra mitad coloradas, que era su divisa y librea, y muy de paz, y traía consigo hasta cincuenta hombres principales que le acompañaban; y llegado al aposento de Cortés, le hizo muy grande acato en sus reverencias, como entre ellos se usa, y mandó quemar mucho copal y Cortés con gran amor le mandó sentar cabe sí; y dijo el Xicotencatl que él venía de parte de su padre y de Mase Escaci, y de todos los caciques y república de Tlaxcala, a rogarle que los admitiese a nuestra amistad; y que venía a dar la obediencia a nuestro rey y señor, y a demandar perdón por haber tomado armas y habernos dado guerra; y que si lo hicieron, que fue por no saber quién éramos, porque tuvieron por cierto que veníamos de la parte de su enemigo Moctezuma; que como muchas veces suelen tener astucias y mañas para entrar en sus tierras y robarles y saquearles, que así creyeron que lo quería hacer ahora; y que por esta causa procuraron de defender sus personas y patria, y fue forzado pelear; y que ellos eran muy pobres, que no alcanzan oro ni plata, ni piedras ricas ni ropa de algodón, ni aun sal para comer, porque Moctezuma no les da lugar a ello para salir a buscarlo; y que si sus antepasados tenía algún oro o piedras de valor, que al Moctezuma se los habían dado cuando algunas veces hacían paces o treguas porque no los destruyesen, y esto en los tiempos muy atrás pasados; y porque al presente no tienen que dar, que los perdone, que su pobreza era causa dello, y no la buena voluntad; y dio muchas quejas de Moctezuma y de sus aliados, que todos eran contra ellos y les daban guerra, puesto que se habían defendido muy bien; y que ahora quisiera hacer lo mismo contra nosotros, y no pudieron, aunque se habían juntado tres veces con todos sus guerreros, y que éramos invencibles; y que como conocieron esto de nuestras personas, que quieren ser nuestros amigos, y vasallos del gran señor emperador don Carlos, porque tienen por cierto que con nuestra compañía serían siempre guardadas y amparadas sus personas, mujeres e hijos, y no estarán siempre con sobresalto de los traidores mexicanos; y dijo otras muchas palabras de ofrecimientos con sus personas y ciudad. Era este Xicotencatl alto de cuerpo y de grande espalda y bien hecho, y la cara tenía larga y como hoyosa y robusta, y era de hasta treinta y cinco años, y en el parecer mostraba en su persona gravedad; y Cortés le dio las gracias muy cumplidas con halagos que le mostró, y dijo que él los recibía por tales vasallos de nuestro rey y señor y amigos nuestros; y luego dijo el Xicotencatl que nos rogaba fuésemos a su ciudad, porque estaban todos los caciques viejos y papas aguardándonos con mucho regocijo; y Cortés le respondió que él iría presto, y que luego fuera, sino porque estaba entendiendo en negocios del gran Moctezuma, y como despache aquellos mensajeros, que él será allá; y tornó Cortés a decir algo más áspero y con gravedad de las guerras que nos habían dado de día y de noche; y que pues ya no puede haber enmienda en ello, que se lo perdona, y que miren que las paces que ahora les damos que sean firmes y no haya mudamiento, porque si otra cosa hacen, que los matará y destruirá a su ciudad, y que no aguardasen otras palabras de paces, sino de guerra. Y como aquello oyó el Xicotencatl y todos los principales que con él venían, respondieron a una que serían firmes y verdaderas, y que para ello quedaban todos en rehenes; y pasaron otras pláticas de Cortés a Xicotencatl y de todos los demás principales, y se les dieron unas cuentas verdes y azules para su padre y para él y los demás caciques, y les mandó que dijesen que iría presto a su ciudad. Y a todas estas pláticas y ofrecimientos que he dicho estaban presentes los embajadores mexicanos, de lo cual les pesó en gran manera de las paces, porque bien entendieron que por ellas no les había de venir bien ninguno. Y desque se hubo despedido el Xicotencatl, dijeron a Cortés los embajadores de Moctezuma, medio riendo, que si creía algo de aquellos ofrecimientos y paces que habían hecho de parte de toda Tlaxcala, que todo era burla y que no los creyesen, que eran palabras muy de traidores y engañosas; que lo hacían para que desque nos tuviesen en su ciudad en parte donde nos pudiesen tomar a salvo darnos guerra y matarnos; y que tuviésemos en la memoria cuántas veces nos había venido con todos sus poderes a matar, y cómo no pudieron, y fueron dellos muchos muertos y otros heridos, que se querían ahora vengar con demandas y paz fingida. Y Cortés respondió con semblante muy esforzado, y dijo que no se le daba nada porque tuviesen tal pensamiento como decía; y ya que todo fuese verdad, que él se holgaría dello para castigarles con quitarles las vidas, y que eso se le da que den guerra de día que de noche, ni que sea en el campo que en la ciudad; que en tanto tenía lo uno como lo otro; y para ver si es verdad, que por esta causa determina de ir allá. Y viendo aquellos embajadores su determinación, rogándole que aguardásemos allí en nuestro real seis días, porque querían enviar dos de sus compañeros a su señor Moctezuma, y que vendrían dentro de los seis días con respuesta; y Cortés se lo prometió, lo uno porque, como he dicho, estaba con calenturas, y lo otro, como aquellos embajadores le dijeron aquellas palabras, puesto que hizo semblante no hacer caso dellas, miró que si por ventura serían verdad, hasta ver más certidumbre en las paces, porque eran tales, que había que pensar en ellas; y como en aquella sazón vio que había venido de paz, y en todo el camino por donde venimos de nuestra Villarrica de la Veracruz eran los pueblos nuestros amigos y confederados, escribió Cortés a Juan de Escalante, que ya he dicho que quedó en la villa para acabar de hacer la fortaleza y por capitán de obra de sesenta soldados viejos y dolientes que allí quedaron; en las cuales cartas les hizo saber las grandes mercedes que nuestro señor Jesucristo nos ha hecho en las batallas que hubimos, en las victorias y rencuentros desde que entramos en la provincia de Tlaxcala, donde ahora han venido de paz, y que todos diesen gracias a Dios por ello; y que mirasen que siempre favoreciesen a los pueblos totonaques, nuestros amigos, y que le enviasen luego en posta dos botijes de vino que había dejado soterradas en cierta parte señalada de su aposento, y asimismo trajeron hostias de las que habíamos traído de la isla de Cuba, porque las que trajimos de aquella entrada ya se habían acabado. En las cuales cartas dice que hubieron mucho placer en la villa, y escribió el Escalante lo que allí había sucedido, y todo vino muy presto; y en aquellos días en nuestro real pusimos una cruz muy suntuosa y alta, y mandó Cortés a los indios de Zumpancingo y a los de las casas que estaban junto de nuestro real que encalasen un cu y estuviese bien aderezado. Dejemos de escribir desto, y volvamos a nuestros nuevos amigos los caciques de Tlaxcala, que como vieron que no íbamos a su pueblo, ellos venían a nuestro real con gallinas y tunas, que era tiempo dellas, y cada día traían el bastimiento que tenían en su casa, y con buena voluntad nos lo daban, sin que quisiesen tomar por ello cosa ninguna aunque se lo dábamos, y siempre rogando a Cortés que se fuese luego con ellos a su ciudad; y como estábamos aguardando a los mexicanos los seis días, como les prometió, con palabras blandas les detenía; y luego, cumplido el plazo que habían dicho, vinieron de México seis principales, hombres de mucha estima, y trajeron un rico presente que envió el gran Moctezuma, que fueron más de 3.000 pesos de oro en ricas joyas de diversas maneras, y doscientas piezas de ropa de mantas muy ricas de pluma y de otras labores, y dijeron a Cortés cuando lo presentaron, que su señor Moctezuma se huelga de nuestra buena andanza, y que le ruega muy ahincadamente que ni en bueno ni malo no fuese con los de Tlaxcala a su pueblo ni se confiase dellos, porque son muy pobres, que una manta buena de algodón no alcanza; y que por saber que el Moctezuma nos tiene por amigos y nos envía aquel oro y joyas y mantas, lo procurarán de robar muy mejor; y Cortés recibió con alegría aquel presente, y dijo que se lo tenía en merced y que él lo pagaría al señor Moctezuma en buenas obras; y que si se sintiese que los tlaxcaltecas les pasase por el pensamiento lo que Moctezuma les enviaba a avisar, que se lo pagaría con quitarles todos las vidas, y que él sabe muy cierto que no harán villanía ninguna, y que todavía quiere ir a ver lo que hacen. Y estando en estas razones vienen otros muchos mensajeros de Tlaxcala a decir a Cortés cómo vienen cerca de allí todos los caciques viejos de la cabecera de toda la provincia a nuestros ranchos y chozas a ver a Cortés y a todos nosotros para llevarnos a su ciudad; y como Cortés lo supo, rogó a los embajadores mexicanos que aguardasen tres días por los despachos para su señor, porque tenía al presente que hablar y despachar sobre la guerra pasada y paces que ahora tratan; y ellos dijeron que aguardarían. Y lo que los caciques viejos dijeron a Cortés se dirá adelante.

Capítulo LXXIV. Cómo vinieron a nuestro real los caciques viejos de Tlaxcala a rogar a Cortés y a todos nosotros que luego nos fuésemos con ellos a su ciudad, y lo que sobre ello pasó
Como los caciques viejos de Tlaxcala vieron que no íbamos a su ciudad, acordaron de venir en andas, y otros en hamacas y a cuestas, y otros a pie, los cuales eran los por mí ya nombrados, que se decían Mase Escaci, Xicotencatl, el viejo y ciego, y Guaxocingo, Chichimecatecle y Tecapaneca de Tepeyanco; los cuales llegaron a nuestro real con otra gran compañía de principales, y con gran acato hicieron a Cortés y a todos nosotros tres

reverencias, y quemaron copal y tocaron las manos en el suelo y besaron la tierra; y el Xicotencatl, el viejo, comenzó de hablar a Cortés desta manera, y díjole: «Malinche, Malinche, muchas veces te hemos enviado a rogar que nos perdones porque salimos de guerra, y ya te enviamos a dar nuestro descargo, que fue por defendernos del malo de Moctezuma y sus grandes poderes, porque creímos que eras de su bando y confederados; y si supiéramos lo que ahora sabemos, no digo yo saliros a recibir a los caminos con muchos bastimientos, sino tenéroslos barridos, y aun fuéramos por vosotros a la mar donde teníades vuestros acales (que son navíos); y pues ya nos habéis perdonado, lo que ahora os venimos a rogar yo y todos estos caciques es, que vayáis luego con nosotros a nuestra ciudad, y allí os daremos de lo que tuviéremos, y os serviremos con nuestras personas y hacienda; y mirad, Malinche, no hagas otra cosa, sino luego nos vamos; y porque tememos que por ventura te habrán dicho esos mexicanos algunas cosas de falsedades y mentiras de las que suelen decir de nosotros, no los creas ni los oigas; que en todo son falsos, y tenemos entendido que por causa dellos no has querido ir a nuestra ciudad». Y Cortés respondió con alegre semblante, y dijo que bien sabía, desde muchos años antes que a estas sus tierras viniésemos, como eran buenos, y que deso se maravilló cuando nos salieron de guerra, y que los mexicanos que allí estaban aguardaban respuesta para su señor Moctezuma; y a lo que decían que fuésemos luego a su ciudad, y por el bastimiento que siempre traían y otros cumplimientos, que se lo agradecía mucho y lo pagaría en buenas obras; y que ya se hubiera ido si tuviera quien nos llevase los tepuzques, que son las bombardas; y como oyeron aquella palabra sintieron tanto placer, que en los rostros se conoció, y dijeron: «Pues cómo, ¿por esto has estado, y no lo has dicho?». Y en menos de media hora traen sobre quinientos indios de carga, y otro día muy de mañana comenzamos a marchar camino de la cabecera de Tlaxcala con mucho concierto, así de la artillería como de los caballos y escopetas y ballesteros, y todos los demás, según lo teníamos de costumbre; y había rogado Cortés a los mensajeros de Moctezuma que se fuesen con nosotros para ver en qué paraba lo de Tlaxcala, y desde allí les despacharía, y que en su aposento estarían porque no recibiesen ningún deshonor; porque, según dijeron, temíanse de los tlaxcaltecas.

Antes que más pase adelante quiero decir cómo en todos los pueblos por donde pasamos, o en otros donde tenían noticia de nosotros, llamaban a Cortés Malinche; y así, le nombraré de aquí adelante Malinche en todas las pláticas que tuviéremos con cualesquier indios, así desta provincia como de la ciudad de México, y no le nombraré Cortés sino en parte que convenga; y la causa de haberle puesto aqueste nombre es que, como doña Marina, nuestra lengua, estaba siempre en su compañía, especialmente cuando venían embajadores o pláticas de caciques, y ella lo declaraba en lengua mexicana, por esta causa le llamaban a Cortés el capitán de Marina, y para más breve le llamaron Malinche; y también se le quedó este nombre a un Juan Pérez de Arteaga, vecino de la Puebla, por causa que siempre andaba con doña Marina y con Jerónimo de Aguilar deprendiendo la lengua, y a esta causa le llamaban Juan Pérez Malinche, que renombre de Arteaga de obra de dos años a esta parte lo sabemos. He querido traer esto a la memoria, aunque no había para qué, porque se entienda el nombre de Cortés de aquí adelante, que se dice Malinche; y también quiero decir que, como entramos en tierra de Tlaxcala hasta que fuimos a su ciudad se pasaron veinticuatro días, y entramos en ella a 23 de septiembre de 1519 años; y vamos a otro capítulo, y diré lo que allí nos avino.

Capítulo LXXV. Cómo fuimos a la ciudad de Tlaxcala, y lo que los caciques viejos hicieron, de un presente que nos dieron, y cómo trajeron sus hijas y sobrinas, y lo que más pasó
Como los caciques vieron que comenzaba a ir nuestro fardaje camino de su ciudad, luego se fueron adelante para mandar que todo estuviese aparejado para nos recibir y para tener los aposentos muy enramados; y ya que llegábamos a un cuarto de legua de la ciudad, sálennos a recibir los mismos caciques que se habían adelantado, y traen consigo sus hijas y sobrinas y muchos principales, cada parentela y bando y parcialidad por sí; porque en Tlaxcala había cuatro parcialidades, sin las de Tecapaneca, señor de Topeyanco, que eran cinco; y también vinieron de todos los lugares sus sujetos, y traían sus libreas diferenciadas, que aunque eran de henequén, eran muy primas y de buenas labores y pinturas, porque algodón no lo alcanzaban; y luego vinieron los papas de toda la provincia, que había

muchos por los grandes adoratorios que tenían, que ya he dicho que entre ellos se llama cues, que son donde tienen sus ídolos y sacrifican; y traían aquellos papas braseros con brasas, y con sus inciensos zahumando a todos nosotros, y traían vestidos algunos dellos ropas muy largas a manera de sobrepellices, y eran blancas, y traían capillas en ellos, como que querían parecer a las que traen los canónigos, como ya lo tengo dicho, y los cabellos muy largos y enredados, que no se pueden desparcir si no se cortan, y llenos de sangre que les salían de las orejas, que en aquel día se habían sacrificado; y abajaban las cabezas como amanera de humildad cuando nos vieron, y traían las uñas de los dedos de las manos muy largas: y oímos decir que aquellos papas tenían por religiosos y de buena vida; y junto a Cortés se allegaron muchos principales acompañándole; y como entramos en lo poblado no cabían por las calles y azoteas, de tantos indios e indias que nos salían a ver con rostros muy alegres, y trajeron obra de veinte piñas hechas de muchas rosas de la tierra, diferenciadas las colores y de buenos olores, y las dieron a Cortés y a los demás soldados que les parecían capitanes, especial a los de a caballo; y como llegamos a unos buenos patios adonde estaban los aposentos, tomaron luego por la mano a Cortés, Xicotencatl «el viejo» y Mase

Escaci, y le meten en los aposentos, y allí tenían aparejado para cada uno de nosotros a su usanza unas camillas de esteras y mantas de henequén; y también se aposentaron los amigos que traíamos de Cempoal y de Zocotlan cerca de nosotros; y mandó Cortés que los mensajeros del gran Moctezuma se aposentasen junto con su aposento; y puesto que estábamos en tierra que veíamos claramente que estaban de buenas voluntades y muy de paz, no nos descuidamos de estar muy apercibidos, según teníamos de costumbre; y parece ser que nuestro capitán, a quien cabía el cuarto de poner corredores del campo y espías y velas, dijo a Cortés: «Parece, señor, que están muy de paz, y no habemos menester tanta guardia ni estar tan recatados como solemos». «Mirad, señores, bien veo lo que decís; mas por la buena costumbre hemos de estar apercibidos, aunque sean muy buenos, no habemos de creer en su paz, sino como si nos quisiesen dar guerra y los viésemos venir a encontrar con nosotros; que muchos capitanes por se confiar y descuidar fueron desbaratados, especialmente nosotros, como somos tan pocos, y habiéndonos enviado a avisar el gran Moctezuma, puesto que sea fingido, y no verdad, hemos de estar muy alerta.» Dejemos de hablar de tantos cumplimientos y orden como teníamos en nuestras velas y guardias, y volvamos a decir cómo Xicotencatl «el viejo» y Mase Escaci, que eran grandes caciques, se enojaron mucho con Cortés, y le dijeron con nuestras lenguas: «Malinche, o tú nos tienes por enemigo o no; muestras obras en lo que te vemos hacer, que no tienes confianza de nuestras personas y en las paces que nos has dado y nosotros a ti; y esto te decimos porque vemos que, así os veláis y venís por los caminos apercibidos, como cuando veníais a encontrar con nuestros escuadrones; y esto, Malinche, creemos que lo haces por las traiciones y maldades que los mexicanos te han dicho en secreto para que estés mal con nosotros: mira no los creas; que ya aquí estás y te daremos todo lo que quieres, hasta nuestras personas e hijos, y moriremos por vosotros; por eso demanda en rehenes todo lo que quisieres y fuere tu voluntad». Y Cortés y todos nosotros estábamos espantados de la gracia y amor con que lo decían; y Cortés les respondió con doña Marina que así lo tiene creído, y que no ha menester rehenes, sino ver sus muy buenas voluntades; y que en cuanto a venir apercibidos, que siempre lo teníamos de costumbre y que no lo tuviesen a mal; y por todos los ofrecimientos se lo tenía en merced y se lo pagaría el tiempo andando. Y pasadas estas pláticas, vienen otros principales con gran aparato de gallinas y pan de maíz y tunas, y otras cosas de legumbres que había en la tierra, y abastecen el real muy cumplidamente, que en veinte días que allí estuvimos todo lo hubo sobrado; y entramos en esta ciudad a 23 días del mes de septiembre de 1519 años y quedaráse aquí, y diré lo que más pasó.

Capítulo LXXVI. Cómo se dijo misa estando presentes muchos caciques y de un presente que trajeron los caciques viejos
Otro día de mañana mandó Cortés que se pusiese un altar para que se dijese misa, porque ya teníamos vino y hostias; la cual misa dijo el clérigo Juan Díaz, porque el podre de la Merced estaba con calenturas y muy flaco, y estando presente Mase Escaci y el viejo Xicotencatl y otros caciques; y acabada la misa, Cortés se entró en su aposento, y con él parte de los soldados que le solíamos acompañar, y también los dos caciques viejos y nuestras

lenguas, y díjole el Xicotencatl que le querían traer un presente, y Cortés les mostraba mucho amor, y les dijo que cuando quisiesen; y luego tendieron unas esteras, y una manta encima, y trajeron seis o siete pecezuelos de oro y piedras de poco valor, y ciertas cargas de ropa de henequén, que toda era muy pobre que no valía 20 pesos; y cuando lo daban, dijeron aquellos caciques riendo: «Malinche, bien creemos que como es poco eso que te damos, no lo recibirás con buena voluntad; ya te hemos enviado a decir que somos pobres, y que no tenemos oro ni ningunas riquezas, y la causa dello es que esos traidores y malos de los mexicanos y Moctezuma, que ahora es señor, nos lo han sacado todo cuanto solíamos tener por paces y treguas, que les demandábamos porque no nos diesen guerra; y no mires que es poco valor, sino recíbelo con buena voluntad, como cosa de amigos y servidores que te seremos»; y entonces también trajeron aparte mucho bastimento. Cortés lo recibió con alegría, y les dijo que en más tenía aquello por ser de su mano y con la voluntad que se lo daban, que si le trajeran otros una casa llena de oro en granos, y que así lo recibe, y les mostró mucho amor; y parece ser tenían concertado entre todos los caciques de darnos sus hijas y sobrinas, las más hermosas que tenían, que fuesen doncellas por casar; y dijo el viejo Xicotencatl: «Malinche, porque más claramente conozcáis el bien que os queremos, y deseamos en todo contentaros, nosotros os queremos dar nuestras hijas para que sean vuestras mujeres y hagáis generación, porque queremos teneros por hermanos, pues sois tan buenos y esforzados. Yo tengo una hija muy hermosa, y no ha sido casada, y quiérola para vos»; y asimismo Mase Escaci y todos los más caciques dijeron que traerían sus hijas y que las recibiésemos por mujeres, y dijeron otros muchos ofrecimientos, y en todo el día no se quitaban así el Mase Escaci como el Xicotencatl, de cabe Cortés; y como era ciego, de viejo, el Xicotencatl, con la mano aten taba a Cortés en la cabeza y en las barbas y rostro, y se la traía por todo el cuerpo; y Cortés les respondió a lo de las mujeres, que él y todos nosotros se lo teníamos en merced, y que en buenas obras se lo pagaríamos el tiempo andando; y estaba allí presente el padre de la Merced, y Cortés le dijo: «Señor padre, paréceme que será ahora bien que demos un tiento a estos caciques para que dejen sus ídolos y no sacrifiquen, porque harán cualquier cosa que les mandáremos, por causa del gran temor que tienen a los mexicanos»; y el fraile dijo: «Señor, bien es; pero dejémoslo hasta que traigan las hijas, y entonces habrá materia para ello, y dirá vuesa merced que no las quiere recibir hasta que prometa de no sacrificar: si aprovechare, bien; si no, haremos lo que somos obligados»; y así quedó para otro día, y lo que se hizo se dirá adelante.

Capítulo LXXVII. Cómo trajeron las hijas a presentar a Cortés y a todos nosotros, y lo que sobre ello se hizo
Otro día vinieron los mismos caciques viejos, y traje ron cinco indias hermosas, doncellas y mozas, y para ser indias eran de buen parecer y bien ataviadas, y traían para cada india otra moza para su servicio, y todas eran hijas de caciques, y dijo Xicotencatl a Cortés: «Malinche, ésta es mi hija, y no ha sido casada, que es doncella; tomadla para vos»; la cual le dio por la mano, y las demás que las diese a los capitanes; y Cortés se lo agradeció, y con buen semblante que mostró dijo que él las recibía y tomaba por suyas, y que ahora al presente que las tuviesen en su poder sus padres; y preguntaron los mismos caciques que por qué causa no las tomábamos ahora; y Cortés respondió: «Porque quiero hacer primero lo que manda Dios nuestro señor; que es en el que creemos y adoramos, y a lo que me envió el rey nuestro señor, que es que quiten sus ídolos, que no sacrifiquen ni maten más hombres, ni hagan otras torpedades malas que suelen hacer, y crean en lo que nosotros creemos, que es en un solo Dios verdadero»; y se les dijo otras muchas cosas tocantes a nuestra santa fe; y verdaderamente fueron muy bien declaradas, porque doña Marina y Aguilar, nuestras lenguas, estaban ya tan expertas en ello, que se les daba a entender muy bien; y se les mostró una imagen de nuestra señora con su hijo precioso en los brazos, y se les dio a entender cómo aquella imagen es figura como la de nuestra señora, que se dice Santa María, que están en los altos cielos, y es la madre de nuestro señor, que es el aquel niño Jesús que tiene en los brazos, y que le concibió por gracia del Espíritu Santo, quedando virgen antes del parto y en el parto y después del parto; y aquesta gran señora ruega por nosotros a su hijo precioso, que es nuestro Dios y señor; y les dijo otras muchas cosas que se convenían decir sobre nuestra santa fe, y si quieren ser nuestros hermanos y tener amistad verdadera con nosotros; y para

que con mejor voluntad tomásemos aquellas sus hijas, para tenerlas, como dicen, por mujeres, que luego dejen sus malos ídolos, y crean y adoren en nuestro señor Dios, que es el que nosotros creemos y adoramos, y verán cuánto bien les irá; porque, demás de tener salud y buenos temporales, sus cosas se les harán prósperamente, y cuando se mueran irán sus ánimas a los cielos a gozar de la gloria perdurable; y que si hacen los sacrificios que suelen hacer a aquellos sus ídolos, que son diablos, les llevarían a los infiernos, donde para siempre jamás arderán en vivas llamas. Y porque en otros razonamientos se les había dicho otras cosas acerca de que dejasen los ídolos, en esta plática no se les dijo más, y lo que respondieron a todo es que dijeron: «Malinche, ya te hemos entendido antes de ahora; y bien creemos que ese vuestro Dios y esa gran señora, que son muy buenos; mas mira: ahora venistes a estas nuestras tierras y casas; el tiempo andando entenderemos muy más claramente vuestras cosas, y veremos cómo son, y haremos lo que sea bueno. ¿Cómo quieres que dejemos nuestros teules, que desde muchos años nuestros antepasados tienen por dioses y les han adorado y sacrificado? Y ya que nosotros, que somos viejos, por te complacer lo quisiésemos hacer, ¿qué dirán todos nuestros papas y todos los vecinos mozos y niños desta provincia, sino levantarse contra nosotros? Especialmente que los papas han ya hablado con nuestros teules, y les respondieron que no los olvidásemos en sacrificios de hombres y en todo lo que de antes solíamos hacer; si no, que a toda esta provincia destruirían con hambres, pestilencias y guerra»; así que, dijeron y dieron por respuesta que no curásemos más de les hablar en aquella cosa, porque no los habían de dejar de sacrificar aunque los matasen. Y desque vimos aquella respuesta, que la daban tan de veras y sin temor, dijo el padre de la Merced, que era entendido y teólogo: «Señor, no cure vuesa merced de más les importunar sobre esto, que no es justo que por fuerza les hagamos ser cristianos, y aun lo que hicimos en Cempoal en derrocarles sus ídolos, no quisiera yo que se hiciera hasta que tengan conocimiento de nuestra santa fe; ¿qué aprovecha quitarles ahora sus ídolos de un cu y adoratorio, si los pasan luego a otros? Bien es que vayan sintiendo nuestras amonestaciones, que son santas y buenas, para que conozcan adelante los buenos consejos que les damos»; y también le hablaron a Cortés tres caballeros que fueron Pedro de Alvarado y

Juan Velázquez de León y Francisco de Lugo, y dijeron a Cortés: «Muy bien dice el padre, y vuesa merced con lo que ha hecho cumple, y no se toque más a estos caciques sobre el caso»; y así se hizo. Lo que les mandamos con ruegos fue, que luego desembarazasen un cu que estaba allí cerca y era nuevamente hecho, y quitasen unos ídolos, y lo encalasen y limpiasen para poner en él una cruz y la imagen de nuestra señora; lo cual luego lo hicieron, y en él se dijo misa y se bautizaron aquellas cacicas, y se puso nombre a la hija del Xicotencatl doña Luisa, y Cortés la tomó por la mano, y se la dio a Pedro de Alvarado, y dijo a Xicotencatl que aquel a quien la daba era su hermano y su capitán, y que lo hubiese por bien, porque sería de él muy bien tratada, y el Xicotencatl recibió contentamiento dello; y la hija o sobrina de Mase Escaci se puso nombre doña Elvira, y era muy hermosa; y paréceme que la dio a Juan Velázquez de León; y las demás se pusieron sus nombres de pila, y todas con dones, y Cortés las dio a Cristóbal de Olí y a Gonzalo de Sandoval y a Alonso de Ávila; y después desto hecho se les declaró a qué fin se pusieron dos cruces, y que era porque tienen temor dellas sus ídolos, y que a do quiera que estábamos de asiento o dormíamos se ponen en los caminos; y a todo esto estaban muy atentos. Antes que más pase adelante, quiero decir cómo de aquella cacica hija de Xicotencatl, que se llamó doña Luisa, que se la dio a Pedro de Alvarado, que así como se la dieron, toda la mayor parte de Tlaxcala la acataba y le daban presentes y la tenían por su señora, y della hubo el Pedro de Alvarado, siendo soltero, un hijo que se dijo don Pedro, y una hija que se dice doña Leonor, mujer que ahora es de don Francisco de la Cueva, buen caballero, primo del duque de Alburquerque, y ha habido en ella cuatro o cinco hijos muy buenos caballeros, y aquesta señora doña Leonor es tan excelente señora, en fin como hija de tal padre, que fue comendador de Santiago, adelantado y gobernador de Guatemala, y por la parte de Xicotencatl gran señor de Tlaxcala, que era como rey. Dejemos estas relaciones y volvamos a Cortés, que se informó de aquestos caciques y les preguntó muy por entero de las cosas de México, y lo que sobre ello dijeron en esto que diré.

Capítulo LXXVIII. Cómo Cortés preguntó a Mase Escaci y a Xicotencatl por las cosas de México, y lo que en la relación dijeron

Luego Cortés apartó aquellos caciques, y les preguntó muy por extenso las cosas de México; y Xicotencatl, como era más avisado y gran señor, tomó la mano a hablar, y de cuando en cuando le ayudaba Mase Escaci, que también era gran señor, y dijeron que tenía Moctezuma tan grandes poderes de gente de guerra, que cuando quería tomar un gran pueblo o hacer un asalto en una provincia, que ponía en campo cien mil hombres, y que esto que lo tenía bien experimentado por las guerras y enemistades pasadas que con ellos tienen de más de cien años; y Cortés le dijo: «Pues con tanto guerrero como decís que venían sobre vosotros, ¿cómo nunca os acabaron de vencer?». Y respondieron que, puesto que algunas veces les desbarataban y mataban, y llevaban muchos de sus vasallos para sacrificar, que también de los contrarios quedaban en el campo muchos muertos y otros presos, y que no venían tan encubiertos, que dello no tuviesen noticia, y cuando lo sabían, que se apercibían con todos sus poderes, y con ayuda de los de Guaxocingo se defendían y ofendían; y que, como todas las provincias y pueblos que ha robado Moctezuma y puesto debajo de su dominio estaban muy mal con los mexicanos, y traían dellos por fuerza a la guerra, no pelean de buena voluntad; antes de los mismos tenían avisos, y que a esta causa les defendían sus tierras lo mejor que podían, y que donde más mal les había venido a la continua es de una ciudad muy grande que está de allí andadura de un día, que se dice Cholula, que son grandes traidores, y que allí metía Moctezuma secretamente sus capitanías; y como estaban cerca, de noche, hacían salto, y más dijo Mase Escaci, que tenía Moctezuma en todas las provincias puestas guarniciones de muchos guerreros, sin los muchos que sacaba de la ciudad, y que todas aquellas provincias le tributan oro y plata, y plumas, y piedras y ropa de mantas y algodón, e indios e indias para sacrificar, y otros para servir; y que es tan gran señor, que todo lo que quiere tiene, y que las casas en que vive tiene llenas de riquezas y piedras chalchihuites, que han robado y tomado por fuerza a quien no se lo da de grado, y que todas las riquezas de la tierra están en su poder; y luego contaron del gran servicio de su casa, que era para nunca acabar si lo hubiese aquí de decir, pues de las muchas mujeres que tenía, y cómo casaba algunas dellas, de todo daban relación; y luego dicen de la gran fortaleza de su ciudad, de la manera que es la laguna, y la hondura del agua, y de las calzadas que hay por donde han de entrar en la ciudad, y las puentes de madera que tienen en cada calzada, y cómo entra y sale por el estrecho de abertura que hay en cada puente, y cómo en alzando cualquier dellas se pueden quedar aislados entre puente y puente sin entrar en su ciudad; y cómo está toda la mayor parte de la ciudad poblada dentro en la laguna, y no se puede pasar de casa en casa si no es por unas puentes elevadizas que tienen hechas, o en canoas, y todas las casas son de azoteas, y en las azoteas tienen hecho como a maneras de mamparos, y pueden pelear desde encima dellas, y la manera como se provee la ciudad de agua dulce desde una fuente que se dice Chapultepec, que está de la ciudad obra de media legua, y va el agua por unos edficios, y llega en parte que con canoas la llevan a vender por las calles; y luego contaron de la manera de las armas, que eran varas de a dos gajos, que tiraban con tiraderas, que pasan cualesquier armas, y muchos buenos flecheros, y otros con lanzas de pedernales que tienen una braza de cuchilla, hechas de arte que cortan más que navajas, y rodelas y armas de algodón, y muchos honderos con piedras rollizas y otras lanzas muy largas y espadas de a dos manos de navajas, y trajeron pintados en unos paños grandes de henequén las batallas que con ellos habían habido y la manera de pelear. Y como nuestro capitán y todos nosotros estábamos ya informados de todo lo que decían aquellos caciques, estorbó la plática y metiólos en otra más honda, y fue que cómo ellos habían venido a poblar aquella tierra, y de qué partes vinieron, que tan diferentes y enemigos eran de los mexicanos, siendo tan cerca unas tierras de otras; y dijeron que les habían dicho sus antecesores que en los tiempos pasados que había allí entre ellos poblados hombres y mujeres muy altos de cuerpo y de grandes huesos, que porque eran muy malos y de malas maneras, que los mataron peleando con ellos, y otros que, quedaban se murieron; y para que viésemos qué tamaños y altos cuerpos tenían, trajeron un hueso o zancarrón de uno dellos, y era muy grueso, el altor del tamaño como un hombre de razonable estatura; y aquel zancarrón era desde la rodilla hasta la cadera; yo me medí con él, y tenía tan gran altor como yo, puesto que soy de razonable cuerpo; y trajeron otros pedazos de huesos como el primero, mas estaban ya comidos y deshechos de la tierra; y todos nos espantamos de ver aquellos zancarrones, y tuvimos por cierto haber habido gigantes en esta tierra; y nuestro capitán Cortés nos dijo que sería bien enviar aquel gran hueso a Castilla para que lo viese su majestad, y así lo enviamos con los primeros procuradores que fueron; también dijeron aquellos mismos caciques, que sabían de aquellos sus antecesores que les había dicho su ídolo en quien ellos tenían mucha devoción, que vendrían hombres de las partes de hacia donde sale el Sol y de lejanas tierras a les sojuzgar y señorear; que si somos nosotros, holgarán dello, que pues tan esforzados y buenos somos; y cuando trataron las paces se les acordó desto que les había dicho su ídolo, que por aquella causa nos dan sus hijas, para tener parientes que les defiendan de los mexicanos; y cuando acabaron su razonamiento, todos quedamos espantados, y decíamos si por ventura dicen verdad; y luego nuestro capitán Cortés les replicó, y dijo que ciertamente veníamos de hacia donde sale el Sol, y que por esta causa nos envió el rey nuestro señor a tenerlos por hermanos, porque tiene noticia dellos, y que plegue a Dios nos dé gracia para que por nuestras manos e intercesión se salven; y dijimos todos: «Amén». Hartos estarán ya los caballeros que esto leyeren de oír razonamientos y pláticas de nosotros a los de Tlaxcala, y ellos a nosotros; querría acabar, y por fuerza me he de detener en otras cosas que con ellos pasamos; y es que el volcán que está cabe Guaxocingo echaba en aquella sazón que estábamos en Tlaxcala mucho fuego, más que otras veces solía echar; de lo cual nuestro capitán Cortés y todos nosotros, como no habíamos visto tal, nos admiramos dello; y un capitán de los nuestros, que se decía Diego de Ordás, tomóle codicia de ir a ver qué cosa era, y demandó licencia a nuestro general para subir en él; la cual licencia le dio, y aún de hecho se lo mandó; y llevó consigo dos de nuestros soldados y ciertos indios principales de Guaxocingo, y los principales que consigo llevaba poníanle temor con decirle que cuando estuviese a medio camino de Popocatepeque, que así se llamaba aquel volcán, no podría sufrir el temblor de la tierra ni llamas y piedras y ceniza que de él sale o que ellos no se atreverían a subir más de hasta donde tienen unos cues de ídolos, que llaman de teules de Popocatepeque; y todavía el Diego de Ordás con sus dos compañeros fue su camino hasta llegar arriba, y los indios que iban en su compañía se le quedaron en lo bajo; después el Ordás y los dos soldados vieron al subir que comenzó el volcán de echar grandes llamaradas de fuego y piedras medio quemadas y livianas y mucha ceniza, y que temblaba toda aquella sierra y montaña adonde está el volcán, y estuvieron quedos sin dar más paso adelante hasta de allí a una hora, que sintieron que había pasado aquella llamarada y que no echaba tanta ceniza ni humo, y subieron hasta la boca, que era muy redonda y ancha, y que había en el anchor un cuarto de legua, y que desde allí se parecía la gran ciudad de México y toda la laguna y todos los pueblos que están en ella poblados; y está este volcán de México obra de doce o trece leguas; y después de bien visto, muy gozoso el Ordás, y admirado de haber visto a México y sus ciudades, volvió a Tlaxcala con sus compañeros, y los indios de Guaxocingo y los de Tlaxcala se lo tuvieron a mucho atrevimiento, y cuando la contaban al capitán Cortés y a todos nosotros, como en aquella sazón no habíamos visto ni oído, como ahora, que sabemos lo que es, y han subido encima de la boca muchos españoles y aun frailes franciscanos, nos admirábamos entonces dello; y cuando fue Diego de Ordás a Castilla lo demandó por armas a su majestad, y así las tiene ahora un su sobrino Ordás que vive en la Puebla; y después acá desque estamos en esta tierra no le habemos visto echar tanto fuego ni con tanto ruido como al principio, y aun estuvo ciertos años que no echaba fuego, hasta el año de 1539 que echó muy grandes llamas y piedras y ceniza. Dejemos de contar del volcán, que ahora, que sabemos qué cosa es y habemos visto otros volcanes, como los de Nicaragua, y los de Guatemala, se podían haber callado los de Guaxocingo sin poner en relación, y diré cómo hallamos en este pueblo de Tlaxcala casas de madera hechas de redes, y llenas de indios e indias que tenían dentro encarcelados y a cebo hasta que estuviesen gordos para comer y sacrificar; las cuales cárceles les quebramos y deshicimos para que se fuesen los presos que en ellas estaban, y los tristes indios no osaban de ir a cabo ninguno, sino estarse allí con nosotros, y así escaparon las vidas; y dende en adelante en todos los pueblos que entrábamos, lo primero que mandaba nuestro capitán era quebrarles las tales cárceles y echar fuera los prisioneros, y comúnmente en todas estas tierras las tenían; y como Cortés y todos nosotros vimos aquella gran crueldad, mostró tener mucho enojo de los caciques de Tlaxcala, y se lo riñó bien enojado, y prometieron desde allí adelante que no matarían ni comerían de aquella manera más indios. Dije yo que qué aprovechaban aquellos prometimientos, que en volviendo la cabeza hacían las mismas crueldades. Y dejémoslo así, y digamos cómo ordenamos de ir a México.

Capítulo LXXIX. Cómo acordó nuestro capitán Hernando Cortés con todos nuestros capitanes y soldados que fuésemos a México, y lo que sobre ello pasó
Viendo nuestro capitán que había diecisiete días que estábamos holgando en Tlaxcala, y oíamos decir de las grandes riquezas de Moctezuma y su próspera ciudad, acordó tomar consejo con todos nuestros capitanes y soldados de quien sentía que le tenían buena voluntad, para ir adelante, y fue acordado que con brevedad fuese nuestra partida; y sobre este camino hubo en el real muchas pláticas de disconformidad, porque decían unos soldados que era cosa muy temerosa irnos a meter en tan fuerte ciudad siendo nosotros tan pocos, y decían de los grandes poderes de Moctezuma. Cortés respondió que ya no podíamos hacer otra cosa porque siempre nuestra demanda y apellido fue ver al Moctezuma, y que por demás eran ya otros consejos; y viendo que tan determinadamente lo decía, y sintieron los del contrario parecer que muchos de los soldados ayudábamos a Cortés de buena voluntad con decir «adelante en buen hora», no hubo más contradicción; y los que andaban en estas pláticas contrarias eran de los que tenían en Cuba haciendas; que yo y otros pobres soldados ofrecido tenemos siempre nuestras ánimas a Dios, que las crió, y los cuerpos a heridas y trabajos hasta morir en servicio de nuestro señor y de su majestad. Pues viendo Xicotencatl y Mase Escaci, señores de Tlaxcala, que de hecho queríamos ir a México, desaváhales en el alma, y siempre estaban con Cortés avisándole que no curase de ir aquel camino, y que no se fiase poco ni mucho de Moctezuma ni de ningún mexicano, y que no se creyese de sus grandes reverencias ni de sus palabras tan humildes y llenas de cortesías, ni aun de cuantos presentes le ha enviado ni de otros ningunos ofrecimientos, que todos eran de atraidorados; que en una hora se lo tornarían a tomar cuanto le habían dado, y que de noche y de día se guardase muy

bien dellos porque tienen bien entendido que cuando más descuidados estuviésemos nos darían guerra, y que cuando peleáramos con ellos, que los que pudiésemos matar que no quedasen con las vidas, al mancebo porque no tome armas, al viejo porque no dé consejos; y le dieron otros muchos avisos. Y nuestro capitán les dijo que se lo agradecía el buen consejo, y les mostró mucho amor con ofrecimientos y dádivas que luego les dio al viejo Xicotencatl y al Mase Escaci y todos los demás caciques, y les dio mucha parte de la ropa fina de mantas que había presentado Moctezuma, y les dijo que sería bueno tratar paces entre ellos y los mexicanos, para que tuviesen amistad, y trajesen sal y algodón y otras mercaderías; y el Xicotencatl respondió que eran por demás las paces, y que su enemistad tienen siempre en los corazones arraigada, y que son tales los mexicanos, que so color de las paces les harán mayores traiciones, porque jamás mantienen verdad en cosa ninguna que prometen; y que no curase de hablar en ellas, sino que le tornaban a rogar que se guardase muy bien de no caer en manos de tan malas gentes; y estando platicando sobre el camino que habíamos de llevar para México, porque los embajadores de Moctezuma que estaban con nosotros, que iban por guías, decían que el mejor camino y más llano era por la ciudad de Cholula, por ser vasallos del gran Moctezuma, donde recibiríamos servicios, y a todos nosotros nos pareció bien que fuésemos a aquella ciudad; y los caciques de Tlaxcala, como entendieron que queríamos ir por donde nos encaminaban los mexicanos, se entristecieron, y tornáron a decir que en todo caso fuésemos por Guaxocingo, que eran sus parientes y nuestros amigos, y no por Cholula, porque en Cholula siempre tiene Moctezuma sus tratos dobles encubiertos; y por más que nos dijeron y aconsejaron que no entrásemos en aquella ciudad, siempre nuestro capitán, con nuestro consejo muy bien platicado, acordó de ir por Cholula; lo uno, porque decían todos que era grande población y muy bien torreada, y de altos y grandes cues, y en buen llano asentada, y verdaderamente de lejos parecía en aquella sazón a nuestra gran Valladolid de Castilla la Vieja; y lo otro, porque estaba en parte cercana de grandes poblaciones, y tener muchos bastimentos y tan a la mano a nuestros amigos los de Tlaxcala, y con intención de estarnos allí hasta ver de qué manera podríamos ir a México sin tener guerra, porque era de temer el gran poder de los mexicanos; si Dios nuestro señor primeramente no ponía su divina mano y misericordia, con que siempre nos ayudaba y nos daba esfuerzo, no podíamos entrar de otra manera. Y después de muchas pláticas y acuerdos, nuestro camino fue por Cholula; y luego Cortés mandó que fuesen mensajeros a les decir que cómo, estando tan cerca de nosotros, no nos enviaban a visitar y hacer aquel acato que son obligados a mensajeros, como somos, de tan gran rey y señor como es el que nos envió a notificar su salvación; y que los ruega que luego viniesen todos los caciques y papas de aquella ciudad a nos ver, y dar la obediencia a nuestro rey y señor; si no, que los tendría por de malas intenciones. Y estando diciendo esto, y otras cosas que convenía enviarles a decir sobre este caso, vinieron a hacer saber a Cortés cómo el gran Moctezuma enviaba cuatro embajadores con presentes de oro, porque jamás, a lo que habíamos visto, envió mensaje sin presentes de oro, y lo tenía por afrenta enviar mensajeros si no enviaba con ellos dádivas; y lo que dijeron aquellos mensajeros diré adelante.

Capítulo LXXX. Cómo el gran Moctezuma envió cuatro principales, hombres de mucha cuenta, con un presente de oro y mantas, y lo que dijeron, a nuestro capitán
Estando platicando Cortés con todos nosotros y con los caciques de Tlaxcala sobre nuestra partida y en las cosas de la guerra, viniéronle a decir que llegaron a aquel pueblo cuatro embajadores de Moctezuma, todos principales, y traían presentes; y Cortés les mandó llamar, y cuando llegaron donde estaba, hiciéronle grande acato, y a todos los soldados que allí nos hallamos; y presentando su presente de ricas joyas de oro y de muchos géneros de hechuras, que valían bien 10.000 pesos, y diez cargas de mantas de buenas labores de pluma, Cortés los recibió con buen semblante; y luego dijeron aquellos embajadores por parte de su señor Moctezuma que se maravillaba mucho de estar tantos días entre aquellas gentes pobres y sin policía, que aun para esclavos no son buenos, por ser tan malos y traidores y robadores, que cuando más descuidados estuviésemos, de día y de noche nos matarían por nos robar, y que nos rogaba que fuésemos luego a su ciudad y que nos daría de lo que tuviese, y aunque no tan cumplido como nosotros merecíamos y él deseaba; y que puesto que todas las vitua-

llas le entran en su ciudad de acarreo, que mandaría proveernos lo mejor que él pudiese. Aquesto hacía Moctezuma por sacarnos de Tlaxcala, porque supo que habíamos hecho las amistades que dicho tengo en el capítulo que dello habla, y para ser perfectas, habían dado sus hijas a Malinche; porque bien tuvieron entendido que no les podía venir bien ninguno de nuestras confederaciones, y a esta causa nos cebaba con oro y presentes para que fuésemos a sus tierras, a lo menos porque saliésemos de Tlaxcala. Volvamos a decir de los embajadores, que los conocieron bien los de Tlaxcala, y dijeron a nuestro capitán que todos eran señores de pueblos y vasallos, con quien Moctezuma enviaba a tratar cosas de mucha importancia. Cortés les dio muchas gracias a los embajadores, con grandes caricias y señales de amor que les mostró, y les dio por respuesta que él iría muy presto a ver al señor Moctezuma, y les rogó que estuviesen algunos días allí con nosotros, que en aquella sazón acordó Cortés que fuesen dos de nuestros capitanes, personas señaladas, a ver y hablar al gran Moctezuma, y ver la gran ciudad de México y sus grandes fuerzas y fortalezas, e iban ya camino Pedro de Alvarado y Bernardino Vázquez de Tapia, y quedaron en rehenes cuatro de aquellos embajadores que habían traído el presente, y otros embajadores del gran Moctezuma de los que solían estar con nosotros fueron en su compañía: porque en aquel tiempo yo estaba mal herido y con calenturas, y harto tenía que curarme, no me acuerdo bien hasta dónde llegaron; mas de que supimos que Cortés había enviado así a la ventura a aquellos caballeros, y se lo tuvimos a mal consejo y le retrajimos, y le dijimos que cómo enviaba a México no más de para ver la ciudad y sus fuerzas; que no era buen acuerdo, y que luego los fuesen a llamar que no pasasen más adelante; y les escribió que se volviesen luego. Demás desto, el Bernardino Vázquez de Tapia ya había adolecido en el camino de calenturas, y como vieron las cartas, se volvieron; y los embajadores con quien iban dieron relación dello a su Moctezuma, y les preguntó que qué manera de rostros y proporción de cuerpos llevaban los dos teules que iban a México, y si eran capitanes; y parece ser que les dijeron que el Pedro de Alvarado era de muy linda gracia, así en el rostro como en su persona, y que parecía como al Sol y que era capitán; y demás desto, se lo llevaron figurado muy al natural su dibujo y cara, y desde entonces le pusieron nombre el Tonatio, que quiere decir el

Sol, hijo del Sol, y así le llamaron de allí adelante; y el Bernardino Vázquez: de Tapia dijeron que era hombre robusto y de muy buena disposición, que también era capitán; y al Moctezuma le pesó porque se habían vuelto del camino. Y aquellos embajadores tuvieron razón de compararlos, así en los rostros como en el aspecto de las personas y cuerpos, como lo significaron a su señor Moctezuma; porque el Pedro de Alvarado era de muy buen cuerpo y ligero, y facciones y presencia, y así en el rostro como en el hablar en todo era agraciado, que parecía que estaba riendo, y el Bernardino Vázquez de Tapia era algo robusto, puesto que tenía buena presencia; y desque volvieron a nuestro real, nos holgamos con ellos, y les decíamos que no era cosa acertada lo que Cortés les mandaba. Y dejemos esta materia, pues no hace mucho a nuestra relación, y diré de los mensajeros que Cortés envió a Cholula, y la respuesta que enviaron.

Capítulo LXXXI. Cómo enviaron los de Cholula cuatro indios de poca valía a disculparse por no haber venido a Tlaxcala, y lo que sobre ello pasó
Ya he dicho en el capítulo pasado cómo envió nuestro capitán mensajeros a Cholula para que nos viniesen a ver a Tlaxcala; y los caciques de aquella ciudad, como entendieron lo que Cortés les mandaba, pareciéles que sería bien enviar cuatro indios de poca valía a disculparse y a decir que por estar malos no venían, y no trajeron bastimento ni otra cosa, sino así secamente dieron aquella respuesta; y cuando vinieron aquellos mensajeros estaban presentes los caciques de Tlaxcala, y dijeron a nuestro capitán que para hacer burla de él y de todos nosotros enviaban los de Cholula aquellos indios, que eran maceguales y de poca calidad. Por manera que Cortés les tornó a enviar luego con otros cuatro indios de Cempoal a decir que viniesen dentro de tres días hombres principales, pues estaban cuatro leguas de allí, y que si no venían, que los tendrían por rebeldes; y que cuando vengan, que les quiere decir cosas que les convienen para salvación de sus ánimas, y buena policía para su buen vivir, y tenerlos por amigos y hermanos, como son los de Tlaxcala, sus vecinos; y que si otra cosa acordaren, y no quieren nuestra amistad, que nosotros no por eso los procuraríamos de descomplacer ni enojarles. Y como oyeron aquella amorosa

embajada, respondieron que no habían de venir a Tlaxcala, porque son sus enemigos, porque saben que han dicho dellos y de su señor Moctezuma muchos males, y que vayamos a su ciudad y salgamos de los términos de Tlaxcala; y si no hicieren lo que deben, que los tengamos por tales como les enviamos a decir. Y viendo nuestro capitán que la excusa que decían era muy justa, acordamos de ir allá; y como los caciques de Tlaxcala vieron que determinadamente era nuestra ida por Cholula, dijeron a Cortés: «Pues que así quieres creer a los mexicanos, y no a nosotros, que somos tus amigos, ya te hemos dicho muchas veces que te guardes de los de Cholula y del poder de México; y para que mejor te puedas ayudar de nosotros, te tenemos aparejados diez mil hombres de guerra que vayan en vuestra compañía»; y Cortés dio muchas gracias por ello, y consultó con todos nosotros que no sería bueno que llevásemos tantos guerreros a tierra que habíamos de procurar amistades, y que sería bien que llevásemos dos mil, y éstos les demandó, y que los demás que se quedasen en sus casas. Y dejemos esta plática, y diré de nuestro camino.

Capítulo LXXXII. Cómo fuimos a la ciudad de Cholula, y del gran recibimiento que nos hicieron
Una mañana comenzamos a marchar por nuestro camino para la ciudad de Cholula, y íbamos con el mayor concierto que podíamos; porque, como otras veces he dicho, adonde esperábamos haber revueltas o guerras nos apercibíamos muy mejor, y aquel día fuimos a dormir a un río que pasa obra de una legua chica de Cholula, adonde está hecha ahora una puente de piedra, y allí nos hicieron unas chozas y ranchos; y esa noche enviaron los caciques de Cholula mensajeros, hombres principales, a darnos el parabién venidos a sus tierras, y trajeron bastimentos de gallinas y pan de su maíz, y dijeron que en la mañana vendrían todos los caciques y papas a nos recibir y a que les perdonasen porque no habían salido luego; y Cortés les dijo con nuestras lenguas doña Marina y Aguilar que se lo agradecía, así por el bastimento que traían como por la buena voluntad que mostraban; y allí dormimos aquella noche con buenas velas y escuchas y corredores del campo. Y como amaneció, comenzamos a caminar hacia la ciudad; y yendo por nuestro camino, ya cerca de la población nos salieron a recibir los caciques

y papas y otros muchos indios, y todos los más traían vestidas unas ropas de algodón de hechura de marlotas, como las traían los indios zapotecas; y esto digo a quien las ha visto y ha estado en aquella provincia, porque en aquella ciudad así se usan; y venían muy de paz y de buena voluntad, y los papas traían braseros con incienso, con que zahumaron a nuestro capitán y a los soldados que cerca de él nos hallamos. Y parece ser aquellos papas y principales, como vieron los indios tlaxcaltecas que con nosotros venían, dijéronselo a doña Marina que se lo dijese a Cortés, que no era bien que de aquella manera entrasen sus enemigos con armas en su ciudad; y como nuestro capitán lo entendió, mandó a los capitanes y soldados y el fardaje que parásemos; y como nos vio juntos y que no caminaba ninguno, dijo: «Paréceme, señores, que antes que entremos en Cholula que demos un tiento con buenas palabras a estos caciques y papas, y veamos qué es su voluntad; porque vienen murmurando destos nuestros amigos de Tlaxcala, y tienen mucha razón en lo que dicen; y con buenas palabras les quiero dar a entender la causa por que venimos a su ciudad. Y porque ya, señores, habéis entendido lo que nos han dicho los tlaxcaltecas, que son bulliciosos, será bien que por bien den la obediencia a su majestad, y esto me parece que conviene»; y luego mandó a doña Marina que llamase a los caciques y papas allí donde estaba, a caballo, y todos nosotros juntos con Cortés; y luego vinieron tres principales y dos papas, y dijeron: «Malinche, perdonadnos porque no fuimos a Tlaxcala a te ver y llevar comida, y no por falta de voluntad, sino porque son nuestros enemigos Mase Escaci y Xicotencatl y toda Tlaxcala; y porque han dicho muchos males de nosotros y del gran Moctezuma, nuestro señor, que no basta lo que han dicho, sino que ahora tengan atrevimiento con vuestro favor de venir con armas a nuestra ciudad»; y que le piden por merced que les mande volver a sus tierras, o a lo menos que se queden en el campo, y que no entren de aquella manera en su ciudad, y que nosotros que vayamos mucho en buena hora. Y como el capitán vio la razón que tenían, mandó luego a Pedro de Alvarado y al maestre de campo, que era Cristóbal de Olí, que rogasen a los tlaxcaltecas que allí en el campo hiciesen sus ranchos y chozas, y que no entrasen con nosotros sino los que llevaban la artillería y nuestros amigos los de Cempoal, y les dijesen la causa por que se mandaba, porque todos aquellos caciques y papas se temen dellos; y que cuando hubiéremos de pasar de Cholula para México que los enviaría a llamar, y que no lo hayan por enojo. Y como los de Cholula vieron lo que Cortés mandó, parecía que estaban más sosegados; y les comenzó Cortés a hacer un parlamento, diciendo que nuestro rey y señor, cuyos vasallos somos, tiene grandes poderes y tiene debajo de su mando a muchos grandes príncipes y caciques: y que nos envió a estas tierras a les notificar y mandar que no adoren ídolos, ni sacrifiquen hombres ni coman de sus carnes, ni hagan sodomías ni otras torpedades; y que por ser el camino por allí para México, adonde vamos hablar al gran Moctezuma, y por no haber otro más cercano, venimos por su ciudad, y también para tenerlos por hermanos; y que pues otros grandes caciques han dado la obediencia a su majestad, que será bien que ellos la den, como los demás. Y respondieron que aun no hemos entrado en su tierra y ya les mandamos dejar sus teules, que así llaman a sus ídolos, que no lo pueden hacer; y dar la obediencia a ese vuestro rey que decís, les place; y así, la dieron de palabra, y no ante escribano. Y esto hecho, luego comenzamos a marchar para la ciudad, y era tanta la gente que nos salía a ver, que las calles y azoteas estaban llenas; y no me maravillo dello, porque no habían visto hombres como nosotros, ni caballos; y nos llevaron a aposentar a unas grandes salas, en que estuvimos todos, y nuestros amigos los de Cempoal y los tlaxcaltecas que llevaron el fardaje, y nos dieron de comer aquel día y otro muy bien y abastadamente. Y quedarse ha aquí, y diré lo que más pasamos.

Capítulo LXXXIII. Cómo tenían concertado en esta ciudad de Cholula de nos matar por mandato de Moctezuma, y lo que sobre ello pasó

Habiéndonos recibido tan solemnemente como habemos dicho, y ciertamente de buena voluntad, sino que, según después pareció, envió a mandar Moctezuma a sus embajadores que con nosotros estaban, que tratasen con los de Cholula que con un escuadrón de veinte mil hombres que envió Moctezuma, que estuviesen apercibidos para en entrando en aquella ciudad, que todos nos diesen guerra, y de noche y de día nos acapillasen, y los que pudiesen llevar atados de nosotros a México, que se los llevasen; y con grandes prometimientos que les mandó, y muchas joyas y ropa que entonces les envió, y un atambor de oro; y a los papas de aquella ciudad que habían de tomar veinte de nosotros para hacer sacrificios a sus ídolos; pues ya todo concertado, y los guerreros que luego Moctezuma envió estaban en unos ranchos y arcabuezos obra de media legua de Cholula, y otros estaban ya dentro en las casas, y todos puestos a punto con sus armas, hechos mamparos en las azoteas, y en las calles hoyos y albarradas para que no pudiesen correr los caballos, y aun tenían unas casas llenas de varas largas y colleras de cueros, y cordeles con que nos habían de atar y llevarnos a México. Mejor hizo nuestro señor Dios, que todo se les volvió al revés; y dejémoslo ahora, y volvamos a decir que, así como nos aposentaron como dicho hemos, y nos dieron muy bien de comer los días primeros, y puesto que los veíamos que estaban muy de paz, no dejábamos siempre de estar muy apercibidos, por la buena costumbre que en ello teníamos, y al tercero día ni nos daban de comer ni parecía cacique ni papa; y si algunos indios nos venían a ver, estaban apartados, que no llegaban a nosotros, y riéndose como cosa de burla; y como aquello vio nuestro capitán, dijo a doña Marina y Aguilar, nuestras lenguas, que dijese a los embajadores del gran Moctezuma que allí estaban, que mandasen a los caciques traer de comer; y lo que traían era agua y leña y unos viejos que lo traían decían que no tenían maíz, y que en aquel día vinieron otros embajadores del Moctezuma, y se juntaron con los que estaban con nosotros, y dijeron muy desvergonzadamente y sin hacer acato que su señor les enviaba a decir que no fuésemos a su ciudad, porque no tenía qué darnos de comer, y que luego se querían volver a México con la respuesta; y como aquello vio Cortés, le pareció mal su plática, y con palabras blandas dijo a los embajadores que se maravillaba de tan gran señor como es Moctezuma, tener tantos acuerdos, y que les rogaba que no se fuesen, porque otro día se querían partir para verle y hacer lo que mandase, y aun me parece que les dio unos sartalejos de cuentas; y los embajadores dijeron que sí aguardarían; y hecho esto, nuestro capitán nos mandó juntar, y nos dijo: «Muy desconcertada veo esta gente, estemos muy alerta, que alguna maldad hay entre ellos»; y luego envió a llamar al cacique principal, que ya no se me acuerda cómo se llamaba, o que enviase algunos principales; y respondió que estaba malo y que no podía venir ni él ni ellos; y como aquello vio nuestro capitán, mandó que de un gran cu que estaba junto de nuestros aposentos le trajésemos dos papas con buenas razones, porque había muchos en él; trajimos dos dellos sin les hacer deshonor, y Cortés les mandó dar a cada uno un chalchihuite, que son muy estimados entre ellos, como esmeraldas, y les dijo con palabras amorosas, que por qué causa el cacique y principales y todos los demás papas están amedrentados, que los ha enviado a llamar y no habían querido venir; parece ser que el uno de aquellos papas era hombre muy principal entre ellos, y tenía cargo o mando en todos los más cues de aquella ciudad, que debía de ser a manera de obispo entre ellos, y le tenían gran acato; y dijo que los que son papas que no tenían temor de nosotros, que si el cacique y principales no han querido venir, que él iría a les llamar, y que como él les hable, que tiene creído que no harán otra cosa y que vendrán; y luego Cortés dijo que fuese en buen hora, y quedase su compañero allí aguardando hasta que viniesen; y fue aquel papa y llamó al cacique y principales, y luego vinieron juntamente con él al aposento de Cortés, y les preguntó con nuestras lenguas doña Marina y Aguilar, que por qué habían miedo y por qué causa no nos daban de comer, y que si reciben pena de nuestra estada en la ciudad, que otro día por la mañana nos queríamos partir para México a ver y hablar al señor Moctezuma, y que le tengan aparejados tamemes para llevar el fordaje y tepuzques, que son las bombardas; y también, que luego traigan comida; y el cacique estaba tan cortado, que no acertaba a hablar, y dijo que la comida que la buscarían; mas que su señor Moctezuma les ha enviado a mandar que no la diesen, ni quería que pasásemos de allí adelante; y estando en estas pláticas vinieron tres indios de los de Cempoal, nuestros amigos, y secretamente dijeron a Cortés que habían hallado junto adonde estábamos aposentados hechos hoyos en las calles y cubiertos con madera y tierra, que no mirando mucho en ello no se podría ver, y que quitaron la tierra de encima de un hoyo, que estaba lleno de estacas muy agudas para matar los caballos que corriesen, y que las azoteas que las tienen llenas de piedras y mamparos de adobes; y que ciertamente no estaban de buen arte, porque también hallaron albarradas de maderos gruesos en otra calle; y en aquel instante vinieron ocho indios tlaxcaltecas de los que dejamos en el campo, que no entraron en Cholula, y dijeron a Cortés: «Mira, Malinche, que esta ciudad está de mala manera, porque sabemos que esta noche han sacrificado a su ídolo, que es el de la guerra, siete personas, y los cinco dellos son niños, porque les de victoria contra vosotros; y también habemos visto que sacan todo el fardaje y mujeres y niños». Y como aquello oyó Cortés, luego los despachó para que fuesen a sus capitanes, los tlaxcaltecas: que estuviesen muy aparejados si los enviásemos a llamar, y tornó a hablar al cacique y papas y principales de Cholula que no tuviesen miedo ni anduviesen alterados, y que mirasen la obediencia que dieron, que no la quebrantasen, que les castigaría por ello; que ya les ha dicho que nos queremos ir por la mañana, que ha menester dos mil hombres de guerra de aquella ciudad que vayan con nosotros, como nos han dado los de Tlaxcala, porque en los caminos los habrá menester; y dijéronle que sí darían así los hombres de guerra como los del fardaje; y demandaron licencia para irse luego a los apercibir, y muy contentos se fueron, porque creyeron que con los guerreros que habían de dar y con las capitanías de Moctezuma que estaban en los arcabuezos y barrancas, que allí de muertos o presos no podríamos escapar, por causa que no podrían correr los caballos; y por ciertos mamparos y albarradas, que dieron luego por aviso a los que estaban en guarnición que hiciesen a manera de callejón que no pudiésemos pasar, y les avisaron que otro día habíamos de partir, y que estuviesen muy a punto todos, porque ellos darían dos mil hombres de guerra; y como fuésemos descuidados, que allí harían su presa los unos y los otros, y nos podían atar; y. que esto que lo tuviesen por cierto, porque ya habían hecho sacrificios a sus ídolos de guerra y les habían prometido la victoria. Y dejemos de hablar en ello, que pensaban que sería cierto; y volvamos a nuestro capitán, que quiso saber muy por extenso todo el concierto y lo que pasaba; y dijo a doña Marina que llevase más chalchihuites a los dos papas que había hablado. primero, pues no tenía miedo, y con palabras amorosas les dijese que les quería tornar a hablar Malinche, y que los trajese consigo; y la doña Marina fue y les habló de tal manera, que lo sabía muy bien hacer, y con dádivas vinieron luego con ella; y Cortés les dijo que dijesen la verdad de lo que supiesen, pues eran sacerdotes de ídolos y principales, que no habían de mentir; y que lo que dijesen, que no sería descubierto por vía ninguna, pues que otro día nos habíamos de partir, y que les daría mucha ropa. Y dijeron que la verdad es, que su señor Moctezuma supo que íbamos a aquella ciudad, y que cada día estaba en muchos acuerdos, y que no determinaba bien la cosa; y que unas veces les enviaba a mandar que si allá fuésemos que nos hiciesen mucha honra y nos encaminasen a su ciudad, y otras veces les enviaba a decir que ya no era su voluntad que fuésemos a México; y que ahora nuevamente le han aconsejado su Tezcatepuca y su Huichilobos, en quien ellos tienen gran devoción, que allí en Cholula los matasen, o llevasen atados a México. Y que había enviado el día antes veinte mil hombres de guerra, y la mitad están ya aquí dentro desta ciudad y la otra mitad están cerca de aquí entre unas quebradas, y que ya tienen aviso que os habéis de ir mañana, y de las albarradas que se mandaron hacer y de los dos mil guerreros que os habemos de dar, y cómo tenían ya hechos conciertos que habían de quedar veinte de nosotros para sacrificar a los ídolos de Cholula. Y sabido todo esto, Cortés les mandó dar mantas muy labradas, y les rogó que no le dijesen, porque si lo descubrían, que a la vuelta que volviésemos de México los matarían; y que se querían ir muy de mañana, y que hiciesen venir todos los caciques para hablarles, como dicho les tiene; y luego aquella noche tomó consejo Cortés de lo que habíamos de hacer, porque tenía muy extremados varones y de buenos consejos; y como en tales casos suele acaecer, unos decían que sería bien torcer el camino e irnos para Guaxocingo, otros decían que procurásemos haber paz por cualquier vía que pudiésemos, y que nos volviésemos a Tlaxcala; otros dimos parecer que si aquellas traiciones dejábamos pasar sin castigo, que en cualquiera parte nos tratarían otras peores, y pues que estábamos allí en aquel gran pueblo y habían hartos bastimentos, les diésemos guerra, porque más la sentirán en sus casas que no en el campo, y que luego apercibiésemos a los tlaxcaltecas que se hallasen en ello. Y a todos pareció bien este postrer acuerdo, y fue desta manera: que ya que les había dicho Cortés que nos habíamos de partir para otro día, que hiciésemos que liábamos nuestro hato, que era harto poco, y que en unos grandes patios que había donde posábamos, estaban con altas cercas, que diésemos en los indios de guerra, pues aquello era su merecido. Y que con los embajadores de Moctezuma disimulásemos, y les dijésemos que los malos de los cholultecas han querido hacer una traición y echar la culpa della a su señor Moctezuma, y a ellos mismos como sus embajadores; lo cual no creíamos que tal mandase hacer, y que les rogábamos que se estuvieran en el aposento de nuestro capitán, y no tuviesen más plática con los de aquella ciudad, porque no nos den que pensar que andan juntamente con ellos en las traiciones, y que se vayan con nosotros a México por guías; y respondieron que ellos ni su señor Moctezuma no saben cosa ninguna de lo que les dicen; y aunque no quisieron, les pusimos guardas porque no se fuesen sin licencia y porque no supiese Moctezuma que nosotros sabíamos que él era quien lo había mandado hacer; y aquella noche estuvimos muy apercibidos y armados, y los caballos ensillados y enfrenados, con grandes velas y rondas, que esto siempre lo teníamos de costumbre, porque tuvimos por cierto que todas las capitanías, así de mexicanos como de cholultecas, que aquella noche habían de dar sobre nosotros; y una india vieja, mujer de un cacique, como sabía el concierto y trama que tenían ordenado, vino secretamente a doña Marina, nuestra lengua, y como la vio moza y de buen parecer y rica, le dijo y aconsejó que se fuese con ella a su casa si quería escapar con vida, porque ciertamente aquella noche o otro día nos habían de matar a todos, porque ya estaba así mandado y concertado por el gran Moctezuma, para que entre los de aquella ciudad y los mexicanos se juntasen, y no quedase ninguno de nosotros a vida, o nos llevasen atados a México; y porque sabe esto, y por mancilla que tenía de la doña Marina, se lo venía a decir, y que tomase todo su hato y se fuese con ella a su casa, y que allí la casaría con un su hijo, hermano de otro mozo que traía la vieja, que la acompañaba. Y como lo entendió doña Marina, y en todo era muy avisada, le dijo: «¡Oh madre, qué mucho tengo que agradeceros eso que me decís! Yo me fuera ahora, sino que no tengo de quien fiarme para llevar mis mantas y joyas, que es mucho. Por vuestra vida, madre, que aguardéis un poco vos y vuestro hijo, y esta noche nos iremos; que ahora ya veis que estos teules están velando, y sentirnos han»; y la vieja creyó lo que la decía, y quedóse con ella platicando, y le preguntó que de qué manera nos había de matar, y cómo y cuándo se hizo el concierto; y la vieja se lo dijo ni más ni menos lo que habían dicho los dos papas; y respondió la doña Marina: «Pues ¿cómo siendo tan secreto ese negocio, lo alcanzastes vos a saber?». Dijo que su marido se lo había dicho, que es capitán de una parcialidad de aquella ciudad, y como tal capitán está ahora con la gente de guerra que tiene a cargo, dando orden para que se junten en las barrancas con los escuadrones del gran Moctezuma, y que cree estarán juntos esperando para cuando fuésemos, y que allí nos matarían; y que esto del concierto que lo sabía tres días había, porque de México enviaron a su marido un atambor dorado, y a otras tres capitanías también les envió ricas mantas y joyas de oro, porque nos llevasen a todos a su señor Moctezuma; y la doña Marina, como lo oyó, disimuló con la vieja, y dijo: «¡Oh cuánto me huelgo en saber que vuestro hijo con quien me queréis casar es persona principal! Mucho hemos estado hablando; no querría que nos sintiesen: por eso, madre, aguardad aquí, comenzaré a traer mi hacienda, porque no lo podré sacar todo junto; y vos y vuestro hijo, mi hermano, lo guardaréis, y luego nos podremos ir»; y la vieja todo se lo creía, y sentóse de reposo la vieja, ella y su hijo; y la doña Marina entra de presto donde estaba el capitán Cortés, y le dice todo lo que pasó con la india; la cual luego la mandó traer ante él, y la tornó a preguntar sobre las traiciones y conciertos, y le dijo ni más ni menos que los papas; y le pusieron guardas porque no se fuese. Y cuando amaneció era cosa de ver la prisa que traían los caciques y papas con los indios de guerra, con muchas risadas y muy contentos, como si ya nos tuvieran metidos en el garlito y redes; y trajeron más indios de guerra que les pedimos, que no cupieron en los patios, por muy grandes que son, que aun todavía se están sin deshacer por memoria de lo pasado; y por bien de mañana que vinieron los cholultecas con la gente de guerra, ya todos nosotros estábamos muy a punto para lo que se había de hacer, y los soldados de espada y rodela puestos a la puerta del gran patio para no dejar salir a ningún indio de los que estaban con armas, y nuestro capitán también estaba a caballo, acompañado de muchos soldados para su guarda; y cuando vio que tan de mañana habían venido los caciques y papas y gente de guerra, dijo: «¡Qué voluntad tienen estos traidores de vernos entre las barrancas para se hartar de nuestras carnes! Mejor lo hará nuestro señor»; y preguntó por los dos papas que habían descubierto el secreto, y le dijeron que estaban a la puerta del patio con otros caciques que querían entrar, y mandó Cortés a Aguilar, nuestra lengua, que les dijesen que se fuesen a sus casas, y que ahora no tenían necesidad dellos; y esto fue por causa que, pues nos hicieron buena obra, no recibiesen mal por ella, porque no los matasen. Y como Cortés estaba a caballo, y doña Marina junto a él, comenzó a decir a los caciques y papas que, sin hacerles enojo ninguno, a qué causa nos querían matar la noche pasada. Y que, si les hemos hecho o dicho cosa para que nos tratasen aquellas traiciones, más de amonestalles las cosas que a todos los más pueblos por donde hemos venido les decimos, que no sean malos ni sacrifiquen hombres, ni adoren sus ídolos ni coman las carnes de sus prójimos; que no sean sométicos y que tengan buena manera en su vivir, y decirles las cosas tocantes a nuestra santa fe, y esto sin apremialles en cosa ninguna; y a qué fin tienen ahora nuevamente aparejadas muchas varas largas y recias con colleras, y muchos cordeles en una casa junto al gran cu, y por qué han hecho de tres días acá albarradas en las calles y hoyos, y pertrechos en las azoteas, y por qué han sacado de su ciudad sus hijos y mujeres y hacienda; y que bien se ha parecido su mala voluntad y las traiciones, que no las pudieron encubrir, que aun de comer no nos daban, que por burla traían agua y leña, y decían que no había maíz; y que bien sabe que tienen cerca de allí en unas barrancas muchas capitanías de guerreros esperándonos, creyendo que habíamos de ir por aquel camino a México, para hacer la traición que tienen acordada, con otra mucha gente de guerra que esta noche se ha juntado con ellos; que pues en pago de que los venían a tener por hermanos y decirles lo que Dios nuestro señor y el rey manda, nos querían matar en comer nuestras carnes, que ya tenían aparejadas las ollas con sal y ají y tomates; que si esto querían hacer, que fuera mejor nos dieran guerra como esforzados y buenos guerreros en los campos, como hicieron sus vecinos los tlaxcaltecas; y que sabe por muy cierto lo que tenían concertado en aquella ciudad y aun prometido a su ídolo abogado de la guerra, y que le habían de sacrificar veinte de nosotros delante del ídolo, y tres noches antes ya pasadas que le sacrificaron siete indios porque les diese victoria, la cual les prometió; y como es malo y falso, no tiene ni tuvo poder contra nosotros; y que todas estas maldades y traiciones que han tratado y puesto por la obra, han de caer sobre ellos; y esta razón se lo decía doña Marina, y se lo daban muy bien a entender. Y como lo oyeron los papas y caciques y capitanes, dijeron que así es verdad lo que les dice, y que dello no tienen culpa, porque los embajadores de Moctezuma lo ordenaron por mandado de su señor. Entonces les dijo Cortés que tales traiciones como aquellas, que mandaban las leyes reales que no queden sin castigo, y que por su delito que han de morir; y luego mandó soltar una escopeta, que era la señal que teníamos apercibida para aquel efecto, y se les dio una mano que se les acordará para siempre, porque matamos muchos dellos, y otros se quemaron vivos, que no les aprovechó las promesas de sus falsos dioses; y no tardaron dos horas que no llegaron allí nuestros amigos los tlaxcaltecas que dejamos en el campo, como ya he dicho otra vez, y peleaban muy fuertemente en las calles, donde los cholultecas tenían otras capitanías defendiéndolas porque no les entrásemos, y de presto fueron desbaratadas, e iban por la ciudad robando y cautivando, que no los podíamos detener; y otro día vinieron otras capitanías de las poblaciones de Tlaxcala, y les hacían grandes daños, porque estaban muy mal con los de Cholula; y como aquello vimos, así Cortés como los demás capitanes y soldados, por mancilla que hubimos dellos, detuvimos a los tlaxcaltecas que no hiciesen más mal; y Cortés mandó a Pedro de Alvarado y a Cristóbal de Olí que le trajesen todas las capitanías de Tlaxcala para les hablar, y no tardaron de venir, y les mandó que recogiesen toda su gente y se estuviesen en el campo, y así lo hicieron, que no quedaron con nosotros sino los de Cempoal; y en aqueste instante vinieron ciertos caciques y papas cholultecas que eran de otros barrios, que no se hallaron en las traiciones, según ellos decían (que, como es gran ciudad, era bando y parcialidad por sí), y rogaron a Cortés y a todos nosotros que perdonásemos el enojo de las traiciones que nos tenían ordenadas, pues los traidores habían pagado con las vidas; y luego vinieron los dos papas amigos nuestros que nos descubrieron el secreto, y la vieja mujer del capitán que quería ser suegra de doña Marina (como ya he dicho otra vez), y todos rogaron a Cortés fuesen perdonados. Y Cortés cuando se lo decían mostró tener grande enojo, y mandó llamar a los embajadores de Moctezuma que estaban detenidos en nuestra compañía, y dijo que, puesto que toda aquella ciudad merecía ser asolada y que pagaran con las vidas, que teniendo respeto a su señor Moctezuma, cuyos vasallos son, los perdona, y que de allí adelante que sean buenos, y no les acontezca otra como la pasada, que morirán por ello. Y luego mandó llamar los caciques de Tlaxcala que estaban en el campo, y les dijo que volviesen los hombres y mujeres que habían cautivado, que bastaban los males que habían hecho. Y puesto que se les hacía de mal devolverlo, y decían que de muchos más danos eran merecedores por los traiciones que siempre de aquella ciudad han recibido, por mandarlo Cortés volvieron muchas personas; mas ellos quedaron desta vez ricos, así de oro y mantas, y algodón y sal y esclavos. Y demás desto, Cortés los hizo amigos con los de Cholula, que a lo que después vi y entendí, jamás quebraron las amistades; y más les mandó a todos los papas y caciques cholultecas que poblasen su ciudad y que hiciesen tiangues y mercados, y que no hubiesen temor, que no se les haría enojo ninguno; y respondieron que dentro en cinco días harían poblar toda la ciudad, porque en aquella sazón todos los más vecinos estaban remontados, y dijeron que tenían necesidad que Cortés les nombrase cacique, porque el que solía mandar fue uno de los que murieron en el patio. Y luego preguntó que a quién le venía cacicazgo, y dijeron que a un su hermano; al cual luego le señaló por gobernador, hasta que otra cosa fuese mandada. Y demás desto, desque vio la ciudad poblada y estaban seguros en sus mercados, mandó que se juntasen los papas y capitanes con los demás principales de aquella ciudad, y se les dio a entender muy claramente todas las cosas tocantes a nuestra santa fe, y que dejasen de adorar ídolos, y no sacrificasen ni comiesen carne humana, ni se robasen unos a otros, ni usasen las torpedades que solían usar, y que mirasen que sus ídolos los traen engañados, y que son malos y no dicen verdad, y que tuviesen memoria que cinco días había las mentiras que les prometieron que les darían victoria cuando sacrificaron las siete personas, y cómo cuanto dicen a los papas y a ellos es todo malo, y que les rogaba que luego los derrocasen e hiciesen pedazos, y si ellos no querían, que nosotros los quitaríamos, y que hiciesen encalar uno como humilladero, donde pusimos una cruz. Lo de la cruz luego lo hicieron, y respondieron que quitarían los ídolos; y puesto que se lo mandó muchas veces que los quitasen, lo dilataban. Y entonces dijo el padre de la Merced a Cortés que era por demás a los principios quitarles sus ídolos, hasta que van entendiendo más las cosas, y ver en qué paraba nuestra entrada en México, y el tiempo nos diría lo que habíamos de hacer, que al presente bastaban las amonestaciones que se les habían hecho, y ponerles la cruz. Dejaré de hablar desto, y diré cómo aquella ciudad está asentada en un llano y en parte y sitio donde están muchas poblaciones cercanas, que es Tepeaca, Tlaxcala, Chalco, Tecamachalco, Guaxocingo y otros muchos pueblos, que por ser tantos, aquí no los nombro; y es tierra de maíz y otras legumbres, y de mucho ají, y toda llena de magüeyales, que es de lo que hacen el vino, y hacen en ella muy buena loza de barro colorado y prieto y blanco, de diversas pinturas, y se bastece della México y todas las provincias comercanas, digamos ahora como en Castilla lo de Talavera o Palencia. Tenía aquella ciudad en aquel tiempo sobre cien torres muy altas, que eran cues y adoratorios donde estaban sus ídolos, especial el cu mayor era de más altor que el de México, puesto que era muy suntuoso y alto el cu mexicano, y tenía otros cien patios para el servicio de los cues; y según entendimos, había allí un ídolo muy grande, el nombre de él no me acuerdo, mas entre ellos tenía gran devoción y venían de muchas partes a le sacrificar, en tener como a manera de novenas, y le presentaban de las haciendas que tenían. Acuérdome que cuando en aquella ciudad entramos, que cuando vimos tan altas torres y blanquear, nos pareció al propio Valladolid. Dejemos de hablar desta ciudad y todo lo acaecido en ella, y digamos cómo los escuadrones que había enviado el gran Moctezuma, que estaban ya puestos entre los arcabuezos que están cabe Cholula, y tenían hechos mamparos y callejones para concertado, como ya otra vez he dicho; y como supieron lo acaecido, se vuelven más que de paso para México, y dan relación a su Moctezuma según y de la manera que todo pasó; y por presto que fueron, ya teníamos la nueva de dos principales que con nosotros estaban, que fueron en posta; y supimos muy de cierto que cuando lo supo Moctezuma que sintió gran dolor y enojo, y que luego sacrificó ciertos indios a su ídolo Huichilobos, que le tenían por dios de la guerra, porque les dijese en qué había de parar nuestra ida a México, o si nos dejaría entrar en su ciudad; y aun supimos que estuvo encerrado en sus devociones y sacrificios dos días, juntamente con diez papas los más principales, y hubo respuesta de aquellos ídolos que tenían por dioses, y fue que le aconsejaron que nos enviase mensajeros a disculpar de lo de Cholula, y que con muestras de paz nos deje entrar en México, y que estando dentro, con quitarnos la comida y agua, o alzar cualquiera de las puentes, nos mataría, y que en un día, si nos daba guerra, no quedaría ninguno de nosotros a vida, y que allí podría hacer sus sacrificios, así al Huichilobos, que les dio esta respuesta, como a Tezcatepuca, que tenían por dios del infierno, y tendrían hartazgos de nuestros muslos y piernas y brazos; y de las triplas y el cuerpo y todo lo demás hartarían las culebras y serpientes y tigres que tenían en unas casas de madera, como adelante diré en su tiempo y lugar. Dejemos de hablar de lo que Moctezuma sintió de lo sobredicho, y digamos cómo esta cosa o castigo de Cholula fue sabido en todas las provincias de la Nueva España. Y si de antes teníamos fama de esforzados, y habían sabido de la guerra de Potonchan y Tabasco y de Cingapacinga y lo de Tlaxcala, y nos llamaban teules, que es nombre como sus dioses o cosas malas, desde allí adelante nos tenían por adivinos, y decían que no se nos podría encubrir cosa ninguna mala que contra nosotros tratasen, que no lo supiésemos, y a esta causa nos mostraban buena voluntad. Y creo que estarán hartos los curiosos lectores de oír esta relación de Cholula, y ya quisiera haberla acabado de escribir. Y no puedo dejar de traer aquí a la memoria las redes de maderos gruesos que en ella hallamos; las cuales tenían llenas de indios y muchachos a cebo, para sacrificar y comer sus carnes; las cuales redes quebramos, y los indios que en ellas estaban presos les mandó Cortés que se fuesen adonde eran naturales, y con amenazas mandó a los capitanes y papas de aquella ciudad que no tuviesen más indios de aquella manera ni comiesen carne humana, y así lo prometieron. Mas ¿qué aprovechaban aquellos prometimientos que no los cumplían? Pasemos ya adelante, y digamos que aquéstas fueron las grandes crueldades que escribe y nunca acaba de decir el señor obispo de Chiapas, don fray Bartolomé de las Casas; porque afirma y dice que sin causa ninguna, sino por nuestro pasatiempo y porque se nos antojó, se hizo aquel castillo; y aun dícelo de arte en su libro a quien no lo vio ni lo sabe, que les hará creer que es así aquello y otras crueldades que escribe siendo todo al revés, y no pasó como lo escribe. Y también quiero decir que unos buenos religiosos franciscanos, que fueron los primeros frailes que su majestad envió a esta Nueva España después de ganado México, según adelante diré, fueron a Cholula para saber y pesquisar e inquirir y de qué manera pasó aquel castigo, y por qué causa, y la pesquisa que hicieron fue con los mismos papas y viejos de aquella ciudad; y después de bien sabido dellos mismos, hallaron ser ni más ni menos que en esta mi relación escribo; y si no se hiciera aquel castigo, nuestras vidas estaban en harto peligro, según los escuadrones y capitanías tenían de guerreros mexicanos y de los naturales de Cholula, y albarradas y pertrechos; que si allí por nuestra desdicha nos mataran, esta Nueva España no se ganara tan presto ni se atreviera a venir otra armada, y ya que viniera fuera con gran trabajo, porque les defendieran los puertos; y se estuvieran siempre en sus idolatrías. Yo he oído decir a un fraile francisco de buena vida, que se decía fray Toribio Motolinia, que si se pudiera excusar aquel castigo, y ellos no dieran causa a que se hiciese, que mejor fuera; mas ya que se hizo que fue bueno para que todos los indios de todas las provincias de la Nueva España viesen y conociesen que aquellos ídolos y todos los demás son malos y mentirosos, y que viendo que lo que les había prometido salió al revés, que perdieron la devoción que antes tenían con ellos, y que desde allí en adelante no le sacrificaban ni venían en romería de otras partes, como solían, y desde entonces no curaron más de él, y le quitaron del alto cu donde estaba, y lo escondieron o quebraron, que no pareció más, y en su lugar habían puesto otro ídolo. Dejémoslo ya, y diré lo que más adelante hicimos.

Capítulo LXXXIV. De ciertas pláticas y mensajeros que enviamos al gran Moctezuma

Como habían ya pasado catorce días que estábamos en Cholula, y no teníamos en que entender, y vimos que quedaba aquella ciudad muy poblada, y hacían mercados, y habíamos hecho amistades entre ellos y los de Tlaxcala, y les teníamos puesto una cruz y amonestádoles las cosas tocantes a nuestra santa fe, y veíamos que el gran Moctezuma enviaba a nuestro real espías encubiertamente a saber e inquirir qué era nuestra voluntad, y si habíamos de pasar adelante para ir a su ciudad, porque todo lo alcanzaba a saber muy enteramente por dos embajadores que estaban en nuestra compañía; acordó nuestro capitán de entrar en consejo con ciertos capitanes y algunos soldados que sabía que le tenían buena voluntad, y porque, además de ser muy esforzados, eran de buen consejo; porque ninguna cosa hacía sin primero tomar sobre ello nuestro parecer. Y fue acordado que blanda y amorosamente enviásemos a decir al gran Moctezuma que para cumplir con lo que nuestro rey y señor nos envió a estas partes, hemos pasado muchos mares y remotas tierras, solamente para le ver y decirle cosas que le serían muy provechosas cuando las haya entendido; que viniendo que veníamos camino de su ciudad, porque sus embajadores nos encaminaron por Cholula, que dijeron que eran sus vasallos; y que dos días, los primeros que en ella entramos, nos recibieron muy bien, y para otro día tenían ordenada una traición, con pensamiento de matarnos; y porque somos hombres que tenemos tal calidad, que no se nos puede encubrir cosa de trato ni traición ni maldad que contra nosotros quieran hacer, que luego no lo sepamos; y que por esta causa castigamos a algunos de los que querían ponerlo por obra. Y que porque supo que eran sus sujetos, teniendo respeto a su persona y a nuestra gran amistad, dejó de matar y asolar todos los que fueron en pensar en la traición. Y lo peor de todo es, que dijeron los papas y caciques que por consejo y mandado de él y de sus embajadores lo querían hacer; lo cual nunca creímos, que tan gran señor, como él es, tal mandase, especialmente habiéndose dado por nuestro amigo; y tenemos colegido de su persona que, ya que tan mal pensamiento sus ídolos le pusieron de darnos guerra, que sería en el campo; mas en tanto teníamos que pelease en campo como en poblado, que de día que de noche, porque los mataríamos a quien tal pensase hacer. Mas como lo tiene por grande amigo y le desea ver y hablar, luego nos partimos para su ciudad a darle cuenta muy por entero de lo que el rey nuestro señor nos mandó. Y como Moctezuma oyó esta embajada, y entendió que por lo de Cholula no le poníamos culpa, oímos decir que tomó a entrar con sus papas en ayunos y sacrificios que hicieron a sus ídolos, para que se tornase a ratificar que si nos dejaría entrar en su ciudad o no, y si se lo tornaba a mandar, como le había dicho otra vez. Y la respuesta que les tornó a dar fue como la primera, y que de hecho nos deje entrar, y que dentro nos mataría a su voluntad. Y más le aconsejaron sus capitanes y papas, que si ponía estorbo en la entrada, que le haríamos guerra en los pueblos sus sujetos, teniendo, como teníamos, por amigos a los tlaxcaltecas y todos los totonaques de la sierra, y otros pueblos que habían tomado nuestra amistad, y por excusar estos males que mejor y más sano consejo es el que les ha dado su Huichilobos. Dejemos de más decir de lo que Moctezuma tenía acordado, y diré lo que sobre ello hizo, y cómo acordamos de ir camino de México, y estando de partida llegaron mensajeros de Moctezuma con un presente, y lo que envió a decir.

Capítulo LXXXV. Cómo el gran Moctezuma envió un presente de oro, y lo que envió a decir, y cómo acordamos ir camino de México, y lo que más acaeció
Como el gran Moctezuma hubo tomado otra vez consejo con sus Huichilobos y papas y capitanes, y todos le aconsejaron que nos dejase entrar en su ciudad, y que allí nos matarían a su salvo. Y después que oyó las palabras que le enviamos a decir acerca de nuestra amistad, y también otras razones bravosas, como somos hombres que no se nos encubre traición que contra nosotros se trate, que no lo sepamos, y que en lo de la guerra, que eso se nos da que sea en el campo o en poblado, que de noche o de día, o de otra cualquier manera; y como habla entendido las guerras de Tlaxcala, y había sabido lo de Potonchan y Tabasco y Cingapacinga, y ahora lo de Cholula, estaba asombrado y aun temeroso; y después de muchos acuerdos que tuvo, envió seis principales con un presente de oro y joyas de mucha diversidad de hechuras, que valdría, a lo que juzgaban, sobre 2.000 pesos, y también envió ciertas cargas de mantas muy ricas de primeras labores; y cuando aquellos principales llegaron ante Cortés con el presente, besaron la tierra con la mano, y con gran acato, como entre ellos se usa, dijeron: «Malinche, nuestro señor el gran Moctezuma te envía este presente, y dice que lo recibas con el amor grande que te tiene y a todos vuestros hermanos, y que le pesa del enojo que les dieron los de Cholula, y quisiera que los castigara más en sus personas, que son malos y mentirosos, y que las maldades que ellos querían hacer, le echaban a él la culpa y a sus embajadores; y que tuviésemos que por muy cierto que era nuestro amigo, y que vayamos a su ciudad cuando quisiéremos, que puesto que él nos quiere hacer mucho honra, como a personas tan esforzadas y mensajeros de tan alto rey como decís que es, y porque no tiene que nos dar de comer, que a la ciudad se lleva todo el bastimento de acarreo, por estar en la laguna poblados, no lo podía hacer tan cumplidamente; mas que él procurará de hacernos toda la más honra que pudiere, y que por los

pueblos por donde habíamos de pasar, que él ha mandado que nos den lo que hubiéremos menester»; y dijo otros muchos cumplimientos de palabra. Y como Cortés lo entendió por nuestras lenguas, recibió aquel presente con muestras de amor, y abrazó a los mensajeros y les mandó dar ciertos diamantes torcidos; y todos nuestros capitanes y soldados nos alegramos con tan buenas nuevas, y mandarnos a que vayamos a su ciudad, porque de día en día lo estábamos deseando todos los más soldados, especial los que no dejábamos en la isla de Cuba bienes ningunos, y habíamos venido dos veces a descubrir primero que Cortés. Dejemos esto, y digamos cómo el capitán les dio buena respuesta y muy amorosa, y mandó que se quedasen tres mensajeros de los que vinieron con el presente, para que fuesen con nosotros por guías, y los otros tres volvieron con la respuesta a su señor, y le avisaron que ya íbamos camino. Y después que aquella nuestra partida entendieron los caciques mayores de Tlaxcala, que se decían Xicotencatl el viejo y ciego, y Mase Escaci, los cuales he nombrado otras veces, les pesó en el alma, y enviaron a decir a Cortés que ya le habían dicho muchas veces que mirase lo que hacía, y se guardase de entrar en tan grande ciudad, donde había tantas fuerzas y tanta multitud de guerreros; porque un día u otro nos darían guerra, y temían que no podríamos salir con las vidas; y por la buena voluntad que nos tienen, que ellos quieren enviar diez mil hombres con capitanes esforzados, que vayan con nosotros con bastimento para el camino. Cortés les agradeció mucho su buena voluntad, y les dijo que no era justo entrar en México con tanta copia de guerreros, especialmente siendo tan contrarios los unos de los otros; que solamente había menester mil hombres para llevar los tepuzques y fardajes y para adobar algunos caminos. Ya he dicho otra vez que tepuzques en estas partes dicen por los tiros, que son de hierro, que llevábamos; y luego despacharon los mil indios muy apercibidos; y ya que estábamos muy a punto para caminar, vinieron a Cortés los caciques y todos los más principales guerreros de Cempoal que andaban en nuestra compañía, y nos sirvieron muy bien y lealmente, y dijeron que se querían volver a Cempoal, y que no pasarían de Cholula adelante para ir a México porque cierto tenían que si allá iban, que habían de morir ellos y nosotros, y que el gran Moctezuma los mandaría matar, porque eran personas muy principales de los de Cempoal, que fueron en quitarle la obediencia para que no se diese tributo, y en aprisionar sus recaudadores cuando hubo la rebelión ya por mí otra vez escrita en esta relación. Y como Cortés les vio que con tanta voluntad le demandaban aquella licencia, les respondió con doña Marina y Aguilar que no hubiesen temor ninguno de que recibirían mal ni daño, y que, pues iban en nuestra compañía, que ¿quién había de ser osado a los enojar a ellos ni a nosotros? Y que les rogaba que mudasen su voluntad y que se quedasen con nosotros, y les prometió que les haría ricos; y por más que se lo rogó Cortes, y doña Marina se lo decía muy afectuosamente, nunca quisieron quedar, sino que se querían volver; y como aquello vio Cortés dijo: «Nunca Dios quiera que nosotros llevemos por fuerza a esos indios que tan bien nos han servido»; y mandó traer muchas cargas de mantas ricas, y se las repartió entre todos, y también envió al cacique gordo, nuestro amigo, señor de Cempoal, dos cargas de mantas para él y para su sobrino Cuesco, que así se llamaba otro gran cacique, y escribió al teniente Juan de Escalante, que dejábamos por capitán, y era en aquella sazón alguacil mayor, todo lo que nos había acaecido, y como ya íbamos camino de México, y que mirase muy bien por todos los vecinos, y se velase, que siempre estuviese de día y de noche con gran cuidado; que acabase de hacer la fortaleza; y que a los naturales de aquellos pueblos que los favoreciese contra mexicanos, y no les hiciese agravio, ni ningún soldado de los que con él estaban; y escritas estas cartas, y partidos los de Cempoal, comenzamos de ir nuestro camino muy apercibidos.

Capítulo LXXXVI. Cómo comenzamos a caminar para la ciudad de México, y de lo que en el camino nos avino, y lo que Moctezuma envió a decir
Así como salimos de Cholula con gran concierto, como lo teníamos de costumbre, los corredores del campo a caballo descubriendo la tierra, y peones muy sueltos juntamente con ellos, para si algún paso malo o embarazo hubiese se ayudasen los unos a los otros, y nuestros tiros muy a punto, y escopetas y ballesteros, y los de a caballo de tres en tres para que se ayudasen, y todos los demás soldados en gran concierto. No sé yo para que lo traigo a la memoria, sino que en las cosas de la guerra por fuerza hemos de hacer relación dello, para que se vea cual andábamos la barba

sobre el hombro. Y así caminando, llegamos aquel día a unos ranchos que están en una como sierrezuela, que es población de Guaxocingo, que me parece que se dicen los ranchos de Iscalpan, cuatro leguas de Cholula; y allí vinieron luego los caciques y papas de los pueblos de Guaxocingo, que estaban cerca, y eran amigos y confederados de los de Tlaxcala, y también vinieron otros pueblezuelos que están poblados a las faldas del volcán, que confinan con ellos, y trajeron todos mucho bastimento y un presente de joyas de oro de poca valía, y dijeron a Cortés que recibiese aquello, y no mirase a lo poco que era, sino a la voluntad con que se lo daban; y le aconsejaron que no fuese a México, que era una ciudad muy fuerte y de muchos guerreros, y que corríamos mucho peligro; y que ya que íbamos, que subido aquel puerto, que había dos caminos muy anchos, y que uno iba a un pueblo que se dice Chalco, y el otro Tamanalco, que era otro pueblo, y entrambos sujetos a México, y que un camino estaba muy barrido y limpio para que vayamos por él, y que el otro camino lo tienen ciego, y cortados muchos árboles muy gruesos y grandes pinos porque no puedan ir caballos ni pudiésemos pasar adelante; y que abajado un poco de la sierra, por el camino que tenían limpio, creyendo que habíamos de ir por él, que tenían cortado un pedazo de la sierra, y había allí mamparos y albarradas, y que han estado en el paso ciertos escuadrones de mexicanos para nos matar, y que nos aconsejaban que no fuésemos por el que estaba limpio, sino por donde estaban los árboles atravesados, y que ellos nos darán mucha gente que lo desembaracen. Y pues que iban con nosotros los tlaxcaltecas, que todos quitarían los árboles, y que aquel camino salía a Tamanalco; y Cortés recibió el presente con mucho amor, y les dijo que les agradecía el aviso que le daban, y con el ayuda de Dios que no dejará de seguir su camino, y que irá por donde le aconsejaban. Y luego otro día bien de mañana comenzamos a caminar; y ya era cerca de mediodía cuando llegamos en lo alto de la sierra, donde hallamos los caminos ni más ni menos que los de Guaxocingo dijeron; y allí reparamos un poco y aun nos dio que pensar en lo de los escuadrones mexicanos y en la sierra cortada donde estaban las albarradas de que nos avisaron. Y Cortés mandó llamar a los embajadores del gran Moctezuma, que iban en nuestra compañía, y les preguntó que cómo estaban aquellos dos caminos de aquella manera, el uno muy limpio y muy barrido, y el otro lleno de árboles cortados nuevamente. Y respondieron que porque vayamos por el limpio, que sale a una ciudad que se dice Chalco, donde nos harán buen recibimiento, que es de su señor Moctezuma; y que el otro camino, que le pusieron aquellos árboles Y le cegaron porque no fuésemos por él, que hay malos pasos o se rodea algo para ir a México, que sale a otro pueblo que no es tan grande como Chalco; entonces dijo Cortés que quería ir por el que estaba embarazado, y comenzamos a subir la sierra puestos en gran concierto, y nuestros amigos apartando los árboles muy grandes a gruesos, por donde pasamos con gran trabajo, y hasta hoy están algunos dellos fuera del camino; y subiendo a lo más alto, comenzó a nevar y se cuajó de nieve la tierra, y caminamos la sierra abajo, y fuimos a dormir a unas caserías que eran como a manera de aposentos o mesones, donde posaban indios mercaderes, y tuvimos bien de cenar, y con gran frío pusimos nuestras velas y rondas y escuchas y aun corredores del campo; y otro día comenzámos a caminar, y a hora de misas mayores llegamos a un pueblo que ya he dicho que se dice Tamanalco, y nos recibieron bien, y de comer no faltó; y como supieron de otros pueblos de nuestra llegada, luego vinieron los de Chalco, y se juntaron con los de Tamanalco, y Mecameca y Acacingo, donde están las canoas, que es puerto dellos, y otros pueblezuelos que ya no se me acuerda el nombre dellos; y todos juntos trajeron un presente de oro y dos cargas de mantas y ocho indias, que valdría el oro sobre 150 pesos, y dijeron: «Malinche, recibe estos presentes que te damos, y tennos de aquí adelante por tus amigos»; y Cortés los recibió con grande amor, y se les ofreció que en todo lo que hubiesen menester los ayudaría; y cuando los vio juntos, dijo al padre de la Merced que les amonestase las cosas tocantes a nuestra santa fe y dejasen sus ídolos; y se les dijo todo lo que solíamos decir en los demás pueblos por donde habíamos venido; y a todo respondieron que bien dicho estaba y que lo verían adelante. También se les dio a entender el gran poder del emperador nuestro señor, y que veníamos a deshacer agravios y robos, y que para ello nos envió a estas partes; y como aquello oyeron todos aquellos pueblos que dicho tengo, secretamente, que no lo sintieron los embajadores mexicanos, dieron tantas quejas de Moctezuma y de sus recaudadores, que les robaban cuanto tenían, y las mujeres e hijas si eran hermosas las forzaban delante dellos y de sus maridos, y se las tomaban, y que les hacían trabajar como si fueran esclavos, que les hacían llevar en canoas y por tierra madera de pinos, y piedra y leña y maíz, y otros muchos servicios de sembrar maizales; y les tomaban sus tierras para servicio de ídolos, y otras muchas quejas, que como ha ya muchos años que pasó, no me acuerdo. Y Cortés les consoló con palabras amorosas, que se las sabía muy bien decir con doña Marina, y que ahora al presente no puede entender en hacerles justicia, y que se sufriesen, que él les quitaría aquel dominio; y secretamente les mandó que fuesen dos principales con otros cuatro amigos de Tlaxcala a ver el camino barrido que nos hubieron dicho los de Guaxocingo que no fuésemos por él, para que viesen qué albarradas y mamparos tenían, y si estaban allí algunos escuadrones de guerra; y los caciques respondieron: «Malinche, no hay necesidad de irlo a ver, porque todo está ahora muy llano y aderezado. Y has de saber que habrá seis días que estaban a un mal paso, que tenían cortada la sierra porque no pudiésedes pasar, con mucha gente de guerra del gran Moctezuma. Y hemos sabido que su Huichilobos, que es el dios que tienen de la guerra, les aconsejó que os dejen pasar, y cuando hayáis entrado en México, que allí os matarán; por tanto, lo que nos parece es, que os estéis aquí con nosotros, y os daremos de lo que tuviéremos; y no vais a México, que sabemos cierto que, según es fuerte y de muchos guerreros, no os dejarán con las vidas»; y Cortés les dijo con buen semblante que no tenían los mexicanos ni otras ningunas naciones poder para nos matar, salvo nuestro señor Dios, en quien creemos. Y que porque vean que al mismo Moctezuma y a todos los caciques y papas les vamos a dar entender lo que nuestro Dios manda, que luego nos queríamos partir, y que le diesen veinte hombres principales que vayan en nuestra compañía, y que haría mucho por ellos, y les haría justicia cuando haya entrado en México, para que Moctezuma ni sus recaudadores no les hagan las demasías y fuerzas que han dicho que les hacen; y con alegre rostro todos los de aquellos pueblos por mí ya nombrados dieron buenas respuestas y nos trajeron los veinte indios; y ya que estábamos para partir, vinieron mensajeros del gran Moctezuma, y lo que dijeron diré adelante.

Capítulo LXXXVII. Cómo el gran Moctezuma nos envió otros embajadores con un presente de oro y mantas, y lo que dijeron a Cortés, y lo que les respondió

Ya, que estábamos de partida para ir nuestro camino a México, vinieron ante Cortés cuatro principales mexicanos que envió Moctezuma, y trajeron un presente de oro y mantas; y después de hecho su acato como lo tenían de costumbre, dijeron: «Malinche, este presente te envía nuestro señor el gran Moctezuma, y dice que le pesa mucho por el trabajo que habéis pasado en venir de tan lejos tierras a la ver y que ya te ha enviado a decir otra vez que te dará mucho oro y plata y chalchihuites en tributo para vuestro emperador y para vos y los demás teules que traéis, y que no vengas a México. Ahora nuevamente te pide por merced que no pases de aquí adelante, sino que te vuelvas por donde viniste; que él te promete de te enviar al puerto mucha cantidad de oro y plata y ricas piedras para ese vuestro rey, y para ti te dará cuatro cargas de oro, y para cada uno de tus hermanos una carga; porque ir a México, es excusada tu entrada dentro, que todos sus vasallos están puestos en armas para no os dejar entrar». Y demás desto, que no tenía camino, sino muy angosto, ni bastimentos que comiésemos; y dijo otras muchas razones e inconvenientes para que no pasásemos de allí: y Cortés con mucho amor abrazó a los mensajeros, puesto que le pesó de la embajada, y recibió el presente, que ya no se me acuerda que tanto valía; y a lo que yo vi y entendí, jamás dejó de enviar Moctezuma oro, poco o mucho, cuando nos enviaba mensajeros, como otra vez he dicho. Y volviendo a nuestra relación, Cortés les respondió que se maravillaba del señor Moctezuma, habiéndose dado por nuestro amigo y siendo tan gran señor, tener tantas mudanzas, que unas veces dice uno y otras envía a mandar al contrario. Y que en cuanto a lo que dice que dará el oro para nuestro señor el emperador y para nosotros, que se lo tiene en merced, y por aquello que ahora le envía, que en buenas obras se lo pagará, el tiempo andando; y que se le parecerá bien que estando tan cerca de su ciudad, será bueno volvernos del camino sin hacer aquello que nuestro señor nos manda. Que si el señor Moctezuma hubiese enviado mensajeros y embajadores a algún gran señor, como él es, y ya que llegasen cerca de su casa aquellos mensajeros que enviaba se volviesen sin le hablar y decirle a lo que iban, cuando volviesen ante su presencia con aquel recaudo, ¿qué merced les haría, sino tenerlos por cobardes y de poca calidad? Que así haría el emperador nuestro señor con nosotros; y que de una manera u otra que habíamos de entrar en su ciudad, y desde allí adelante que no le enviase más excusas sobre aquel caso, porque le ha de ver y hablar y dar razón de todo el recaudo a que hemos venido, y ha de ser a su sola persona; y cuando lo haya entendido, si no le pareciere bien nuestra estada en su ciudad, que nos volveremos por donde vinimos. En cuanto a lo que dice, que no tiene comida sino muy poco, y que no nos podremos sustentar, que somos hombres que con poca cosa que comemos nos pasamos, y que ya vamos a su ciudad, que haya por bien nuestra ida. Y luego en despachando los mensajeros, comenzamos a caminar para México; y como nos habían dicho y avisado los de Guaxocingo y los de Chalco que Moctezuma había tenido pláticas con sus ídolos y papas que si nos dejaría entrar en México o si nos daría guerra, y todos sus papas le respondieron que decía su Huichilobos que nos dejase entrar, que allí nos podrá matar, según dicho tengo otras veces en el capítulo que dello habla; y como somos hombres y temíamos la muerte, no dejábamos de pensar en ello; y como aquella tierra es muy poblada, íbamos siempre caminando muy chicas jornadas, y encomendándonos a Dios y a su bendita madre nuestra señora, y platicando cómo y de qué manera podíamos entrar, y pusimos en nuestros corazones con buna esperanza, que pues nuestro señor Jesucristo fue servido guardarnos de los peligros pasados, que también nos guardaría del poder de México; y fuimos a dormir a un pueblo que se dice Istapalatengo, que es la mitad de las casas en el agua y la mitad en tierra firme, donde está una sierrezuela, y ahora está una venta cabe él, y aquí tuvimos bien de cenar. Dejemos esto, y volvamos al gran Moctezuma, que como llegaron sus mensajeros y oyó la respuesta que Cortés le envió, luego acordó de enviar a su sobrino, que se decía Cacamatzin, señor de Texcoco, con muy gran fausto a dar el bien venido a Cortés y a todos nosotros; y como siempre teníamos de costumbre tener velas y corredores del campo, vino uno de nuestros corredores a avisar que venía por el camino muy gran copia de mexicanos de paz, y que al parecer venían de ricas mantas vestidos; y entonces cuando esto pasó era muy de mañana, y queríamos caminar, y Cortés nos dijo que parásemos en nuestras posadas hasta ver qué cosa era; y en aquel instante vinieron cuatro principales, y hacen a Cortés gran reverencia, y le dicen que allí cerca viene Cacamatzin, grande señor de Texcoco, sobrino del gran Moctezuma, y que nos pide por merced que aguardemos hasta que venga; y no tardó mucho, porque luego llegó con el mayor fausto y grandeza que ningún señor de los mexicanos habíamos visto traer, porque venía en andas muy ricas, labradas de plumas verdes, y mucha argentería y otras ricas piedras engastadas en ciertas arboledas de oro que en ellas traía hechas de oro, y traían las andas a cuestas ocho principales, y todos decían que eran señores de pueblos; y ya que llegaron cerca del aposento donde estaba Cortés, le ayudaron a salir de las andas, y le barrieron el suelo, y le quitaban las pajas por donde había de pasar; y desque llegaron ante nuestro capitán, le hicieron grande acato, y el Cacamatzin le dijo: «Malinche, aquí venimos yo y estos señores a te servir, hacerte dar todo lo que hubieres menester para ti y tus compañeros, y meteros en vuestras casas, que es nuestra ciudad; porque así nos es mandado por vuestro señor el gran Moctezuma, y porque está mal dispuesto lo deja, y no por falta de muy buena voluntad que os tiene». Y cuando nuestro capitán y todos nosotros vimos tanto aparato y majestad como traían aquellos caciques, especialmente el sobrino de Moctezuma, lo tuvimos por muy gran cosa, y platicamos entre nosotros que cuando aquel cacique traía tanto triunfo, ¿qué haría el gran Moctezuma? Y como el Cacamatzin hubo dicho su razonamiento, Cortés le abrazó y le hizo muchas caricias a él y a todos los demás principales, y le dio tres piedras que se llaman margajitas, que tienen dentro de sí muchas pinturas de diversas colores, y a los demás principales se les dio diamantes azules, y les dijo que se lo tenía en merced, y ¿cuándo pagaría al señor Moctezuma las mercedes que cada día nos hace? Y acabada la plática, luego nos partimos; y como habían venido aquellos caciques que dicho tengo, traían mucha gente consigo y de otros muchos pueblos que están en aquella comarca, que salían a vernos, todos los caminos estaban llenos dellos; que no podíamos andar y los mismos caciques decían a sus vasallos que hiciesen lugar y que mirasen que éramos teules, que, si no hacían lugar, nos enojaríamos con ellos. Y por estas palabras que Les decían, nos desembarazaban el camino. Y fuimos a dormir a otro pueblo que está poblado en la laguna, que me parece que se dice Mezquique, que después se puso nombre Venezuela, y tenía tantas torres y grandes cues que blanqueaban; y el cacique de él y principales nos hicieron mucha honra y dieron a Cortés un presente de oro y mantas ricas, que valdría el oro 400 pesos. Y nuestro Cortés les dio muchas gracias por ello. Allí se les declaró muchas cosas tocantes a nuestra santa fe, como hacíamos en todos los pueblos por donde veníamos. Y, según pareció, aquellos de aquel pueblo estaban muy mal con Moctezuma de muchos agravios que les había hecho y se quejaron de él; y Cortés les dijo que presto se remediaría, y que ahora llegaríamos a México, si Dios fuese servido y entendería en ello; y otro día por la mañana llegamos a la calzada ancha, íbamos camino de Iztapalapa; y desde que vimos tantas ciudades y villas pobladas en el agua, y en tierra firme otras grandes poblaciones, y aquella calzada tan derecha por nivel como iba a México, nos quedamos admirados, y decíamos que parecía a las cosas y encantamiento que cuentan en el libro de Amadís, por las grandes torres y cues y edificios que tenían dentro en el agua, y todas de cal y canto; y aun algunos de nuestros soldados decían que si aquello que aquí si era entre sueños. Y no es de maravillar que yo aquí lo escriba desta manera, porque hay que ponderar mucho en ello, que no sé cómo lo cuente, ver cosas nunca oídas ni vistas y aun soñadas, como vimos. Pues desque llegamos cerca de Iztapalapa, ver la grandeza de otros caciques que nos salieron a recibir, que fue el señor del pueblo, que se decía Coadlauaca, y el señor de Coyoacan, que entrambos eran deudos muy cercanos del Moctezuma; y de cuando entramos en aquella villa de Iztapalapa de la manera de los palacios en que nos aposentaron, de cuán grandes y bien labrados eran, de cantería muy prima, y la madera de cedros y de otros buenos árboles olorosos, con grandes patios y cuartos, cosas muy de ver, y entoldados con paramentos de algodón. Después de bien visto todo aquello, fuimos a la huerta y jardín, que fue cosa muy admirable verlo y pasarlo, que no me hartaba de mirarlo y ver la diversidad de árboles y los olores que cada uno tenía, y andenes llenos de rosas y flores, y muchos frutales y rosales de la tierra, y un estanque de agua dulce; y otras cosas de ver, que podrían entrar en el verjel grandes canoas desde la laguna por una abertura que tenía hecha, sin saltar en tierra, y todo muy encalado y lucido de muchas maneras de piedras, y pinturas en ellas, que había harto que ponderar, y de las aves de muchas raleas y diversidades que entraban en el estanque. Digo otra vez que lo estuve mirando, y no creí que en el mundo hubiese otras tierras descubiertas como éstas; porque en aquel tiempo no había Perú ni memoria de él. Ahora toda esta villa está por el suelo perdida, que no hay cosa en pie. Pasemos adelante, y diré cómo trajeron un presente de oro los caciques de aquella ciudad y los de Coyoacan, que valía sobre 2.000 pesos, y Cortés les dio muchas gracias por ello y les mostró grande amor, y se les dijo con nuestras lenguas las cosas tocantes a nuestra santa fe, y se les declaró el gran poder de nuestro señor el emperador; y porque hubo otras muchas pláticas, lo dejaré de decir, y diré que en aquella sazón era muy gran pueblo, y que estaba poblada la mitad de las casas en tierra y la otra mitad en el agua; ahora en esta sazón está todo seco, y siembran donde solía ser laguna, y está de otra manera mudado, que si no lo hubiera de antes visto, dijera que no era posible, que aquello que estaba lleno de agua esté ahora sembrado de maizales. Dejémoslo aquí, y diré del solemnísimo recibimiento que nos hizo Moctezuma a Cortés y a todos nosotros en la entrada de la gran ciudad de México.

Capítulo LXXXVIII. Del gran y solemne recibimiento que nos hizo el gran Moctezuma a Cortés y a todos nosotros en la entrada de la gran ciudad de México
Luego otro día de mañana partimos de Iztapalapa muy acompañados de aquellos grandes caciques que atrás he dicho. Íbamos por nuestra calzada delante, la cual es ancha de ocho pasos, y va tan derecha a la ciudad de México, que me parece que no se tuerce poco ni mucho; y puesto que es bien ancha, toda iba llena de aquellas gentes, que no cabían, unos que entraban en México y otros que salían, que nos venían a ver, que no nos podíamos rodear de tantos como vinieron, porque estaban llenas las torres y cues y en las canoas y de todas partes de la laguna; y no era cosa de maravillar, porque jamás habían visto caballos ni hombres como nosotros. Y de que vimos cosas tan admirables, no sabíamos qué nos decir, o si era verdad lo que por delante parecía, que por una parte en tierra había grandes ciudades, y en la laguna otras muchas, y veíamoslo todo lleno de canoas, y en

la calzada muchas puentes de trecho a trecho, y por delante estaba la gran ciudad de México, y nosotros aun no llegábamos a cuatrocientos cincuenta soldados, y teníamos muy bien en la memoria las pláticas y avisos que nos dieron los de Guaxocingo y Tlaxcala y Tamanalco, y con otros muchos consejos que nos habían dado para que nos guardásemos de entrar en México, que nos habían de matar cuando dentro nos tuviesen. Miren los curiosos lectores esto que escribo, si había bien que ponderar en ello; ¿qué hombres ha habido en el universo que tal atrevimiento tuviesen? Pasemos adelante, y vamos por nuestra calzada. Ya que llegábamos donde se aparta otra calzadilla que iba a Coyoacan, que es otra ciudad adonde estaban unas como torres, que eran sus adoratorios, vinieron muchos principales y caciques con muy ricas mantas sobre sí, con galanía y libreas diferenciadas las de los unos caciques a los otros, y las calzadas llenas dellos, y aquellos grandes caciques enviaba el gran Moctezuma delante a recibirnos; y así como llegaban delante de Cortés decían en sus lenguas que fuésemos bien venidos, y en señal de paz tocaban con la mano en el suelo y besaban la tierra con la misma mano. Así que estuvimos detenidos un buen rato, y desde allí se adelantaron el Cacamatzín, señor de Texcoco, y el señor de Iztapalapa y el señor de Tacuba y el señor de Coyoacan a encontrarse con el gran Moctezuma, que venía cerca en ricas andas, acompañado de otros grandes señores, y caciques que tenían vasallos; y ya que llegábamos cerca de México, adonde estaban otras torrecillas, se apeó el gran Moctezuma de las andas, y traíanle del brazo aquellos grandes caciques debajo de un palio muy riquísimo a maravilla, y la color de plumas verdes con grandes labores de oro, con mucha argentería y perlas y piedras chalchihuites, que colgaban de unas como bordaduras, que hubo mucho que mirar en ello; y el gran Moctezuma venía muy ricamente ataviado, según su usanza, y traía calzados unos como cotaras, que así se dice lo que se calzan, las suelas de oro, y muy preciada pedrería encima de ellas; y los cuatro señores que le traían del brazo venían con rica manera de vestidos a su usanza, que parece ser se los tenían aparejados en el camino para entrar con su señor, que no traían los vestidos con que nos fueron a recibir; y venían, sin aquellos grandes señores, otros grandes caciques, que traían el palio sobre sus cabezas, y otros muchos señores que venían delante del gran Moctezuma barriendo el suelo por donde había de pisar, y le ponían mantas porque no pisase la tierra. Todos estos señores ni por pensamiento le miraban a la cara, sino los ojos bajos y con mucho acato, excepto aquellos cuatro deudos y sobrinos suyos que le llevaban del brazo. Y como Cortés vio y entendió y le dijeron que venía el gran Moctezuma, se apeó del caballo, y desque llegó cerca de Moctezuma, a una se hicieron grandes acatos; el Moctezuma le dio el bien venido, y nuestro Cortés le respondió con doña Marina que él fuese el muy bien estado. Y paréceme que el Cortés con la lengua doña Marina, que iba junto a Cortés, le daba la mano derecha, y el Moctezuma no la quiso y se la dio a Cortés; y entonces sacó Cortés un collar que traía muy a mano de unas piedras de vidrio, que ya he dicho que se dicen margajitas, que tienen dentro muchos colores y diversidad de labores, y venía ensartado en unos cordones de oro con almizcle porque diesen buen olor, y se le echó al cuello al gran Moctezuma; y cuando se lo puso le iba a abrazar, y aquellos grandes señores que iban con el Moctezuma detuvieron el brazo a Cortés que no le abrazase, porque lo tenían por menosprecio; y luego Cortés con la lengua doña Marina le dijo que holgaba ahora su corazón en haber visto un tan gran príncipe, y que le tenía en gran merced la venida de su persona a le recibir y las mercedes que le hace a la continua. Y entonces el Moctezuma le dijo otras palabras de buen comedimiento, y mandó a dos de sus sobrinos de los que le traían del brazo, que era el señor de Texcoco y el señor de Coyoacan, que se fuesen con nosotros hasta aposentarnos; y el Moctezuma con los otros dos sus parientes, Coadlabaca y el señor de Tacuba, que le acompañaban, se volvió a la ciudad, y también se volvieron con él todas aquellas grandes compañías de caciques y principales que le habían venido a acompañar; y cuando se volvían con su señor estábamos mirando cómo iban todos, los ojos puestos en tierra, sin mirarles y muy arrimados a la pared, y con gran acato le acompañaban; y así, tuvimos lugar nosotros de entrar por las calles de México sin tener tanto embarazo. ¿Quién podrá decir la multitud de hombres y mujeres y muchachos que estaban en las calles y azoteas y en canoas en aquellas acequias, que nos salían a mirar? Era cosa de notar, que ahora, que lo estoy escribiendo, se me respresenta todo delante de mis ojos como si ayer fuera cuando esto paso; y considerada la cosa y gran merced que nuestro señor Jesucristo nos hizo y fue servido de darnos gracias y esfuerzo para osar entrar en tal ciudad, y me haber guardado de muchos peligros de muerte, como adelante verán. Doyle muchas gracias por ello, que a tal tiempo me ha traído para poderlo escribir, y aunque no tan cumplidamente como convenía y se requiere; y dejemos palabras, pues las obras son buen testigo de lo que digo.

Y volvamos a nuestra entrada en México, que nos llevaron a aposentar a unas grandes casas, donde había aposentos para todos nosotros, que habían sido de su padre del gran Moctezuma, que se decía Axayaca, adonde en aquella sazón tenía el gran Moctezuma sus grandes adoratorios de ídolos, y tenía una recámara muy secreta de piezas y joyas de oro, que era como tesoro de lo que había heredado de su padre Axayaca, que no tocaba en ello; y asimismo nos llevaron a aposentar a aquella casa por causa que como nos llamaban teules, y por tales nos tenían, que estuviésemos entre sus ídolos, como teules que allí tenía. Sea de una manera o de otra, allí nos llevaron, donde tenía hechos grandes estrados y salas muy entoldadas de paramentos de la tierra para nuestro capitán, y para cada uno de nosotros otras camas de esteras y unos toldillos encima, que no se da más cama por muy gran señor que sea, porque no las usan; y todos aquellos palacios muy lucidos y encalados y barridos y enramados. Y como llegamos y entramos en un gran patio, luego tomó por la mano el gran Moctezuma a nuestro capitán, que allí lo estuvo esperando, y le metió en el aposento y sala donde había de posar, que la tenía muy ricamente aderazada para según su usanza, y tenía aparejado un muy rico collar de oro, de hechura de camarones, obra muy maravillosa; y el mismo Moctezuma se lo echó al cuello a nuestro capitán Cortés, que tuvieron bien que admirar sus capitanes del gran favor que le dio; y cuando se lo hubo puesto, Cortés le dio las gracias con nuestras lenguas; y dijo Moctezuma: «Malinche, en vuestra casa estáis vos y vuestros hermanos, descansad»; y luego se fue a sus palacios, que no estaban lejos; y nosotros repartimos nuestros aposentos por capitanías, y nuestra artillería asestada en parte conveniente, y muy platicada la orden que en todo hablamos de tener, y estar muy apercibidos, así los de a caballo como todos nuestros soldados; y nos tenían aparejada una muy suntuosa comida a su uso y costumbre, que luego comimos. Y fue esta nuestra venturosa y atrevida entrada en la gran ciudad de Tenustitlan, México, a 8 días del mes de noviembre, año de nuestro salvador Jesucristo de 1519 años. Gracias a nuestro señor Jesucristo por todo. Y puesto que no vaya expresado otras cosas que había que decir, perdónenme, que no lo sé decir mejor por ahora hasta su tiempo. Y dejemos de más pláticas, y volvamos a nuestra relación de lo que más nos avino; lo cual diré adelante.

Capítulo LXXXIX. Cómo el gran Moctezuma vino a nuestros aposentos con muchos caciques que le acompañaban, y la plática que tuvo con nuestro capitán
Como el gran Moctezuma hubo comido, y supo que nuestro capitán y todos nosotros asimismo había buen rato que habíamos hecho lo mismo, vino a nuestro aposento con gran copia de principales, y todos deudos suyos, y con gran pompa; y como a Cortés le dijeron que venía, le salió a la mitad de la sala a le recibir, y el Moctezuma le tomó por la mano, y trajeron unos como asentaderos hechos a su usanza y muy ricos, y labrados de muchas maneras con oro; y el Moctezuma dijo a nuestro capitán que se sentase, y se asentaron entrambos, cada uno en el suyo, y luego comenzó el Moctezuma un muy buen parlamento, y dijo que en gran manera se holgaba de tener en su casa y reino unos caballeros tan esforzados, como era el capitán Cortés y todos nosotros, y que había dos años que tuvo noticia de otro capitán que vino a lo de Champoton, y también el año pasado le trajeron nuevas de otro capitán que vino con cuatro navíos, y que siempre lo deseó ver, y que ahora que nos tiene ya consigo para servirnos y darnos de todo lo que tuviese. Y que verdaderamente debe de ser cierto que somos los que sus antepasados muchos tiempos antes habían dicho, que vendrían hombres de hacia donde sale el Sol a señorear aquestas tierras, y que debemos de ser nosotros, pues tan valientemente peleamos en lo de Potonchan y Tabasco y con los tlaxcaltecas: porque todas las batallas se las trajeron pintadas al natural. Cortés le respondió con nuestras lenguas, que consigo siempre estaban, especial la doña Marina, y le dijo que no sabe con qué pagar él ni todos nosotros las grandes mercedes recibidas de cada día, y que ciertamente veníamos de donde sale el Sol, y somos vasallos y criados de un gran señor que se dice el emperador don Carlos, que tiene sujetos a sí muchos y grandes príncipes, y que teniendo noticia de él y de cuán gran señor es, nos

envió a estas partes a le ver a rogar que sean cristianos, como es nuestro emperador y todos nosotros, y que salvarán sus ánimas él y todos sus vasallos, y que adelante le declarará más cómo y de qué manera ha de ser, y cómo adoramos a uno solo Dios verdadero, y quién es, y otras muchas cosas buenas que oirá, como les había dicho a sus embajadores Tendile y Pitalpitoque y Quintalvor cuando estábamos en los arenales. Y acabado este parlamento, tenía apercibido el gran Moctezuma muy ricas joyas de oro y de muchas hechuras, que dio a nuestro capitán, y asimismo a cada uno de nuestros capitanes dio cositas de oro y tres cargas de mantas de labores ricas de pluma, y entre todos los soldados también nos dio a cada uno a dos cargas de mantas, con alegría, y en todo parecía gran señor. Y cuando lo hubo repartido, preguntó a Cortés que si éramos todos hermanos, y vasallos de nuestro gran emperador, y dijo que sí, que éramos hermanos en el amor y amistad, y personas muy principales y criados de nuestra gran rey y señor. Y porque pasaron otras pláticas de buenos comedimentos entre Moctezuma y Cortés, y por ser esta la primera vez que nos venía a visitar, y por no le ser pesado, cesaron los razonamientos. Y había mandado el Moctezuma a sus mayordomos que a nuestro modo y usanza estuviésemos proveídos, que es maíz, y piedras e indias para hacer pan, y gallinas y fruta, y mucha yerba para los caballos; y el gran Moctezuma se despidió con gran cortesía de nuestro capitán y de todos nosotros, y salimos con él hasta la calle; y Cortés nos mandó que al presente que no fuésemos muy lejos de los aposentos, hasta entender más lo que conviniese. Y quedarse ha aquí, y diré lo que adelante pasó.

Capítulo XC. Cómo luego otro día fue nuestro capitán a ver al gran Moctezuma y de ciertas pláticas que tuvieron
Otro día acordó Cortés de ir a los palacios de Moctezuma, y primero envió a saber qué hacía, y supiese cómo íbamos, y llevó consigo cuatro capitanes, que fue Pedro de Alvarado y Juan Velázquez de León y Diego de Ordás, y a Gonzalo de Sandoval, y también fuimos cinco soldados; y como el Moctezuma lo supo, salió a nos recibir a la mitad de la sala, muy acompañado de sus sobrinos, porque otros señores no entraban ni comunicaban donde Moctezuma estaba, si no era a negocios importantes; y con

gran acato que hizo a Cortés, y Cortés a él, se tomaron por las manos, y adonde estaba su estrado le hizo sentar a la mano derecha; y asimismo nos mandé sentar a todos nosotros en asientos que allí mandó traer; y Cortés le comenzó a hacer un razonamiento con nuestras lenguas doña Marina y Aguilar; y dijo que ahora, que había venido a ver y hablar a un tan gran señor como era, estaba descansado, y todos nosotros, pues ha cumplido el viaje y mando que nuestro gran rey y señor le mandó; y lo que más le viene a decir de parte de nuestro señor Dios es, que ya su merced habrá entendido de sus embajadores Tendile y Pitalpitoque y Quintalvor, cuando nos hizo las mercedes de enviarnos la Luna y el Sol de oro en el arenal, cómo les dijimos que éramos cristianos y adoramos a un solo Dios verdadero, que se dice Jesucristo, el cual padeció muerte y pasión por nos salvar; y dijimos, cuando nos preguntaron que por qué adorábamos aquella cruz, que la adorábamos por otra que era señal donde nuestro señor fue crucificado por nuestra salvación, que aquesta muerte y pasión que permitió que así fuese por salvar por ella todo el linaje humano, que estaba perdido; y que aqueste nuestro Dios resucitó al tercero día y está en los cielos, y es el que hizo el cielo y la tierra y la mar, y crió todas las cosas que hay en el mundo, y las aguas y rocíos, y ninguna cosa se hace sin su santa voluntad y que en él creemos y adoramos, y que aquellos que ellos tienen por dioses, que no lo son, sino diablos, que son cosas muy malas, y cuales tienen las figuras, que peores tienen los hechos; y que mirasen cuán malos son y de poca valía, que adonde tenemos puestas cruces, como las que vieron sus embajadores, con temor dellas no osan parecer delante, y que el tiempo andando lo verían. Y lo que ahora le pide por merced es, que esté atento a las palabras que ahora le quiere decir. Y luego le dijo muy bien dado a entender de la creación del mundo, y cómo todos somos hermanos, hijos de un padre y de una madre, que se decían Adán y Eva; y como a tal hermano, nuestro gran emperador, doliéndose de la perdición de las ánimas, que son muchas las que aquellos sus ídolos llevan al infierno, donde arden en vivas llamas, nos envió para que esto que ha oído lo remedie, y no adoren aquellos ídolos ni les sacrifiquen más indios ni indias, pues todos somos hermanos; ni consientan sodomías ni robos; y más les dijo, que el tiempo andando enviaría nuestro rey y señor unos hombres que entre nosotros viven muy santamente, mejores que nosotros, para que se lo den a entender; porque al presente no veníamos a más de se lo notificar; y así, se lo pide por merced que lo haga y cumpla. Y porque pareció que el Moctezuma quería responder, cesó Cortés la plática. Y díjonos Cortés a todos nosotros que con él fuimos: «Con esto cumplimos, por ser el primer toque»; y el Moctezuma respondió: «Señor Malinche, muy bien entendido tengo vuestras pláticas y razonamientos, antes de ahora, que a mis criados sobre vuestro Dios les dijistes en el arenal, y eso de la cruz y todas las cosas que en los pueblos por donde habéis venido habéis predicado, no os hemos respondido a cosa ninguna dellas porque desde abinicio acá adoramos nuestros dioses y los tenemos por buenos, y así deben ser los vuestros, y no curéis más al presente de nos hablar dellos; y en esto de la creación del mundo, así lo tenemos nosotros creído muchos tiempos pasados; y a esta causa tenemos por cierto que sois los que nuestros antecesores nos dijeron que vendrían de adonde sale el Sol, y a ese vuestro gran rey yo le soy en cargo y le daré de lo que. tuviere; porque, como dicho tengo otra vez, bien ha dos años tengo noticia de capitanes que vinieron con navíos por donde vosotros vinisteis, y decían que eran criados dese vuestro gran rey. Querría saber si sois todos unos»; y Cortés le dijo que sí, que todos éramos criados de nuestro emperador, y que aquellos vinieron a ver el camino y mares y puertos para lo saber muy bien, y venir nosotros como veníamos. Y decíalo el Moctezuma por lo de Francisco Fernández de Córdoba y Grijalva, cuando venimos a descubrir la primera vez; y dijo que desde entonces tuvo pensamiento de haber algunos de aquellos hombres que venían, para tener en sus reinos y ciudades, para les honrar; y pues que sus dioses le habían cumplido sus buenos deseos, y ya estábamos en sus casas, las cuales se pueden llamar nuestras, que holgásemos y tuviésemos descanso; que allí seríamos servidos, y que si algunas veces nos enviaba a decir que no entrásemos en su ciudad, que no era de su voluntad, sino porque sus vasallos tenían temor, que les decían que echábamos rayos y relámpagos, y con los caballos matábamos muchos indios, y que éramos teules bravos, y otras cosas de niñerías. Y que ahora, que ha visto nuestras personas, y que somos de hueso y de carne y de mucha razón, y sabe que somos muy esforzados, por estas causas nos tiene en más estima que le habían dicho, y que nos daría de lo que tuviese. Y Cortés y todos nosotros respondimos que se lo teníamos en grande merced tan sobrada voluntad; y luego el Moctezuma dijo riendo, porque en todo era muy regocijado en su hablar de gran señor: «Malinche, bien sé que te han dicho esos de Tlaxcala, con quien tanta amistad habéis tomado, que yo: que soy como dios o teule, que cuanto hay en mis casas es todo oro y plata y piedras ricas; bien tengo conocido que como sois entendidos, y que no lo creíais y lo teníais por burla, lo que ahora, señor Malinche, veis: mi cuerpo de hueso y carne como los vuestros, mis casas y palacios de piedra y madera y cal; de ser yo gran rey, sí soy, y tener riquezas de mis antecesores, sí tengo; mas no las locuras y mentiras que de mí os han dicho; así que también lo tendréis por burla, como yo tengo lo de vuestros truenos y relámpagos». Y Cortés le respondió también riendo, y dijo que los contrarios enemigos siempre dicen cosas malas y sin verdad de los que quieren mal; y que bien ha conocido que en estas partes otro señor más magnífico no le espera ver, y que no sin causa es tan nombrado delante de nuestro emperador. Y estando en estas plácticas mandó secretamente Moctezuma a un gran cacique sobrino suyo, de los que estaban en su compañía, que mandase a sus mayordomos que trajesen ciertas piezas de oro, que parece ser debieran estar apartadas para dar a Cortés y diez cargas de ropa fina; lo cual repartió, el oro y mantas entre Cortés y los cuatro capitanes, y a nosotros los soldados nos dio a cada uno dos collares de oro, que valdría cada collar 10 pesos, y dos cargas de mantas. Valía todo el oro que entonces dio sobre 1.000 pesos, y esto daba con una alegría y semblante de grandes y valeroso señor; y porque pasaba la hora más de mediodía, y por no le ser más importuno, le dijo Cortés: «El señor Moctezuma siempre tiene por costumbre de echarnos un cargo sobre otro, en hacernos cada día mercedes; ya es hora que vuestra merced coma»; y el Moctezuma dijo que antes por haberle ido a visitar le hicimos merced. Y así, nos despedimos con grandes cortesías de él y nos fuimos a nuestros aposentos, y íbamos platicando de la buena manera y crianza que en todo tenía, y que nosotros en todo le tuviésemos mucho acato, y con las gorras de armas colchadas quitadas cuando delante de él pasásemos; y así lo hacíamos. Y dejémoslo aquí y pasemos adelante.

Capítulo XCI. De la manera y persona del gran Moctezuma y de cuán gran señor era

Sería el gran Moctezuma de edad de hasta cuarenta años, y de buena estatura y bien proporcionado, y cenceño y pocas carnes, y la color no muy moreno, sino propia color y matiz de indio, y traía los cabellos no muy largos, sino cuanto le cubrían las orejas, y pocas barbas, prietas y bien puestas y ralas, y el rostro algo largo y alegre, los ojos de buena manera, y mostraba en su persona en el mirar por un cabo amor, y cuando era menester gravedad. Era muy pulido y limpio, bañándose cada día una vez a la tarde; tenía muchas mujeres por amigas, e hijas de señores, puesto que tenía dos grandes cacicas por sus legítimas mujeres, que cuando usaba con ellas era tan secretamente, que no lo alcanzaban a saber sino alguno de los que le servían; era muy limpio de sodomías; las mantas y ropas que se ponía cada un día no se las ponía sino desde a cuatro días. Tenía sobre doscientos principales de su guarda en otras salas junto a la suya, y éstos no para que hablasen todos con él, sino cual o cual; y cuando le iban a hablar se habían de quitar las mantas ricas y ponerse otras de poca valía, mas habían de ser limpias, y habían de entrar descalzos y los ojos bajos puestos en tierra, y no mirarle a la cara, y con tres reverencias que le hacían primero que a él llegasen, y le decían en ellas: «Señor, mi señor, gran señor»; y cuando le daban relación a lo que iban, con pocas palabras los despachaba; sin levantar el rostro al despedirse de él sino la cara y ojos bajos en tierra hacia donde estaba, y no vueltas las espaldas hasta que salían de la sala. Y otra cosa vi, que cuando otros grandes señores venían de lejas tierras a pleitos o negocios, cuando llegaban a los aposentos del gran Moctezuma habíanse de descalzar y venir con pobres mantas, y no habían de entrar derecho en los palacios, sino rodear un poco por el lado de la puerta del palacio; que entrar de rota batida teníanlo por descaro; en el comer tenían sus cocineros sobre treinta maneras de guisados hechos a su modo y usanza; y teníanlos puestos en braseros de barro, chicos, debajo, porque no se enfriasen. Y de aquello que el gran Moctezuma había de comer guisaban más de trescientos platos, sino más de mil para la gente de guarda; y cuando habla de comer, salíase el Moctezuma algunas veces con sus principales y mayordomos, y le señalaban cuál guisado era mejor o de qué aves y cosas estaba guisado, y de la que decían, de aquello había de comer, y cuando salía a lo ver eran pocas veces, y como por pasatiempo; oí decir que le solían guisar carnes de muchachos de poca edad; y como tenía tantas diversidades de guisados y de tantas cosas, no lo echábamos de ver si era de carne humana y de otras cosas, porque cotidianamente le guisaban gallinas, gallos de papada, faisanes, perdices de la tierra, codornices, patos mansos y bravos, venado, puerco de la tierra, pajaritos de caña y palomas y liebres y conejos, y muchas maneras de aves y cosas de las que se crían en estas tierras, que son tantas, que no las acabaré de nombrar tan presto; y así, no miramos en ello. Lo que yo sé es, que desque nuestro capitán le reprendió el sacrificio y de comer carne humana, que desde entonces mandó que no le guisasen tal manjar. Dejemos de hablar en esto, y volvamos a la manera que tenía en su servicio al tiempo de comer, y es desta manera: que si hacía frío teníanle hecha mucha lumbre de ascuas de una leña de cortezas de árboles que no hacían humo; el olor de las cortezas de que hacían aquellas ascuas muy oloroso; y porque no le diesen más calor de lo que él quería, ponían delante una como tabla labrada con oro y otras figuras de ídolos, y él sentado en un asentadero bajo, rico y blando, y la mesa también baja, hecha de la misma manera de los asentaderos, y allí le ponían sus manteles de mantas blancas y unos pañizuelos algo largos de lo mismo, y cuatro mujeres muy hermosas y limpias le daban aguamanos en unos como a manera de aguamaniles hondos, que llaman jícales, y le ponían debajo para recoger el agua otros a manera de platos, y le daban sus toallas, y otras dos mujeres le traían el pan de tortillas; y ya que comenzaba a comer, echábanle delante una como puerta de madera muy pintada de oro, porque no le viesen comer; y estaban apartadas las cuatro mujeres aparte, y allí se le ponían a sus lados cuatro grandes señores viejos y de edad, en pie, con quien el Moctezuma de cuando en cuando platicaba y preguntaba cosas, y por mucho favor daba a cada uno destos viejos un plato de lo que él comía; y decían que aquellos viejos eran sus deudos muy cercanos, y consejeros y jueces de pleitos, y el plato y manjar que les daba el Moctezuma comían en pie y con mucho acato, y todo sin mirarle a la cara. Servíase con barro de Cholula, uno colorado y otro prieto. Mientras que comía, ni por pensamiento habían de hacer alboroto ni hablar alto los de su guarda, que estaban en las salas cerca de la del

Moctezuma. Traíanle frutas de todas cuantas había en la tierra, mas no comía sino muy poca, y de cuando en cuando traían unas copas de oro fino, con cierta bebida hecha del mismo cacao, que decían era para tener acceso con mujeres; y entonces no mirábamos en ello; mas lo que yo vi, que traían sobre cincuenta jarros grandes hechos de buen cacao con su espuma, y de lo que bebía; y las mujeres le servían al beber con gran acato, y algunas veces al tiempo del comer estaban unos indios corcovados, muy feos, porque eran chicos de cuerpo y quebrados por medio de los cuerpos, que entre ellos eran chocarreros; y otros indios que debían de ser truhanes, que le decían gracias, y otros que le cantaban y bailaban, porque el Moctezuma era muy aficionado a placeres y cantares, y a aquéllos mandaban dar los relieves y jarros del cacao; y las mismas cuatro mujeres alzaban los manteles y le tornaban a dar agua a manos, y con mucho acato que le hacían; y hablaba Moctezuma a aquellos cuatro principales viejos en cosas que le convenían, y se despedían de él con gran acato que le tenían, y él se quedaba reposando; y cuando el gran Moctezuma había comido, luego comían todos los de su guarda y otros muchos de sus serviciales de casa, y me parecen que sacaban sobre mil platos de aquellos manjares que dicho tengo: pues jarros de cacao con su espuma, como entre mexicanos se hace, más de dos mil, y fruta infinita. Pues para sus mujeres y criadas, y panaderas y cacaguateras era gran cosa la que tenía. Dejemos de hablar de la costa y comida de su casa, y digamos de los mayordomos y tesoreros, y despensas y botillería, y de los que tenían cargo de las casas adonde tenían el maíz, digo que había tanto que escribir cada cosa por sí, que yo no sé por dónde comenzar, sino que esperábamos admirados del gran concierto y abasto que en todo había. Y más digo, que se me había olvidado, que es bien de tornarlo a recitar, y es, que le servían al Moctezuma estando a la mesa cuando comía, como dicho tengo, otras dos mujeres muy agraciadas; hacían tortillas amasadas con huevos y otras cosas sustanciosas, y eran las tortillas muy blancas, y traíanselas en unos platos cobijados con sus paños limpios, y también le traían otra manera de pan que son como bollos largos, hechos y amasados con otra manera de cosas sustanciales, y pan pachol, que en esta tierra así se dice, que es a manera de unas obleas. También le ponían en la mesa tres cañutos muy pintados y dorados, y dentro traían liquidámbar revuelto con unas yerbas que se dice tabaco, y cuando acababa de comer, después que le habían cantado y bailado, y alzaba la mesa, tomaba el humo de uno de aquellos cañutos, y muy poco, y con ello se dormía. Dejemos ya de decir del servicio de su mesa, y volvamos a nuestra relación. Acuérdome que era en aquel tiempo su mayordomo mayor un gran cacique que le pusimos por nombre Tapia, y tenía cuenta de todas las rentas que le traían al Moctezuma, con sus libros hechos de su papel, que se dice amatl, y tenía destos libros una gran casa dellos. Dejemos de hablar de los libros y cuentas, pues va fuera de nuestra relación, y digamos cómo tenía Moctezuma dos casas llenas de todo género de armas, y muchas de ellas ricas con oro y pedrería, como eran rodelas grandes y chicas, y unas como macanas, y otras a manera de espadas de a dos manos, engastadas en ellas unas navajas de pedernal, que cortaban muy mejor que nuestras espadas, y otras lanzas más largas que no las nuestras, con una braza de cuchillas, y engastadas en ellas muchas navajas, que aunque den con ellas en un broquel o rodela no saltan, y cortan en fin como navajas, que se rapan con ellas las cabezas; y tenían muy buenos arcos y flechas, y varas de a dos gajos, y otras de a uno con sus tiraderas, y muchas hondas y piedras rollizas hechas a mano, y unos como paveses, que son de arte que los pueden arrollar arriba cuando no pelean porque no les estorbe, y al tiempo del pelear, cuando son menester, los dejan caer, y quedan cubiertos sus cuerpos de arriba abajo. También tenían muchas armas de algodón colchadas y ricamente labradas por defuera, de plumas de muchos colores a manera de divisas e invenciones, y tenían otros como capacetes y cascos de madera y de hueso, también muy labrados de pluma por defuera, y tenían otras armas de otras hechuras, que por excusar prolijidad las dejo de decir. Y sus oficiales, que siempre labraban y entendían en ello, y mayordomos que tenían cargo de las casas de armas. Dejemos esto, y vamos a la casa de aves, y por fuerza me he de detener en contar cada género de qué calidad era. Digo que desde águilas reales y otras águilas más chicas, y otras muchas maneras de aves de grandes cuerpos, hasta pajaritos muy chicos, pintados de diversos colores. También donde hacen aquellos ricos plumajes que labran de plumas verdes; y las aves destas plumas es el cuerpo dellas a manera de las picazas que hay en nuestra España:, llámanse en esta tierra quetzales; y otros pájaros que tienen la pluma de cinco colores, que es verde, colorado, blanco, amarillo y azul; éstos no sé como se llaman. Pues papagayos de otras diferenciadas colores tenía tantos, que no se me acuerda los nombres dellos. Dejemos patos de buena pluma y otros mayores que les quería parecer, y de todas estas aves pelábanles las plumas en tiempos que para ello era convenible, y tornaban a pelechar. Y todas las más aves que dicho tenga, criaban en aquella casa, y al tiempo del encoclar tenían cargo de les echar sus huevos ciertos indios e indias que miraban por todas las aves, y de limpiarles sus nidos y darles de comer; y esto a cada género y ralea de aves lo que era su mantenimiento. Y en aquella casa había un estanque grande de agua dulce, y tenía en él otra manera de aves muy altas de zancas, y colorado todo el cuerpo y alas y cola; no sé el nombre dellas, mas en la isla de Cuba las llamaban ipiris a otras como ellas. Y también en aquel estanque había otras raleas de aves que siempre estaban en el agua. Dejemos esto, y vamos a otra gran casa donde tenían muchos ídolos, y decían que eran sus dioses bravos; y con ellos muchos géneros de animales, de tigres y leones de dos maneras; unos que son de hechura de lobos, que en esta tierra se llaman adives, y zorros y otras alimañas chicas; y todas estas carniceras se las mantenía con carne, y las más dellas criaban en aquella casa, y les daban de comer venados, gallinas, perrillos y otras cosas que cazaban, y aun oí decir que cuerpos de indios de los que sacrificaban. Y es desta manera que ya me habrán oído decir; que cuando sacrificaban a algún triste indio, que le aserraban con unos navajones de pedernal por los pechos, y bullendo le sacaban el corazón y sangre, y lo presentaban a sus ídolos, en cuyo nombre hacían aquel sacrificio; y luego les cortaban los muslos y brazos y la cabeza, y aquello comían en fiestas y banquetes; y la cabeza colgaban de unas vigas, y el cuerpo del indio sacrificado no llegaban a él para le comer, sino dábanlo a aquellos bravos animales; pues más tenían en aquella maldita casa muchas víboras y culebras emponzoñadas, que traen en las colas unos que suenan como cascabeles: éstas son las peores víboras que hay de todas, y teníanlas en unas tinajas y en cántaros grandes, y en ellos mucha pluma, y allí tenía sus huevos y criaban sus viboreznos; y les daban a comer de los cuerpos de los indios que sacrificaban y otras carnes de perros de los que ellos solían criar. Y aun tuvimos por cierto que cuando nos echaron de México y nos mataron sobre ochocientos y cincuenta de nuestros soldados y de los de Narváez, que de los muertos mantuvieron muchos días a aquellas fuertes alimañas y culebras, según diré en su tiempo y sazón; y aquestas culebras y bestias tenían ofrecidas a aquellos sus oídos bravos para que estuviesen en su compañía. Digamos ahora las cosas infernales que hacían cuando bramaban los tigres o leones y aullaban los adives y zorros y silbaban las sierpes: era grima oírlo, y parecía infierno. Pasemos adelante, y digamos de los grandes oficiales que tenía de cada género de oficio que entre ellos se usaba; y comencemos por los lapidarios y plateros de oro y plata y todo vaciadizo, que en nuestra España los grandes plateros tienen qué mirar en ello; y destos tenía tantos y tan primos en un pueblo que se dice Escapuzalco, una legua de México; pues, labrar piedras finas y chalchihuites, que son como esmeraldas, otros muchos grandes maestros. Vamos adelante a los grandes oficiales de asentar de pluma y pintores y entalladores muy sublimados, que por lo que ahora hemos visto la obra que hacen, tendremos consideración en lo que entonces labraban; que tres indios hay en la ciudad de México, tan primos en su oficio de entalladores y pintores, que se dicen Marcos de Aquino y Juan de la Cruz y el Crespillo, que si fueran en tiempo de aquel antiguo y afamado Apeles, y de Miguel ángel o Berruguete, que son de nuestros tiempos, les pusieran en el número dellos. Pasemos adelante, y vamos a las indias de tejedoras y labranderas, que se hacían tanta multitud de ropa fina como muy grandes labores de plumas; y de donde más cotidianamente le traían, era de unos pueblos y provincias que está en la costa del norte de cabe la Veracruz que le decían Cotastán, muy cerca de San Juan de Ulúa, donde desembarcamos cuando veníamos con Cortés y; y en su casa del mismo Moctezuma todas las hijas de señores que tenía por amigas, siempre tejían cosas muy primas, y otras muchas hijas de mexicanos vecinos, que estaban como a manera de recogimiento, que querían parecer monjas, también tejían, y todo de pluma. Estas monjas tenían sus casas cerca del gran cu del Huichilobos, y por devoción suya o de otro ídolo de mujer, que decían que era su abogada para casamientos, las metían sus padres en aquella religión hasta que se casaban, y de allí las sacaban para las casar. Pasemos adelante, y digamos de la gran cantidad de bailadores que tenía el gran

Moctezuma, y danzadores, y otros que traen un palo con los pies, y de otros que vuelan cuando bailan por alto, y de otros que parecen como matachines; y éstos eran para darle placer. Digo que tenía un barrio que no entendían en otra cosa. Pasemos adelante, y digamos de los oficiales que tenía de canteros y albañiles, carpinteros, que todos entendían en las obras de sus casas: también digo que tenía tantos cuantos quería. No olvidemos las huertas de flores y árboles olorosos, y de muchos géneros que dellos tenía, y el concierto y paseaderos dellas, y de sus albercas, estanques de agua dulce, cómo viene una agua por un cabo y va por otro, y de los baños que dentro tenía, y de la diversidad de pajaritos chicos que en los árboles criaban; y que de yerbas medicinales y de Provecho que en ellas tenía, era cosa de ver; y para todo esto muchos hortelanos; y todo labrado de cantería, así baños como paseaderos y otros retretes y apartamientos, como cenadores, y también adonde bailaban y cantaban; y había tanto que mirar en esto de las huertas como en todo lo demás, que no nos hartábamos de ver su gran poder; y así por el consiguiente tenía maestros de todos cuantos oficios entre ellos se usaban, y de todos gran cantidad. Y porque yo estoy harto de escribir sobre esta materia, y más lo estarán los lectores, lo dejaré de decir, y diré cómo fue nuestro capitán Cortés con muchos de nuestros capitanes y soldados a ver el Tatelulco, que es la gran plaza de México, y subimos en el alto cu, donde estaban sus ídolos Tezcatepuca, y su Huichilobos; y ésta fue la primera vez que nuestro capitán salió a ver la ciudad de México, y lo que en ello pasó.

Capítulo XCII. Cómo nuestro capitán salió a ver la ciudad de México y el Tatelulco, que es la plaza mayor, y el gran cu de su Huichilobos, y lo que pasó
Como había ya cuatro días que estábamos en México, y no salía el capitán ni ninguno de nosotros de los aposentos, excepto a las casas y huertas, nos dijo Cortés que sería bien ir a la plaza mayor a ver el gran adoratorio de su Huichilobos, y que quería enviarle a decir al gran Moctezuma que lo tuviese por bien; y para ello envió por mensajero a Jerónimo de Aguilar y a doña Marina, y con ellos a un pajecillo de nuestro capitán, que entendía ya algo de la lengua, que se decía Orteguilla; y el Moctezuma, como lo supo, envió

a decir que fuésemos mucho en buena hora, y por otra parte temió no le fuésemos a hacer algún deshonor a sus ídolos, y acordó de ir él en persona con muchos de sus principales, y en sus ricas andas salió de sus palacios hasta la mitad del camino, y cabe unos adoratorios se apeó de las andas, porque tenía por gran deshonor de sus ídolos ir hasta su casa y adoratorio de aquella manera, y no ir a pie, y llevábanle del brazo grandes principales, e iban delante del Moctezuma señores de vasallos, y llevaban dos bastones como cetros alzados en alto, que eran señal que iba allí el gran Moctezuma; y cuando iba en las andas llevaba una varita, la media de oro y media de palo, levantada como vara de justicia; y así se fue y subió en su gran cu, acompañado de muchos papas, y comenzó a zahumar y hacer otras ceremonias al Huichilobos. Dejemos al Moctezuma, que ya había ido adelante, como dicho tengo y volvamos a Cortés y a nuestros capitanes y soldados, como siempre teníamos por costumbre de noche y de día estar armados, y así nos veían estar el Moctezuma, y cuando lo íbamos a ver, no lo teníamos por cosa nueva. Digo esto porque a caballo nuestro capitán, con todos los más que tenían caballos, y la más parte de nuestros soldados muy apercibidos, fuimos al Tatelulco, e iban muchos caciques que el Moctezuma envió para que nos acompañasen; y cuando llegamos a la gran plaza, que se dice el Tatelulco, como no habíamos visto tal cosa, quedamos admirados de la multitud de gente y mercaderías que en ella había y del gran concierto y regimiento que en todo tenían; y los principales que iban con nosotros nos lo iban mostrando: cada género de mercaderías estaban por sí, y tenían situados y señalados sus asientos. Comencemos por los mercaderes de oro y plata y piedras ricas, y plumas y mantas y cosas labradas, y otras mercaderías, esclavos y esclavas: digo que traían tantos a vender a aquella gran plaza como traen los portugueses los negros de Guinea, y traíanlos atados en unas varas largas, con collares a los pescuezos porque no se les huyesen, y otros dejaban sueltos. Luego estaban otros mercaderes que vendían ropa más basta, y algodón, y otras cosas de hilo torcido, y cacaguateros que vendían cacao; y desta manera estaban cuantos géneros de mercaderías hay en toda la Nueva España, puestos por su concierto, de la manera que hay en mi tierra, que es Medina del Campo, donde se hacen las ferias, que en cada calle están sus mercaderías por sí, así estaban en esta gran plaza;

y los que vendían mantas de henequén y sopas, y cotaras, que son los zapatos que calzan, y hacen de henequén y raíces muy dulces cocidas, y otras zarrabusterías que sacan del mismo árbol; todo estaba a una parte de la plaza en su lugar señalado; y cueros de tigres, de leones y de nutrias, y de venados y de otras alimañas, y tejones y gatos monteses, dellos adobados y otros sin adobar. Estaban en otra parte otros géneros de cosas y mercaderías. Pasemos adelante, y digamos de los que vendían frisoles y chía y otras legumbres y yerbas, a otra parte. Vamos a los que vendían gallinas, gallos de papada, conejos, liebres, venados y anadones, perrillos y otras cosas desde arte, a su parte de la plaza. Digamos de las fruteras, de las que vendían cosas cocidas, mazamorreras y malcocinado; y también a su parte, puesto todo género de loza hecha de mil maneras, desde tinajas grandes y jarrillos chicos, que estaban por sí aparte; y también los que vendían miel y melcochas y otras golosinas que hacían, como nuégados. Pues los que vendían madera, tablas, cunas viejas y tajos y bancos, todo por sí. Vamos a los que vendían leña, ocote y otras cosas desta manera. ¿Qué quieren más que diga? Que hablando con acato, también vendían canoas llenas de hienda de hombres, que tenían en los esteros cerca de la plaza, y esto era para hacer o para curtir cueros, que sin ella decían que no se hacían buenos. Bien tengo entendido que algunos se reirán desto; pues digo que es así; y más digo, que tenían por costumbre, que en todos los caminos, que tenían hechos de cañas o paja o yerbas porque no los viesen los que pasasen por ellos, y allí se metían si tenían ganas de purgar los vientres porque no se les perdiese aquella suciedad. ¿Para qué gasto yo tantas palabras de lo que vendían en aquella gran plaza? Porque es para no acabar tan presto de contar por menudo todas las cosas, sino que papel, que en esta tierra llaman amatl, y unos cañutos de olores con liquidámbar, llenos de tabaco, y otros ungüentos amarillos, y cosas deste arte vendían por sí; y vendían mucha grana debajo de los portales que estaban en aquella gran plaza; y había muchos herbolarios y mercaderías de otra manera; y tenían allí sus casas, donde juzgaban tres jueces y otros como alguaciles ejecutores que miraban las mercaderías. Olvidádoseme había la sal y los que hacían navajas de pedernal, y de cómo las sacaban de la misma piedra. Pues pescaderas y otros qué vendían unos panecillos que hacen de una como lama que cogen de aquella gran laguna, que se cuaja y hacen panes dello, que tienen un sabor a manera de queso; y vendían hachas de latón y cobre y estaño, y jícaras, y unos jarros muy pintados, de madera hechos. Ya querría haber acabado de decir todas las cosas que allí se vendían, porque eran tantas y de tan diversas calidades, que para que lo acabáramos de ver e inquirir era necesario más espacio; que, como la gran plaza estaba llena de tanta gente y toda cercada de portales, que en un día no se podía ver todo. Y fuimos al gran cu, y ya que íbamos cerca de sus grandes patios, y antes de salir de la misma plaza estaban otros muchos mercaderes, que según dijeron, era que tenían a vender oro en granos como lo sacan de las minas, metido el oro en unos cañutillos delgados de los de ansarones de la tierra, y así blancos porque se pareciese el oro de por defuera, y por el largor y gordor de los cañutillos tenían entre ellos su cuenta qué tantas mantas o qué jiquipiles de cacao valía, o qué esclavos, o otra cualquiera cosa a que lo trocaban. Y, así, dejamos la gran plaza sin más la ver, y llegamos a los grandes patios y cercas donde estaba el gran cu, y tenía antes de llegar a él un gran circuito de patios, que me parece que eran mayores que la plaza que hay en Salamanca, y con dos cercas alrededor de cal y canto, y el mismo patio y sitio todo empedrado de piedras grandes de losas blancas y muy lisas, y adonde no había de aquellas piedras, estaba encalado y bruñido, y todo muy limpio, que no hallaran una paja ni polvo en todo él. Y cuando llegamos cerca del gran cu, antes que subiésemos ninguna grada de él, envió el gran Moctezuma desde arriba, donde estaba haciendo sacrificios, seis papas y dos principales para que acompañasen a nuestro capitán Cortés, y al subir de las gradas, que eran ciento y catorce, le iban a tomar de los brazos para le ayudar a subir, creyendo que se cansaría, como ayudaban a subir a su señor Moctezuma, y Cortés no quiso que se llegasen a él; y como subimos a lo alto del gran cu, en una placeta que arriba se hacía, adonde tenían un espacio como andamios, y en ellos puestas unas grandes piedras adonde ponían los tristes indios para sacrificar, allí había un gran bulto como de dragón y otras malas figuras, y mucha sangre derramada de aquel día. Y así como llegamos, salió el gran Moctezuma de un adoratorio donde estaban sus malditos ídolos, que era en lo alto del gran cu, y vinieron con él dos papas, y con mucho acato que hicieron a Cortés y a todos nosotros le dijo: «Cansado estaréis, señor Malinche, de subir a este nuestro gran templo». Y Cortés le dijo con nuestras lenguas, que iban con nosotros, que él ni nosotros no nos cansábamos en cosa ninguna; y luego le tomó por la mano y le dijo que mirase su gran ciudad y todas las más ciudades que había dentro en el agua, y otros muchos pueblos en tierra alrededor de la misma laguna; y que si no había visto bien su gran plaza, que desde allí podría ver muy mejor; y así lo estuvimos mirando, porque aquel grande y maldito templo estaba tan alto, que todo lo señoreaba; y de allí vimos las tres calzadas que entran en México, que es la de Iztapalapa, que fue por la que entramos cuatro días había; y la de Tacuba, que fue por donde después de ahí a ocho meses salimos huyendo la noche de nuestro gran desbarate, cuando Coadlabaca, nuevo señor, nos echó de la ciudad, como adelante diremos; y la de Tepeaquilla; y veíamos el agua dulce que venía de Chapultepec, de que se proveía la ciudad; y en aquellas tres calzadas las puentes que tenían hechas de trecho a trecho, por donde entraba y salía el agua de la laguna de una parte a otra; y veíamos en aquella gran laguna tanta multitud de canoas, unas que venían con bastimentos y otras que venían con cargas y mercaderías; y veíamos que cada casa de aquella gran ciudad, y de todas las demás ciudades que estaban pobladas en el agua, de casa a casa no se pasaba sino por unas puentes levadizas que tenían hechas de madera, o en canoas; y veíamos en aquellas ciudades cues y adoratorios a manera de torres y fortalezas, y todas blanqueando, que era cosa de admiración, y las casas de azoteas, y en las calzadas otras torrecillas y adoratorios que eran como fortaleza. Y después de bien mirado y considerado todo lo que habíamos visto, tornamos a ver la gran plaza y la multitud de gente que en ella había, unos comprando y otros vendiendo, que solamente el rumor y el zumbido de las voces y palabras que allí había, sonaba más que de una legua; y entre nosotros hubo soldados que habían estado en muchas partes del mundo, y en Constantinopla y en toda Italia y Roma, y dijeron que plaza tan bien compasada y con tanto concierto, y tamaña y llena de tanta gente, no la habían visto. Dejemos esto, y volvamos a nuestro capitán, que dijo a fray Bartolomé de Olmedo, ya otras veces por mí nombrado, que allí se halló: «Paréceme, señor padre, que será bien que demos un tiento a Moctezuma sobre que nos deje hacer aquí nuestra iglesia»; y el padre dijo que sería bien si aprovechase, mas que le parecía que no era cosa convenible hablar en tal tiempo, que no veía al Moctezuma de arte que en tal cosa concediese; y luego nuestro Cortés dijo al Moctezuma, con doña Marina, la lengua: «Muy gran señor es vuestra merced, y de mucho más es merecedor; hemos holgado de ver vuestras ciudades. Lo que os pido por merced es, que pues estamos aquí en este vuestro templo, que nos mostréis vuestros dioses y teules». Y el Moctezuma dijo que primero hablaría con sus grandes papas; y luego que con ellos hubo hablado, dijo que entrásemos en una torrecilla o apartamiento a manera de sala, donde estaban dos como altares con muy ricas tablazones encima del techo, y en cada altar estaban dos bultos como de gigante, de muy altos cuerpos y muy gordos, y el primero que estaba a la mano derecha decían que era el de Huichilobos, su dios de la guerra, y tenía la cara y rostro muy ancho, y los ojos disformes y espantables, y en todo el cuerpo tanta de la pedrería y oro y perlas y aljófar pegado con engrudo, que hacen en esta tierra de unas como de raíces, que todo el cuerpo y cabeza estaba lleno dello, y ceñido al cuerpo unas a maneras de grandes culebras hechas de oro y pedrería, y en una mano tenía un arco y en otra unas flechas. Y otro ídolo pequeño que allí cabe él estaba, que decían era su paje, le tenía una lanza no larga y una rodela muy rica de oro y pedrería, y tenía puestos al cuello el Huichilobos unas caras de indios y otros como corazones de los mismos indios, y estos de oro y dellos de plata, con mucha pedrería, azules; y estaban allí unos braseros con incienso, que es su copal, y con tres corazones de indios de aquel día sacrificados, y se quemaban, y con el humo y copal le habían hecho aquel sacrificio; y estaban todas las paredes de aquel adoratorio tan bañadas y negras de costras de sangre, y asimismo el suelo, que todo hedía muy malamente. Luego vimos a la otra parte de la mano izquierda estar el otro gran bulto del altor del Huichilobos, y tenía un rostro como de oso y unos ojos que le relumbraban, hechos de sus espejos, que se dice tezcat, y el cuerpo con ricas piedras pegadas según y de la manera del otro su Huichilobos; porque, según decían, entrambos eran hermanos y este Tezcatepuca era el dios de los infiernos, y tenía cargo de las ánimas de los mexicanos, y tenía ceñidas al cuerpo unas figuras como diablillos chicos, y las colas dellos como sierpes, y tenía en las paredes tantas costras de sangre y el suelo bañado dello, que en los mataderos de Castilla no había tanto hedor; y allí le tenían presentado cinco corazones de aquel día sacrificados; y en lo más alto de todo el cu estaba otra concavidad muy ricamente labrada la madera della, y estaba otro bulto como de medio hombre y medio lagarto, todo lleno de piedras ricas, y la mitad de él enmantado. Este decía que la mitad dél estaba lleno de todas las semillas que habían en toda la tierra, y decían que era el dios de las sementeras y frutas; no se me acuerda el nombre de él; y todo estaba lleno de sangre, así paredes como altar, y era tanto el hedor, que no veíamos la hora de salirnos afuera; y allí tenían un tambor muy grande en demasía, que cuando le tañían el sonido dél era tan triste y de tal manera, como dicen instrumentos de los infiernos, y más de dos leguas de allí se oía: y decían que los cueros de aquel atambor eran de sierpes muy grandes; y en aquella placeta tenían tantas cosas, muy diabólicas de ver, de bocinas y trompetillas y navajones, y muchos corazones de indios que habían quemado, con que zahumaban aquellos sus ídolos, y todo cuajado de sangre, y tenían tanto, que los doy a la maldición; y como todo hedía a carnicería, no veíamos la hora de quitarnos de tan mal hedor y peor vista; y nuestro capitán dijo a Moctezuma con nuestra lengua, como medio riendo: «Señor Moctezuma, no sé yo cómo un tan gran señor y sabio varón como vuestra merced es, no haya colegido en su pensamiento cómo no son estos vuestros ídolos dioses, sino cosas malas, que se llaman diablos. Y para que vuestra merced lo conozca y todos sus papas lo vean claro, hacedme una merced, que hayáis por bien que en lo alto desta torre pongamos una cruz, y en una parte destos adoratorios, donde están vuestros Huichilobos y Tezcatepuca, haremos un apartado donde pongamos una imagen de nuestra señora; la cual imagen ya el Moctezuma la había visto; y veréis el temor que dello tienen estos ídolos que os tienen engañados». Y el Moctezuma respondió medio enojado, y dos papas que con él estaban mostraron malas señales, y dijo: «Señor Malinche, si tal deshonor como has dicho creyera que habías de decir, no te mostrara mis dioses; aquellos tenemos por muy buenos, y ellos dan salud y aguas y buenas sementeras, temporales y victorias, y cuanto queremos, y tenérnoslos de adorar y sacrificar. Lo que os ruego es, que no se digan otras palabras en su deshonor»;

y como aquello le oyó nuestro capitán, y tan alterado, no le replicó más en ello, y con cara alegre le dijo: «Hora es que vuestra merced y nosotros nos vamos»; y el Moctezuma respondió que era bien, y que porque él tenía que rezar y hacer ciertos sacrificios en recompensa del gran tlatlacol, que quiere decir pecado, que había hecho en dejarnos subir en su gran cu y ser causa de que nos dejase ver sus dioses, y del deshonor que les hicimos en decir mal dellos, que antes que se fuese que lo había de rezar y adorar. Y Cortés le dijo: «Pues que así es, perdone, señor»; y luego nos bajamos las gradas abajo, y como eran ciento y catorce, y algunos de nuestros soldados estaban malos de bubas o humores, les dolieron los muslos de bajar. Y dejaré de hablar de su adoratorio, y diré lo que me parece del circuito y manera que tenía; y si no lo dijere tan al natural como era, no se maravillen, porque en aquel tiempo tenía otro pensamiento de entender en lo que traíamos entre manos, que era en lo militar y lo que mi capitán Cortés me mandaba, y no en hacer relaciones. Volvamos a nuestra materia. Paréceme que el circuito del gran cu sería de seis muy grandes solares de los que dan en esta tierra, y desde abajo hasta arriba, adonde estaba una torrecilla, y allí estaban sus ídolos, va estrechando y en medio del alto cu hasta lo más alto de él van cinco concavidades a manera de barbacanas y descubiertas sin mamparos; y porque hay muchos cues pintados en reposteros de conquistadores, y en uno que yo tengo, que cualquiera dellos al que los ha visto, podrá colegir la manera que tenían por defuera; mas lo que yo vi y entendí, y dello hubo fama en aquellos tiempos que fundaron aquel gran cu, en el cimiento de él habían ofrecido de todos los vecinos de aquella gran ciudad oro y plata y aljófar y piedras ricas, y que le habían bañado con mucha sangre de indios que sacrificaron, que habían tomado en las guerras, y de toda manera de diversidad de semillas que había en toda la tierra, porque les diesen sus ídolos victorias y riquezas y muchos frutos. Dirán ahora algunos lectores muy curiosos que cómo pudimos alcanzar a saber que en el cimiento de aquel gran cu echaron oro y plata y piedras de chalchihuites ricas, y semillas, y lo rociaban con sangre humana de indios que sacrificaban, habiendo sobre mil años que se fabricó y se hizo. A esto doy por respuesta que desde que ganamos aquella fuerte y gran ciudad y se repartieron los solares, que luego propusimos que en aquel gran cu habíamos de hacer la iglesia de nuestro patrón y guiador señor Santiago, y cupo mucha parte de solar del alto cu para el solar de la santa iglesia, y cuando abrían los cimientos para hacerlos mas fijos, hallaron mucho oro y plata y chalchihuites, y perlas y aljófar y otras piedras. Y asimismo a un vecino de México que le cupo otra parte del mismo solar, halló lo mismo; y los oficiales de la hacienda de su majestad demandábanlo por de su majestad, que le venía de derecho, y sobre ello hubo pleito; y no se me acuerda lo que pasó, mas de que se informaron de los caciques y principales de México y de Guatemuz, que entonces era vivo, y dijeron que es verdad que todos los vecinos de México de aquel tiempo echaron en los cimientos aquellas joyas y todo lo demás, y que así lo tenían por memoria en sus libros y pinturas de cosas antiguas, y por esta causa se quedó para la obra de la santa iglesia del señor Santiago. Dejemos esto, y digamos de los grandes y suntuosos patios que estaban delante del Huichilobos, adonde está ahora el señor Santiago, que se dice el Tatelulco, porque así se solía llamar. Ya he dicho que tenían dos cercas de cal y canto antes de entrar dentro, y que era empedrado de piedras blancas como losas, y muy encalado y bruñido y limpio, y sería de tanto compás y tan ancho como la plaza de Salamanca; y un poco apartado del gran cu estaba una torrecilla que también era casa de ídolos, o puro infierno, porque tenía a la boca de la una puerta una muy espantable boca de las que pintan, que dicen que es como la que está en los infiernos, con la boca abierta y grandes colmillos para tragar las ánimas. Y asimismo estaban unos bultos de diablos y cuerpos de sierpes junto a la puerta, y tenían un poco apartado un sacrificadero, y todo ello muy ensangrentado y negro de humo y costras de sangre; y tenían muchas ollas grandes y cántaros y tinajas dentro de la casa llenas de agua, que era allí donde cocinaban la carne de los tristes indios que sacrificaban, que comían los papas, porque también tenían cabe el sacrificadero muchos navajones y unos tajos de madera como en los que cortan carne en las carnicerías. Y asimismo detrás de aquella maldita casa, bien apartado della, estaban unos grandes rimeros de leña, y no muy lejos una gran alberca de agua que se henchía y vaciaba, que le venía por su caño encubierto de la que entraba en la ciudad desde Chapultepec. Yo siempre la llamaba a aquella casa, el infierno. Pasemos adelante del patio y vamos a otro cu, donde era enterramiento de grandes señores mexicanos, que también tenían otros ídolos, y todo lleno de sangre y humo, y tenía otras puertas y figuras de infierno; y luego junto de aquel cu estaba otro lleno de calaveras y zancarrones puestos con gran concierto, que se podían ver, mas no se podían contar, porque eran muchos, y las calaveras por sí, y los zancarrones en otros rimeros; y allí había otros ídolos, y en cada casa o cu y adoratorio, que he dicho, estaban papas con sus vestiduras largas de mantas prietas y las capillas como de dominicos, que también tiraban un poco a las de los canónigos, y el cabello muy largo y hecho, que no se podía desparcir ni desenredar; y todos los más sacrificadas las orejas, y en los mismos cabellos mucha sangre. Pasemos adelante, que había otros cues apartados un poco de donde estaban las calaveras, que tenían otros ídolos y sacrificios de otras malas pinturas; y aquellos decían que eran abogados de los casamientos de los hombres. No quiero detenerme mas en contar de ídolos, sino solamente diré que en torno de aquel gran patio había muchas casas, y no altas, y eran adonde estaban y residían los papas y otros indios que tenían cargo de los ídolos; y también tenían otra muy mayor alberca o estanque de agua y muy limpia a una parte del gran cu, y era dedicada para solamente el servicio de Huichilobos y Tezcatepuca, y entraba el agua en aquella alberca por caños encubiertos que venían de Chalpultepeque; y allí cerca estaban otros grandes aposentos a manera de monasterio, adonde estaban recogidas muchas hijas de vecinos mexicanos, como monjas, hasta que se casaban; y allí estaban dos bultos de ídolos de mujeres, que eran abogadas de los casamientos de las mujeres, y a aquellas sacrificaban y hacían fiestas porque, les diesen buenos maridos. Mucho me he de, tenido en contar deste gran cu del Tatelulco y sus patios, pues digo era el mayor templo de sus ídolos de todo México, porque había tantos y muy suntuosos, que entre cuatro o cinco barrios tenían un adoratorio y sus ídolos; y porque eran muchos, y yo no sé la cuenta de todos, pasaré adelante, y diré que en Cholula el gran adoratorio que en él tenían era de mayor altor que no el de México, porque tenía ciento y veinte gradas, y según dicen, el ídolo de Cholula teníanle por bueno, e iban a él en romería de todas partes de la Nueva España a ganar perdones, y a esta causa le hicieron tan suntuoso cu, mas era de otra hechura que el mexicano, y asimismo los patios muy grandes y con dos cercas. También digo que el cu de la ciudad de Texcoco era muy alto, de ciento diecisiete gradas, y los patios anchos y buenos, y hechos de otra manera que los demás. Y una cosa de reír es, que tenían en cada provincia sus ídolos, y los de la una provincia o ciudad no aprovechaban a los otros; y así, tenían infinitos ídolos y a todos sacrificaban. Y después que nuestro capitán y todos nosotros nos cansamos de andar y ver tantas diversidades de ídolos y sus sacrificios, nos volvimos a nuestros aposentos, y siempre muy acompañados de principales y caciques que Moctezuma enviaba con nosotros. Y quedarse ha aquí, y diré lo que más hicimos.

Capítulo XCIII. Cómo hicimos nuestra iglesia y altar en nuestro aposento, y una cruz fuera del aposento, y lo que más pasamos, y hallamos la sala y recámara del tesoro del padre de Moctezuma, y cómo se acordó prender al Moctezuma
Como nuestro capitán Cortés y el padre de la Merced vieron que Moctezuma no tenía voluntad que en el cu de su Huichilobos pusiésemos la cruz ni hiciésemos la iglesia; y porque desde que entramos en la ciudad de México, cuando se decía misa hacíamos un altar sobre mesas y tornábamos a quitarlo, acordóse que demandásemos a los mayordomos del gran Moctezuma albañiles para que en nuestro aposento hiciésemos una iglesia; y los mayordomos dijeron que se lo harían saber al Moctezuma, y nuestro capitán envió a decírselo con doña Marina y Aguilar, y con Orteguilla, su paje, que entendía ya algo la lengua, y luego dio licencia y mandó dar todo recaudo, y en tres días teníamos nuestra iglesia hecha, y la santa cruz puesta delante de los aposentos, y allí se decía misa cada día, hasta que se acabó el vino; que, como Cortés y otros capitanes y el fraile estuvieron malos cuando las guerras de Tlaxcala, dieron prisa al vino que teníamos para misas; y desde que se acabó, cada día estábamos en la iglesia rezando de rodillas delante del altar e imágenes, lo uno por lo que éramos obligados a cristianos y buena costumbre, y lo otro porque Moctezuma y todos sus capitanes lo viesen y se inclinasen a ello, y porque viesen el adoratorio, y vernos de rodillas delante de la cruz, especial cuando tañíamos a la Ave María. Pues estando que estábamos en aquellos aposentos, como somos de tal calidad, y todo lo transcendemos y queremos saber, cuando miramos

adonde mejor y en más convenible parte habíamos de hacer el altar, dos de nuestros soldados, que uno dellos era carpintero de lo blanco, que se decía Alonso Yáñez, vio en una pared una como señal que había sido puerta, que estaba cerrada y muy bien encalada y bruñida; y como había fama y teníamos relación que en aquel aposento tenía Moctezuma el tesoro de su padre Axayaca, sospechóse que estaría en aquella sala, que estaba de pocos días cerrada y encalada; y el Yáñez le dijo a Juan Velázquez de León y Francisco de Lugo, que eran capitanes, y aun deudos míos: el Alonso Yáñez se allegaba a su compañía, como criado de aquellos capitanes, y se lo dijeron a Cortés, y secretamente se abrió la puerta; y cuando fue abierta, Cortés con ciertos capitanes entraron primero dentro, y vieron tanto número de joyas de oro y planchas, y tejuelos muchos, y piedras de chalchihuites y otras muy grandes riquezas, quedaron elevados y no supieron qué decir de tantas riquezas; y luego lo supimos entre todos los demás capitanes y soldados, y lo entramos a ver muy secretamente; y como yo lo vi, digo que me admiré, y como en aquel tiempo era mancebo y no había visto en mi vida riquezas como aquellas, tuve por cierto que en el mundo no debiera haber otras tantas; y acordóse por todos nuestros capitanes y soldados que ni por pensamiento se tocase en cosa ninguna dellas, sino que la misma puerta se tornase luego a poner sus piedras y cerrase y encalase de la manera que la hallamos, y que no se hablase en ello, porque no lo alcanzase a saber Moctezuma, hasta haber otro tiempo. Dejemos esto desta riqueza, y digamos que, como teníamos tan esforzados capitanes y soldados, y de muchos buenos consejos y pareceres, y primeramente nuestro señor Jesucristo ponía su divina mano en todas nuestras cosas, y así lo teníamos por cierto, apartaron a Cortés cuatro de nuestros capitanes, y juntamente doce soldados de quien él se fiaba y comunicaba, y yo era uno dellos, y le dijimos que mirase la red y garlito donde estábamos, y la fortaleza de aquella ciudad, y mirase las puentes y calzadas, y las palabras y avisos que en todos los pueblos por donde hemos venido nos han dado, que había aconsejado el Huichilobos a Moctezuma que nos dejase entrar en su ciudad, y que allí nos matarían; y que mirase que los corazones de los hombres son muy mudables, en especial en los indios, y que no tuviese confianza de la buena voluntad y amor de Moctezuma nos muestra porque de una hora a otra la mudaría, y cuando se le antojase darnos guerra, que con quitarnos la comida o el agua, o alzar cualquiera puente, que no nos podríamos valer; y que mire la gran multitud de indios que tiene de guerra en su guarda, y ¿qué podríamos nosotros hacer para ofenderlos o para defendernos? Porque todas las casas tienen en el agua; pues socorro de nuestros amigos los de Tlaxcala ¿por dónde han de entrar? Y pues es cosa de ponderar todo esto que le decíamos, que luego sin más dilación prendiésemos al Moctezuma si queríamos asegurar nuestras vidas, y que no se aguardase para otro día, y que mirase que con todo el oro que nos daba Moctezuma, ni el que habíamos visto en el tesoro de su padre Axayaca, ni con cuanta comida comíamos, que todo se nos hacía rejalgar en el cuerpo, y que ni de noche ni de día no dormíamos ni reposábamos, con aqueste pensamiento; y que si otra cosa algunos de nuestros soldados menos que esto que le decíamos sintiesen, que serían como bestias, que no tenían sentido, que se estaban al dulzor del oro, no viendo la muerte al ojo. Y como esto oyó Cortés, dijo: «No creáis, caballeros, que duermo ni estoy sin el mismo cuidado; que bien me lo habréis sentido; mas ¿qué poder tenemos nosotros para hacer tan grande atrevimiento como prender a tan gran señor en sus mismos palacios, teniendo sus gentes de guarda y de guerra? ¿Qué manera o arte se puede tener en quererlo poner por efecto, que no apellide sus guerreros y luego nos acometan?». Y replicaron nuestros capitanes, que fue Juan Velázquez de León y Diego de Ordás y Gonzalo de Sandoval y Pedro de Alvarado, que con buenas palabras sacarle de su sala y traerlo a nuestros aposentos y decirle que ha de estar preso; que si se alterase o diere voces, que lo pagará su persona; y que si Cortés no lo quiere hacer luego, que les de licencia, que ellos lo prenderán y lo pondrán por la obra; y que de dos grandes peligros en que estamos, que el mejor y el más a propósito es prenderle, que no aguardar que nos diesen guerra; y que si la comenzaba, ¿qué remedio podríamos tener? También le dijeron ciertos soldados que nos parecía que los mayordomos de Moctezuma que servían en darnos bastimentos se desvergonzaban y no lo traían cumplidamente, como los primeros días; y también dos indios tlaxcaltecas, nuestros amigos, dijeron secretamente a Jerónimo de Aguilar, nuestra lengua, que no les parecía bien la voluntad de los mexicanos de dos días atrás. Por manera que estuvimos platicando en este acuerdo bien una hora, si le prendiéramos o no, y que manera tendríamos; y a nuestro capitán bien se le encajó este postrer consejo, y dejábamoslo para otro día, que en todo caso lo habíamos de prender, y aun toda la noche estuvimos rogando a Dios que lo encaminase para su santo servicio. Después destas pláticas, otro día por la mañana vinieron dos indios de Tlaxcala muy secretamente con unas cartas de la Villarrica, y lo que se contenía en ello decía que Juan de Escalante, que quedó por alguacil mayor, era muerto, y seis soldados juntamente con él, en una batalla que le dieron los mexicanos; y también le mataron el caballo y a nuestros indios totonaques, que llevó en su compañía, y que todos los pueblos de la sierra y Cempoal y su sujeto están alterados y no les quieren dar comida ni servir en la fortaleza, y que no saben qué se hacer; y que como de antes los tenían por teules, que ahora, que han visto aquel desbarate, les hacen fieros, así los totonaques como los mexicanos, y que no les tienen en nada, ni saben qué remedio tomar. Y cuando oímos aquellas nuevas, sabe Dios cuánto pesar tuvimos todos. Aqueste fue el primer desbarate que tuvimos en la Nueva España; miren los curiosos lectores la adversa fortuna cómo vuelve rodando; ¡quién nos vio entrar en aquella ciudad con tan solemne recibimiento y triunfantes, y nos teníamos en posesión de ricos con lo que Moctezuma nos daba cada día, así al capitán como a nosotros; y haber visto la casa por mí nombrada llena de oro, y nos tenían por teules, que son ídolos, y que todas las batallas vencíamos; y ahora habernos venido tan grande desmán, que no nos tuviesen en aquella reputación que de antes, sino por hombres que podíamos ser vencidos, y haber sentido cómo se desvergonzaban contra nosotros! En fin de más razones, fue acordado que aquel mismo día de una manera y de otra se prendiese a Moctezuma o morir todos sobre ello. Y porque para que vean los lectores de la manera que fue esta batalla de Juan de Escalante, y cómo le mataron a él y a seis soldados, y el caballo y los amigos totonaques que llevaba consigo, lo quiero aquí declarar antes de la prisión de Moctezuma, por no dejarlo atrás, porque es menester darlo bien a entender.

Capítulo XCIV. Cómo fue la batalla que dieron los capitanes mexicanos a Juan de Escalante, y cómo le mataron a él y

el caballo y a otros seis soldados, y muchos amigos indios totonaques que también allí murieron

Y es desta manera: que ya me habrán oído decir en el capítulo que dello habla, que cuando estábamos en un pueblo que se dice Quiahuistlan, que se juntaron muchos pueblos sus confederados, que eran amigos de los de Cempoal, y por consejo y convocación de nuestro capitán, que los atrajo a ello, quitó que no diesen tributo a Moctezuma; y se le rebelaron y fueron más de treinta pueblos: y esto fue cuando le prendimos sus recaudadores, según otras veces dicho tengo en el capítulo que dello habla; y cuando partimos de Cempoal para venir a México quedó en la Villarrica por capitán y alguacil mayor de la Nueva España un Juan de Escalante, que era persona de mucho ser y amigo de Cortés, y le mandó que en todo lo que aquellos pueblos nuestros amigos hubiesen menester les favoreciese; y parece ser que, como el gran Moctezuma tenía muchas guarniciones y capitanes de gente de guerra en todas las provincias, que siempre estaban juntos a la raya dellos; porque una tenía en lo de Soconusco por guarda de Guatemala y Chiapas, y otra tenia en lo de Guazacualco, y otra capitanía en lo de Michoacan, y otra a la raya de Pánuco, entre Tuzapan y un pueblo que le pusimos por nombre Almería, que es en la costa del norte; y como aquella guarnición que tenía cerca de Tuzapan, pareció ser demandaron tributo de indios e indias y bastimentos para sus gentes a ciertos pueblos que estaban allí cerca, o confinaban con ellos, que eran amigos de Cempoal y servían a Juan de Escalante y a los vecinos que quedaron en la Villa Rosa y entendían en hacer la fortaleza; y como les demandaban los mexicanos el tributo y servicio, dijeron que no se les querían dar, porque Malinche les mandó que no lo diesen, y que el gran Moctezuma lo ha tenido por bien; y los capitanes mexicanos respondieron que si no lo daban, que los vendrían a destruir sus pueblos y llevarlos cautivos, y que su señor Moctezuma se lo había mandado de poco tiempo acá. Y como aquellas amenazas vieron nuestros amigos los totonaques, vinieron al capitán Juan de Escalante, y quejáronse reciamente que los mexicanos les venían a robar y destruir sus tierras; y como el Escalante lo entendió, envió mensajeros a los mismos mexicanos para que no hiciesen enojo ni robasen aquellos pueblos, pues su señor Moctezuma lo había a bien, que somos todos grandes amigos; si no, que irá contra ellos y les dará guerra. A los mexicanos no se les dio nada por aquella respuesta ni fieros, y respondieron que en el campo los hallaría; y el Juan de Escalante, que era hombre muy bastante y de sangre en el ojo, apercibió todos los pueblos nuestros amigos de la sierra que viniesen con sus armas, que eran arcos, flechas, lanzas, rodelas, y asimismo apercibió los soldados más sueltos y sanos que tenía; porque ya he dicho otra vez que todos los más vecinos que quedaban en la Villarrica estaban dolientes y eran hombres de la mar; y con dos tiros y un poco de pólvora, y tres ballestas y dos escopetas, y cuarenta soldados y sobre dos mil indios totonaques, fue adonde estaban las guarniciones de los mexicanos, que andaban ya robando un pueblo de nuestros amigos los totonaques, y en el campo se encontraron al cuarto del alba; y como los mexicanos eran doblados que nuestros amigos los totonaques, y como siempre estaban atemorizados dellos de las guerras pasadas, a la primera refriega de flechas y varas y piedras y gritas huyeron, y dejaron al Juan de Escalante peleando con los mexicanos, y de tal manera, que llegó con sus pobres soldados hasta un pueblo que llaman Almería, y le puso fuego y le quemó las casas. Allí reposó un poco, porque estaba mal herido; y en aquellas refriegas y guerra le llevaron un soldado vivo que se decía Argüello, que era natural de León y tenía la cabeza muy grande y la barba prieta y crespa, y era muy robusto de gesto y mancebo de muchas fuerzas, y le hirieron muy malamente al Escalante y otros seis soldados, y mataron el caballo, y se volvió a la Villarrica, y dende a tres días murió él y los soldados; y desta manera pasó lo que decimos «la de Almería», y no como lo cuenta el cronista Gómara, que dice en su Historia que iba Pedro de Ircio a poblar a Pánuco con ciertos soldados iy para bien velar no teníamos recaudo, cuanto más enviar a poblar a Pánuco! Y dice que iba por capitán el Pedro de Ircio, que ni aun en aquel tiempo no era capitán ni aun cuadrillero, ni se le daba cargo, y se quedó con nosotros en México. También dice el mismo cronista otras muchas cosas sobre la prisión de Moctezuma: había de mirar que cuando lo escribía en su Historia que había de haber vivos conquistadores de los de aquel tiempo, que le dirían cuando lo leyesen: «Esto pasa desta suerte». Y dejarlo he aquí, y volvamos a nuestra materia, y diré como los capitanes mexicanos, después de darle la batalla que dicho tengo al Juan de Escalante, se lo hicieron hacer al Moctezuma, y aún le llevaron presentada la cabeza de Argüello, que parece se murió en el camino de las heridas, que vivo le llevaban; y supimos que el Moctezuma cuando se lo mostraron, como era robusto y grande, y tenía grandes barbas y crespas, hubo pavor y temió de la ver, y mandó que no la ofreciesen a ningún cu de México, sino en otros ídolos de otros pueblos; y preguntó el Moctezuma que, siendo ellos muchos millares de guerreros, que cómo no vencieron a tan pocos teules. Y respondieron que no aprovechaban nada sus varas y flechas ni buen pelear; que no les pudieron hacer retraer, porque una gran tecleciguata de Castilla venía delante dellos, y que aquella señora ponía a los mexicanos temor, y decía palabras a sus teules que los esforzaba; y el Moctezuma entonces creyó que aquella gran señora que era Santa María y la que le habíamos dicho que era nuestra abogada, que de antes dimos al gran Moctezuma con su precioso hijo en los brazos. Y porque esto yo no lo vi, porque estaba en México, sino lo que dijeron ciertos conquistadores que se hallaron en ello y pluguiese a Dios que así fuese! Y ciertamente todos los soldados que pasamos con Cortés tenemos muy creído, y así es verdad, que la misericordia divina y nuestra señora la virgen María siempre eran con nosotros; por lo cual le doy muchas gracias. Y dejarlo he aquí, y diré lo que pasó en la prisión del gran Moctezuma.

Capítulo XCV. De la prisión de Moctezuma, y lo que sobre ella se hizo
Y como teníamos acordado el día antes de prender al Moctezuma, toda la noche estuvimos en oración rogando a Dios que fuese de tal modo que redundase para su santo servicio, y otro día de mañana fue acordado de la manera que había de ser. Llevó consigo Cortés cinco capitanes, que fueron Pedro de Alvarado y Gonzalo de Sandoval y Juan Velázquez de León y Francisco de Lugo y Alonso de Ávila, y con nuestras lenguas doña Marina y Aguilar; y todos nosotros mandó que estuviésemos muy a punto y los caballos ensillados y enfrenados; y en lo de las armas no había necesidad de ponerlo yo aquí por memoria, porque siempre de día y de noche estábamos armados y calzados nuestros alpargates, que y n aquella sazón era nuestro calzado; y cuando solíamos ir a hablar al Moctezuma siempre nos veía armados de aquella manera; y esto digo porque, puesto que Cortés con los cinco capitanes iban con todas sus armas para le prender, el Moctezuma

no lo tendría por cosa nueva ni se alteraría dello. Ya puestos a punto todos, envióle nuestro capitán a hacerle saber cómo iba a su palacio, porque así lo tenía por costumbre, y no se alterase viéndole ir de sobresalto; y el Moctezuma bien entendió poco más o menos que iba enojado por lo de Almería y no lo tenía en una castaña, y mandó que fuese mucho en buena hora; y como entró Cortés, después de le haber hecho sus acatos acostumbrados, le dijo con nuestras lenguas: «Señor Moctezuma, muy maravillado estoy de vos, siendo tan valeroso príncipe y haberos dado por nuestro amigo, mandar a vuestros capitanes que teníais en la costa cerca de Tuzapan que tomasen armas contra mis españoles, y tener atrevimiento de robar los pueblos que están en guarda y amparo de nuestro rey y señor, y demandarles indios e indias para sacrificar y matar un español hermano mío y un caballo»; no le quiso decir del capitán ni de los seis soldados que murieron luego que llegaron a la Villarrica, porque el Moctezuma no lo alcanzó a saber, ni tampoco lo supieron los indios capitanes que les dieron guerra; y más le dijo Cortés, que teniéndole por tan su amigo, «mandé a mis capitanes que en todo lo que posible fuese os sirviesen y favoreciesen, y vuestra merced, por el contrario, no lo ha hecho. Y asimismo en lo de Cholula tuvieron vuestros capitanes gran copia de guerreros, ordenado por vuestro mandado, que nos matasen; helo disimulado lo de entonces por lo mucho que os quiero; y asimismo ahora vuestros vasallos y capitanes se han desvergonzado, y tienen pláticas secretas que nos queréis mandar matar; por estas causas no querría comenzar guerra ni destruir aquesta ciudad; conviene que para excusarlo todo, que luego callando y sin hacer ningún alboroto os vayáis con nosotros a nuestro aposento, que allí seréis servido y mirado muy bien como en vuestra propia casa»; y que si alboroto o voces daba, «que luego seréis muerto de aquestos mis capitanes, que no los traigo para otro efecto». Y cuando eso oyó el Moctezuma, estuvo muy espantado y sin sentido, y respondió que nunca tal mandó que tomasen armas contra nosotros, y que enviaría luego a llamar sus capitanes y sabría la verdad y los castigaría; y luego en aquel instante quitó de su brazo y muñeca el sello y señal de Huichilobos, que aquello era cuando mandaba alguna cosa grave y de peso para que se cumpliese, y luego se cumplía; y en lo de ir preso y salir de sus palacios contra su voluntad, que no era persona la suya para que tal le mandasen, y que no era su voluntad salir; y Cortés le replicó muy buenas razones, y el Moctezuma le respondía muy mejores y que no había de salir de sus casas; por manera que estuvieron más de media hora en estas pláticas; y como Juan Velázquez de León y los demás capitanes vieron que se detenía con él, y no veían la hora de haberlo sacado de sus casas y tenerlo preso, hablaron a Cortés algo alterados, y dijeron: «¿Qué hace vuestra merced ya con tantas palabras! O le llevamos preso o le daremos de estocadas; por eso tornadle a decir que si da voces o hace alboroto, que le mataréis; porque más vale que desta vez aseguremos nuestras vidas o las perdamos». Y como el Juan Velázquez lo decía con voz algo alta y espantosa, porque así era su hablar, y el Moctezuma vio a nuestros capitanes como enojados, preguntó a doña Marina que qué decían con aquellas palabras altas; y como la doña Marina era muy entendida, le dijo: «Señor Moctezuma, lo que yo os aconsejo es que vayáis luego con ellos a su aposento sin ruido ninguno; que yo sé que os harán mucha honra, como gran señor que sois; y de otra manera, aquí quedaréis muerto; y en su aposento se sabrá la verdad»; y entonces el Moctezuma dijo a Cortés: «Señor Malinche, ya que eso queréis que sea, yo tengo un hijo y dos hijas legítimas; tomadlas en rehenes, y a mí no me hagáis esta afrenta; ¿qué dirán mis principales si me viesen llevar preso?». Tornó a decir Cortés que su persona había de ir con ellos, y no había de ser otra. Y en fin de muchas más razones que pasaron, dijo que él iría de buena voluntad; y entonces nuestros capitanes le hicieron muchas caricias, y le dijeron que le pedían por merced que no hubiese enojo, y que dijese a sus capitanes y a los de su guarda que iba de su voluntad, porque había tenido plática de su ídolo Huichilobos y de los papas que le servían que convenía para su salud y guardar su vida estar con nosotros; y luego le trajeron sus ricas andas en que solía salir, con todos sus capitanes que le acompañaron, y fue a nuestro aposento, donde le pusimos guardas y velas; y todos cuantos servicios y placeres le podíamos hacer, así Cortés como todos nosotros, tantos le hacíamos, y no se le echó prisiones ningunas; y luego le vinieron a ver todos los mayores principales mexicanos y sus sobrinos, a hablar con él y a saber la causa de su prisión y si mandaba que nos diesen guerra; y el Moctezuma les respondía que él holgaba de estar algunos días allí con nosotros de buena voluntad, y no por fuerza; y cuando él algo quisiese, que se lo diría, y que no se alborotasen ellos ni la ciudad ni tomasen pesar dello, porque aquesto que ha pasado de estar allí, que su Huichilobos lo tiene por bien, y se lo han dicho ciertos papas que lo saben, que hablaron con su ídolo sobre ello; y desta manera que he dicho fue la prisión del gran Moctezuma; y allí donde estaba tenía su servicio y mujeres y baños en que se bañaba, y siempre a la continua estaban en su compañía veinte grandes señores y consejeros y capitanes, y se hizo a estar preso sin mostrar pasión en ello; y allí venían con pleitos embajadores de lejas tierras y le traían sus tributos, y despachaba negocios de importancia. Acuérdome que cuando venían ante él grandes caciques de otras tierras sobre términos y pueblos u otras cosas de aquel arte, que por muy gran señor que fuese se quitaba las mantas ricas, y se ponía otras de henequén y de poca valía, y descalzo había de venir; y cuando llegaba a los aposentos no entraba derecho, sino por un lado dellos, y cuando parecían delante del gran Moctezuma, los ojos bajos en tierra; y antes que a él llegasen le hacían tres reverencias y le decían: «Señor, mi señor, mi gran señor»; y entonces le traían pintado y dibujado el pleito o negocio sobre que venían, en unos paños o mantas de henequén, y como unas varitas muy delgadas y pulidas le señalaban la causa del pleito; y estaban allí junto al Moctezuma dos hombres viejos, grandes caciques, y cuando bien habían entendido el pleito aquellos jueces, le decían al Moctezuma la justicia que tenían, y con pocas palabras los despachaba y mandaba quién había de llevar las tierras o pueblos; y sin más réplica en ello, se salían los pleiteantes sin volver las espaldas, y con las tres reverencias se salían hasta la sala, y cuando se veían fuera de su presencia del Moctezuma se ponían otras mantas ricas y se paseaban por México. Y dejaré de decir al presente desta prisión, y digamos cómo los mensajeros que envió el Moctezuma con su señal y sello a llamar sus capitanes que mataron nuestros soldados, los trajeron ante él presos, y lo que con ellos habló yo no lo sé; mas que se los envió a Cortés para que hiciese justicia dellos; y tomada su confesión sin estar el Moctezuma delante, confesaron ser verdad lo atrás ya por mí dicho, y que su señor se lo había mandado que diesen guerra y cobrasen los tributos, y si algunos teules fuesen en su defensa, que también les diesen guerra o matasen. Y vista esta confesión por Cortés, envióselo a decir al

Moctezuma como le condenaban en aquella cosa, y él se disculpó cuanto pudo, y nuestro capitán lo envió a decir que él así lo creía; que puesto que merecía castigo, conforme a lo que nuestro rey manda, que la persona que manda matar a otros sin culpa o con culpa que muera por ello; mas que le quiere tanto y le desea todo bien, que ya que aquella culpa tuviese, que antes la pagaría el Cortés por su persona que vérsela pasar al Moctezuma; y con todo esto que le envió a decir estaba temeroso; y sin más gastar razones, Cortés sentenció a aquellos capitanes a muerte y que fuesen quemados delante de los palacios de Moctezuma, y así se ejecutó luego la sentencia; y porque no hubiese algún impedimento, entre tanto que se quemaban mandó echar unos grillos al mismo Moctezuma; y cuando se los echaron él hacía bramuras, y si de antes estaba temeroso, entonces estuvo mucho más; y después de quemados, fue nuestro Cortés con cinco de nuestros capitanes a su aposento, y él mismo le quitó los grillos, y tales palabras le dijo, que no solamente lo tenía por hermano, sino en mucho más, y que como es señor y rey de tantos pueblos y provincias, que si él podía, el tiempo andando le haría que fuese señor de más tierras de las que no ha podido conquistar ni le obedecían; y que si quiere ir a sus palacios, que le da licencia para ello; y decírselo Cortés con nuestras lenguas, y cuando se lo estaba diciendo Cortés, parecía se le saltaban las lágrimas de los ojos al Moctezuma; y respondió con gran cortesía que se lo tenía en merced, porque bien entendió Moctezuma que todo eran palabras las de Cortés; y que ahora al presente que convenía estar allí preso, porque por ventura, como sus principales son muchos; y sus sobrinos y parientes le vienen cada día a decir que será bien darnos guerra y sacarlo de prisión, que cuando lo vean fuera que le atraerán a ello, y que no quería ver en su ciudad revueltas, y que si no hace su voluntad, por ventura querrán alzar a otro señor; y que él les quitaba de aquellos pensamientos con decirles que su dios Huichilobos se lo ha enviado a decir que esté preso. Y a lo que entendimos y lo más cierto, Cortés había dicho a Aguilar, la lengua, que le dijese de secreto que aunque Malinche le mandase salir de la prisión, que los capitanes nuestros, y soldados, no querríamos. Y como aquello le oyó, el Cortés le echó los brazos encima, y le abrazó y dijo: «No en balde, señor Moctezuma, os quiero tanto como a mí mismo»; y luego el Moctezuma demandó a Cortés un paje español que le servía, que sabía ya la lengua, que se decía Orteguilla, y fue harto provechoso así para el Moctezuma como para nosotros, porque de aquel paje inquiría y sabía muchas cosas de las de Castilla el Moctezuma, y nosotros de lo que decían sus capitanes; y verdaderamente le era tan buen servicial, que lo quería mucho el Moctezuma. Dejemos de hablar como ya estaba el Moctezuma contento con los grandes halagos y servicios y conversaciones que con todos nosotros tenía, porque siempre que ante él pasábamos, y aunque fuese Cortés, le quitábamos los bonetes de armas o cascos, que siempre estábamos armados, y él nos hacía gran mesura y honra a todos; y digamos los nombres de aquellos capitanes de Moctezuma que se quemaron por justicia, que se decía el principal Quetzalpopoca, y los otros se decían el uno Coatl el otro Quiahuitle y el otro no me acuerdo el nombre, que poco va en saber sus nombres. Y digamos que como este castigo se supo en todas las provincias de la Nueva España, temieron, y los pueblos de la costa adonde mataron nuestros soldados volvieron a servir muy bien a los vecinos que quedaban en la Villarrica. Y han de considerar los curiosos que esto leyeren tan grandes hechos que entonces hicimos: dar con los navíos a través; lo otro osar entrar en tan fuerte ciudad, teniendo tantos avisos que allí nos habían de matar cuando dentro nos tuviesen; lo otro tener tanta osadía de prender al gran Moctezuma, que era rey de aquella tierra, dentro de su gran ciudad y en sus mismos palacios, teniendo tan gran número de guerreros de su guarda; y lo otro osar quemar sus capitanes delante de sus palacios y echarle grillos entre tanto que se hacía la justicia; que muchas veces, ahora que soy viejo, me paro a considerar las cosas heroicas que en aquel tiempo pasamos, que me parece las veo presentes, y digo que nuestros hechos que no los hacíamos nosotros, sino que venían todos encaminados por Dios; porque ¿qué hombres ha habido en el mundo que osasen entrar cuatrocientos y cincuenta soldados, y aun no llegábamos a ellos, en una tan fuerte ciudad como México, que es mayor que Venecia, estando tan apartados de nuestra Castilla sobre más de mil y quinientas leguas, y prender a un tan gran señor y hacer justicia de sus capitanes delante de él? Porque hay mucho que ponderar en ello, y diré cómo Cortés despachó luego otro capitán que estuviese en la Villarrica como estaba el Juan Escalante que mataron.

Capítulo XCVI. Cómo nuestro Cortés envió a la Villarrica por teniente y capitán a un hidalgo que se decía Alonso de Grado, en lugar del alguacil mayor Juan de Escalante, y el alguacilazgo mayor se lo dio a Gonzalo de Sandoval, y desde entonces fue alguacil mayor; y lo que después pasó diré adelante
Después de hecha justicia de Quezalpopoca y sus capitanes, y sosegado el gran Moctezuma, acordó de enviar nuestro capitán a la Villarrica por teniente della a un soldado que se decía Alonso de Grado, porque era hombre muy entendido y de buena plática y presencia, y músico y gran escribano. Este Alonso de Grado era uno de los que siempre fue contrario de nuestro capitán Cortés porque no fuésemos a México y nos volviésemos a la Villarrica, cuando hubo en lo de Tlaxcala ciertos corrillos, ya por mí dichos en el capítulo que dello habla; y el Alonso de Grado era el que lo muñía y hablaba; y si como era hombre de buenas gracias fuera hombre de guerra, bien le ayudara todo junto; esto digo porque cuando nuestro Cortés le dio el cargo, como conocía su condición, que no era hombre de afrenta, y Cortés era gracioso en lo que decía, le dijo: «He aquí, señor Alonso de Grado, vuestros deseos cumplidos, que iréis ahora a la Villarrica, como deseabais, y entenderéis en la fortaleza; y mirad no vayáis a ninguna entrada, como hizo Juan de Escalante, y os maten»; y cuando se lo estaba diciendo guiñaba el ojo porque lo viésemos los soldados que allí nos hallábamos y sintiésemos a qué fin lo decía; porque sabía de él que aunque se lo mandara con pena no fuera. Pues dadas las provisiones e instrucciones de lo que había de hacer, el Alonso de Grado le suplicó a Cortés que le hiciese merced de la vara de alguacil mayor, como la tenía el Juan Escalante que mataron los indios, y le dijo ya la había dado a Gonzalo de Sandoval, y que para él no le faltaría, el tiempo andando, otro oficio muy honroso, y que se fuese con Dios; y le encargó que mirase por los vecinos y los honrase, y a los indios amigos que no se les hiciese ningún agravio ni se les tomase cosa por fuerza, y que dos herreros que en aquella villa quedaban, y les había enviado a decir y mandar que luego hiciesen dos cadenas gruesas de hierro y anclas que sacaran de los navíos que dimos a través, que con brevedad las enviase, y que diese

prisa a la fortaleza que se acabase de enmaderar y cubrir de teja. Y como el Alonso de Grado llegó a la villa, mostró mucha gravedad con los vecinos, y queríase hacer servir dellos como gran señor, y a los pueblos que estaban de paz, que fueron más de treinta, los enviaba a demandar joyas de oro e indias hermosas; y en la fortaleza no se le daba nada de entender en ella, y en lo que gastaba el tiempo era en bien comer y en jugar; y sobre todo esto, que fue peor que lo pasado, secretamente convocaba a sus amigos y a los que no lo eran para que si viniese a aquella tierra Diego Velázquez de Cuba o cualquier su capitán, de darle la tierra a hacerse con él; todo lo cual muy en posta se lo hicieron saber por cartas a Cortés a México; y como lo supo, hubo enojo consigo mismo por haber enviado a Alonso de Grado conociéndole sus malas entrañas y condición dañada; y como Cortés tenía siempre en el pensamiento que Diego Velázquez, gobernador de Cuba, por una parte o por otra había de alcanzar a saber cómo habíamos enviado a nuestros procuradores a su majestad, y que no le acudiríamos a cosa ninguna, y que por ventura enviaría armada y capitanes contra nosotros parecióle que sería bien poner hombre de quien fiar el puerto y la villa, y envió a Gonzalo de Sandoval, que era alguacil mayor por muerte de Juan de Escalante, y llevó en su compañía a Pedro de Ircio, aquel de quien cuenta el cronista Gómara que iba a poblar a Pánuco. Y entonces el Pedro de Ircio fue a la villa; y tomó tanta amistad Gonzalo de Sandoval con él, porque el Pedro de Ircio, como había sido mozo de espuelas en la casa del conde de Ureña y de don Pedro Girón, siempre contaba lo que les había acontecido: y como el Gonzalo de Sandoval era de buena voluntad y no nada malicioso, y le contaba aquellos cuentos, tomó amistad con él, como dicho tengo, y siempre le hizo subir hasta ser capitán; y si en este tiempo de ahora fuera, algunas palabras mal dichas decía el Pedro de Ircio en lugar de gracias, que se las reprendía harto Gonzalo de Sandoval, que le castigarían por ellas por el santo oficio. Dejemos de contar vidas ajenas, y volvamos a Gonzalo de Sandoval, que llegó a la Villarrica, y luego envió preso a México con indios que lo guardasen a Alonso de Grado, porque así se lo mandó Cortés; y todos los vecinos querían mucho a Gonzalo de Sandoval, porque a los que halló que estaban enfermos los proveyó de comida lo mejor que podía y les mostró mucho amor, y a los pueblos de paz tenía en mucha justicia y los favorecía en todo lo que se les ofrecía, y en la fortaleza comenzó a enmaderar y tejar, y hacía todas las cosas como conviene hacer todo lo que los buenos capitanes son obligados; y fue harto provechoso a Cortés y a todos nosotros, como adelante verán en su tiempo y sazón. Dejemos a Sandoval en la Villarrica, y volvamos a Alonso de Grado, que llegó preso a México, y quería ir a hablar a Cortés, y no le consintió que apareciese delante de él, antes le mandó echar preso en un cepo de madera que entonces hicieron nuevamente. Acuérdome que olía la madera de aquel cepo como a sabor de ajos y cebollas, y estuvo preso dos días. Y como el Alonso de Grado era muy plático y hombre de muchos medios, hizo grandes ofrecimientos a Cortés que le sería muy servidor, y luego le soltó; y aun desde allí adelante vi que siempre privaba con Cortés, mas no para que le diese cargos de cosas de guerra, sino conforme a su condición; y aun el tiempo andando le dio la contaduría que solía tener Alonso de Ávila, porque en aquel tiempo envió al mismo Alonso de Ávila a la isla de Santo Domingo por procurador, según adelante diré en su coyuntura. No quiero dejar de traer aquí a la memoria cómo cuando Cortés envió a Gonzalo de Sandoval a la Villarrica por teniente y capitán y alguacil mayor, le mandó que así como llegase le enviase dos herreros con todos sus aderezos de fuelles y herramientas, y mucho hierro de los navíos que dimos a través, y las dos cadenas grandes de hierro, que estaban ya hechas, y que enviase velas y jarcias y pez y estopa y una aguja de marear, y todo otro cualquier aparejo para hacer dos bergantines para andar en la laguna de México; lo cual luego se lo envió el Sandoval muy cumplidamente, según y de la manera que lo mandó.

Capítulo XCVII. Cómo estando el gran Moctezuma preso, siempre Cortés y todos nuestros soldados le festejábamos y regocijábamos, y aun se le dio licencia para ir a sus cues
Como nuestro capitán en todo era muy diligente, y vio que el Moctezuma estaba preso, y por temor no se congojase con estar encerrado y detenido, procuraba cada día, después de haber rezado, que entonces no teníamos vino para decir misa, de irle a tener palacio, e iban con él cuatro capitanes, especialmente Pedro de Alvarado y Juan Velázquez de León y Diego de Ordás, y preguntaban al Moctezuma con mucha cortesía, y que mirase lo

que mandaba, que todo se haría, y que no tuviese congoja de su prisión; y le respondía que antes se holgaba de estar preso, y esto por que nuestros dioses nos daban poder para ello, o su Huichilobos lo permitía; y de plática en plática le dieron a entender por medio del fraile más por extenso las cosas de nuestra santa fe y el gran poder del emperador nuestro señor; y aun algunas veces jugaba el Moctezuma con Cortés al totoloque, que es un juego que ellos así le llaman, con unos bodoquillos chicos muy lisos que tenían hechos de oro para aquel juego, y tiraban con aquellos bodoquillos algo lejos a unos tejuelos que también eran de oro, y a cinco rayas ganaban o perdían ciertas piezas y joyas ricas que ponían. Acuérdome que tanteaba a Cortés Pedro de Alvarado, y al gran Moctezuma un sobrino suyo, gran señor; y el Pedro de Alvarado siempre tanteaba una raya de más de las que había Cortés, y el Moctezuma, como lo vio, decía con gracia y risa que no quería que le tantease a Cortés el Tonatio, que así llamaban al Pedro de Alvarado; porque hacía mucho ixixiol en lo que tanteaba, que quiere decir en su lengua que mentía, que echaba siempre una raya de más; y Cortés y todos nosotros los soldados que aquella sazón hacíamos guarda no podíamos estar de risa por lo que dijo el gran Moctezuma. Dirían ahora que por qué nos reímos de aquella palabra: es porque el Pedro de Alvarado, puesto que era de gentil cuerpo y buena manera, era vicioso en el hablar demasiado, y como le conocimos su condición, por esto nos reímos tanto. Y volvamos al juego: y si ganaba Cortés, daba las joyas a aquellos sus sobrinos y privados del Moctezuma que le servían; y si ganaba Moctezuma nos lo repartía a los soldados que le hacíamos guarda; y aun no contento por lo que nos daba del juego, no dejaba cada día de darnos presentes de oro y ropa, así a nosotros como al capitán de la guarda, que entonces era Juan Velázquez de León, y en todo se mostraba Juan Velázquez grande amigo y servidor de Moctezuma. También me acuerdo que era de la vela un soldado muy alto de cuerpo y bien dispuesto y de muy grandes fuerzas, que se decía fulano de Trujillo, y era hombre de la mar, y cuando le cabía el cuarto de la noche de la vela, era tan mal mirado, que hablando aquí con acato de los señores leyentes, daba unos traques, que le oyó el Moctezuma; y como era un rey destas tierras y tan valeroso, túvolo a mala crianza y desacato, que en parte que él lo oyose se hiciese tal cosa, sin tener respeto a su persona; y preguntó a su paje Orteguilla que quién era aquel mal criado y sucio, y dijo que era hombre que solía andar en la mar y que no sabe de policía y buena crianza, y también le dio a entender de la calidad de cada uno de los soldados que allí estábamos, cuál era caballero y cuál no, y le decía a la continua muchas cosas que el Moctezuma deseaba saber. Y volvamos a nuestro soldado Trujillo, que desque fue de día Moctezuma lo mandó llamar, y le dijo que por qué era de aquella condición, que sin tener miramiento a su persona, no tenía aquel acato debido; que le rogaba que otra vez no lo hiciese; y mandóle dar una joya de oro que pesaba 100 pesos: y al Trujillo no se le dio nada por lo que dijo, y otra noche adrede tiró otro traque, creyendo que le daría otra cosa; y el Moctezuma lo hizo saber a Juan Velázquez, capitán de la guarda, y mandó luego el capitán quitar a Trujillo que no velase más, y con palabras ásperas le reprendieron. También acaeció que otro soldado que se decía Pedro López, gran ballestero, y era hombre que no se le entendía mucho, y era bien dispuesto y velaba al Moctezuma, y sobre si era hora de tomar el cuarto o no tuvo palabras con un cuadrillero, y dijo: «Oh pesia tal con este perro, que por velarle a la continua estoy muy malo del estómago, para me morir»; y el Moctezuma oyó aquella palabra y pesóle en el alma, y cuando vino Cortés a tenerle palacio lo alcanzó a saber, y tomó tanto enojo de ello, que al Pedro López, con ser muy buen soldado, le mandó azotar dentro en nuestros aposentos; y desde allí adelante todos los soldados a quien cabía la vela, con mucho silencio y crianza estaban velando: puesto que no había menester mandarlo a mí, ni a otros soldados de nosotros que le velábamos, sobre este buen comedimiento que con aqueste gran cacique habíamos de tener; y él bien conocía a todos, y sabía nuestros nombres y aun cualidades; y era tan bueno, que a todos nos daba joyas, a todos mantas e indias hermosas. Y como en aquel tiempo era yo mancebo, y siempre que estaba en su guarda o pasaba delante dél con muy grande acato le quitaba mi bonete de armas, y aun le había dicho el paje Orteguilla que vine dos veces a descubrir esta Nueva España primero que Cortés, y yo le había hablado al Orteguilla que le quería demandar a Moctezuma que me hiciese merced de una india hermosa; y como lo supo el Moctezuma, me mandó llamar y me dijo: «Bernal Díaz del Castillo, hanme dicho que tenéis motolínea de oro y ropa; yo os mandaré dar hoy una buena moza; tratadla muy bien, que es hija de hombre principal; y también os darán oro y mantas». Yo le respondí con mucho acato que le besaba las manos por tan gran merced y que Dios nuestro señor le prosperase; y parece ser preguntó al paje que qué había respondido, y le declaró la respuesta; y díjole el Moctezuma: «De noble condición me parece Bernal Díaz»; porque a todos nos sabía nos nombres, como tengo dicho; y me mandó dar tres tejuelos de oro y dos cargas de mantas. Dejemos de hablar de esto, y digamos cómo por la mañana, cuando hacía sus oraciones y sacrificios a los ídolos, almorzaba poca cosa, y no era carne, sino ají, y estaba ocupado una hora en oír pleitos de muchas partes, de caciques que a él venían de lejas tierras. Ya he dicho otra vez en el capítulo que de ello habla, de la manera que entraban a negociar y el acato que le tenían, y cómo siempre estaban en su compañía en aquel tiempo para despachar negocios veinte hombres ancianos, que eran jueces; y porque está ya referido, no lo torno a referir; y entonces alcanzamos a saber que las muchas mujeres que tenía por amigas, casaba dellas con sus capitanes o personas principales muy privados, y aun dellas dió a nuestros soldados (y la que me dio a mí era una señora dellas, y bien se pareció en ella, que se dijo doña Francisca); y así se pasaba la vida, unas veces riendo y otras veces pensando en su prisión. Quiero aquí decir, puesto que no vaya a propósito de nuestra relación, porque me lo han preguntado algunas personas curiosas, que cómo, porque solamente el soldado por mí nombrado llamó perro al Moctezuma, aun no en su presencia, le mandó Cortés azotar, siendo tan pocos soldados como éramos, y que los indios tuviesen noticia dello. A esto digo que en aquel tiempo todos nosotros, y aun el mismo Cortés, cuando pasábamos delante del gran Moctezuma le hacíamos reverencia con los bonetes de armas, que siempre traíamos quitados, y él era tan bueno y tan bien mirado, que a todos nos hacía mucha honra; que, demás de ser rey desta Nueva España, su persona y condición lo merecía. Y demás de todo esto, si bien se considera la cosa en que estaban nuestras vidas, sino en solamente mandar a sus vasallos le sacasen de la prisión y darnos luego guerra, que en ver su presencia y real franqueza lo hicieran. Y como veíamos que tenía a la continua consigo muchos señores que le acompañaban, y venían de lejas tierras otros muchos más señores, y el gran palacio que le hacían y el gran número de gente que a la continua daba de comer y beber, ni más ni menos que cuando estaba sin prisión; todo esto considerándolo Cortés, hubo mucho enojo cuando lo supo que tal palabra le dijese, y como estaba airado dello, de repente le mandó castigar como dicho tengo; y fue bien empleado en él. Pasemos adelante y digamos que en aquel instante llegaron de la Villarrica indios cargados con las cadenas de hierro gruesas que Cortés había mandado hacer a los herreros. También trajeron todas las cosas pertenecientes para los bergantines, como dicho tengo; y así como fue traído se lo hizo saber al gran Moctezuma. Y dejarlo he aquí y diré lo que sobre ello pasó.

Capítulo XCVIII. Cómo Cortés mandó hacer dos bergantines de mucho sostén y veleros para andar en la laguna; y cómo el gran Moctezuma dijo a Cortés que le diese licencia para ir a hacer oración a sus templos, y lo que Cortés le dijo, y como te dio licencia

Pues como hubo llegado el aderezo necesario para hacer los bergantines, luego Cortés se lo fue a decir y a hacer saber a Moctezuma, que quería hacer dos navíos chicos para se andar holgando en la laguna; que mandase a sus carpinteros que fuesen a cortar la madera, y que irían con ellos nuestros maestros de hacer navíos, que se decían Martín López y un Alonso Núñez; y como la madera de roble está obra de cuatro leguas de allí, presto fue traída y dado el gálibo della; y como había muchos carpinteros de los indios, fueron de presto hechos y calafateados y breados, y puestas sus jarcias y velas a su tamaño y medida, y una tolda a cada uno; y salieron tan buenos y veleros como si estuvieran un mes en tomar los gálibos, porque el Martín López era muy extremado maestro, y éste fue el que hizo los trece bergantines para ayudar a ganar a México, como adelante diré, y fue un buen soldado para la guerra. Dejemos aparte esto, y diré cómo el Moctezuma dijo a Cortés que quería salir e ir a sus templos a hacer sacrificios y cumplir sus devociones, así para lo que a sus dioses era obligado como para que conozcan sus capitanes y principales, especial ciertos sobrinos suyos que cada día le vienen a decir le quieren soltar y darnos guerra, y que él les da por respuesta que él se huelga de estar con nosotros: porque crean que es como se lo han dicho, porque así se lo mandó su dios Huichilobos, como ya otra vez se lo ha hecho creer. Y cuanto a la licencia que le demandaba, Cortés le dijo que mirase que no hiciese cosa con que perdiese la vida, y que para ver si había algún descomedimiento, o mandaba a sus capitanes o papas que le soltasen o nos diesen guerra, que para aquel efecto enviaba capitanes y soldados para que luego le matasen a estocadas en sintiendo alguna novedad de su persona; y que vaya mucho en buena hora, y que no sacrificase ningunas personas, que era gran pecado contra nuestro Dios verdadero, que es el que le hemos predicado, y que allí estaban nuestros altares y la imagen de nuestra señora, ante quien podría hacer oración sin ir a su templo. Y el Moctezuma dijo que no sacrificaría ánima ninguna, y fue en sus muy ricas andas acompañado de grandes caciques con gran pompa, como solía, y llevaba delante sus insignias, que era como vara o bastón, que era la señal que iba allí su persona real, como hacen a los virreyes desta Nueva España; y con él iban para guardarle cuatro de nuestros capitanes, que se decían Juan Velázquez de León y Pedro de Alvarado y Alonso de Ávila y Francisco de Lugo, con ciento cincuenta soldados, y también iban con nosotros el padre de la Merced, para le retraer el sacrificio si le hiciese de hombres; y yendo como íbamos al cu de Huichilobos, ya que llegábamos cerca del maldito templo mandó que le sacasen de las andas, y fue arrimado a hombros de sus sobrinos y de otros caciques hasta que llegó al templo. Ya he dicho otras veces que por las calles por donde iba su persona todos los principales habían de llevar los ojos puestos en el suelo y no le miraban a la cara; y llegado a las gradas del adoratorio, estaban muchos papas aguardando para le ayudar a subir de los brazos, y ya le tenían sacrificados desde la noche anterior cuatro indios; y por más que nuestro capitán le decía, y se lo retraía el fraile de la Merced, no aprovechaba cosa ninguna, sino que había de matar hombres y muchachos para sacrificar; y no podíamos en aquella sazón hacer otra cosa sino disimular con él porque estaba muy revuelto México y otras grandes ciudades con los sobrinos de Moctezuma, como delante diré; y cuando hubo hecho sus sacrificios, porque no tardó mucho en hacerlos, nos volvimos con él a nuestros aposentos; y estaba muy alegre, y a los soldados que con él fuimos luego nos hizo merced de joyas de oro. Dejémoslo aquí, y diré lo que más pasó.

Capítulo XCIX. Cómo echamos los dos bergantines al agua, y cómo el gran Moctezuma dijo que quería ir a cazar; y fue en los bergantines hasta un peñol donde había muchos venados y caza; que no entraba a cazar en él persona ninguna, con grave pena

Como los dos bergantines fueron acabados de hacer y echados al agua, y puestos y aderezados con sus jarcias y mástiles, con sus banderas reales e imperiales, y apercibidos hombres de la mar para los marear, fueron en ellos al remo y vela, y eran muy buenos veleros. Y como Moctezuma lo supo, dijo a Cortés que quería ir a caza en la laguna a un peñol que estaba acotado, que no osaban entrar en él a montear por muy principales que fuesen, so pena de muerte; y Cortés le dijo que fuese mucho en buen hora, y que mirase lo que de antes le había dicho cuando fue a sus ídolos, que no era más su vida de revolver alguna cosa, y que en aquellos bergantines iría, que era mejor navegación ir en ellos que en sus canoas y piraguas, por grandes que sean; y el Moctezuma se holgó de ir en el bergantín más velero y metió consigo muchos señores y principales, y el otro bergantín fue lleno de caciques y un hijo de Moctezuma, y apercibió sus monteros que fuesen en canoas y piraguas. Cortés mandó a Juan Velázquez de León, que era capitán de la guarda, y a Pedro de Alvarado y a Cristóbal de Olí fuese con él, y Alonso de Ávila con doscientos soldados, que llevasen gran advertencia del cargo que les daba, y mirasen por el gran Moctezuma; y como todos estos capitanes que he nombrado eran de sangre en el ojo, metieron todos los soldados que he dicho, y cuatro tiros de bronce con toda la pólvora que había, con nuestros artilleros, que se decían Mesa y Arvenga, y se hizo un toldo muy emparamentado, según el tiempo; y allí entró Moctezuma con sus principales; y como en aquella sazón hizo el viento muy fresco, y los marineros se holgaban de contentar y agradar a Moctezuma, mareaban las velas de arte que iban volando, y las canoas en que iban sus monteros y principales quedaban atrás, por muchos remeros que llevaban. Holgábase el Moctezuma y decía que eran gran maestría la de las velas y remos todo junto; y llegó el peñol, que no era muy lejos, y mató toda la caza que quiso de venados y liebres y conejos, y volvió muy contento a la ciudad. Y cuando llegábamos cerca de México mandó Pedro de Alvarado y Juan Velázquez de León y los demás capitanes que disparasen el artillería, de que se holgó mucho Moctezuma, que, como le veíamos tan franco y bueno, le teníamos en el acato que se tienen los reyes destas partes, y él nos hacía lo mismo. Y si hubiese de contar las cosas y condición que él tenía de gran señor, y el acato y servicio que todos los señores de la Nueva España y de otras provincias le hacían, es para nunca acabar, porque cosa ninguna que mandaba que le trajesen, aunque fuese volando, que luego no le era traído; y esto dígolo porque un día estábamos tres de nuestros capitanes y ciertos soldados con el gran Moctezuma, y acaso abatióse un gavilán en unas salas como corredores por una codorniz; que cerca de las casas y palacios donde estaba el Moctezuma preso, estaban unas palomas y codornices mansas, porque por grandeza las tenía allí para criar el indio mayordomo que tenía cargo de barrer los aposentos; y como el gavilán se abatió y llevó presa, viéronlo nuestros capitanes, y dijo uno dellos, que se decía Francisco de Acevedo «el pulido», que fue maestresala del almirante de Castilla: «¡Oh qué lindo gavilán, y qué presa hizo, y tan buen vuelo tiene!». Y respondimos los demás soldados que era muy bueno, y que había en estas tierras muchas buenas aves de caza de volatería; y el Moctezuma estuvo mirando en lo que hablábamos, y preguntó a su paje Orteguilla sobre la plática, y le respondió que decíamos aquellos capitanes que el gavilán que entró a cazar era muy bueno, y que si tuviésemos otro como aquel que le mostrarían a venir a la mano, y que en el campo le echarían a cualquier ave, aunque fuese algo grande, y la mataría. Entonces dijo el Moctezuma: «Pues yo mandaré ahora que tomen aquel mismo gavilán, y veremos si lo amansan y cazan con él». Todos nosotros los que allí nos hallamos le quitamos las gorras de armas por la merced; y luego mandó llamar sus cazadores de volatería, y les dijo que le trajesen el mismo gavilán; y tal maña se dieron en le tomar, que a horas del Ave María vienen con el mismo gavilán, y le dieron a Francisco de Saucedo, y le mostró al señuelo; y porque luego se nos ofrecieron cosas en que iba más que la caza, se dejará aquí de hablar de ello. Y helo dicho porque era tan gran príncipe, que no solamente le traían tributos de todas las más partes de la Nueva España, y señoreaba tantas tierras, y en todas bien obedecido, que aun estando preso, sus vasallos temblaban de él, que hasta las aves que vuelan por el aire hacía tomar. Dejemos esto aparte, y digamos cómo la adversa fortuna vuelve de cuando en cuando su rueda. En aqueste tiempo tenían convocado entre los sobrinos y deudos del gran Moctezuma a otros muchos caciques y a toda la tierra para darnos guerra y soltar al Moctezuma, y alzarse algunos dellos por reyes de México; lo cual diré adelante.

Capítulo C. Cómo los sobrinos del grande Moctezuma andaban convocando y trayendo a sí las voluntades de otros señores para venir a México a sacar de la prisión al gran Moctezuma y echarnos de la ciudad

Como el Cacamatzin, señor de la ciudad de Texcoco, que después de México era la mayor y más principal ciudad que hay en la Nueva España, entendió que había muchos días que estaba preso su tío Moctezuma, y que en todo lo que nosotros podíamos nos íbamos señoreando, y aun alcanzó a saber que habíamos abierto la casa donde estaba el gran tesoro de su abuelo Axayaca, y que no habíamos tomado cosa ninguna dello; y antes que lo tomásemos acordó de convocar a todos los señores de Texcoco, sus vasallos, y al señor de Cuyoacán, que era su primo, y sobrino del Moctezuma, y al señor de Tacuba y al señor de Iztapalapa, y a otro cacique muy grande, señor de Matalcingo, que era pariente muy cercano de Moctezuma, y aun decían que le venía de derecho el reino y señorío de México, y este cacique era muy valiente por su persona entre los indios; pues andando concertando con ellos y con otros señores mexicanos que para tal día viniesen con todos sus poderes y nos diesen guerra, parece ser que el cacique que he dicho que era valiente por su persona, que no le sé el nombre, dijo que si le daban a él el señorío de México, pues venía de derecho, que él con toda su parentela, y los de una provincia que se dice Matalcingo, serían los primeros que vendrían con sus armas a nos echar de México, o no quedaría ninguno de nosotros a vida. Y el Cacamatzin parece ser respondió que a él le venía el cacicazgo y él había de ser rey, pues era sobrino de Moctezuma, y que si no quería venir, que sin él ni su gente haría la guerra. Por manera que ya tenía el Cacamatzin apercibidos los pueblos y señores por mí ya nombrados, y tenía concertado que para tal día viniesen sobre México, y con los señores que dentro estaban de su parte les darían lugar a la entrada; y andando en estos tratos, lo supo muy bien el Moctezuma por la parte de su gran deudo, que no quiso conceder en lo que Cacamatzin quería; y para mejor lo saber envió Moctezuma a llamar todos sus caciques y principales de aquella ciudad, y le dijeron cómo el Cacamatzin los andaba convocando a todos con palabras y dádivas para que le ayudasen a darnos guerra y soltar al tío. Y como Moctezuma era cuerdo y no quería ver su ciudad puesta en armas ni alborotos, se lo dijo a Cortés según y de la manera que pasaba, el cual alboroto sabía muy bien nuestro capitán y todos nosotros, mas no tan por entero como se lo dijo. Y el consejo que sobre ello tomó era, que nos diese de su gente mexicana e iríamos sobre Texcoco, y que le prenderíamos o destruiríamos aquella ciudad y sus comarcas. Y el Moctezuma no le cuadró este consejo; por manera que Cortés le envió a decir al Cacamatzin que se quitase de andar revolviendo guerra, que será causa de su perdición, y que le quiere tener por amigo, y que en todo lo que hubiese menester de su persona lo hará por él, y otros muchos cumplimientos. Y como el Cacamatzin era mancebo, y halló otros muchos de su parecer que le acudirían en la guerra, envió a decir a Cortés que ya había entendido sus palabras de halagos, que no las quería más oír, sino cuando le viese venir, que entonces le hablaría lo que quisiese. Tornó otra vez Cortés a le enviar a decir que mirase que no hiciese deservicio a nuestro rey y señor, que lo pagaría su persona y le quitaría la vida por ello; y respondió que ni conocía a rey, ni quisiera haber conocido a Cortés, que con palabras blandas prendió a su tío. Como envió aquella respuesta, nuestro capitán rogó a Moctezuma, pues era tan gran señor, y dentro en Texcoco tenía grandes caciques y parientes por capitanes, y no estaban bien con el Cacamatzin, por ser muy soberbio y malquisto; y pues allí en México con Moctezuma estaba un hermano del mismo Cacamatzin, mancebo de buena disposición, que estaba huido del propio hermano porque no le matase, que después del Cacamatzin heredaba el reino de Texcoco; que tuviese manera y concierto con todos los de Texcoco que prendiesen al Cacamatzin, o que secretamente le enviase a llamar, y que si viniese, que le echase mano y le tuviese en su poder hasta que estuviese más sosegado; y que pues que aquel su sobrino estaba en su casa huido por temor del hermano, y le sirve, que le alce luego por señor, y le quite el señorío al Cacamatzin, que está en su deservicio y anda revolviendo todas las ciudades y caciques de la tierra por señorear su ciudad y reino. Y el Moctezuma dijo que le enviaría luego a llamar; mas que sentía dél que no querría venir, y que si no viniese, que se tendría concierto con sus capitanes y parientes que le prendan; y Cortés le dio muchas gracias por ello, y aun le dijo: «Señor Moctezuma, bien podéis creer que si os queréis ir a vuestros palacios, que en vuestra mano está; que desde que tengo entendido que me tenéis buena voluntad y yo os quiero tanto, que no fuera yo de tal condición, que luego no os fuera acompañando para que os fuerais con toda vuestra caballería a vuestros palacios; y si lo he dejado de hacer, es por estos mis capitanes que os fueron a Prender, porque no quieren que os suelte, y porque vuestra merced dice que quiere estar preso por excusar las revueltas que vuestros sobrinos traen por haber en su poder esta ciudad y quitaros el mando»; y el Moctezuma dijo que se lo tenía en merced, y como iba entendiendo las palabras halagüeñas de Cortés y veía que lo decía, no por soltarle, sino probar su voluntad, y también Orteguilla, su paje, se lo había dicho a Moctezuma, que nuestros capitanes eran los que le aconsejaron que le prendiese, y que no creyese a Cortés, que sin ellos no le soltaría. Dijo el Moctezuma a Cortés que muy bien estaba preso hasta ver en qué paraban los tratos de sus sobrinos, y que luego quería enviar mensajeros a Cacamatzin rogándole que viniese ante él, que le quería hablar en amistades entre él y nosotros; y le envió a decir que de su prisión que no tenga él cuidado, que si se quisiese soltar, que muchos tiempos ha tenido para ello, y que Malinche le ha dicho dos veces que se vaya a sus palacios, y que él no quiere, por cumplir el mandado de sus dioses, que le han dicho que se esté preso, y que si no lo está, luego será muerto; y que esto que lo sabe muchos días ha de los papas que están en servicio de los ídolos; y que a esta causa será bien que tenga amistad con Malinche y sus hermanos. Y estas mismas palabras envió Moctezuma a decir a los capitanes de Texcoco, cómo enviaba a llamar a su sobrino para hacer las amistades, y que mirase no le trastornase su seso aquel mancebo, para tomar armas contra nosotros. Y dejemos esta plática, que muy bien la entendió el Cacamatzin: y sus principales entraron en consejo sobre lo que harían, y el Cacamatzin comenzó a bravear y que nos había de matar dentro de cuatro días, y que al tío, que era una gallina, por no darnos guerra cuando se lo aconsejaba al abajar la sierra de Chalco cuando tuvo allí buen aparejo con sus guarniciones, y que nos metió él por su persona en su ciudad, como si tuviera conocido que íbamos para hacerle algún bien; y que cuanto oro le han traído de sus tributos nos daba, y que le habíamos escalado y abierto la casa donde está el tesoro de su abuelo Axayaca, y que sobre todo esto le teníamos preso, y que ya le andábamos diciendo que quitasen los ídolos del gran Huichilobos, y que queríamos poner los nuestros; y que porque esto no viniese más mal, y para castigar tales cosas e injurias, que les rogaba que le ayudasen, pues todo lo que ha dicho han visto por sus ojos, y cómo quemamos los mismos capitanes del Moctezuma, y que ya no se puede compadecer otra cosa sino que todos juntos a una nos diesen guerra; y allí les prometió el Cacamatzin que si quedaba con el señorío de México que les había de hacer grandes señores, y también les dio muchas joyas de oro y les dijo que ya tenía concertado con sus primos, los señores de Coyoacan y de Iztapalapa y de Tacuba y otros deudos, que le ayudarían, y que en México tenía de su parte otras personas principales, que le darían entrada y ayuda a cualquiera hora que quisiese, y que unos por las calzadas, y todos los más en sus piraguas y canoas chicas por la laguna, podrían entrar, sin tener contrarios que se lo defendiesen, pues su tío estaba preso; y que no tuviesen miedo de nosotros, pues saben que pocos días habían pasado que en lo de Almería los mismos capitanes de su tío habían muerto muchos teules y un caballo, lo cual bien vieron la cabeza de un teule y el cuerpo del caballo; y que en una hora nos despacharían, y con nuestros cuerpos harían buenas fiestas y hartazgos. Y como hubo hecho aquel razonamiento, dicen miraban unos capitanes a otros para que hablasen los que solían hablar primero en cosas de guerra, y que cuatro o cinco capitanes le dijeron que ¿cómo habían de ir sin licencia de su gran señor Moctezuma y dar guerra en su propia casa y ciudad? Y que se lo envíen primero a hacer saber, y que si es consentidor, que irán con él de muy buena voluntad, y que de otra manera, que no le quieren ser traidores. Y pareció ser que el Cacamatzin se enojó con los capitanes que le dieron aquella respuesta, y mandó echar presos tres dellos; y como había allí en el consejo y junta que tenían otros sus deudos y ganosos de bullicios, dijeron que le ayudarían hasta morir. Y acordó de enviar a decir a su tío el gran

Moctezuma que había de tener empacho enviarle a decir que venga a tener amistad con quien tanto mal y deshonra le ha hecho, teniéndole preso; y que no es posible sino que nosotros éramos hechiceros y con hechizos le teníamos quitado su gran corazón y fuerza, o que nuestros dioses y la gran mujer de Castilla que les dijimos que era nuestra abogada nos da aquel gran poder para hacer lo que hacíamos; y en esto que dijo a la postre no lo erraba, que ciertamente la gran misericordia de Dios y su bendita madre nuestra señora nos ayudaba. Y volvamos a nuestra plática, que en lo que se resumió, fue enviar a decir que él venía a pesar nuestro y de su tío a nos hablar y matar; y cuando el gran Moctezuma oyó aquella respuesta tan desvergonzada, recibió mucho enojo, y luego en aquella hora envió a llamar seis de sus capitanes de mucha cuenta, y les dio su sello, y aun les dio ciertas joyas de oro, y les mandó que luego fuesen a Texcoco y que mostrasen secretamente aquel su sello a ciertos capitanes y parientes, que estaban muy mal con el Cacamatzin por ser muy soberbio, a que tuviesen tal orden y manera, que a él y a los que eran en su consejo los prendiesen y que luego se los trajesen delante. Y como fueron aquellos capitanes, y en Texcoco entendieron lo que el Moctezuma mandaba, y el Cacamatzin era malquisto, en sus propios palacios le prendieron, que estaba platicando con aquellos sus confederados en cosas de la guerra, y también trajeron otros cinco presos con él. Y como aquella ciudad está poblada junto a la gran laguna, aderezan una gran piragua con sus toldos y les meten en ella, y con gran copia de remeros los traen a México, y cuando hubo desembarcado le meten en sus ricas andas, como rey que era, y con gran acato le llevan ante Moctezuma; y parece ser estuvo hablando con su tío, y desvergonzósele más de lo que antes estaba, y supo Moctezuma de los conciertos en que andaba, que era alzarse por señor; lo cual alcanzó a saber más por entero de los demás prisioneros que le trajeron, y si enojado estaba de antes del sobrino, muy más lo estuvo entonces. Y luego se lo envió a nuestro capitán para que lo echase preso, y a los demás prisioneros mandó soltar; y luego Cortés fue a los palacios y al aposento de Moctezuma y le dio las gracias por tan gran merced; y se dio orden que se alzase por rey de Texcoco al mancebo que estaba en su compañía del Moctezuma, que también era su sobrino, hermano del Cacamatzin, que ya he dicho que por su temor estaba allí retraído al favor del tío porque no le matase, que era también heredero muy propincuo del reino de Texcoco; y para lo hacer solemnemente y con acuerdo de toda la ciudad, mandó Moctezuma que viniesen ante él los más principales de toda aquella provincia, y después de muy bien platicada la cosa, le alzaron por rey y señor de aquella gran ciudad, y se llamó don Carlos. Ya todo esto hecho, como los caciques y reyezuelos sobrinos del gran Moctezuma, que eran el señor de Coyoacan y el señor de Iztapalapa y el de Tacuba, vieron y oyeron las prisiones del Cacamatzin, y supieron que el Gran Moctezuma había sabido que ellos estaban en la conjuración para quitarle su reino y dárselo a Cacamatzin, temieron y no le venían a ver ni a hacer palacio como solían; y con acuerdo de Cortés, que le convocó y atrajo al Moctezuma para que los mandase prender, en ocho días todos estuvieron presos en la cadena gorda, que no poco se holgó nuestro capitán y todos nosotros. Miren los curiosos lectores en lo que andaban nuestras vidas, tratando de nos matar cada día y comer nuestras carnes, si la gran misericordia de Dios, que siempre era con nosotros, no nos socorría; y aquel buen Moctezuma a todas nuestras cosas daba buen corte; y miren qué gran señor era, que estando preso así era tan obedecido. Pues ya todo apaciguado y aquellos señores presos, siempre nuestro Cortés con otros capitanes y el fraile de la Merced, estaban teniéndole palacio, y en todo lo que podían le daban mucho placer, y burlaban, no de manera de desacato, que digo que no se sentaban Cortés ni ningún capitán hasta que el Moctezuma les mandaba dar sus asentaderos ricos y les mandaba asentar; y en esto era tan bien mirado, que todos le queríamos con gran amor, porque verdaderamente era gran señor en todas las cosas que le veíamos hacer. Y volviendo a nuestra plática, unas veces le daban a entender las cosas tocantes a nuestra santa fe, y se lo decía el fraile con el paje Orteguilla, que parece que le entraban ya algunas buenas razones en el corazón, pues las escuchaba con atención mejor que al principio. También le daban a entender el gran poder del emperador nuestro señor, y cómo le daban vasallaje muchos grandes señores que le obedecían, y de lejas tierras; y decíanle otras muchas cosas que él se holgaba de les oír, y otras veces jugaba Cortés con él al totoloque; y él, como no era nada escaso, nos daba, cada día, cual joyas de oro o mantas. Y dejaré de hablar en ello, y pasaré adelante.

Capítulo CI. Cómo el gran Moctezuma con muchos caciques y principales de la comarca dieron la obediencia a su majestad, y de otras cosas que sobre ello pasaron
Como el capitán Cortés vio que ya estaban presos aquellos reyecillos por mí nombrados, y todas las ciudades pacíficas, dijo a Moctezuma que dos veces le había enviado a decir, antes que entrásemos en México, que quería dar tributo a su majestad, y que pues ya había entendido el gran poder de nuestro rey y señor, y que de muchas tierras le dan parias y tributos, y le son sujetos muy grandes reyes, que será bien que él y todos sus vasallos le den la obediencia, porque así se tiene por costumbre, que primero se da la obediencia que den las parias y tributo. Y el Moctezuma dijo que juntaría sus vasallos y hablaría sobre ello; y en diez días se juntaron todos los más caciques de aquella comarca, y no vino aquel cacique pariente muy cercano del Moctezuma, que ya hemos dicho que decían que era muy esforzado; y en la presencia y cuerpo y miembros se le parecía bien: era algo atronado, y en aquella sazón estaba en un pueblo suyo que se decía Tula; y a este cacique, según decían, le venía el reino de México después de Moctezuma. Y como le llamaron, envió a decir que no quería venir ni dar tributo; que aun con lo que tiene de sus provincias no se puede sustentar: de la cual respuesta hubo enojo Moctezuma, y luego envió ciertos capitanes para que le prendiesen; como era gran señor y muy emparentado, tuvo aviso dello y metióse en su provincia, donde no le pudo haber por entonces. Y dejarlo he aquí, y diré que en la plática que tuvo el Moctezuma con todos los caciques de toda la tierra que había enviado a llamar, que después que les había hecho un parlamento sin estar Cortés ni ninguno de nosotros delante, salvo Orteguilla el paje, dicen que les dijo que mirasen que de muchos años pasados sabían por muy cierto, por lo que sus antepasados les habían dicho, y así lo tiene señalado en sus libros de cosas de memorias, que de donde sale el Sol habían de venir gentes que habían de señorear estas tierras, y que se había de acabar en aquella sazón el señorío y reino de los mexicanos; y que él tiene entendido, por lo que sus dioses le han dicho, que somos nosotros; y que se lo han preguntado a su Huichilobos los papas que lo declaren, y sobre ello les hacen sacrificios y no quiere res-

ponderles como suele; y lo que más les da a entender el Huichilobos es, que lo que les ha dicho otras veces, aquello da ahora por respuesta, y que no le pregunten más; así, que bien da a entender que demos la obediencia al rey de Castilla, cuyos vasallos dicen estos teules que son; y porque al presente no va nada en ello, y el tiempo andando veremos si tenemos otra mejor respuesta de nuestros dioses, y como viéremos el tiempo, así haremos. Lo que yo os mando y ruego, que todos de buena voluntad al presente se la demos, y contribuyamos con alguna señal de vasallaje, que presto os diré lo que más nos convenga; y porque ahora soe importunado de Malinche a ello, ninguno lo rehúse; y mirad que en dieciocho años que ha que soy vuestro señor, siempre me habéis sido muy leales, y yo os he enriquecido, y ensanchado vuestras tierras, y os he dado mandos y hacienda; y si ahora al presente nuestros dioses permiten que yo esté aquí detenido, no lo estuviera, sino que ya os he dicho muchas veces que mi gran Huichilobos me lo ha mandado. Y desque oyeron este razonamiento, todos dieron por respuesta que harían lo que mandase, y con muchas lágrimas y suspiros, y el Moctezuma mucha más; y luego envió a decir con un principal que para otro día darían la obediencia y vasallaje a su majestad. Después Moctezuma tornó a hablar con sus caciques sobre el caso, estando Cortés delante, y nuestros capitanes y muchos soldados, y Pedro Fernández, secretario de Cortés; y dieron la obediencia a su majestad, y con mucha tristeza que mostraron; y el Moctezuma no pudo sostener las lágrimas; y queríamoslo tanto y de buenas entrañas, que a nosotros de verle llorar se nos enternecieron los ojos, y soldado hubo que lloraba tanto como Moctezuma: tanto era el amor que le teníamos. Y dejarlo he aquí, y diré que siempre Cortés y el fraile de la Merced, que era bien entendido, estaban en los palacios de Moctezuma por alegrarle, atrayéndole a que dejase sus ídolos; y pasaré adelante.

Capítulo CII. Cómo nuestro Cortés procuró de saber de las minas del oro, y de qué calidad eran, y asimismo en qué ríos estaban, y qué puertos para navíos desde lo de Pánuco hasta lo de Tabasco, especialmente el río grande de Guazacualco, y lo que sobre ello pasó

Estando Cortés y otros capitanes con el gran Moctezuma, teniéndole palacio, entre otras pláticas que le decía con nuestras lenguas doña Marina y Jerónimo de Aguilar y Orteguilla, le preguntó que a qué parte eran las minas y en qué ríos, y cómo y de qué manera cogían el oro que le traían en granos, porque quería enviar a verlo dos de nuestros soldados grandes mineros. Y el Moctezuma dijo que de tres partes, y que donde más oro se solía traer que era de una provincia que se dice Zacatula, que es a la banda del sur, que está de aquella ciudad andadura de diez o doce días, y que lo cogían con unas jícaras, en que lavan la tierra, y que allí quedan unos granos menudos después de lavado; y que ahora al presente se lo traen de otra provincia que se dice Tuxtepec, cerca de donde desembarcamos, que es en la banda del norte, y que lo cogen de dos ríos; y que cerca de aquella provincia hay otras buenas minas, en parte que no son sujetos, que se dicen los chinantecas y zapotecas, y que no le obedecen; y que si quiere enviar sus soldados, que él daría principales que vayan con ellos; y Cortés le dio las gracias por ello, y luego despachó un piloto que se decía Gonzalo de Umbría, con otros dos soldados mineros, a lo de Zacatula. Aqueste Gonzalo de Umbría era al que Cortés mandó cortar los pies cuando ahorcó a Pedro Escudero y a Juan Cermeño y azotó los Peñates porque se alzaban en San Juan de Ulúa con el navío, según más largamente lo tengo escrito, en el capítulo que dello habla. Dejemos de contar más en lo pasado, y digamos cómo fueron con el Umbría, y se les dio de plazo para ir y volver cuarenta días. Y por la banda del norte despachó para ver las minas a un capitán que se decía Pizarro, mancebo de hasta veinticinco años; y a este Pizarro trataba Cortés como a pariente. En aquel tiempo no había fama del Perú ni se nombraban Pizarros en esta tierra; y con cuatro soldados mineros fue, y llevó de plazo otros cuarenta días para ir y volver, porque había desde México obra de ochenta leguas, y con cuatro principales mexicanos. Ya partidos para ver las minas, como dicho tengo, volvamos a decir cómo le dio el gran Moctezuma a nuestro capitán en un paño de henequén pintados y señalados muy al natural todos los ríos y ancones que había en la costa del norte desde Pánuco, hasta Tabasco, que son obra de ciento cuarenta leguas, y en ellos venía señalado el río de Guazacualco; y como ya sabíamos todos los puertos y ancones que señalaban en el paño que le dio Moctezuma, de cuando veníamos a descubrir con Grijalva, excepto el río de Guazacualco, que dijeron que era muy poderoso y hondo, acordó Cortés de enviar a ver qué era, y para hondar el puerto y la entrada. Y como uno de nuestros capitanes, que se decía Diego de Ordás, otras veces por mí nombrado, era hombre muy entendido y bien esforzado, dijo al capitán que él quería ir a ver aquel río y qué tierras había y qué manera de gente era, y que le diese hombres e indios principales que fuesen con él; y Cortés lo rehusaba, porque era hombre de buenos consejos y quería tenerlo en su compañía; y por no le descomplacer le dio licencia para que fuese; y el gran Moctezuma le dijo al Ordás que en lo de Guazacualco no llegaba su señorío, y que eran muy esforzados, y que parase a ver lo que hacía, y que si algo le aconteciese no le cargasen ni culpasen a él; y que antes de llegar a aquella provincia toparía con sus guarniciones de gente de guerra, que tenía en frontera, y que si los hubiese menester, que los llevase consigo; y dijo otros muchos cumplimientos. Y Cortés y el Diego de Ordás le dieron las gracias; y así, partió con dos de nuestros soldados y con otros principales que el Moctezuma les dio. Aquí es donde dice el cronista Francisco López de Gómara que iba Juan Velázquez con cien soldados a poblar a Guazacualco, y que Pedro de Ircio había ido a poblar a Pánuco; y porque ya estoy harto de mirar en lo que el cronista va fuera de lo que pasó, lo dejaré de decir, y diré lo que cada uno de los capitanes que nuestro Cortés envió hizo, y vinieron con muestras de oro.

Capítulo CIII. Cómo volvieron los capitanes que nuestro capitán envió a ver las minas y a hondar el puerto y río de Guazacualco
El primero que volvió a la ciudad de México a dar razón de a lo que Cortés los envió, fue Gonzalo de Umbría y sus compañeros, y trajeron obra de 300 pesos en granos, que sacaron delante de los indios de un pueblo que se dice Zacatula, que, según contaba el Umbría, los caciques de aquella provincia llevaron muchos indios a los ríos, y con unas como bateas chicas lavaban la tierra y cogían el oro, y era de dos ríos; y dijeron que si fuesen buenos mineros, y la lavasen como en la isla de Santo Domingo o como en la isla de Cuba, que serían ricas minas; y asimismo trajeron consigo

dos principales que envió aquella provincia, y trajeron un presente de oro hecho en joyas, que valdría 200 pesos, y a darse y ofrecerse por servidores de su majestad; y Cortés se holgó tanto con el oro como si fueran 30.000 pesos, en saber cierto que había buenas minas; y a los caciques que trajeron el presente les mostró mucho amor y les mandó dar cuentas verdes de Castilla, y con buenas palabras se volvieron a sus tierras muy contentos. Y decía el Umbría que no muy lejos de México había grandes poblaciones y otra provincia que se decía Matalcingo; y a lo que sentimos y vimos, el Umbría y sus compañeros vinieron ricos con mucho oro y bien aprovechados; que a este efecto le envió Cortés para hacer buen amigo de él por lo pasado que dicho tengo, que le mandó cortar los pies. Dejémosle, pues volvió con buen recaudo, y volvamos al capitán Diego de Ordás, que fue a ver el río de Guazacualco, que es sobre ciento y veinte leguas de México; y dijo que pasó por muy grandes pueblos; que allí los nombró, y que todos le hacían honra; y que en el camino de Guazacualco topó a las guarniciones de Moctezuma que estaban en frontera, y que todas aquellas comarcas se quejaban dellos, así de robos que les hacían, y les tomaban sus mujeres y les demandaban otros tributos. Y el Ordás, con los principales mexicanos que llevaba, reprendió a los capitanes de Moctezuma que tenían cargo de aquellas gentes, y les amenazaron que si más robaban, que se lo harían saber a su señor Moctezuma, y que enviaría por ellos y los castigaría, como hizo a Quetzalpopoca y sus compañeros porque habían robado los pueblos de nuestros amigos; y con estas palabras les metió temor; y luego fue camino de Guazacualco, y no llevó más de un principal mexicano; y cuando el cacique de aquella provincia, que se decía Tochel, suyo que iba, envió sus principales a le recibir, y le mostraron mucha voluntad, porque aquellos de aquella provincia, y todos tenían relación y noticia de nuestras personas, de cuando venimos a descubrir con Juan de Grijalva, según largamente lo he escrito en el capítulo pasado que dello habla; y volvamos ahora a decir que, como los caciques de Guazacualeo entendieron a lo que iba, luego le dieron muchas grandes canoas, y el mismo cacique Tochel, y con él otros muchos principales sondearon la boca del río, y hallaron tres brazas largas, sin la de caída, en lo más bajo; y entrados en el río un poco arriba, podían nadar grandes navíos, y mientras más arriba más hondo. Y junto a un pueblo que en aquella sazón estaba poblado de indios pueden estar carracas; y como el Ordás lo hubo sondeado y se vino con los caciques al pueblo, le dieron ciertas joyas de oro y una india hermosa, y se ofrecieron por servidores de su majestad, y se le quejaron de Moctezuma y de su guarnición de gente de guerra, y que había poco tiempo que tuvieron una batalla con ellos, y que cerca de un pueblo de pocas casas mataron los de aquella provincia a los mexicanos muchas de sus gentes, y por aquella causa llaman hoy en día, donde aquella guerra pasó, Cuilonemiqui, que en su lengua quiere decir «donde mataron los putos mexicanos»; y el Ordás les dio muchas gracias por la honra que había recibido, y les dio ciertas cuentas de Castilla que llevaba para aquel efecto, y se volvió a México, y fue alegremente recibido de Cortés y de todos nosotros; y decía que era buena tierra para ganados y granjerías, y el puerto a pique para las islas de Cuba y de Santo Domingo y de Jamaica, excepto que era lejos de México y había grandes ciénagas. Y a esta causa nunca tuvimos confianza del puerto para el descargo y trato de México. Dejemos al Ordás, y digamos del capitán Pizarro y sus compañeros, que fueron en lo de Tuxtepec a buscar oro y ver las minas, que volvió el Pizarro con un soldado solo a dar cuentas a Cortés, y trajeron sobre 1.000 pesos de granos de oro sacado de las minas, y dijeron que en la provincia de Tuxtepec y Malinaltepeque y otros pueblos comarcanos fue a los ríos con mucha gente que le dieron, y cogieron la tercia parte del oro que allí traían, y que fueron en las sierras más arriba a otra provincia que se dice los chinantecas, y como llegaron a su tierra, que salieron muchos indios con armas, que son unas lanzas mayores que las nuestras, y arcos y flechas y pavesinas, y dijeron que ni un indio mexicano no les entrase en su tierra; si no, que los matarían, y que los teules que vayan mucho en buen hora; y así, fueron, y se quedaron los mexicanos que no pasaron adelante; y cuando los caciques de Chinanta entendieron a lo que iban, juntaron copia de sus gentes para lavar oro, y le llevaron a unos ríos, donde cogieron el demás oro que venía por su parte en granos crespillos, porque dijeron los mineros que aquello era de más duraderas minas, como de nacimiento; y también trajo el capitán Pizarro dos caciques de aquella tierra, que vinieron a ofrecerse por vasallos de su majestad y tener nuestra amistad, y aun trajeron un presente de oro; y todos aquellos caciques a una decían mucho mal de los mexicanos, que eran tan aborrecidos de aquellas provincias por los robos que les harían, que no podían ver, ni aun mentar sus nombres. Cortés recibió bien al Pizarro y a los principales que traía, y tomó el presente que le dieron, y porque ha muchos años ya pasados, no me acuerdo qué tanto era; y se ofreció con buenas palabras que le ayudaría y sería su amigo de los chinantecas, y les mandó que fuesen a su provincia; y porque no recibiesen algunas molestias en el camino, mandó a dos principales mexicanos que los pusiesen en sus tierras, y que no se quitasen dellos hasta que estuviesen en salvo; y fueron muy contentos. Volvamos a nuestra plática: que preguntó Cortés por los demás soldados que había llevado el Pizarro en su compañía, que se decían Barrientos y Heredia «el viejo» y Escalona «el mozo» y Cervantes «el chocarrero»; y dijo que porque les pareció muy bien aquella tierra y era rica de minas, y los pueblos por donde fuimos muy de paz, les mandó que hiciesen una gran estancia de cacaguatales y maizales y pusiesen muchas aves de la tierra y otras granjerías que había de algodón, y que desde allí fuesen catando todos los ríos y viesen qué minas había. Y puesto que Cortés calló por entonces, no se lo tuvo a bien a su pariente haber salido de su mandado, y supimos que en secreto riñó mucho con él sobre ello, y le dijo que era de poca calidad querer entender en cosas de criar aves y cacaguatales; y luego envió otro soldado que se decía Alonso Luis a llamar los demás que había dejado el Pizarro, y para que luego viniesen llevó un mandamiento; y lo que aquellos soldados hicieron diré adelante en su tiempo y lugar.

Capítulo CIV. Cómo Cortés dijo al gran Moctezuma que mandase a todos los caciques que tributasen a su majestad, pues comúnmente sabían que tenían oro, y lo que sobre ellos se hizo

Pues como el capitán Diego de Ordás y los soldados por mí ya nombrados vinieron con muestras de oro y relación que toda la tierra era rica, Cortés, con consejo del Ordás y de otros capitanes y soldados, acordó de decir y demandar al Moctezuma que todos los caciques y pueblos de la tierra tributasen a su majestad, y que él mismo, como gran señor, también tributase y diese de sus tesoros; y respondió que él enviaría por todos los pueblos a demandar oro, mas que muchos dellos no lo alcanzaban, sino joyas de poca valía que habían habido de sus antepasados; y de presto envió principales a las partes donde había minas, y les mandó que diese cada uno tantos tejuelos de oro fino del tamaño y gordor de otros que le solían tributar, y llevaban para muestras dos tejuelos, y de otras partes no le traían sino joyezuelas de poca valía. También envió a la provincia donde era cacique y señor aquel su pariente muy cercano que no le quería obedecer, que estaba de México obra de doce leguas; y la respuesta que le trajeron los mensajeros fue, que decía que no quería dar ni oro ni obedecer al Moctezuma, y que también él era señor de México y le venía el señorío como al mismo Moctezuma que le enviaba a pedir tributo. Y como esto oyó el Moctezuma, tuvo tanto enojo, que de presto envió su señal y sello y con buenos capitanes para que se lo trajesen preso; y venido a su presencia el pariente, le habló muy desacatadamente y sin ningún temor, o de muy esforzado, o decían que tenía ramos de locura, porque era como atronado; todo lo cual alcanzó a saber Cortés, y envió a pedir por merced al Moctezuma que se lo diese, que él lo quería guardar: porque, según le dijeron, le había mandado matar el Moctezuma; y traído ante Cortés, le habló muy amorosamente, y que no fuese loco contra su señor, y que lo quería soltar. Y Moctezuma cuando lo supo dijo que no lo soltase, sino que lo echasen en la cadena gorda, como a los otros reyezuelos por mí ya nombrados. Tornemos a decir que en obra de veinte días vinieron todos los principales que Moctezuma había enviado a cobrar los tributos del oro, que dicho tengo. Y así como vinieron, envió a llamar a Cortés y a nuestros capitanes y ciertos soldados que conocía que éramos de guarda, y dijo estas palabras formales, o otras como ellas: «Hágoos saber, señor Malinche y señores capitanes y soldados, que a vuestro gran rey yo le soy en cargo y le tengo buena voluntad, así por señor y tan gran señor; como por haber enviado de tan lejas tierras a saber de mí; y lo que más se me pone en el pensamiento es, que él ha de ser el que nos ha de señorear, según nuestros antepasados nos han dicho, y aun nuestros dioses nos dan a entender por las respuestas que dellos tenemos; toma ese oro que se ha recogido, y por ser de prisa no se trae más; y lo que yo tengo aparejado para el emperador es todo el tesoro que he habido de mi padre, que está en vuestro poder y aposento, que bien sé que luego que aquí vinistes, abristes la casa y lo vistes y miraste todo, y la tornastes a cerrar como de antes estaba; y cuando se lo enviaréis, decidle en vuestros amales y cartas: "Esto os envía vuestro buen vasallo Moctezuma"; y también yo os daré unas piedras muy ricas, que le enviéis en mi nombre, que son chalchihuites, que no son para dar a otras personas, sino para ese vuestro gran emperador, que vale cada una piedra dos cargas de oro. También le quiero enviar tres cerbatanas con sus esqueros y bodoqueras, que tienen tales obras de pedrería, que se holgará de verlas; y también yo quiero dar lo que tuviere, aunque es poco, porque todo el más oro y joyas que tenía os he dado en veces». Y cuando le oyó Cortés y todos nosotros, estuvimos espantados de la gran bondad y liberalidad del gran Moctezuma, y con mucho acato le quitamos todos las gorras de armas, y le dijimos que se lo teníamos en merced, y con palabras de mucho amor le prometió Cortés que escribiríamos a su majestad de la magnificencia y franqueza del oro que nos dio en su real nombre. Y después que tuvimos otras pláticas de buenos comedimientos, luego en aquella hora envió Moctezuma sus mayordomos para entregar todo el tesoro de oro y riqueza que estaba en aquella sala encalada; y para verlo y quitarlo de sus bordaduras y donde estaba engastado tardamos tres días, y aun para lo quitar y deshacer vinieron los plateros de Moctezuma, de un pueblo que se dice Escapuzalco. Y digo que era tanto, que después de deshecho eran tres montones de oro; y pesado, hubo en ellos sobre 600.000 pesos, como adelante diré, sin la plata y otras muchas riquezas. Y no cuento con ello las planchas, y tejuelos de oro y el oro en grano de las minas; y se comenzó a fundir con los plateros indios que dicho tengo, naturales de Escapuzalco, y se hicieron unas barras muy anchas dello, como medida de tres dedos de la mano de anchor de cada una barra. Pues ya fundido y hecho barras, traen otro presente por sí de lo que el gran Moctezuma había dicho que daría, que fue cosa de admiración ver tanto oro y las riquezas de otras joyas que trajo. Pues las piedras chalchihuites, que eran tan ricas algunas dellas, que valían entre los mismos caciques mucha cantidad de oro; pues las tres cerbatanas con sus bodoqueros, los engantes que tenía de piedras y perlas, y las pinturas de pluma y de pajaritos llenos de aljófar, y otras aves, todo era de gran valor. Dejamos de decir de penachos y plumas y otras muchas cosas ricas, que es para nunca acabar de traerlo aquí a la memoria; digamos ahora cómo se marcó todo el oro que dicho tengo, con una marca de hierro que mandó hacer Cortés, y los oficiales del rey proveídos por Cortés, y de acuerdo de todos nosotros, en nombre de su majestad, hasta que otra cosa mandase; y la marca fue las armas reales como de un real y del tamaño de un tostón de a cuatro; y esto sin las joyas ricas que nos pareció que no eran para deshacer; pues para pesar todas estas barras de oro y plata y las joyas que quedaron por deshacer no teníamos pesas de marcos ni balanza, y pareció a Cortés y a los mismos oficiales de la hacienda de su majestad que sería bien hacer de hierro unas pesas de hasta una arroba, y otras de media arroba, y de dos libras, y de una libra, y de media libra y de cuatro onzas; y esto no para que viniese muy justo, sino media onza más o menos en cada peso que pesaba. Y de cuanto pesó, dijeron los oficiales del rey que había en el oro, así en lo que estaba hecho arrobas como en los granos de las minas y en los tejuelos y joyas, más de 600.000 pesos, sin la plata y otras muchas joyas que se dejaron de evaluar; y algunos soldados decían más. Y como ya no había que hacer en ello sino sacar el real quinto y dar a cada capitán y soldado nuestras partes, y a los que quedaban en el puerto de la Villarrica también las suyas, parece ser Cortés procuraba de no lo repartir tan presto, hasta que hubiese más oro y hubiese buenas pesas y razón y cuenta de a cómo salían; y todos los más soldados y capitanes dijimos que luego se repartiese, porque habíamos visto que cuando se deshacían las piezas del tesoro de Moctezuma estaba en los montones que he dicho mucho más oro, y que faltaba la tercia parte dello, que lo tomaban y escondían, así por la parte de Cortés como de los capitanes y otros que no se sabía, y se iba menoscabando; y a poder de muchas pláticas se pesó lo que quedaba y hallaron sobre 600.000 pesos, sin las joyas y tejuelos, y para otro día habían de dar las partes. Y diré cómo lo repartieron, y todo lo más se quedó con ello el capitán Cortés y otras personas, y lo que sobre ello se hizo diré adelante.

Capítulo CV. Cómo se repartió el oro que hubimos, así de lo que dio el gran Moctezuma como de lo que se recogió de los pueblos, y de lo que sobre ello acaeció a un soldado
Lo primero se sacó el real quinto, y luego Cortés dijo que le sacasen a él otro quinto como a su majestad, pues se lo prometimos en el arenal cuando le

alzamos por capitán general y justicia mayor, como ya lo he dicho en el capítulo que dello habla. Luego tras esto dijo que había hecho cierta costa en la isla de Cuba que gastó en la armada, que lo sacasen de montón; y además desto, que se apartase del mismo montón la costa que había hecho Diego Velázquez en los navíos que dimos a través con ellos, pues todos fuimos en ello; y tras esto, para los procuradores que fueron a Castilla. Y demás desto, para los que quedaron en la Villarrica, que eran setenta vecinos, y para el caballo que se le murió y para la yegua de Juan Sedeño, que mataron en lo de Tlaxcala de una cuchillada; pues para el fraile de la Merced y el clérigo Juan Díaz y los capitanes y los que traían caballos, dobles partes; escopeteros y ballesteros por el consiguiente, y otras sacaliñas; de manera que quedaba muy poco de parte, y por ser tan poco muchos soldados hubo que no lo quisieron recibir; y con todo se quedaba Cortés, pues en aquel tiempo no podíamos hacer otra cosa sino callar, porque demandar justicia sobre ello era por demás; y otros soldados hubo que tomaron sus partes a 100 pesos, y daban voces por lo demás; y Cortés secretamente daba a unos y a otros por vía que les hacía merced por contentarlos, y con buenas palabras que les decía, sufrían. Pues vamos a las partes que daban a los de Villarrica, que se lo mandó llevar a Tlaxcala para que allí se lo guardase; y como ello fue mal repartido, en tal paró todo, como adelante diré en su tiempo. En aquella sazón muchos de nuestros capitanes mandaron hacer cadenas de oro muy grandes a los plateros del gran Moctezuma, que ya he dicho que tenía un gran pueblo dellos, media legua de México, que se dice Escapuzalco; y asimismo Cortés mandó hacer muchas joyas y gran servicio de vajilla y algunos de nuestros soldados que habían henchido las manos; por manera que ya andaban públicamente muchos tejuelos de oro marcado y por marcar, y joyas de muchas diversidades de hechuras, y el juego largo, con unos naipes que hacían de cuero de atambores, tan buenos y tan bien pintados como los de España; los cuales naipes hacía un Pedro Valenciano, y desta manera estábamos. Dejemos de hablar en el oro y de lo mal que se repartió y peor se gozó, y diré lo que a un soldado que se decía fulano de Cárdenas le acaeció. Parece ser que aquel soldado era piloto y hombre de la mar, natural de Triana y del Condado; el pobre tenía en su tierra mujer e hijos, y como a muchos nos acaece, debería de estar pobre, y vino a buscar la vida para volverse a su mujer e hijos; y como había visto tanta riqueza en oro en planchas y en granos de las minas y tejuelos y barras fundidas, y al repartir dello vio que no le daban sino 100 pesos, cayó malo de pensamiento y tristeza; y un su amigo, como le veía cada día tan pensativo y malo, íbale a ver y decíale que de qué estaba de aquella manera y suspiraba tanto; y respondió el piloto Cárdenas: «¡Oh cuerpo de tal conmigo! ¡Yo no he de estar malo viendo que Cortés así se lleva todo el oro, y como rey lleva quinto, y ha sacado para el caballo que se le murió y para los navíos de Diego Velázquez y para otras muchas trancanillas, y que muera mi mujer e hijos de hambre, pudiéndolos socorrer cuando fueron los procuradores con nuestras cartas, y le enviamos todo el oro y plata que habíamos habido en aquel tiempo!». Y respondió aquel su amigo: «Pues ¿qué oro teníades vos para les enviar?». Y el Cárdenas dijo: «Si Cortés me diera mi parte de lo que me cabía, con ello se sostuviera mi mujer e hijos, y aun les sobraba; mas mirad qué embuste tuvo hacernos firmar que sirviésemos a su majestad con nuestras partes, y sacar del oro para su padre Martín Cortés 6.000 pesos y lo que escondió; y yo y otros pobres que estamos de noche y de día batallando, como habéis visto en las guerras pasadas de Tabasco y Tlaxcala y lo de Cingapacinga y Cholula, y agora estar en tan grandes peligros como estamos, y cada día la muerte al ojo si se levantasen en esta ciudad: y que se alce con todo el oro y que lleve quinto como rey». Y dijo otras palabras sobre ello, y que tal quinto no le habíamos de dejar sacar, ni tener tantos reyes, sino solamente a su majestad. Y replicó su compañero y dijo: «Pues ¿esos cuidados os matan, y ahora veis que todo lo que traen los caciques y Moctezuma se consume en él» uno en papo y otro en saco y otro so el sobaco, «y allá va todo donde quiere Cortés y estos nuestros capitanes, que hasta el bastimento todo lo llevan? Por eso dejaos desos pensamientos, y rogad a Dios que en esta ciudad no perdamos las vidas»; y así, cesaron sus pláticas, las cuales alcanzó a saber Cortés; y como le decían que había muchos soldados descontentos por las partes del oro y de lo que habían hurtado del montón, acordó de hacer a todos un parlamento con palabras muy melifluas, y dijo que todo lo que tenía era para nosotros; que él no quería quinto, sino la parte que le cabe de capitán general, y cualquiera que hubiese menester algo que se lo daría; y aquel oro que habíamos habido que era un poco de aire; que mirásemos las grandes ciudades que hay y ricas minas, que todos seríamos señores dellas, y muy prósperos y ricos; y dijo otras razones muy bien dichas, que las sabía bien proponer. Y demás desto, a ciertos soldados secretamente daba joyas de oro, y a otros hacía grandes promesas, y mandó que los bastimentos que traían los mayordomos de Moctezuma que lo repartiesen entre todos los soldados como a su persona; y además desto, llamó aparte al Cárdenas y con palabras le halagó, y le prometió que en los primeros navíos le enviaría a Castilla a su mujer e hijos, y le dio 300 pesos, y así quedó contento. Y quedarse ha aquí, y diré cuando venga a coyuntura lo que al Cárdenas acaeció cuando fue a Castilla, y cómo le fue muy contrario a Cortés en los negocios que tuvo ante su majestad.

Capítulo CVI. Cómo hubieron palabras Juan Velázquez de León y el tesorero Gregorio Mejía sobre el oro que faltaba de los montones antes que se fundiese, y lo que Cortés hizo sobre ello
Como el oro comúnmente todos los hombres lo deseamos, y mientras unos más tienen más quieren, aconteció que, como faltaban muchas piezas de oro conocidas de los montones, ya otra vez por mí dicho, y Juan Velázquez de León en aquel tiempo hacía labrar a los indios de Escapuzalco, que eran todos plateros del gran Moctezuma, grandes cadenas de oro y otras piezas de vajillas para su servicio; y como Gonzalo Mejías, que era tesorero, le dijo secretamente que se las diese, pues no estaban quintadas y eran conocidamente de las que había dado el Moctezuma; y el Juan Velázquez de León, que era muy privado de Cortés, dijo que no le quería dar ninguna cosa, y que no había tomado de lo que estaba allegado ni de otra parte ninguna, salvo que Cortés se las había dado antes que se hiciesen barras; y el Gonzalo Mejía respondió que bastaba lo que Cortés había escondido y tomado a los compañeros, y todavía como tesoro demandaba mucho oro, que no se había pagado el real quinto, y de palabras en palabras se desmandaron y vinieron a echar mano a las espadas, y si de presto no los metiéramos en paz, entrambos a dos acabaran allí sus vidas, porque eran personas de mucho ser y valientes por las armas; y salieron heridos cada uno con dos heridas. Y como Cortés lo supo, los mandó echar presos cada

uno en una cadena gruesa, y parece ser, según muchos soldados dijeron, que secretamente habló Cortés al Juan Velázquez de León como era mucho su amigo, que estuviese preso dos días en la misma cadena, y que sacarían de la prisión al Gonzalo Mejía, como a tesorero; y esto lo hacía Cortés porque viésemos todos los capitanes y soldados que hacía justicia, que, con ser el Juan Velázquez uña y carne del mismo capitán, le tenía preso. Y porque pasaron otras cosas acerca del Gonzalo Mejía, que dijo a Cortés que tomaba escondido sobre él mucho oro que faltaba, y que se le quejaban dello todos los soldados porque no se lo demandaba al mismo capitán Cortés, pues era tesorero y estaba a su cargo; porque es larga relación, lo dejaré de decir. Y diré que, como el Juan Velázquez de León estaba preso en una sala cerca del Moctezuma y su aposento, en una cadena gorda, y como el Juan Velázquez era hombre de gran cuerpo y muy membrudo, y cuando se paseaba por la sala llevaba la cadena arrastrando y hacía gran sonido, que lo oía el Moctezuma, preguntó al paje Orteguilla que a quién tenía preso Cortés en las cadenas, y el paje le dijo que era a Juan Velázquez, el que solía tener guarda de su persona, porque ya en aquella sazón no lo era, sino Cristóbal de Olí; y preguntó que por qué causa, y el paje le dijo que por cierto oro que faltaba. Y aquel mismo día fue Cortés a tener palacio al Moctezuma, y después de las cortesías acostumbradas y de las palabras que entre ellos pasaron, preguntó el Moctezuma a Cortés que por qué tenía preso a Juan Velázquez, siendo buen capitán y muy esforzado; porque el Moctezuma, como he dicho otras veces, bien conocía a todos nosotros y aun nuestras calidades; y Cortés le dijo medio riendo que porque era tabanillo, que quiere decir loco, y que porque no le dan mucho oro quiere ir por sus pueblos y ciudades a demandarlo a los caciques, y porque no mate a alguno, por esta causa lo tiene preso; y el Moctezuma respondió que le pedía por merced que le soltase, y que él enviaría a buscar más oro y le daría de lo suyo; y Cortés hacía como que se le hacía de mal el soltarlo, y dijo que sí haría por complacer al Moctezuma; y paréceme que lo sentenció en que fuese desterrado del real y fuese a un pueblo que se decía Cholula, con mensajero del Moctezuma, a demandar oro, y primero los hizo amigos al Gonzalo Mejía y al Juan Velázquez, y vi que dentro de seis días volvió de cumplir su destierro, y desde allí adelante el Gonzalo Mejía y Cortés no se llevaron bien, y el Juan Velázquez vino con más oro. He traído esto aquí a la memoria, aunque vaya fuera de nuestra relación, porque vean que Cortés, so color de hacer justicia porque todos le temiésemos, era con grandes mañas. Y dejarémoslo aquí.

Capítulo CVII. Cómo el gran Moctezuma dijo a Cortés que le quería dar una hija de las suyas para que se casase con ella, y lo que Cortés le respondió, y todavía la tomó, y la servían y honraban como hija de tal señor

Como otras muchas veces he dicho, siempre Cortés y todos nosotros procurábamos de agradar y servir a Moctezuma y tenerle palacio; y un día le dijo el Moctezuma: «Mirad, Malinche, qué tanto os amo, que os quiero dar una hija mía muy hermosa para que os caséis con ella y la tengáis por vuestra legítima mujer»; y Cortés se quitó la gorra por la merced, y dijo que era gran merced la que le hacía; mas que era casado y tenía mujer, y que entre nosotros no podemos tener más de una mujer, y que él la tenía en aquel agrado que hija de tan gran señor merece, y que primero quiere se vuelva cristiana, como son otras señoras hijas de señores; y Moctezuma lo hubo por bien, y siempre mostraba el gran Moctezuma su acostumbrada voluntad; y de un día en otro no cesaba Moctezuma sus sacrificios y de matar en ellos indios y Cortés se lo retraía, y no aprovechaba cosa ninguna, hasta que tomó consejo con nuestros capitanes qué haríamos en aquel caso, porque no se atrevía a poner remedio en ello por no revolver la ciudad y a los papas que estaban en el Huichilobos; y el consejo que sobre ello se dio por nuestros capitanes y soldados, que hiciese que quería ir a derrocar los ídolos del alto cu de Huichilobos, y si viésemos que se ponía en defenderlo o que se alborotaban, que le demandase licencia para hacer un altar en una parte del gran cu, y poner un crucifijo y una imagen de nuestra señora; y como esto se acordó, fue Cortés a los palacios adonde estaba preso Moctezuma, y llevó consigo siete capitanes y soldados, y dijo al Moctezuma: «Señor, ya muchas veces he dicho a vuestra merced que no sacrifiquéis más ánimas a estos vuestros dioses, que os traen engañados, y no lo queréis hacer; hágoos, señor, saber que todos mis compañeros y estos capitanes que conmigo vienen, os vienen a pedir por merced que les deis licencia para los quitar de allí, y pondremos a nuestra señora Santa María y una cruz; y que si ahora no les dais licencia, que ellos irán a los quitar, y no querrían que matasen algún papa». Y cuando el Moctezuma oyó aquellas palabras y vio ir a los capitanes algo alterados, dijo: «¡Oh Malinche, y cómo nos queréis echar a perder a toda esta ciudad! Porque estarán muy enojados nuestros dioses contra nosotros, y aun vuestras vidas no sé en qué pararán. Lo que os ruego, que ahora al presente os sufráis, que yo enviaré a llamar a todos los papas y veré su respuesta». Y como aquello oyó Cortés, hizo un ademán que quería hablar muy en secreto al Moctezuma, y que no estuviesen presentes nuestros capitanes que llevaba en su compañía, a los cuales mandó que le dejasen solo, y los mandó salir; y como se salieron de la sala dijo al Moctezuma que porque no se hiciese alboroto, ni los papas lo tuviesen a mal derrocarle sus ídolos, que él trataría con los mismos nuestros capitanes que no se hiciese tal cosa, con tal que en un apartamiento del gran cu hiciésemos un altar para poner la imagen de nuestra señora y una cruz, y que el tiempo andando verían cuán buenos y provechosos son para sus ánimas y para darles la salud y buenas sementeras y prosperidades; y el Moctezuma, puesto que con suspiros y semblante muy triste, dijo que él lo trataría con los papas. Y en fin da muchas palabras que sobre ello hubo, se puso nuestro altar apartado de sus malditos ídolos, y la imagen de nuestra señora y una cruz, y con mucha devoción, y todos dando gracias a Dios, dijeron misa cantada el padre de la Merced, y ayudaba a la misa el clérigo Juan Díaz y muchos de los nuestros soldados; y allí mandó poner nuestro capitán a un soldado viejo para que tuviese guarda en ello, y rogó al Moctezuma que mandase a los papas que no tocasen en ello, salvo para barrer y quemar incienso y poner candelas de cera ardiendo de noche y de día, y enramarlo y poner flores. Y dejarlo he aquí, y diré lo que sobre ello avino.

Capítulo CVIII. Cómo el gran Moctezuma dijo a nuestro capitán Cortés que se saliese de México con todos los soldados, porque se querían levantar todos los caciques y papas y darnos guerra hasta matarnos, porque así estaba

acordado y dado consejo por sus ídolos; y lo que Cortés sobre ello hizo

Como siempre a la continua nunca nos faltaban sobresaltos, y de tal calidad, que eran para acabar las vidas en ello si nuestro señor Dios no lo remediara, y fue que, como habíamos puesto en el gran cu en el altar que hicimos la imagen de nuestra señora y la cruz, y se dijo el santo evangelio y misa, parece ser que los Huichilobos y el Tezcatepuca hablaron con los papas, y les dijeron que se querían ir de su provincia, pues tan mal tratados eran de los teules, y que adonde están aquellas figuras y cruz que no quieren estar, y que ellos no estarían allí si no nos mataban, y que aquello les daban por respuesta, y que no curasen de tener otra; y que se lo dijesen a Moctezuma y a todos sus capitanes, que luego comenzasen la guerra y nos matasen; y les dijo el ídolo que mirasen que todo el oro que solían tener para honrarlos lo habíamos deshecho y hecho ladrillos, y que mirasen que nos íbamos señoreando de la tierra, y que teníamos presos a cinco grandes caciques, y les dijeron otras maldades para atraerlos a darnos guerra; y para que Cortés y todos nosotros lo supiésemos, el gran Moctezuma le envió a llamar porque le quería hablar en cosas que iba mucho en ellas; y vino el paje Orteguilla, y dijo que estaba muy alterado y triste Moctezuma, y que aquella noche y parte del día habían estado con él muchos papas y capitanes muy principales, y secretamente hablaban, que no lo pudo entender; y cuando Cortés lo oyó, fue de presto al palacio donde estaba el Moctezuma, y llevó consigo a Cristóbal de Olí, que era capitán de la guardia, y a otros cuatro capitanes, y a doña Marina y a Jerónimo de Aguilar; y después que le hicieron mucho acato, dijo el Moctezuma: «¡Oh, señor Malinche y señores capitanes, cuánto me pesa de la respuesta y mandado que nuestros teules han dado a nuestros papas y a mí y a todos mis capitanes! Y es que os demos guerra y os matemos y os hagamos ir por la mar adelante; lo que he colegido dello y me parece, es que antes que comiencen la guerra, que luego salgáis desta ciudad y no quede ninguno de vosotros aquí; y esto, señor Malinche, os digo que hagáis en todas maneras, que os conviene; si no, mataros han, y mirad que os va las vidas». Y Cortés y nuestros capitanes sintieron pesar y aun se alteraron; y no era de maravillar de cosa tan nueva y determinada, que era poner nuestras vidas en gran peligro sobre ello en aquel instante, pues tan determinadamente nos lo avisaban; y Cortés le dijo que él se lo tenía en merced el aviso; que al presente de dos cosas le pesaban: no tener navíos en que se ir, que mandó quebrar los que trajo; y la otra, que por fuerza había de ir el Moctezuma con nosotros para que le vea nuestro gran emperador; y que le pide por merced que tenga por bien que hasta que se hagan tres navíos en el arenal que detenga a los papas y capitanes, porque para ellos es mejor partido; y que si comenzaren la guerra, que todos morirían en ella si la quisieren dar. Y más dijo, que porque vea Moctezuma quiere luego hacer lo que le dice, que mande a sus capitanes que vayan con dos de nuestros soldados que son grandes maestros de hacer navíos a cortar la madera cerca del arenal. El Moctezuma estuvo muy más triste que de antes, como Cortés le dijo que había de ir con nosotros ante el emperador, y dijo que le daría carpinteros, y que luego despachase, y no hubiese más palabra, sino obras; y que entre tanto que él mandaría a los papas y a sus capitanes que no curasen de alborotar la ciudad, y que a sus ídolos Huichilobos que mandaría aplacasen con sacrificios, y que no sería con muertes de hombres. Y con esta tan alborotada plática se despidió Cortés del Moctezuma, y estábamos todos con grande congoja, esperando cuándo habían de comenzar la guerra. Luego Cortés mandó llamar a Martín López y Andrés Núñez, y con los indios carpinteros que le dio el gran Moctezuma; y después de platicado el porte de que se podría labrar los tres navíos, le mandó que luego pusiese por la obra de los hacer y poner a punto, pues que en la Villarrica había todo aparejo de hierro y herreros, y jarcia y estopa, y calafates y brea; y así fueron y cortaron la madera en la costa de la Villarrica, y con toda la cuenta y gálibo della, y con buena prisa comenzó a labrar sus navíos. Lo que Cortés le dijo a Martín López sobre ello no lo sé; y esto digo porque dice el cronista Gómara en su Historia que le mandó que hiciese muestras, como cosa de burla, que los labraba, porque lo supiese el gran Moctezuma: remítome a lo que ellos dijeren, que gracias a Dios son vivos en este tiempo; mas muy secretamente me dijo el Martín López que de hecho y aprisa los labraba; y así, los dejó en astillero, tres navíos. Dejémoslos labrando los navíos; y digamos cuáles andábamos todos en aquella gran ciudad tan pensativos, temiendo que de una hora a otra nos habían de dar guerra; y nuestras naborias de Tlaxcala y doña Marina así lo decían al capitán, y el Orteguilla, el paje de Moctezuma, siempre estaba llorando, y todos nosotros muy a punto, y buenas guardas al Moctezuma. Digo, de nosotros estar a punto no había necesidad de decirlo tantas veces, porque de día y de noche no se nos quitaban las armas, gorjales y antiparas, y con ello dormíamos. Y dirán ahora dónde dormíamos: de qué eran nuestras camas, sino un poco de paja y una estera, y el que tenía un toldillo, ponerlo debajo, y calzados y armados, y todo género de armas muy a punto, y los caballos enfrenados y ensillados todo el día; y todos tan prestos, que en tocando el arma, como si estuviéremos puestos y aguardando para aquel punto; pues de velar cada noche, no quedaba soldado que no velaba. Y otra cosa digo, y no por me jactanciar dello, que quedé yo tan acostumbrado de andar armado y dormir de la manera que he dicho, que después de conquistada la Nueva España tenía por costumbre de me acostar vestido y sin cama, y que dormía mejor que en colchones duermo; y ahora cuando voy a los pueblos de mi encomienda no llevo cama, y si alguna vez la llevo no es por mi voluntad, sino por algunos caballeros que se hallan presentes, porque no vean que por falta de buena cama la dejo de llevar; mas en verdad que me echo vestido en ella. Y otra cosa digo, que no puedo dormir sino un rato de la noche, que me tengo de levantar a ver el cielo y estrellas, y me he de pasear un rato al sereno, y esto sin poner en la cabeza el bonete ni paño ni cosa ninguna, y gracias a Dios no me hace mal, por la costumbre que tenía; y esto he dicho porque sepan de qué arte andábamos los verdaderos conquistadores, y cómo estábamos tan acostumbrados a las armas y a velar. Y dejemos de hablar en ello, pues que salgo fuera de nuestra relación, y digamos cómo nuestro señor Jesucristo siempre nos hace muchas mercedes. Y es, que en la isla de Cuba Diego Velázquez dio mucha prisa en su armada, como adelante diré, y vino en aquel instante a la Nueva España un capitán que se decía Pánfilo de Narváez.

Capítulo CIX. Cómo Diego de Velázquez, gobernador de Cuba, dio muy gran prisa en enviar su armada contra nosotros, y en ella por capitán general a Pánfilo de Narváez, y cómo vino en su compañía el licenciado Lucas Vázquez de

Ayllón, oidor de la real audiencia de Santo Domingo, y lo que sobre ello se hizo

Volvamos ahora a decir algo atrás de nuestra relación, para que bien se entienda lo que ahora diré. Ya he dicho en el capítulo que dello habla, que como Diego Velázquez, gobernador de Cuba, supo que habíamos enviado nuestros procuradores a su majestad con todo el oro que habíamos habido, y el Sol y la Luna y muchas diversidades de joyas, y oro en granos sacados de las minas, y otras muchas cosas de gran valor, que no le acudíamos con cosa ninguna; y asimismo supo cómo don Juan Rodríguez de Fonseca, obispo de Burgos y arzobispo de Rosano, que así se nombraba, y en aquella sazón era presidente de Indias y lo mandaba todo muy absolutamente, porque su majestad estaba en Flandes, y había tratado muy mal el obispo a nuestros procuradores; y dicen que le envió el obispo desde Castilla en aquella sazón muchos favores al Diego Velázquez, y avisó y mandó para que nos envíase a prender, y que él le daba desde Castilla todo favor para ello; el Diego Velázquez con aquel gran favor hizo una armada de diecinueve navíos y con mil y cuatrocientos soldados, en que traían sobre veinte tiros y mucha pólvora y todo género de aparejos, de piedras y pelotas, y dos artilleros (que el capitán de la artillería se decía Rodrigo Martín) y traía ochenta de a caballo y noventa ballesteros y setenta escopeteros; y el mismo Diego Velázquez por su persona, aunque era bien gordo y pesado, andaba en Cuba de villa en villa y de pueblo en pueblo proveyendo la armada y atrayendo los vecinos que tenían indios, y a parientes y amigos, que viniesen con Pánfilo de Narváez para que le llevasen preso a Cortés y a todos nosotros sus capitanes y soldados, o a lo menos no quedásemos con vidas, y andaba tan encendido de enojo y tan diligente, que vino hasta Guaniguanico, que es pasada La Habana mas de sesenta leguas. Y andando desta manera, antes que saliese su armada pareció ser alcanzáronlo a saber la real audiencia de Santo Domingo y los frailes jerónimos que estaban por gobernadores; el cual aviso y relación dellos les envió desde Cuba el licenciado Zuazo, que había venido a aquella isla a tomar residencia al mismo Diego Velázquez. Pues como lo supieron en la real audiencia, y tenían memorias de nuestros muy buenos y nobles servicios que hacíamos a Dios y a su majestad, y habíamos enviado nuestros procuradores con grandes presentes a nuestro rey y señor, y que el Diego Velázquez no tenía razón ni justicia para venir con armada a tomar venganza de nosotros, sino que por justicia lo demandase; y que si venía con la armada era gran estorbo para nuestra conquista, acordaron de enviar a un licenciado que se decía Lucas Vázquez de Ayllón, que era oidor de la misma real audiencia, para que estorbase la armada al Diego Velázquez y no la dejase pasar, y que sobre ello pusiese grandes penas; y vino a Cuba el mismo oidor, e hizo sus diligencias y protestaciones, como le era mandado por la real audiencia para que no saliese con su intención el Velázquez; y por más penas y requerimientos que le hizo y puso, no aprovechó cosa ninguna; porque, como el Diego Velázquez era tan favorecido del obispo de Burgos, y había gastado cuanto tenía en hacer aquella gente de guerra contra nosotros, no tuvo todos aquellos requerimientos que hicieron en una castañeta, antes se mostró más bravo. Y desque aquello vio el oidor, vínose con el mismo Narváez para poner paces y dar buenos conciertos entre Cortés y Narváez. Otros soldados dijeron que venía con intención de ayudarnos, y si no lo pudiese hacer, tomar la tierra en sí por su majestad, como oidor; y desta manera vino hasta el puerto de San Juan de Ulúa. Y quedarse ha aquí, y pasaré adelante y diré lo que sobre ello se hizo.

Capítulo CX. Cómo Pánfilo de Narváez llegó al puerto de San Juan de Ulúa, que se dice la Veracruz, con toda su armada, y lo que le sucedió
Viniendo el Pánfilo de Narváez con toda su flota, que eran diecinueve navíos, por la mar, parece ser junto a las sierras de San Martín, que así se llaman, tuvo un viento de norte, y en aquella costa es travesía, y de noche se le perdió un navío de poco porte, que dio a través; venían en él por capitán un hidalgo que se decía Cristóbal de Morante, natural de Medina del Campo, y se ahogó cierta gente, y con toda la demás flota vino a San Juan de Ulúa; y como se supo de aquella grande armada, que para haberse hecho en la isla de Cuba, grande se puede llamar, tuvieron noticia della los soldados que había enviado Cortés a buscar las minas, y viénense a los navíos del Narváez los tres dellos, que se decían Cervantes «el chocarrero», y Escalona, y otro que se decía Alonso Hernández Carretero; y cuando se vieron dentro en los navíos y con el Narváez, dice que alzaban

las manos a Dios, que los libró del poder de Cortés y de salir de la gran ciudad de México, donde cada día esperaban la muerte; y como comían con el Narváez y les mandaba dar a beber demasiado, estábanse diciendo los unos a los otros delante del mismo general: «Mirad sí es mejor estar aquí bebiendo buen vino que no cautivo en poder de Cortés, que nos traía de noche y de día tan avasallados, que no osábamos hablar, y aguardando de un día a otro la muerte al ojo»; y aun decía el Cervantes, como era truhán, so color de gracias: «Oh Narváez, Narváez, qué bienaventurado que eres y a qué tiempo has venido, que tiene ese traidor de Cortés allegados más de 700.000 pesos de oro, y todos los soldados están muy mal con él porque les ha tomado mucha parte de lo que les cabía del oro de parte, y no quieren recibir lo que les da». Por manera que aquellos soldados que se nos huyeron eran ruines y soeces, y decían al Narváez mucho más de lo que quería saber. Y también le dieron por aviso que ocho leguas de allí estaba poblada una villa que se dice Villarrica de la Veracruz, y estaba en ella un Gonzalo de Sandoval con sesenta soldados, todos viejos y dolientes, y que si enviase a ellos gente de guarda, luego se darían, y le decían otras muchas cosas. Dejemos todas estas pláticas, y digamos cómo luego lo alcanzó a saber el gran Moctezuma cómo estaban allí surtos los navíos, y con muchos capitanes y soldados, y envió sus principales secretamente que no lo supo Cortés, y les mandó dar comida y oro y plata, y que de los pueblos más cercanos les proveyesen de bastimento; y el Narváez envió a decir al Moctezuma muchas malas palabras y descomedimientos contra Cortés y de todos nosotros que éramos unas gentes malas, ladrones, que veníamos huyendo de Castilla sin licencia de nuestro rey y señor; y que como tuvo noticia el rey nuestro señor, que estábamos en estas tierras, y de los males y robos que hacíamos, y teníamos preso al Moctezuma, para estorbar tantos daños, que le mandó al Narváez que luego viniese con todas aquellas naos y soldados y caballeros para que le suelten de las prisiones, y que a Cortés y a todos nosotros, como malos, nos prendiesen o matasen, y en las mismas naos nos enviasen a Castilla, y que cuando allá llegásemos nos mandaría matar; y le envió a decir otros muchos desatinos; y eran los intérpretes para dárselos a entender a los indios los tres soldados que se nos fueron, que ya sabían la lengua. Y además destas pláticas, les envió el Narváez ciertas cosas de Castilla. Y cuando Moctezuma lo supo, tuvo gran contento con aquellas nuevas; porque, como le decían que tenía tantos navíos y caballos y tiros y escopetas y ballesteros, y eran mil y trescientos soldados y dende arriba, creyó que nos perdería. Y además desto, como sus principales vieron a nuestros tres soldados (que traidores bellacos se pueden llamar) con el Narváez y veían que decían mucho mal de Cortés, tuvo por cierto todo lo que el Narváez le envió a decir; y todo la armada se la llevaron pintada en dos paños al natural. Entonces el Moctezuma le envió mucho más oro y mantas, y mandó que todos los pueblos de la comarca le llevasen bien de comer, y ya había tres días que lo sabía el Moctezuma, y Cortés no sabía cosa ninguna. Y un día yéndole a ver nuestro capitán y a tenerle palacio, después de las cortesías que entre ellos se tenían, pareció al capitán Cortés que estaba el Moctezuma muy alegre y de buen semblante, y le dijo: qué tal se sentía; y el Moctezuma respondió que mejor estaba; y también, como el Moctezuma le vio ir a visitar en un día dos veces, temió que Cortés sabía de los navíos, y por ganar por la mano y que no le tuviese por sospechoso le dijo: «Señor Malinche, ahora en este punto me han llegado mensajeros de cómo en el puerto donde desembarcasteis han venido dieciocho navíos y mucha gente y caballos; y todo nos lo traen pintado en unas mantas; y como me visitasteis hoy dos veces, creí que me veníais a dar nuevas dello; así que no habréis menester hacer navío; y porque no me lo decíais, por una parte tenía enojo en vos de tenérmelo encubierto, y por otra me holgaba porque vienen vuestros hermanos, para que todos os vayáis a Castilla y no haya más palabras». Y cuando Cortés oyó lo de los navíos y vio la pintura del paño se holgó en gran manera, y dijo: «Gracias a Dios, que al mejor tiempo provee». Pues nosotros los soldados eran tanto el gozo, que no podíamos estar quedos, y de alegría escaramuzaron los caballos y tiramos tiros; y Cortés estuvo muy pensativo, porque bien entendió que aquella armada que le enviaba el gobernador Velázquez contra él y contra todos nosotros. Y como supo que era, comunicó lo que sentía della con todos nosotros, capitanes y soldados, y con grandes dádivas y ofrecimientos que nos haría ricos a todos nos atraía para que tuviésemos con él. Y no sabía quién venía por capitán; y estábamos muy alegres con las nuevas y con el más oro que nos había dado Cortés por vía de mercedes, como que lo daba de su hacienda, y no de lo que nos cabía de parte, y viendo el gran socorro y ayuda que nuestro señor Jesucristo nos enviaba. Y quedarse ha aquí, y diré lo que pasó en el real de Narváez.

Capítulo CXI. Cómo Pánfilo de Narváez envió con cinco personas de su armada a requerir a Gonzalo de Sandoval, que estaba por capitán en la Villarrica, que se diese luego con todos los vecinos, y lo que sobre ello pasó
Como aquellos tres malos de nuestros soldados por mí nombrados, que se le pasaron al Narváez y le daban aviso de todas las cosas que Cortés y todos nosotros habíamos hecho desde que entramos en la Nueva España, y le avisaron que el capitán Gonzalo de Sandoval estaba ocho o nueve leguas de allí en una villa que estaba poblada, que se decía la Villarrica de la Veracruz, y que tenía consigo sesenta vecinos, y todos los más viejos y dolientes, acordó de enviar a la villa a un clérigo que se decía Guevara, que, tenía buena expresiva, y a otro hombre de mucha cuenta que se decía Amaya, pariente del Diego Velázquez, y a un escribano que se decía Vergara, y tres testigos, los nombres dellos no me acuerdo; los cuales envió que notificasen a Gonzalo de Sandoval que luego se diesen al Narváez, y para ello dijeron que traían unos traslados de las provisiones, y dicen que ya el Gonzalo de Sandoval sabía de los navíos por nuevas de indios, y de la mucha gente que en ellos venía; y como era muy varón en sus cosas siempre estaba muy apercibido él, y sus soldados armados; y sospechando que aquella armada era de Diego Velázquez, y que enviaría a aquella villa de sus gentes para se apoderar della, y por estar más desembarazado de los soldados viejos y dolientes, los envió luego a un pueblo de indios que se dice Papalote, y quedó con los sanos; y el Sandoval tenía buenas velas en los caminos de Cempoal, que es por donde habían de venir a la villa; y estaba convocando el Sandoval y atrayendo a sus soldados que si viniese Diego de Velázquez u otra persona, que no le diesen la villa; y todos los soldados dicen que le respondieron conforme a su voluntad, y mandó hacer una horca en un cerro. Pues estando sus espías en los caminos, vienen de presto y le dan noticia que vienen cerca de la villa donde estaban, seis españoles e indios de Cuba; y el Sandoval aguardó en su casa, que no les salió a recibir, y había mandado

que ningún soldado saliese de sus casas, ni les hablasen. Y como el clérigo y los demás que traía en su compañía no topaba a ningún vecino español con quien hablar, sino eran indios que hacían la obra de la fortaleza; y como entraron en la villa, fuéronse a la iglesia a hacer oración, y luego se fueron a la casa de Sandoval, que les pareció que era la mayor de la villa; y el clérigo, después del «norabuena estéis», que así diz que dijo, y el Sandoval le respondió que en tal hora buena viniese; dicen que el clérigo Guevara (que así se llamaba) comenzó un razonamiento, diciendo que el señor Diego Velázquez, gobernador de Cuba, había gastado muchos dineros en la armada, y que Cortés y todos los demás que había traído en su compañía le habían sido traidores, y que les venía a notificar que luego fuesen a dar la obediencia al señor Pánfilo de Narváez, que venía por capitán general del Diego Velázquez. Y como el Sandoval oyó aquellas palabras y descomedimientos que el padre Guevara dijo, se estaba carcomiendo de pesar de lo que oía, y le dijo: «Señor padre, muy mal habláis en decir esas palabras de traidores; aquí somos mejores servidores de su majestad que no Diego Velázquez ni ese vuestro capitán; y porque sois clérigos no os castigo conforme a vuestra mala crianza. Andad con Dios a México, que allá está Cortés, que es capitán general y justicia mayor de esta Nueva España, y os responderá; aquí no tenéis más que hablar». Entonces el clérigo muy bravoso dijo a su escribano que con él venía, que se decía Vergara, que luego sacase las provisiones que traía en el seno y las notificase al Sandoval y a los vecinos que con él estaban; y dijo Sandoval al escribano que no leyese ningunos papeles, que no sabía si eran provisiones u otras escrituras; y de plática en plática, ya el escribano comenzaba a sacar del seno las escrituras que traía, y el Sandoval dijo: «Mirad, Vergara, ya os he dicho que no leáis ningunos papeles aquí, sino id a México; yo os prometo que sí tal leyéredes, que yo os haga dar cien azotes, porque ni sabemos si sois escribano del rey o no; demostrad el título dello, y si le traéis, leedlos; y tampoco sabemos si son originales de las provisiones o traslados u otros papeles». Y el clérigo, que era muy soberbio, dijo muy enojado: «¿Qué hacéis con estos traidores? Sacad esas provisiones y notificádselas». Y como el Sandoval oyó aquella palabra, le dijo que mentía como ruin clérigo, y luego mandó a sus soldados que los llevasen presos a México; y no lo hubo bien dicho, cuando en hamaquillas de redes, como ánimas pecadoras, los arrebataron muchos indios de los que trabajaban en la fortaleza, que los llevaron a cuestas, y en cuatro días dan con ellos cerca de México, que de noche y de día con indios de remuda caminaban; e iban espantados de que veían tantas ciudades y pueblos grandes que les traían de comer, y unos los dejaban y otros los tomaban, y andar por su camino. Dicen que iban pensando si era encantamiento o sueño; y el Sandoval envió con ellos por alguacil, hasta que llegase a México, a Pedro de Solís, el yerno que fue de Orduña, que ahora llaman Solís de tras de la puerta. Y así como los envió presos, escribió muy en posta a Cortés quien era el capitán de la armada y todo lo acaecido; y como Cortés lo supo que venían presos y llegaban cerca de México, envióles gran banquete, y cabalgaduras para los tres más principales, y mandó que luego los soltasen de la prisión, y les escribió que le pesó de que Gonzalo de Sandoval tal desacato tuviese, y que quisiera que les hiciera mucha honra; y como llegaron a México los salió a recibir, y los metió en la ciudad muy honradamente; y como el clérigo y los demás sus compañeros vieron a México ser tan grandísima ciudad, y la riqueza de oro que teníamos, y otras muchas ciudades en el agua de la laguna, y todos nuestros capitanes y soldados, y la gran franqueza de Cortés, estaban admirados; y a cabo de dos días que estuvieron con nosotros, Cortés les habló de tal manera con prometimientos y halagos, y aun les untó las manos de tejuelos y joyas de oro, y los tornó a enviar a su Narváez con bastimento que les dio para el camino; que donde venían muy bravosos leones, volvieron muy mansos y se le ofrecieron por servidores. Y así como llegaron a Cempoal a dar relación a su capitán, comenzaron a convocar todo el real de Narváez que se pasasen con nosotros. Y dejarlo he aquí, y diré cómo Cortés escribió al Narváez, y lo que sobre ello pasó.

Capítulo CXII. Cómo Cortés, después de bien informado de quién era capitán, y quién y cuántos venían en la armada, y de los pertrechos de guerra que traía, y de los tres nuestros falsos soldados que a Narváez se pasaron, escribió al capitán y a otros sus amigos, especialmente a Andrés de Duero, secretario del Diego Velázquez; y también supo como

Moctezuma enviaba oro y ropa al Narváez, y las palabras que le envió a decir el Narváez al Moctezuma, y de cómo venía en aquella armada el licenciado Lucas Vázquez de Ayllón, oidor de la audiencia real de Santo Domingo, y la instrucción que traían

Como Cortés en todo tenía cuidado y advertencia, y cosa ninguna se le pasaba que no procuraba poner remedio, y como muchas veces he dicho antes de ahora, tenía tan acertados y buenos capitanes y soldados, que demás de ser muy esforzados, dábamos buenos consejos, acordóse por todos que se escribiese en posta con indios que llevasen las cartas al Narváez antes que llegase el clérigo Guevara, con muchas caricias y ofrecimientos que todos a una le hiciésemos, y que haríamos todo lo que su merced mandase; y que le pedíamos por merced que no alborotase la tierra, ni los indios viesen entre nosotros disensiones; y esto deste ofrecimiento fue por causa que, como éramos los de Cortés pocos soldados en comparación de los que el Narváez traía, porque nos tuviese buena voluntad y para ver lo que sucedía; y nos ofrecimos por sus servidores, y también debajo destas buenas palabras no dejamos de buscar amigos entre los capitanes de Narváez; porque el padre Guevara y el escribano Vergara dijeron a Cortés que Narváez no venía bienquisto con sus capitanes, y que les enviase algunos tejuelos y cadenas de oro, porque dádivas quebrantan peñas; y Cortés les escribió que se había holgado en gran manera, él y todos nosotros sus compañeros, con su llegada a aquel puerto; y pues son amigos de tiempos pasados, que le pide por merced que no de causa a que el Moctezuma, que está preso, se suelte y la ciudad se levante, porque será para perderse él y su gente, y todos nosotros las vidas, por los grandes poderes que tiene; y esto, que lo dice porque el Moctezuma está muy alterado y toda la ciudad revuelta con las palabras que de allá le ha enviado a decir; y que cree y tiene por cierto que de un tan esforzado y sabio varón como él es no habían de salir de su boca cosas de tal arte dichas, ni en tal tiempo, sino que el Cervantes «el chocarrero» y los soldados que llevó consigo, como eran ruines, lo dirían. Y demás de otras palabras que en la carta iban, se le ofreció con su persona y hacienda, y que en todo haría lo que mandase. Y también escribió Cortés al secretario Andrés de Duero y al oidor Lucas Vázquez de Ayllón, y con las cartas envió ciertas joyas de oro para sus amigos; y después que hubo enviado esta carta secretamente, mandó dar al oidor cadenas y tejuelos, y rogó al padre de la Merced que luego tras la carta fuese al real de Narváez; y le dio otras cadenas de oro y tejuelos y joyas muy estimadas que diese allá a sus amigos. Y así como llegó la primera carta que dicho habemos que escribió Cortés con los indios antes que llegase el padre Guevara, que fue el que Narváez nos envió, andábala mostrando el Narváez a sus capitanes, haciendo burla della y aun de nosotros; y un capitán de los que traía el Narváez, que venía por veedor que se decía Salvatierra, dicen que hacía bramuras desque la oyó, y decía al Narváez, reprendiéndole, que para qué leía la carta de un traidor como Cortés y los que con él estaban, y que luego se fuese contra nosotros, y que no quedase ninguno a vida; y juró que las orejas de Cortés que las había de asar, y comer la una dellas; y decía otras liviandades. Por manera que no quiso responder a la carta ni nos tenía en una castañeta. Y en este instante llegó el clérigo Guevara y sus compañeros a su real, y hablan al Narváez que Cortés era muy buen caballero y gran servidor del rey, y le dice del gran poder de México, y de las muchas ciudades que vieron por donde pasaron, y que entendieron que Cortés que le será servidor y haría cuanto mandase; y que será bien que por paz y sin ruido haya entre los unos y los otros concierto, y que mire el señor Narváez a qué parte quiere ir de toda la Nueva España con la gente que trae, que allí vaya, y que deje al Cortés en otras provincias; pues hay tierras hartas donde se pueden albergar. Y como esto oyó el Narváez, dicen que se enojó de tal manera con el padre Guevara y con el Amaya, que no los quería después más ver ni escuchar; y desque los del real de Narváez los vieron ir tan ricos al padre Guevara y al escribano Vergara y a los demás, y les decían secretamente a todos los de Narváez tanto bien de Cortés y todos nosotros, y que habían visto tanta multitud de oro que en el real andaban en el juego de los naipes, muchos de los de Narváez deseaban estar ya en nuestro real. Y en este instante llegó nuestro padre de la Merced, como dicho tengo, al real de Narváez con los tejuelos que Cortés le dio y con cartas secretas, y fue a besar las manos al Narváez y a decirle cómo Cortés hará todo lo que mandare, y que tenga paz y amor; y como el Narváez era cabezudo y venía muy pujante, no lo quiso oír; antes dijo delante del mismo padre que Cortés y todos nosotros éramos unos traidores; y porque el fraile respondía que antes éramos muy leales servidores del rey, le trató mal de palabra; y muy secretamente repartió el fraile los tejuelos y cadenas de oro a quien Cortés le mandó, y convocaba y atraía a sí los más principales del real de Narváez. Y dejarlo he aquí, y diré lo que al oidor Lucas Vázquez de Ayllón y al Narváez les aconteció, y lo que sobre ello pasó.

Capítulo CXIII. Cómo hubieron palabras el capitán Pánfilo de Narváez y el oidor Lucas Vázquez de Ayllón, y el Narváez le mandó prender y le envió en un navío preso a Cuba o a Castilla, y lo que sobre ello avino
Parece ser que, como el oidor Lucas Vázquez de Ayllón venía a favorecer las cosas de Cortés y de todos nosotros, porque así se lo había mandado la real audiencia de Santo Domingo y los frailes jerónimos que estaban por gobernadores, como sabían los muchos y buenos y leales servicios que hacíamos a Dios primeramente y a nuestro rey y señor, y del gran presente que enviamos a Castilla con nuestros procuradores; y demás de lo que la audiencia real le mandó, como el oidor vio los cartas de Cortés, y con ellas tejuelos de oro, si de antes decía que aquella armada que enviaba era injusta, y contra toda justicia que contra tan buenos servidores del rey como éramos era mal hecho venir: de allí adelante lo decía muy clara y abiertamente, y decía tanto bien de Cortés y de todos los que con él estábamos, que ya en el real de Narváez no se hablaba de otra cosa. Y además desto, como veían y conocían en el Narváez ser la pura miseria, y el oro y ropa que el Moctezuma les enviaba todo se lo guardaba, y no daba cosa dello a ningún capitán ni soldado; antes decía, con voz, que hablaba muy entonado, medio de bóveda, a su mayordomo: «Mirad que no falte ninguna manta, porque todas están puestas por memoria»; y como aquello conocían de él, y oían lo que dicho tengo del Cortés y los que con él estábamos de muy francos, todo su real estaba medio alborotado, y tuvo pensamiento el Narváez que el oidor entendía en ello, y poner cizaña. Y además desto, cuando Moctezuma les enviaba bastimento, que repartía el despensero o mayordomo de Narváez, no tenía cuenta con el oidor ni con sus criados,

como era razón, y sobre ello hubo ciertas cosquillas y ruido en el real; y también porque el consejo que daban al Narváez el Salvatierra, que dicho tengo que venía por veedor, y Juan Bono, vizcaíno, y un Gamarra, y sobre todo, los grandes favores que tenía de Castilla de don Juan Rodríguez, de Fonseca, obispo de Burgos, tuvo tan gran atrevimiento el Narváez, que prendió al oidor del rey, a él y a su escribano y ciertos criados, y lo hizo embarcar en un navío, y los envió presos a Castilla o a la isla de Cuba. Y aun sobre todo esto, porque un hidalgo que se decía fulano de Oblanco y era letrado, decía al Narváez que Cortés era muy servidor del rey, todos nosotros los que estábamos en su compañía éramos dignos de muchas mercedes, y que parecía mal llamarnos traidores, y que era mucho más mal prender a un oidor de su majestad; y por esto que le dijo, le mandó echar preso; y como el Gonzalo de Oblanco era muy noble, de enojo murió dentro de cuatro días. También mandó echar presos a otros dos soldados de los que traía en su navío, que sabía que hablaban bien de Cortés, y entre ellos fue un Sancho de Barahona, vecino que fue de Guatemala. Tornemos a decir del oidor que llevaban preso a Castilla, que con palabras buenas y con temores que puso al capitán del navío y al maestre y al piloto que le llevaban a cargo, les dijo que, llegados a Castilla, que en lugar de paga de lo que hacen, su majestad les mandaría ahorcar; y como aquellas palabras oyeron, le dijeron que les pagase su trabajo y le llevarían a Santo Domingo; y así, mudaron la derrota que Narváez les había mandado que fuesen; y llegado a la isla de Santo Domingo y desembarcado, como la audiencia real que allí residía y los frailes jerónimos que estaban por gobernadores oyeron al licenciado Lucas Vázquez, y vieron tan grande desacato y atrevimiento, sintiéronlo mucho, y con tanto enojo, que luego lo escribieron a Castilla al real consejo de su majestad, y como el obispo de Burgos era presidente y lo mandaba todo, y su majestad no había venido de Flandes, no hubo lugar de se hacer cosa ninguna de justicia en nuestro favor; antes el don Juan Rodríguez de Fonseca diz que se holgó mucho, creyendo que el Narváez nos había ya prendido y desbaratado; y cuando su majestad, que estaba en Flandes, oyó a nuestros procuradores, y lo que el Diego Velázquez y el Narváez habían hecho en enviar la armada sin su real licencia, y haber prendido a su oidor, les hizo harto daño en los pleitos y demandas que después le pusieron a Cortés y a todos nosotros, como adelante diré, por más que decían que tenían licencia del obispo de Burgos, que era presidente, para hacer la armada que contra nosotros enviaron. Pues como ciertos soldados, parientes y amigos del oidor Lucas Vázquez, vieron que el Narváez le había preso, temieron no les acaeciese lo que hizo con el letrado Gonzalo de Oblanco, porque ya les traía sobre los ojos y estaba mal con ellos, acordaron de se ir desde los arenales huyendo a la villa donde estaba el capitán Sandoval con los dolientes; y cuando llegaron a le besar las manos, el Sandoval les hizo mucha honra, y supo dellos todo lo aquí por mi dicho, y cómo quería enviar el Narváez a aquella villa soldados a prenderle. Y lo que más pasó diré adelante.

Capítulo CXIV. Cómo Narváez con todo su ejército se vino a un pueblo que se dice Cempoal, y concierto que en él hizo, y lo que nosotros hicimos estando en la ciudad de México, y cómo acordamos de ir sobre Narváez

Pues como Narváez hubo preso al oidor de la audiencia real de Santo Domingo, luego se vino con todo su fardaje y pertrechos de guerra a asentar su real en un pueblo que se dice Cempoal, que en aquella sazón era muy poblado; y la primera cosa que hizo, tomó por fuerza al cacique gordo (que así le llamábamos) todas las mantas y ropa labrada y joyas de oro, y también le tomó las indias que nos habían dado los caciques de aquel pueblo, que se las dejamos en casa de sus padres y hermanos, porque eran hijas de señores, y para ir a la guerra, muy delicadas. Y el cacique gordo dijo muchas veces al Narváez que no le tomase cosa ninguna de las que Cortés dejó en su poder, así el oro como mantas e indias, porque estaría muy enojado, y le vendría a matar de México, así al Narváez como al mismo cacique porque se las dejaba tomar. Y más, se le quejó el mismo cacique de los robos que le hacían sus soldados en aquel pueblo, y le dijo que cuando estaba allí Malinche, que así llamaban a Cortés, con sus gentes, que no les tomaban cosa ninguna, y que era muy bueno él y sus soldados los teules, porque teules nos llamaban; y como aquellas palabras le oía el Narváez, hacía burla de él, y un Salvatierra que venía por veedor, otras veces por mí nombrado, que era el que más bravezas y fieros hacía, dijo a Narváez y otros capitanes sus amigos: «¿No habeis visto qué miedo que tienen todos estos caciques desta nonada de Cortesillo?». Tengan atención los curiosos lectores cuán bueno fuera no decir mal de lo bueno; porque juro amén que cuando dimos sobre el Narváez, uno de los más cobardes y para menos fue el Salvatierra, como adelante diré; y no porque no tenía buen cuerpo y membrudo, mas era mal engalibado, más no de lengua, y decían que era natural de tierra de Burgos. Dejemos de hablar del Salvatierra, y diré cómo el Narváez envió a requerir a nuestro capitán y a todos nosotros con unas provisiones, que decían que eran traslados de los originales, que traía para ser capitán por el Diego Velázquez; las cuales enviaba para que nos las notificase un escribano, que se decía Alonso de Mata, el cual después, el tiempo andando, fue vecino de la Puebla, que era ballestero; y enviaba con el Mata a otras tres personas de calidad. Y dejarlo he aquí, así al Narváez como a su escribano, y volveré a Cortés, que como cada día tenía cartas y avisos, así de los del real de Narváez como del capitán Gonzalo de Sandoval, que quedaba en la Villarrica, y le hizo saber que tenía consigo cinco soldados, personas muy principales y amigos del licenciado Lucas Vázquez de Ayllón, que es el que envió preso Narváez a Castilla o a la isla de Cuba; y la causa que daban por que se vinieron del real de Narváez fue, que pues el Narváez no tuvo respeto a un oidor del rey, que menos se lo tendría a ellos, que eran sus deudos; de los cuales soldados supo el Sandoval muy por entero todo lo que pasaba en el real de Narváez y la voluntad que tenía, porque decía que muy de hecho había de venir en nuestra busca a México para nos prender. Pasemos adelante, y diré que Cortés tomó luego consejo con nuestros capitanes y todos nosotros los que sabía que le habíamos de ser muy servidores, y solía llamar a consejo para en casos de calidad, como éstos; y por todos fue acordado que brevemente, sin más aguardar las cartas ni otras razones, fuésemos sobre el Narváez, y que Pedro de Alvarado quedase en México en guarda del Moctezuma con todos los soldados que no tuviesen buena disposición para ir aquella jornada; y también para que quedasen allí las personas sospechosas que sentíamos que serían amigos del Diego Velázquez y de Narváez; y en aquella sazón, y antes que el Narváez viniese, había enviado Cortés a Tlaxcala por mucho maíz, porque había mala sementera en tierra de México por falta de aguas; porque teníamos muchos naborías y amigos del mismo Tlaxcala, habíamoslo menester para ellos; y trajeron el maíz que he dicho, y muchas gallinas y otros bastimentos, los cuales enviamos al Pedro de Alvarado, y aun le hicimos unas defensas a manera de mamparos y fortaleza con sacre o falconete, y cuatro tiros gruesos y toda la pólvora que teníamos, y diez ballesteros y catorce escopeteros y siete caballos, puesto que sabíamos que los caballos no se podrían aprovechar dellos en el patio donde estaban los aposentos; y quedaron por todos los soldados contados, de a caballo y escopeteros y ballesteros, ochenta y tres. Y como el gran Moctezuma vio y entendió que queríamos ir sobre el Narváez y como Cortés le iba a ver cada día y a tenerle palacio, jamás quiso decir ni dar a entender cómo el Moctezuma ayudaba al Narváez y le enviaba oro y mantas y bastimentos. Y de una plática en otra, te preguntó el Moctezuma a Cortés que dónde quería ir, y para qué había hecho ahora de nuevo aquellos pertrechos y fortaleza, y que cómo andábamos todos rebotados; y lo que Cortés le respondió y en qué se resumió la plática diré adelante.

Capítulo CXV. Cómo el gran Moctezuma preguntó a Cortés que cómo quería ir sobre el Narváez, siendo los que traía doblados más que nosotros, y que le pesaría si nos viniese algún mal

Como estaba platicando Cortés con el gran Moctezuma, como lo tenían de costumbre, dijo el Moctezuma a Cortés: «Señor Malinche, a todos vuestros capitanes y compañeros os veo andar desasosegados, y también he visto que no me visitáis sino de cuando en cuando, y Orteguilla el paje me dice que queréis ir de guerra sobre esos vuestros hermanos que vienen en los navíos, y que queréis dejar aquí en mi guarda al Tonatio, hacedme merced que me lo declaréis, para que si yo en algo os pudiere servir y ayudar, que lo haré de mm, buena voluntad. Y también, señor Malinche, no querría que os viniese algún desmán, porque vos tenéis muy pocos teules, y esos que vienen son cinco veces más; y ellos dicen que son cristianos como vosotros y vasallos de ese vuestro emperador, y tienen imágenes y ponen cruz, y les dicen misa, y dicen y publican que sois gentes que vinisteis huyendo de Castilla de vuestro rey y señor, y que os vienen a prender o a matar; en verdad que yo no os entiendo. Por tanto, mirad primero lo que hacéis». Y Cortés le respondió con nuestras lenguas doña Marina y Jerónimo de

Aguilar, con un semblante muy alegre, que si no le ha venido a dar relación dello, es como le quiere mucho y por no le dar pesar con nuestra partida, y que por esta causa no le he dejado, porque así tiene por cierto que Moctezuma le tiene buena voluntad. Y que cuanto a lo que dice, que todos somos vasallos de nuestro gran emperador, que es verdad, y de ser cristianos como nosotros, que sí son; y a lo que dicen que venimos huyendo de nuestro rey y señor, que no es así, sino que nuestro rey y señor nos envió para verle y para hablarle todo lo que en su real nombre le ha dicho y platicado; y a lo que dice que trae muchos soldados y noventa caballos y muchos tiros y pólvora, y que nosotros somos pocos, y que nos vienen a matar y prender, nuestro señor Jesucristo, en quien creemos y adoramos, y nuestra señora Santa María, su bendita madre, nos dará fuerzas, y más que no a ellos, pues que son malos y vienen de aquella manera. Y que como nuestro emperador tiene muchos reinos y señoríos, hay en ellos mucha diversidad de gentes, unas muy esforzadas y otras mucho más, y que nosotros somos dentro de Castilla, que llaman Castilla la Vieja, y nos nombran por sobrenombre castellanos; y que el capitán que está ahora en Cempoal y la gente que trae que es de otra provincia que llaman Vizcaya, y que tienen la habla revesada, como a manera de decir como los otomís de tierra de México; y que él verá cuál se los traeríamos presos; y que no tuviese pesar por nuestra ida, que presto volveríamos con victoria. Y lo que ahora le pide por merced, que mire que queda con él su hermano Tonatio, que así llamaban a Pedro de Alvarado, con ochenta soldados; que después que salgamos de aquella ciudad no haya algún alboroto, ni consienta a sus capitanes y papas hagan cosas que sean mal hechas, porque después que volvamos, si Dios quisiere, no tengan que pagar con las vidas los malos revolvedores; y que todo lo que hubiere menester de bastimentos, que se los diesen; y allí le abrazó Cortés dos veces al Moctezuma, y asimismo el Moctezuma a Cortés; y doña Marina, como era muy avisada, se lo decía de arte que ponía tristeza con nuestra partida. Allí le ofreció que haría todo lo que Cortés le encargaba, y aun prometió que enviaría en nuestra ayuda cinco mil hombres de guerra, y Cortés le dio gracias por ello, porque bien entendió que no los había de enviar; y les dijo que no había menester su ayuda, sino era la de Dios nuestro señor, que es la ayuda verdadera, y la de sus compañeros que con él íbamos; y también le encargó que mirase que la imagen de nuestra señora y la cruz que siempre lo tuviesen muy enramado, y limpia la iglesia, y quemasen candelas de cera, que tuviesen siempre encendidas de noche y de día, y que no consintiesen a los papas que hiciesen otra cosa; porque en aquesto conocería muy mejor su buena voluntad y amistad verdadera. Y después de tornados otra vez a abrazar, le dijo Cortés que le perdonase, que no podía estar más en plática con él, por entender en la partida; y luego habló a Pedro de Alvarado y a todos los soldados que con él quedaban, y les encargó que guardasen al Moctezuma con mucho cuidado no se soltase, y que obedeciesen al Pedro de Alvarado; y prometióles que, mediante Dios, que a todos les había de hacer ricos; y allí quedó con ellos el clérigo Juan Díaz, que no fue con nosotros, y otros soldados sospechosos, que aquí no declaro por sus nombres; y allí nos abrazamos los unos a los otros, y sin llevar indias ni servicio, sino a la ligera, tiramos por nuestras jornadas por la ciudad de Cholula, y en el camino envió Cortés a Tlaxcala a rogar a nuestros amigos Xicotencatl y Mase Escaci y a todos los demás caciques, que nos enviasen de presto cuatro mil hombres de guerra; y enviaron a decir que si fueran para pelear con indios como ellos, que sí hicieran, y aun muchos más de los que les demandaban, y que para contra teules como nosotros, y contra bombardas y caballos, que les perdonen, que no los quieren dar; y proveyeron de veinte cargas de gallinas; y luego Cortés escribió en posta a Sandoval que se juntase con todos sus soldados muy prestamente con nosotros, que íbamos a unos pueblos obra de doce leguas de Cempoal, que se dicen Tampanequita y Mitlanguita, que ahora son de la encomienda de Pedro Moreno Medrano, que vive en la Puebla; y que mirase muy bien el Sandoval que Narváez no le prendiese, ni hubiese a las manos a él, ni a ninguno de sus soldados. Pues yendo que íbamos de la manera que he dicho, con mucho concierto para pelear si topásemos gentes de guerra de Narváez o al mismo Narváez, y nuestros corredores del campo descubriendo, y siempre una jornada adelante dos de nuestros soldados grandes peones, personas de mucha confianza, y estos no iban por camino derecho, sino por partes que no podían ir a caballo, para saber e inquirir, de indios, de la gente de Narváez. Pues yendo nuestros corredores del campo descubriendo, vieron venir a un

Alonso de Mata, el que decían que era escribano, que venía a notificar los papeles o traslados de las provisiones, según dije atrás en el capítulo que dello habla, y a los cuatro españoles que con él venían por testigos, y luego vinieron los dos nuestros soldados de a caballo a dar mandado, y los otros dos corredores de campo se estuvieron en palabras con el Alonso de Mata y con los cuatro testigos; y en este instante nos dimos prisa en andar y alargamos el paso, y cuando llegaron cerca de nosotros, y Cortés se apeó del caballo y supo a lo que venían. Y como el Alonso de Mata quería notificar los despachos que traía, Cortés le dijo que si era escribano del rey, y dijo que sí; y mandóle que luego exhibiese el título, y que si le traía, que leyese los recados, y que haría lo que viese que era servicio de Dios y de su majestad; y si no le traía, que no leyese a aquellos papeles; y que también había de ver los originales de su majestad. Por manera que el Mata, medio cortado y medroso, porque no era escribano de su majestad, y los que con él venían no sabían qué se decir; y Cortés les mandó dar de comer, y porque comiesen reparamos allí; y les dijo Cortés que íbamos a unos pueblos cerca del real del señor Narváez, que se decían Tampanequita, y que allí podía enviar a notificar lo que su capitán mandase; y tenía Cortés tanto sufrimiento, que nunca dijo palabra mala del Narváez, y apartadamente habló con ellos y les untó las manos con tejuelos de oro, y luego se volvieron a su Narváez diciendo bien de Cortés y de todos nosotros; y como muchos de nuestros soldados por gentileza en aquel instante llevábamos en las armas joyas de oro, y otros cadenas y collares al cuello, y aquellos que venían a notificar los papeles les vieron, dicen en Cempoal maravillarse de nosotros; y muchos había en el real de Narváez, personas principales, que querían venir a tratar paces con Cortés y su capitán Narváez, como a todos nos veían ir ricos. Por manera que llegamos a Tampanequita, y otro día llegó el capitán Sandoval con los soldados que tenía, que serían hasta sesenta; porque los demás, viejos y dolientes, los dejó en unos pueblos de indios nuestros amigos, que se decían Papalote, para que allí les diesen de comer; y también vinieron con él los cinco soldados parientes y amigos del licenciado Lucas Vázquez de Ayllón, que se habían venido huyendo del real de Narváez, y venían a besar las manos a Cortés; a los cuales con mucha alegría recibió muy bien; y allí estuvo contando el Sandoval a Cortés de lo que les acaeció con el clérigo furioso Guevara y con el Vergara y con los demás, y cómo los mandó llevar presos a México, según y de la manera que dicho tengo en el capítulo pasado. Y también dijo cómo desde la Villarrica envió dos soldados como indios, puestas mantillas o mantas, y eran como indios propios, al real de Narváez; y como eran morenos, dijo Sandoval que no parecían sino propios indios, y cada uno llevó una carguilla de ciruelas a vender, que en aquella sazón era tiempo dellas, cuando estaba Narváez en los arenales, antes que se pasasen al pueblo de Cempoal; c que fueron al rancho del bravo Salvatierra, y que les dio por las ciruelas un sartalejo de cuentas amarillas. Y cuando hubieron vendido las ciruelas, el Salvatierra les mandó que le fuesen por yerba, creyendo que eran indios, allí junto a un riachuelo que está cerca de los ranchos, para su caballo, y fueron y cogieron unas carguillas dello: y esto era a hora del Ave María cuando volvieron con la yerba; y se estuvieron en el rancho en cuclillas como indios hasta que anocheció, y tenían ojo y sentido en lo que decían ciertos soldados de Narváez que vinieron a tener palacio y compañía al Salvatierra. Diz que les decía el Salvatierra: «¡Oh, a qué tiempo hemos venido, que tiene allegado este traidor de Cortés más de 700.000 pesos de oro, y todos seremos ricos; pues los capitanes y soldados que consigo trae, no será menos sino que tengan mucho oro!». Y decían por ahí otras palabras. Y desque fue bien escuro vienen los dos nuestros soldados que estaban hechos como indios, y callando salen del rancho, y van adonde tenía el caballo, y con el freno que estaba junto con la silla le enfrenan y ensillan, y cabalgan en él. Y viniéndose para la villa de camino, topan otro caballo maneado cabe el riachuelo, y también se lo trajeron. Y preguntó Cortés al Sandoval por los mismos caballos, y dijo que los dejó en el pueblo de Papalote, donde quedaban los dolientes; porque por donde él venía con sus compañeros no podían pasar caballos, porque era tierra muy fragosa y de grandes sierras, y que vino por allí por no topar con gente de Narváez; y cuando Cortés supo que era el un caballo de Salvatierra se holgó en gran manera, y dijo: «Ahora braveará más cuando lo halle menos». Volvamos a decir del Salvatierra, que cuando amaneció y no halló a los dos indios que le trajeron a vender las ciruelas, ni halló su caballo ni la silla y el freno, dijeron después muchos soldados de los del mismo Narváez que decía cosas que los hacía reír; por que luego conoció que eran españoles de los de Cortés los que le llevaron los caballos; y desde allí adelante se velaban. Volvamos a nuestra materia; y luego Cortés con todos nuestros capitanes y soldados estuvimos platicando cómo y de qué manera daríamos en el real de Narváez; y lo que se concertó antes que fuésemos sobre el Narváez diré adelante.

Capítulo CXVI. Cómo acordó Cortés con todos nuestros capitanes y soldados que tornásemos a enviar al real de Narváez al fraile de la Merced, que era muy sagaz y de buenos medios, y que se hiciese muy servidor del Narváez, y que se mostrase favorable a su parte mas que no a la de Cortés, y que secretamente convocase al artillero que se decía Rodrigo Martín y a otro artillero que se decía Usagre, y que hablase con Andrés de Duero para que viniese a verse con Cortés; y que otra carta que escribiésemos al Narváez que mirase que se la diese en sus manos, y lo que en tal caso convenía, y que tuviese mucha advertencia; y para esto llevó mucha cantidad de tejuelos y cadenas de oro para repartir

Pues como ya estábamos en el pueblo todos juntos, acordamos que con el padre de la Merced se escribiese otra carta al Narváez, que decían en ella así, o otras palabras formales como estas que diré: después de puesto su acato con gran cortesía; que nos habíamos holgado de su venida, y creíamos que con su generosa persona haríamos gran servicio a Dios nuestro señor y a su majestad; y que no nos ha querido responder cosa ninguna, antes nos llama de traidores, siendo muy leales servidores del rey; y ha revuelto toda la tierra con las palabras que envió a decir a Moctezuma; y que le envió Cortés a pedir por merced que escogiese la provincia en cualquiera parte que él quisiese quedar con la gente que tiene, o fuese adelante, y que nosotros iríamos a otras tierras y haríamos lo que a buenos servidores de su majestad somos obligados; y que le hemos pedido por merced que si trae provisiones de su majestad que envíe los originales para ver y entender si vienen con la real firma y ver lo que en ellas se contiene, para que luego que lo veamos, los pechos por tierra para obedecerla; y que no ha querido hacer lo uno ni lo otro, sino tratarnos mal de palabra y revolver la tierra; que le pedimos y requerimos de parte de Dios y del rey nuestro señor que dentro en tres días envíe a notificar los despachos que trae con escribano de su majestad, y que cumpliremos como mandado del rey nuestro señor todo lo que en las reales provisiones mandare; que para aquel efecto nos hemos venido a aquel pueblo de Tampanequita, por estar más cerca de su real; y que si no trae las provisiones y se quisiese volver a Cuba, que se vuelva y no alborote más la tierra, con protestación que si otra cosa hace, que iremos contra él a le prender y enviarlo preso a nuestro rey y señor, pues sin su real licencia nos viene a dar guerra y desasosegar todas las ciudades; y que todos los males y muertes y fuegos y menoscabos que sobre esto acaecieren, que sea a su cargo, y no al nuestro; y esto se escribe ahora por carta misiva, porque no osa ningún escribano de su majestad írselo a notificar, por temor no le acaezca tan gran desacato como el que se tuvo con un oidor de su majestad, y que ¿dónde se vio tal atrevimiento de le enviar preso? Y que allende de lo que dicho tiene, por lo que es obligado a la honra y justicia de nuestro rey, que le conviene castigar aquel gran desacato y delito, como capitán general y justicia mayor que es de aquesta Nueva España, le cita y emplaza para ello, y se lo demandará usando de justicia, pues es crimen laesae majestatis lo que ha tentado, y que hace a Dios testigo de lo que ahora dice; y también le enviamos a decir que luego volviese al cacique gordo las mantas y ropa y joyas de oro que le habían tomado por fuerza, y asimismo las hijas de señores que nos habían dado sus padres, y mandase a sus soldados que no robasen a los indios de aquel pueblo ni de otros. Y después de puesta su cortesía y firmada de Cortés y de nuestros capitanes y algunos soldados, iba allí mi firma; y entonces se fue con el mismo fraile un soldado que se decía Bartolomé de Usagre, porque era hermano del artillero Usagre, que tenía cargo del artillería de Narváez; y llegados nuestros religiosos y el Usagre a Cempoal, adonde estaba el Narváez, diré lo que diz que pasó.

Capítulo CXVII. Cómo el fraile de la Merced fue a Cempoal, adonde estaba el Narváez y todos sus capitanes, y lo que pasó con ellos, y les dio la carta

Como el fraile de la Merced, llegó al real de Narváez, sin más gastar yo palabras en tornarlo a recitar, hizo lo que Cortés le mandó, que fue convocar a ciertos caballeros de los de Narváez y al artillero Rodrigo Martín, que así se llamaba, y al Usagre, que tenía también cargo de los tiros; y para mejor la atraer, fue un su hermano del Usagre con tejuelos de oro, que dio de secreto al hermano; y asimismo el fraile repartió todo el oro que Cortés le mandó, y habló al Andrés de Duero que luego se viniese a nuestro real con Cortés; y además desto, ya el fraile había ido a ver y hablar al Narváez y hacérsele muy gran servidor; y andando en estos pasos, tuvieron gran sospecha de lo en que andaba nuestro fraile, y aconsejaban al Narváez que luego le prendiese, y así lo querían hacer; y como lo supo Andrés de Duero, que era secretario del Diego Velázquez, y era de Tudela de Duero, y se tenían por deudos el Narváez y él, porque el Narváez también era de tierra de Valladolid o del mismo Valladolid, y en toda la armada era muy estimado y preeminente, el Andrés de Duero fue al Narváez y le dijo que le habían dicho que quería prender al fraile de la Merced, mensajero y embajador de Cortés; que mirase que ya que hubiese sospecha que el fraile hablaba algunas cosas en favor de Cortés, que no es bien prenderle, pues que claramente se ha visto cuánta honra y dádivas da Cortés a todos los suyos del Narváez que allá van; y que el fraile ha hablado con él después que allí ha venido y lo que siente de él es que desea que él y otros caballeros del real de Cortés le vengan a servir, y que todos fuesen amigos; y que mirase cuánto bien dice Cortés a los mensajeros que envía; que no le sale por la boca a él ni a cuantos están con él, sino «el señor capitán Narváez», y que sería poquedad prender a un religioso; y que otro hombre que vino con él, que es hermano de Usagre el artillero, que le viene a ver: que convide al fraile a comer, y le saque del pecho la voluntad que todos los de Cortés tienen. Y con aquellas palabras, y otras sabrosas que le dijo, amansó al Narváez. Y luego desque esto pasó, se despidió Andrés de Duero del Narváez, y secretamente habló al padre lo que había pasado; y luego el Narváez envió a llamar al fraile, y como vino, le hizo mucho acato, y medio riendo (que era el fraile muy cuerdo y sagaz) le suplicó que se apartase en secreto, y el Narváez se fue con él paseando a un patio, y el fraile le dijo: «Bien entendido tengo que vuestra merced me quería mandar prender; pues hágole saber, señor, que no tiene mejor ni mayor servidor en su real que yo, y tengo por cierto que muchos caballeros y capitanes de los de Cortés le querrían ya ver en las manos de vuestra merced; y así, creo que vendremos todos; y para más le atraer a que se desconcierte, le han hecho escribir una carta de desvaríos, firmada de los soldados, que me dieron que diese a vuestra merced, que no la he querido mostrar hasta ahora, que vine a pláticas, que en un río la quise echar por las necedades que en ella trae; y eso hacen todos sus capitanes y soldados de Cortés por verle ya desconcertar». Y el Narváez dijo que se la diese, y el fraile le dijo que la dejó en su posada y que iría por ella; y así, se despidió para ir por la carta; y entre tanto vino al aposento del Narváez el bravoso Salvatierra; y de presto el fraile llamó a Duero que fuese luego en casa del Narváez para ver darle la carta; que bien sabía ya el Duero della, y aun otros capitanes de Narváez que se habían mostrado por Cortés, porque el fraile consigo la traía. sino porque tuviesen juntos muchos de los de aquel real y le oyesen. Y luego como vino el fraile con la carta, se la dio al mismo Narváez, y dijo: «No se maraville vuestra merced con ella, ya que Cortés anda desvariando; y sé cierto que si vuestra merced le habla con amor, que luego se le dará él y todos los que consigo trae». Dejémonos de razones del fraile, que las tenía muy buenas, y digamos que le dijeron a Narváez los soldados y capitanes que leyese la carta, y cuando la oyeron, dice que hacían bramuras el Narváez y el Salvatierra, y los demás se reían, como haciendo burla della; y entonces dijo el Andrés de Duero: «Ahora yo no sé cómo sea esto; yo no lo entiendo; porque este religioso me ha dicho que Cortés y todos se le darán a vuestra merced, y ¡escribir ahora estos desvaríos!». Y luego de buena tinta también le ayudó a la plática al Duero un Agustín Bermúdez, que era capitán y alguacil del real de Narváez, y dijo: «Ciertamente, también he sabido de este fraile de la Merced muy en secreto que como enviase buenos terceros, que el mismo Cortés vendría a verse con vuestra merced para que se diese con sus soldados; y será bien que envíe a su real, pues no está muy lejos, al señor veedor Salvatierra y al señor Andrés de Duero, y yo iré con ellos»; y esto dijo adrede por ver qué diría el Salvatierra. Y respondió el Salvatierra que estaba mal dispuesto y que no iría a ver un traidor; y el fraile le dijo: «Señor veedor, bueno es tener templanza, pues está cierto que le tendréis preso antes de muchos días».

Pues concertada la partida del Andrés de Duero, parece ser muy en secreto trató el Narváez con el mismo Duero y con tres capitanes que tuviesen modo con el Cortés cómo se viesen en unas estancas y casas de indios que estaban entre el real de Narváez y el nuestro, y que allí se darían conciertos donde habíamos de ir con Cortés a poblar y partir términos, y en las vistas le prendería; y para ello tenía ya hablado el Narváez a veinte soldados de sus amigos; lo cual luego supo el fraile del Narváez y del Andrés de Duero, y avisaron a Cortés de todo. Dejemos al fraile en el real de Narváez, que ya se había hecho muy amigo y pariente del Salvatierra, siendo el fraile de Olmedo y el Salvatierra de Burgos, y comía con él cada día. Y digamos de Andrés de Duero, que quedaba apercibiéndose para ir a nuestro real y llevar consigo a Bartolomé de Usagre, nuestro soldado, porque el Narváez no alcanzase a saber de él lo que pasaba; y diré lo que en nuestro real hicimos.

Capítulo CXVIII. Cómo en nuestro real hicimos alarde de los soldados que éramos, y cómo trajeron doscientas y cincuenta picas muy largas, con unos hierros de cobre cada una, que Cortés había mandado hacer en unos pueblos que se dicen los chinantecas, y nos imponíamos cómo habíamos de jugar dellas para derrocar la gente de a caballo que tenía Narváez, y otras cosas que en el real pasaron
Volvamos a decir algo atrás de lo dicho, y lo que más pasó. Así como Cortés tuvo noticia del armada que traía Narváez, luego despachó un soldado que había estado en Italia, bien diestro de todas armas, y más de jugar una pica, y le envió a una provincia que se dice los chinantecas, junto adonde estaban nuestros soldados los que fueron a buscar minas; porque aquellos de aquella provincia eran muy enemigos de los mexicanos y pocos días había que tomaron nuestra amistad, y usaban por armas muy grandes lanzas, mayores que las nuestras de Castilla, con dos brazas de pedernal y navajas; y envióles a rogar que luego le trajesen a do quiera que estuviesen trescientas dellas, y que les quitasen las navajas, y que pues tenían mucho cobre, que les hiciesen a cada una dos hierros, y llevó el soldado la manera cómo habían de ser los hierros; y como llegó, de presto buscaron las lanzas e hicieron los hierros; porque en toda la provincia a aquella sazón había

cuatro o cinco pueblos, sin muchas estancias, y las recogieron, e hicieron los hierros muy más perfectamente que se los enviamos a mandar; y también mandó a nuestro soldado, que se decía Tovilla, que les demandase dos mil hombres de guerra, y que para el día de pascua del Espíritu Santo viniese con ellos al pueblo de Tampanequita, que así se decía, o que preguntase en qué parte estábamos, y que todos dos mil hombres trajesen lanzas; por manera que el soldado se los demandó, y los caciques dijeron que ellos vendrían con la gente de guerra; y el soldado se vino luego con obra de doscientos indios, que trajeron las lanzas, y con los demás indios de guerra quedó para venir con ellos otro soldado de los nuestros, que se decía Barrientos; y este Barrientos estaba en la estancia y minas que descubrían, ya otra vez por mí nombradas, y allí se concertó que había de venir de la manera que está dicho a nuestro real; porque sería de andadura diez o doce leguas de lo uno a lo otro. Pues venido el nuestro soldado Tovilla con las lanzas, eran muy extremadas de buenas; y allí, se daba orden y nos imponía el soldado y nos mostraba a jugar con ellas, y cómo nos habíamos de haber con los de a caballo, y ya teníamos hecho nuestro alarde y copia y memoria de todos los soldados y capitanes de nuestro ejército, y hallamos doscientos y seis, contados atambor y pífano, sin el fraile, y con cinco de a caballo, y dos artilleros y pocos ballesteros y menos escopeteros; y a lo que tuvimos ojo, para pelear con Narváez eran las picas, y fueron muy buenas, como adelante verán. Y dejemos de platicar más en el alarde y lanzas, y diré cómo llegó Andrés de Duero, que envió Narváez a nuestro real, y trajo consigo a nuestro soldado Usagre y dos indios naborias de Cuba, y lo que dijeron y concertaron Cortés y Duero, según después alcanzamos a saber.

Capítulo CXIX. Cómo vino Andrés de Duero a nuestro real y el soldado Usagre y dos indios de Cuba, naborias del Duero, y quién era el Duero y a lo que venía, y lo que tuvimos por cierto y lo que se concertó

Y es desta manera, que tengo de volver muy atrás a recitar lo pasado. Ya he dicho en los capítulos más adelante destos que cuando estábamos en Santiago de Cuba, que se concertó Cortés con Andrés de Duero y con un contador del rey, que se decía Amador de Lares, que eran grandes amigos del Diego Velázquez, y el Duero era su secretario, que tratase con el Diego Velázquez que le hiciesen a Cortés capitán general para venir en aquella armada, y que partiría con ellos todo el oro y plata y joyas que le cupiese de su parte de Cortés; y como el Andrés de Duero vio en aquel instante a Cortés, su compañero, tan rico y poderoso, y so color que venía a poner paces y a favorecer a Narváez, en lo que entendió era a demandar la parte de la compañía, porque ya el otro su compañero Amador de Lares era fallecido; y como Cortés era sagaz y manso, no solamente le prometió de darle gran tesoro, sino que también le daría mando en toda la armada, ni más ni menos que su propia persona, y que, después de conquistada la Nueva España, le daría otros tantos pueblos como a él, con tal que tuviese concierto con Agustín Bermúdez, que era alguacil mayor del real de Narváez, y con otros caballeros que aquí no nombro, que estaban convocados para que en todo caso fuesen en desviar al Narváez para que no saliese con la vida y con honra y le desbaratase; y como a Narváez tuviese muerto o preso, y deshecha su armada, que ellos quedarían por señores y partirían el oro y pueblos de la Nueva España; y para más le atraer y convocar a lo que dicho tengo, le cargó de oro sus dos indios de Cuba; y según pareció, el Duero se lo prometió, y aun ya se lo tenía prometido el Agustín Bermúdez por firmas y cartas; y también envió Cortés al Bermúdez y a un clérigo que se decía Juan de León, y al clérigo Guevara, que fue el que primero envió Narváez, y otros sus amigos, muchos tejuelos y joyas de oro, y les escribió lo que le pareció que convenía, para que en todo le ayudasen; y estuvo el Andrés de Duero en nuestro real el día que llegó hasta otro día después de comer, que era día de pascua del Espíritu Santo, y comió con Cortés y estuvo hablando con él en secreto buen rato; y cuando hubieron comido se despidió el Duero de todos nosotros, así capitanes como soldados, y luego fue a caballo otra vez adonde Cortés estaba, y dijo: «¿Qué manda vuestra merced? que me quiero ir»; y respondióle: «Que vaya con Dios, y mire, señor Andrés de Duero, que haya buen concierto de lo que tenemos platicado; si no, en mi conciencia (que así juraba Cortés), que antes de tres días con todos mis compañeros seré allá en vuestro real, y al primero que le eche lanza será a vuestra merced si otra cosa siento al contrario de lo que tenemos hablado». Y el Duero se rió, y dijo: «No faltaré en cosa que sea contrario de servir a vuestra merced»; y luego se fue, y llegado a su real, diz que dijo al Narváez que Cortés y todos los que estábamos con él sentía estar de buena voluntad para pasarnos con el mismo Narváez. Dejemos de hablar desto del Duero, y diré cómo Cortés luego mandó llamar a un nuestro capitán, que se dice Juan Velázquez de León, persona de mucha cuenta y amigo de Cortés, y era pariente muy cercano del gobernador de Cuba Diego Velázquez; y a lo que siempre tuvimos creído, también le tenía Cortés convocado y atraído a sí con grandes dádivas y ofrecimientos que le daría mando en la Nueva España y le haría su igual; porque el Juan Velázquez siempre se mostró muy gran servidor y verdadero amigo, como adelante verán. Y cuando hubo venido delante de Cortés y hecho su acato, le dijo: «¿Qué manda vuestra merced?». Y Cortés, como hablaba algunas veces muy meloso y con la risa en la boca, le dijo medio riendo: «A lo que, señor Juan Velázquez, le hice llamar es, que me dijo Andrés de Duero que dice Narváez, y en todo su real hay fama, que si vuestra merced va allá, que luego yo soy deshecho y desbaratado, porque creen que se ha de hacer con Narváez; y a esta causa he acordado que por mi vida, si bien me quiere, que luego se vaya en su buena yegua rucia, y que lleve todo su oro y la fanfarrona (que era muy pesada cadena de oro), y otras cositas que yo le daré, que dé allá por mí a quien yo le dijere; y su fanfarrona de oro que pesa mucho, llevará al hombro, y otra cadena que pesa más que ella llevará con dos vueltas, y allá verá qué le quiere Narváez, y, en viniendo que se venga, luego irán allá el señor Diego de Ordás, que le desean ver en su real, como mayordomo que era del Diego Velázquez». Y el Juan Velázquez respondió que él haría lo que su merced mandaba, mas que su oro ni cadenas que no las llevaría consigo, salvo lo que le diese para dar a quien mandase; porque donde su persona estuviese, es para le siempre servir, más que cuanto oro ni piedras de diamantes puede haber: «Ansí lo tengo yo creído, dijo Cortés, y con esta confianza, señor, le envío; mas si no lleva todo su oro y joyas, como le mando, no quiero que vaya allá». Y el Juan Velázquez respondió: «Hágase lo que vuestra merced mandare»; y no quiso llevar las joyas. Y Cortés allí le habló secretamente, y luego se partió, y llevó en su compañía a un mozo de espuelas de Cortés para que le sirviese, que se decía Juan del Río. Y dejemos desta partida de Juan Velázquez, que dijeron que lo envió Cortés por descuidar a Narváez, y volvamos a decir lo que en nuestro real pasó: que dende a dos horas que se partió el Juan Velázquez, mandó Cortés tocar el atambor a Canillas, que así se llamaba nuestro atambor, y a Benito de Veguer, nuestro pífano, que tocase su tamborino, y mandó a Gonzalo de Sandoval, que era capitán y alguacil mayor, que llamase a todos los soldados, y comenzásemos a marchar luego a paso largo camino de Cempoal; y yendo por nuestro camino se mataron dos puercos de la tierra, que tiene el ombligo en el espinazo, y dijimos muchos soldados que era señal de victoria; y dormimos en un repecho cerca de un riachuelo, y sendas piedras por almohadas, como lo teníamos de costumbre, y nuestros corredores del campo adelante y espías y rondas; y cuando amaneció, caminamos por nuestro camino derecho, y fuimos a hora de mediodía a un río, adonde está ahora poblada la Villarrica de la Veracruz, donde desembarcan las barcas con mercaderías que vienen de Castilla; porque en aquel tiempo estaban pobladas junto al río unas casas de indios y arboledas; y como en aquella tierra hace grandísimo Sol, reposamos allí, como dicho tengo, porque traíamos nuestras armas y picas. Y dejemos ahora de más caminar, y digamos lo que al Juan Velázquez de León le avino con Narváez y con un su capitán que también se decía Diego Velázquez, sobrino del Velázquez, gobernador de Cuba.

Capítulo CXX. Cómo llegó Juan Velázquez de León y el mozo de espuelas que se decía Juan del Río al real de Narváez, y lo que en él pasó

Ya he dicho cómo envió Cortés al Juan Velázquez de León y al mozo de espuelas para que le acompañase a Cempoal, y a ver lo que Narváez quería, que tanto deseo tenía de tenerlo en su compañía; por manera que así como partieron de nuestro real se dio tanta prisa en el camino, y fue amanecer a Cempoal; y se fue a apear el Juan Velázquez en casa del cacique gordo, porque el Juan del Río no tenía caballo, y desde allí se van a pie a la posada de Narváez. Pues como los indios de Cempoal le conocieron, holgaron de le ver y hablar, y decían a voces a unos soldados de Narváez que allí posaban en casa del cacique gordo, que aquel era Juan Velázquez de León, capitán de Malinche; y así como lo oyeron los soldados, fueron corriendo a demandar albricias a Narváez cómo había venido Juan Velázquez de León, y antes que el Juan Velázquez llegase a la posada del Narváez, que ya le iba a le hablar, como de repente supo el Narváez su venida, le salió a recibir a la calle, acompañado de ciertos soldados, donde se encontraron el Juan Velázquez y el Narváez, y se hicieron muy grande acatos, y el Narváez abrazó al Juan Velázquez, y le mandó sentar en una silla, que luego trajeron sillas, cerca de sí, y le dijo que por qué no se fue a apear a su posada; y mandó a sus criados que le fuesen luego por el caballo y fardaje, y le llevaba, porque en su casa y caballeriza y posada estaría; y Juan Velázquez dijo que luego se quería volver, que no venía sino a besarle las manos, y a todos los caballeros de su real, y para ver si podía dar concierto que su merced y Cortés tuviesen paz y amistad. Entonces dicen que el Narváez apartó al Juan Velázquez, y le comenzó a decir airado: cómo que tales palabras le había de decir de tener amistad ni paz con un traidor que se alzó a su primo Diego Velázquez con la armada. Y el Juan Velázquez respondió que Cortés no era traidor, sino buen servidor de su majestad, y que ocurrir a nuestro rey y señor, como envió y ocurrió, no se le ha de atribuir a traición, y que le suplica que delante dél no se diga tal palabra. Y entonces el Narváez le comenzó a hacer grandes prometimientos que se quedase con él, y que concierte con los de Cortés que se le den y vengan luego a se meter en su obediencia, prometiéndole con juramento que sería en todo su real el mas preeminente capitán, y en el mando segunda persona; y el Juan Velázquez respondió que mayor traición haría él en dejar al capitán, que tiene jurado, en la guerra y desampararlo, conociendo que todo lo que ha hecho en la Nueva España es en servicio de Dios nuestro señor y de su majestad; que no dejará de acudir a Cortés, como acudía a nuestro rey y señor, y que le suplica que no se hable más en ello. En aquella sazón habían venido a ver a Juan Velázquez todos los más principales capitanes del real de Narváez, y le abrazaban con gran cortesía, porque el Juan Velázquez era muy de palacio y de buen cuerpo, membrudo, y de buena presencia y rostro y la barba muy bien puesta, y llevaba una cadena muy grande de oro echada al hombro, que le daba vueltas debajo el brazo, y parecíale muy bien, como bravoso y buen capitán. Dejemos deste buen parecer de Juan Velázquez y cómo le estaban mirando todos los capitanes de Narváez, y aun nuestro fraile de la Merced también le vino a ver y en secreto hablar, y asimismo el Andrés de Duero y el alguacil mayor Bermúdez, y pareció ser que en aquel instante ciertos capitanes de Narváez, que se decían Gamarra y un Juan Juste, y un Juan Bono de Quejo, vizcaíno, y Salvatierra el bravoso, aconsejaron al Narváez que luego prendiese al Juan Velázquez, porque les pareció que hablaba muy sueltamente en favor de Cortés; y ya que había mandado el Narváez secretamente a sus capitanes y alguaciles que le echasen preso, súpolo Agustín Bermúdez y el Andrés de Duero, y nuestro fraile de la Merced y un clérigo que se decía Juan de León, y otras personas que se habían dado por amigos de Cortés, y dicen al Narváez que se maravillan de su merced querer mandar prender al Juan Velázquez de León, que ¿qué puede hacer Cortés contra él, aunque tenga en su compañía otros cien Juan Velázquez? Y que mire la honra y acatos que hace Cortés a todos los que de su real han ido, que les sale a recibir y a todos les da oro y joyas, y vienen cargados como abejas a las colmenas, y de otras cosas de mantas y mosqueadores, y que a Andrés de Duero y al clérigo Guevara, y Amaya y a Vergara el escribano, y a Alonso de Mata y otros que han ido a su real, bien los pudiera prender y no lo hizo; antes, como dicho tienen, les hace mucha honra, y que será mejor que le torne a hablar al Juan Velázquez con mucha cortesía, y le convide a comer para otro día; por manera que al Narváez le pareció bien el consejo, y luego le tornó a hablar con palabras muy amorosas para que fuese tercero en que Cortés se le diese con todos nosotros, y le convidó para otro día a comer; y el Juan Velázquez respondió que él haría lo que pudiese en aquel caso; mas que tenía a Cortés por muy porfiado y cabezudo en aquel negocio, y que sería mejor que partiesen las provincias, y que escogiese la tierra que más SU merced quisiese; y desto decía el Juan Velázquez por le amansar. Y entre aquellas pláticas llegóse al oído de Narváez el fraile de la Merced, y le dijo, como su privado y consejero que ya se le había hecho: «Mande vuestra merced hacer alarde de toda su artillería y caballos y escopeteros y ballesteros y soldados, para que lo vea el Juan Velázquez de León y el mozo de espuelas Juan del Río, para que Cortés tema vuestro poder y gente, y se venga a vuestra merced aunque le pese»; y esto lo dijo el fraile como por vía de su muy gran servidor y amigo, y por hacerle que trabajasen todos los de a caballo y soldados en su real. Por manera que por el dicho de nuestro fraile hizo hacer alarde delante del Juan

Velázquez de León y el Juan del Río, estando presente nuestro religioso; y cuando fue acabado de hacer dijo el Juan Velázquez al Narváez: «Gran pujanza trae vuestra merced; Dios se lo acreciente». Entonces dijo el Narváez: «Ahí verá vuestra merced que si quisiera haber ido contra Cortés le hubiera traído preso, y a cuantos estáis con él». Entonces respondió el Juan Velázquez y dijo: «Téngale vuestra merced por tal, y a los soldados que con él estamos, que sabremos muy bien defender nuestras personas»; y así cesaron las pláticas. Y otro día llevóle convidado a comer al Juan Velázquez, y comía con el Narváez un sobrino del Diego Velázquez, gobernador de Cuba, que también era su capitán; y estando comiendo, tratóse plática de cómo Cortés no se daba al Narváez, y de la carta y requerimientos que le enviamos, y de unas palabras en otras, desmandóse el sobrino de Diego Velázquez, que también se decía Diego Velázquez como el tío, y dijo que Cortés y todos los que con él estábamos éramos traidores, pues no se venían a someter al Narváez; y el Juan Velázquez cuando lo oyó se levantó en pie de la silla en que estaba, y con mucho acato dijo: «Señor capitán Narváez, ya he suplicado a vuestra merced que no se consienta que se digan palabras tales como estas que dicen de Cortés ni de ninguno de los que con él estamos, porque verdaderamente son mal dichas: decir mal de nosotros, que tan lealmente hemos servido a su majestad»; y el Diego Velázquez respondió que eran bien dichas, y pues volvía por un traidor, que traidor debía de ser y otro tal como él, y que no era de los Velázquez buenos; y el Juan Velázquez, echando mano a su espada, dijo que mentía, que era mejor caballero que no él, y de los buenos Velázquez, mejores que no él ni su tío, y que se lo haría conocer si el señor capitán Narváez les daba licencia; y como había allí muchos capitanes, así de los de Narváez y algunos de los de Cortés, se metieron en medio, que de hecho le iba a dar el Juan Velázquez una estocada; y aconsejaron al Narváez que luego le mandase salir de su real, ansí a él como al fraile y a Juan del Río; porque a lo que sentían, no hacían provecho ninguno, y luego sin más dilación les mandaron que se fuesen; y ellos, que no veían la hora de verse en nuestro real, lo pusieron por obra. Y dicen que el Juan Velázquez yendo a caballo en una buena yegua y su cota puesta, que siempre andaba con ella y con su capacete y gran cadena de oro, se fue a despedir del Narváez, y estaba allí con el Narváez el mancebo Diego Velázquez, el de la brega, y dijo al Narváez: «¿Qué manda vuestra merced para nuestro real?». Y respondió el Narváez, muy enojado, que se fuese, y que valiera más que no hubiera venido; y dijo el mancebo Diego Velázquez palabras de amenaza e injuriosas a Juan Velázquez, y le respondió a ellas el Juan Velázquez de León que es grande su atrevimiento, y digno de castigo por aquellas palabras que le dijo; y echándose mano a la barba, le dijo: «Para éstas, que yo vea antes de muchos días si vuestro esfuerzo es tanto como vuestro hablar»; y como venían con el Juan Velázquez seis o siete de los del real de Narváez, que ya estaban convocados por Cortés, que le iban a despedir, dicen que trabaron dél como enojados, y le dijeron: «Váyase ya y no cure de más hablar»; y así, se despidieron, y a buen andar de sus caballos se van para nuestro real, porque luego les avisaron a Juan Velázquez que el Narváez los quería prender y apercibía muchos de a caballo que fuesen tras ellos; y viniendo su camino, nos encontraron al río que dicho tengo, que está ahora cabe la Veracruz; y estando que estábamos en el río por mí ya nombrado, teniendo la siesta, porque en aquella tierra hace mucho calor y muy recio; porque, como caminábamos con todas nuestras armas a cuestas y cada uno con una pica, estábamos cansados; y en este instante vino uno de nuestros corredores del campo a dar mandado a Cortés que veían venir buen rato de allí dos o tres personas de a caballo, y luego presumimos que serían nuestros embajadores Juan Velázquez y el fraile y Juan del Río; y como llegaron adonde estábamos, ¡qué regocijo y alegrías tuvimos todos! Y Cortés ¡cuántas caricias y buenos comedimientos hizo al Juan Velázquez y a nuestro fraile! Y tenía mucha razón, porque le fueron muy servidores; y allí contó el Juan Velázquez paso por paso todo lo atrás por mí dicho que les acaeció con Narváez, y cómo envió secretamente a dar las cadenas y tejuelos de oro a las personas que Cortés mandó. Pues oír a nuestro fraile, como era muy regocijado, sabíalo muy bien representar, cómo se hizo muy servidor del Narváez, y que por hacer burla dél le aconsejó que hiciese el alarde y, sacase su artillería, y con qué astucia y mañas le dio la carta; pues cuando contaba lo que le acaeció con el Salvatierra y se le hizo muy pariente, siendo el fraile de Olmedo y el Salvatierra adelante de Burgos, y de los fieros que le decía el Salvatierra que había de hacer y aconteced en prendiendo a Cortés y a todos nosotros, y aun se le quejó de los soldados que le hurtaron su caballo y el de otro capitán; y todos nosotros nos holgamos de lo oír, como si fuéramos a bodas y regocijo, y sabíamos que otro día habíamos de estar en batalla; y que habíamos de vencer o morir en ella, siendo como éramos, doscientos y sesenta y seis soldados, y los de Narváez cinco veces más que nosotros. Volvamos a nuestra relación, y es que luego caminamos todos para Cempoal, y fuimos a dormir a un riachuelo, adonde estaba en aquella sazón una puente, obra de una legua de Cempoal, adonde está ahora una estancia de vacas. Y dejarlo he aquí, y diré lo que se hizo en el real de Narváez después que vinieron el Juan Velázquez y el fraile y Juan del Río, y luego volveré a contar lo que hicimos en nuestro real, porque en un instante acontecen dos o tres cosas, y por fuerza he de dejar las unas por contar lo que más viene a propósito desta relación.

Capítulo CXXI. De lo que se hizo en el real de Narváez después que de allí salieron nuestros embajadores
Pareció ser que como se vinieron el Juan Velázquez y el fraile y Juan del Río, dijeron al Narváez sus capitanes que en su real sentían que Cortés había enviado muchas joyas de oro, y que tenía de su parte amigos en el mismo real, y que sería bien estar muy apercibido y avisar a todos sus soldados que estuviesen con sus armas y caballos prestos; y demás desto, el cacique gordo, otras veces por mí nombrado, temía mucho a Cortés, porque había consentido que Narváez tomase las mantas y oro e indias que le tomó; y siempre espiaba sobre nosotros en qué parte dormíamos, por qué camino veníamos, porque así se lo había mandado por fuerza el Narváez; y como supo que ya llegábamos cerca de Cempoal, le dijo al Narváez el cacique gordo: «¿Qué hacéis, que estáis muy descuidado? ¿Pensáis que Malinche y los teules que trae consigo que son así como vosotros? Pues yo os digo que cuando no os cataréis será aquí y os matará»; y aunque hacían burla de aquellas palabras que el cacique gordo les dijo, no dejaron de se apercibir, y la primer cosa que hicieron fue pregonar guerra contra nosotros a fuego y sangre y a toda ropa franca; lo cual supimos de un soldado que llamaban «el Galleguillo», que se vino huyendo aquella noche del real de Narváez, o le envió el Andrés de Duero, y dio aviso a Cortés de lo del pregón y de otras

cosas que convino saber. Volvamos a Narváez, que luego mandó sacar toda su artillería y los de a caballo, escopeteros y ballesteros y soldados a un campo, obra de un cuarto de legua de Cempoal, para allí nos aguardar y no dejar ninguno de nosotros que no fuese muerto o preso; y como llovió mucho aquel día, estaban ya los de Narváez hartos de estar aguardándonos al agua; y como no estaban acostumbrados a aguas ni trabajos, y no nos tenían en nada sus capitanes, le aconsejaron que se volviesen a los aposentos, y que era afrenta estar allí, como estaban, aguardando a dos, tres, y as que decían que éramos, y que asestase su artillería delante de sus aposentos, que era dieciocho tiros gruesos, y que estuviesen toda la noche cuarenta de a caballo esperando en el camino por do habíamos de venir a Cempoal, y que tuviese al paso del río, que era por donde habíamos de pasar, sus espías, que fuesen buenos hombres de a caballo y peones ligeros para dar mandado; y que en los patios de los aposentos de Narváez anduviesen toda la noche veinte de a caballo; y este concierto que le dieron fue por hacerle volver a los aposentos; y más le decían sus capitanes: «Pues ¡cómo, Señor! ¿Por tal tiene a Cortés, que se ha de atrever con tres gatos que tiene a venir a este real; por el dicho deste indio gordo? No lo crea vuestra merced, sino que echa aquellas algaradas y muestras de venir porque vuestra merced venga a buen concierto con él»; por manera que así como dicho tengo se volvió Narváez a su real, y después de vuelto, públicamente prometió que quien matase a Cortés o a Gonzalo de Sandoval que le daría 2.000 pesos; y luego puso espías al río a un Gonzalo Carrasco, que vive ahora en la Puebla, y al otro que se decía fulano Hurtado. El nombre y apellido y señal secreta que dio cuando batallasen contra nosotros en su real había de ser «Santa María, Santa María»; y demás deste concierto que tenían hecho, mandó Narváez que en su aposento durmiesen muchos soldados, así escopeteros como ballesteros, y otros con partesanas, y otros tantos mandó que estuviesen en el aposento del veedor Salvatierra, y Gamarra, y del Juan Bono. Ya he dicho el concierto que tenía Narváez en su real, y volveré a decir la orden que se dio en el nuestro.

Capítulo CXXII. Del concierto y orden que se dio en nuestro real para ir contra Narváez, y el razonamiento que Cortés nos hizo, y lo que respondimos
Llegados que fuimos al riachuelo que ya he dicho, que estará obra de una legua de Cempoal, y había allí unos buenos prados, después de haber enviado nuestros corredores del campo, personas de confianza, nuestro capitán Cortés a caballo nos envió a llamar, así a capitanes como a todos los soldados, y de que nos vio juntos dijo que nos pedía por merced que callásemos; y luego comenzó un parlamento por tan lindo estilo y plática, tan bien dichas (cierto, otras palabras más sabrosas y llenas de ofertas que yo aquí no sabré escribir); en que nos trajo a la memoria desde que salimos de la isla de Cuba, con todo lo acaecido por nosotros hasta aquella sazón, y nos dijo: «Bien saben vuestras mercedes que Diego Velázquez, gobernador de Cuba, me eligió por capitán general, no porque entre vuestras mercedes no había muchos caballeros que eran merecedores dello; y saben que creístes que veníamos a poblar, y así se publicaba y pregonó; y según han visto, enviaba a rescatar; y saben lo que pasamos sobre que me quería volver a la isla de Cuba a dar cuenta a Diego Velázquez del cargo que me dio, conforme a su instrucción; pues vuestras mercedes me mandasteis y requeristeis que poblásemos esta tierra en nombre de su majestad, como, gracias a nuestro señor, la tenemos poblada, y fue cosa cuerda; y demás desto, me hicisteis vuestro capitán general y justicia mayor della, hasta que su majestad otra cosa sea servido mandar. Como ya he dicho, entre algunos de vuestras mercedes hubo algunas pláticas de tornar a Cuba, que no lo quiero más declarar, pues a manera de decir, ayer pasó, y fue muy santa y buena nuestra quedada, y hemos hecho a Dios y a su majestad gran servicio, que esto claro está; ya saben lo que prometimos en nuestras cartas a su majestad (después de le haber dado cuenta y relación de todos nuestros hechos) que punto no quedó, y que aquesta tierra es de la manera que hemos visto y conocido della, que es cuatro veces mayor que Castilla, y de grandes pueblos y muy rica de oro y minas, y tiene cerca otras provincias; y cómo enviamos a suplicar a su majestad que no la diese en gobernación ni de otra cualquiera manera a persona ninguna; y porque creíamos y teníamos por cierto que el obispo de Burgos don Juan Rodríguez de

Fonseca, que era en aquella sazón presidente de Indias y tenía mucho mando, que la demandaría a su majestad para el Diego Velázquez o algún pariente o amigo del obispo, porque esta tierra es tal y tan buena para dar a un infante o gran señor, que teníamos determinado de no darle a persona ninguna hasta que su majestad oyese a nuestros procuradores, y nosotros viésemos su real firma, y vista, que con lo que fuere servido mandar "los pechos por tierra"; y con las cartas ya sabían que enviamos y servimos a su majestad con todo el oro y plata, joyas y todo cuanto teníamos habido»; y más dijo: «Bien se les acordará, señores, cuántas veces hemos llegado a punto de muerte en las guerras Y batallas que hemos habido. Pues no hay que traerlas a la memoria, que acostumbrados estamos de trabajos y aguas y vientos y algunas veces hambres, y siempre traer las armas a cuestas y dormir por los suelos, así nevando como lloviendo, que si miramos en ello, los cueros tenemos ya curtidos de los trabajos. No quiero decir más de cincuenta de nuestros compañeros que nos han muerto en las guerras, ni de todos vuestras mercedes como estáis entrajados y mancos de heridas que aun están por sanar; pues que les quería traer a la memoria los trabajos que trajimos por la mar y las batallas de Tabasco, y los que se hallaron en lo de Almería y lo de Cingapacinga, y cuántas veces por las sierras y caminos nos procuraban quitar las vidas. Pues en las batallas de Tlaxcala en qué punto nos pusieron y cuáles nos traían; pues la de Cholula ya tenían puestas las ollas para comer nuestros cuerpos; pues a la subida de los puertos no se les había olvidado los poderes que tenía Moctezuma para no dejar ninguno de nosotros, y bien vieron los caminos todos llenos de pinos y árboles cortados; pues los peligros de la entrada y estada en la gran ciudad de México, cuántas veces teníamos la muerte al ojo, ¿quién los podrá ponderar? Pues vean los que han venido de vuestras mercedes dos veces primero que no yo, la una con Francisco Hernández de Córdoba y la otra con Juan de Grijalva, los trabajos, hambres y sedes, heridas y muertes de muchos soldados que en descubrir aquestas tierras pasasteis, y todo lo que en aquellos dos viajes habéis gastado de vuestras haciendas». Y dijo que no quería contar otras muchas cosas que tenía por decir por menudo, y no habría tiempo para acabarlo de platicar, porque era tarde y venía la noche; y más dijo: «Digamos ahora, señores: Pánfilo de Narváez viene contra nosotros con mucha rabia y deseo de nos haber a las manos, y no habían desembarcado, y nos llamaban de traidores y malos; y envió a decir al gran Moctezuma, no palabras de sabio capitán, sino de alborotador; y además desto, tuvo atrevimiento de prender a un oidor de su majestad, que por solo este delito es digno de ser castigado. Ya habrán oído cómo han pregonado en su real, guerra contra nosotros a ropa franca, como si fuéramos moros». Y luego, después de haber dicho esto Cortés, comenzó a sublimar nuestras personas y esfuerzos en las guerras y batallas pasadas, «y que entonces peleábamos por salvar nuestras vidas, y que ahora hemos de pelear con todo vigor por vida y honra, pues nos vienen a prender y echar de nuestras casas y robar nuestras haciendas: y demás desto, que nos sabemos si trae provisiones de nuestro rey y señor, salvo favores del obispo de Burgos, nuestro contrario; y si por ventura caemos debajo de sus manos de Narváez (lo cual Dios no permita), todos nuestros servicios, que hemos hecho a Dios primeramente y a su majestad, tornarán en deservicios, y harán procesos contra nosotros; y dirán que hemos muerto y robado y destruido la tierra; donde ellos son los robadores y alborotadores y deservidores de nuestro rey y señor, dirán que le han servido. Y pues vemos por los ojos todo lo que he dicho, y como buenos caballeros somos obligados a volver por la honra de su majestad y por las nuestras, y por nuestras casas y haciendas; y con esta intención salí de México, teniendo confianza en Dios y de nosotros; que todo lo ponía en las manos de Dios primeramente, y después en las nuestras: que veamos lo que nos parece». Entonces respondimos, y también juntamente con nosotros Juan Velázquez de León y Francisco dé Lugo y otros capitanes, que tuviese por cierto que, mediante Dios, habíamos de vencer o morir sobre ella, y que mirase no le conveniesen con partidos, porque si alguna cosa hacía fea, le daríamos de estocadas. Entonces, como vio nuestras voluntades, se holgó mucho, y dijo que con aquella confianza venía; y allí hizo muchas ofertas y prometimientos que seríamos todos muy ricos y valerosos. Hecho esto, tornó a decir que nos pedía por merced que callásemos, y que en las guerras y batallas es menester más prudencia y saber para bien vencer los contrarios, que no demasiada osadía; y que porque tenía conocido de nuestros grandes esfuerzos que por ganar honra cada uno de nosotros se quería adelantar de los primeros a encontrar con los enemigos, que fuésemos puestos en ordenanza y capitanías; y para que la primera cosa que hiciésemos fuese tomarles el artillería, que eran dieciocho tiros que tenían asestados delante de sus aposentos de Narváez, mandó que fuese por capitán un pariente suyo de Cortés que se decía Pizarro, que ya he dicho otras veces que en aquella sazón no había fama de Perú ni Pizarros, que no era descubierto; y era el Pizarro suelto mancebo, y le señaló sesenta soldados mancebos, y entre ellos me nombraron a mí; y mandó que, después de tomada el artillería, acudiésemos todos a los aposentos de Narváez, que estaba en un muy alto cu; y para prender a Narváez señaló por capitán a Gonzalo de Sandoval con otros sesenta compañeros; y como era alguacil mayor, le dio un mandamiento que decía así: «Gonzalo de Sandoval, alguacil mayor desta Nueva España por su majestad, yo os mando que prendáis el cuerpo de Pánfilo de Narváez, y si se os defendiere, matadle, que así conviene al servicio de Dios y del rey nuestro señor, por cuanto ha hecho muchas cosas en deservicio de Dios y de su majestad, y le prendió a un oidor. Dado en este real»; y la firma, Hernando Cortés, y refrendo de su secretario Pedro Hernández. Y después de dado el mandamiento, prometió que al primer soldado que le echase la mano le daría 3.000 pesos, y al segundo 2.000, y al tercero 1.000; y dijo que aquello que prometía que era para guantes, que bien veíamos la riqueza que había entre nuestras manos; y luego nombré a Juan Velázquez de León para que prendiese a Diego Velázquez, con quien había tenido la brega, y le dio otros sesenta soldados; y asimismo nombró a Diego de Ordás para que prendiese al Salvatierra, y le dio otros sesenta soldados, que cada capitán de éstos estaba en su fortaleza y altos cues, y el mismo Cortés por sobresaliente con otros veinte soldados para acudir adonde más necesidad hubiese, y donde él tenía el pensamiento de asistir era para prender a Narváez y a Salvatierra; pues ya dadas las copias a los capitanes, como dicho tengo, dijo: «Bien sé que los de Narváez son por todos cuatro veces más que nosotros; mas ellos no son acostumbrados a las armas, y como están la mayor parte dellos mal con su capitán, y muchos dolientes, les tomaremos de sobresalto; tengo pensamiento que Dios nos dará victoria, que no porfiarán mucho en su defensa, porque más bienes les haremos nosotros que no su Narváez; así, señores, pues nuestra vida y honra está, después de Dios, en vuestros esfuerzos y vigorosos brazos, no tengo más, que os pedir por merced mi traer a la memoria, sino que en esto está el toque de nuestras honras y famas para siempre jamás; y más vale morir por buenos que vivir afrentados»; y porque en aquella sazón llovía y era tarde no dijo más. Una cosa he pensado después acá, que jamás nos dijo tengo tal concierto en el real hecho, ni fulano ni zutano es en nuestro favor, ni cosa ninguna destas, sino que peleásemos como varones; y esto de no decirnos que tenía amigos en el real de Narváez fue muy de cuerdo capitán, que por aquel efecto no dejásemos de batallar como esforzados, y no tuviésemos esperanza en ellos, sino, después de Dios, en nuestros grandes ánimos. Dejemos desto, y digamos cómo cada uno de los capitanes por mí nombrados estaban con los soldados señalados cómo y de qué manera habíamos de pelear poniéndose esfuerzo unos a otros. Pues mi capitán Pizarro, con quien habíamos de tomar la artillería, que era la cosa de más peligro, y habíamos de ser los primeros que habíamos de romper hasta los tiros, también decía con mucho esfuerzo cómo habíamos de entrar y calar nuestras picas hasta tener la artillería en nuestro poder, y cuando se la hubiésemos tomado, que con ella misma mandó a nuestros artilleros, que se decían Mesa y el Siciliano y Usagre y Arbega, que con las pelotas que estuviesen por descargar se diese guerra a los del aposento de Salvatierra. También quiero decir la gran necesidad que teníamos de armas, que por un peto o capacete o casco o babera de hierro diéramos aquella noche cuanto nos pidieran por ello y todo cuanto habíamos ganado; y luego secretamente nos nombraron el apellido que habíamos de tener estando batallando, que era «Espíritu Santo, Espíritu Santo»; que esto se suele hacer secreto en las guerras porque se conozcan y apelliden por el nombre, que no lo sepan unos contrarios de otros; y los de Narváez tenían su apellido y voz «Santa María, Santa María.» Ya hecho todo esto, como yo era gran amigo y servidor del capitán Sandoval, me dijo aquella noche que me pedía por merced que cuando hubiésemos tomado el artillería, si quedaba con la vida, siempre me hablase con él y le siguiese; y yo le prometí, y así lo hice, como adelante verán. Digamos ahora en qué se entendió un rato de la noche, sino en aderezar y pensar en lo que teníamos por delante, pues para cenar no teníamos cosa ninguna; y luego fueron nuestros corredores del campo, y se puso espías y velas a mí y a otros dos soldados, y no tardó mucho, cuando viene un corredor del campo a me preguntar que si he sentido algo, y yo dije que no; y luego, vino un cuadrillero, y dijo que el Galleguillo que había venido del real de Narváez no parecía, y que era espía echada del Narváez; y que mandaba Cortés que luego marchásemos camino de Cempoal, y oímos tocar nuestro pífano y atambor, y los capitanes apercibiendo sus soldados, y comenzamos a marchar, y al Galleguillo hallaron debajo de unas mantas durmiendo; que, como llovió y el pobre no era acostumbrado a estar al agua ni fríos, metióse allí a dormir. Pues yendo nuestro paso tendido, sin tocar pífano ni atambor, que luego mandó Cortés que no tocasen, y nuestros corredores del campo descubrieron la tierra, llegamos al río, donde estaban las espías de Narváez, que ya he dicho que se decían Gonzalo Carrasco y Hurtado, y estaban descuidados, que tuvimos tiempo de prender al Carrasco, y el otro fue dando voces al real de Narváez y diciendo: «Al arma, al arma, que viene Cortés». Acuérdome que cuando pasábamos aquel río, como llovía venía un poco hondo, y las piedras resbalaban algo y, como llevábamos a cuestas las picas y armas, nos hacía mucho estorbo; y también me acuerdo cuando se prendió a Carrasco decía a Cortés a grandes voces: «Mira, señor Cortés, no vayas allá; que juró a tal que está Narváez esperándoos en el campo con todo su ejército»; y Cortés le dio en guarda a su secretario Pedro Hernández; y como vimos que el Hurtado fue a dar mandado, no nos detuvimos cosa, sino que el Hurtado iba dando voces y mandando dar alarma, y el Narváez llamando sus capitanes, y nosotros calando nuestras picas y cerrando con su artillería, todo fue uno, que no tuvieron tiempo sus artilleros de poner fuego sino a cuatro tiros, y las pelotas algunas dellas pasaron por alto, y una dellas mató a tres de nuestros compañeros. Pues en este instante llegaron todos nuestros capitanes, tocando alarma nuestro pífano y atambor; y como había muchos de los de Narváez a caballo, detuviéronse un poco con ellos, porque luego derrocaron seis o siete dellos. Pues nosotros los que tomamos el artillería no osábamos desampararla, porque el Narváez desde su aposento nos tiraba saetas y escopetas; y en aquel instante llegó el capitán Sandoval y sube de presto las gradas arriba, y por mucha resistencia que le ponía el Narváez y le tiraban saetas y escopetas y con partesanas y lanzas, todavía las subió él y sus soldados; y luego como vimos los soldados que ganamos el artillería que no había quien nos la defendiese, se la dimos a nuestros artilleros por mí nombrados, y fuimos muchos de nosotros y el capitán Pizarro a ayudar al Sandoval, que les hacían los de Narváez venir seis o siete grados abajo retrayéndose, y con nuestra llegada tornó a las subir, y estuvimos buen rato peleando con nuestras picas, que eran grandes; y cuando no me cato oímos voces del Narváez, que decía: «Santa María, valeme; que muerto me han y quebrado un ojo»; y cuando aquello oímos, luego dimos voces: «Victoria, victoria por los del nombre del Espíritu Santo; que muerto es Narváez»; y con todo esto no les pudimos entrar en el cu donde estaban hasta que un Martín López, el de los bergantines, como era alto de cuerpo, puso fuego a las pajas del alto cu, y vinieron todos los de Narváez rodando las gradas abajo; entonces prendimos a Narváez, y el primero que le echó mano fue un Pero Sánchez Farfán y yo se lo di al Sandoval, y a otros capitanes del mismo Narváez que con él estaban todavía dando voces y apellidando: «Viva el rey, viva el rey, y en su real nombre Cortés; victoria, victoria; que muerto es Narváez». Dejemos este combate, y vamos a Cortés y a los demás capitanes que todavía estaban batallando cada uno con los capitanes del Narváez que aún no se habían dado, porque estaban en muy altos cúes, y con los tiros que les tiraban nuestros artilleros y con nuestras voces de muerte del Narváez, como Cortés era muy avisado, mandó de presto pregonar que todos los de Narváez se vengan luego a someter debajo de la bandera de su majestad, y de Cortés en su real nombre, so pena de muerte; y aun con todo esto no se daban los de Diego Velázquez el mozo ni los de Salvatierra, porque estaban en muy altos cues y no los podían entrar; hasta que Gonzalo de Sandoval fue con la mitad de nosotros los que con él estábamos, y con los tiros y con los pregones les entramos, y se prendieron así al Salvatierra como los que con él estaban, y al Diego Velázquez el mozo; y luego Sandoval vino con todos nosotros los que fuimos en prender al Narváez a ponerle más en cobro, puesto que le habíamos echado dos pares de grillos, y cuando Cortés y el Juan Velázquez y el Ordás tuvieron presos a Salvatierra y al Diego Velázquez el mozo y a Gamarra y a Juan Yuste y a Juan Bono, vizcaíno, y a otras personas principales, vino Cortés desconocido, acompañado de nuestros capitanes, adonde teníamos a Narváez, y con el calor que hacía grande, y como estaba cargado con las armas y andaba de una parte a otra apellidando a nuestros soldados y haciendo dar pregones, venía muy sudando y cansado, y tal, que no le alcanzaban un huelgo a otro, y dijo a Sandoval dos veces, que no le acertaba a decir del trabajo que traía, y dijo: «¿Qué es de Narváez? ¿Qué es de Narváez?». Y dijo Sandoval: «Aquí está, aquí está, y a muy buen recaudo»; y tornó Cortés a decir muy sin huelgo: «Mirad, hijo Sandoval, que no os quitéis dél vos y vuestros compañeros, no se os suelte mientras yo voy a entender en otras cosas; y mirad estos capitanes que con él tenéis presos que en todo haya recaudo»; y luego se fue, y mandó dar otros pregones que, so pena de muerte, que todos los de Narváez luego en aquel punto se vengan a someter debajo de la bandera de su majestad, y en su real nombre de Hernando Cortés, su capitán general y justicia mayor, y que ninguno trajese ningunas armas, sino que todos las diesen y entregasen a nuestros alguaciles; y todo esto era de noche, que no amanecía, y aún llovía de rato en rato, y entonces salía la Luna, que cuando allí llegamos hacía muy oscuro y llovía, y también la oscuridad ayudó; que, como hacía tan oscuro, había muchos cucoyos (así los llaman en Cuba), que relumbraban de noche, y los de Narváez creyeron que eran mechas de las escopetas. Dejemos esto, y pasemos adelante: que, como el Narváez estaba muy mal herido y quebrado el ojo, demandó licencia a Sandoval para que un cirujano que traía en su armada, que se decía maestre Juan, le curase el ojo a él, y otros capitanes que estaban heridos, y se la dio; y estándole curando llegó allí cerca Cortés disimulando, que no le conociesen, a la ver curar; dijéronle al Narváez que estaba allí Cortés, y como se lo dijeron, dijo el Narváez: «Señor capitán Cortés, tened en mucho esta victoria que de mí habéis habido y en tener presa mi persona»; y Cortés le respondió que daba muchas gracias a Dios, que se la dio, y por los esforzados caballeros y compañeros que tenía, que fueron parte para ello. Y que una de las menores cosas que en la Nueva España ha hecho es prenderle y desbaratarle; y que si le ha parecido bien tener atrevimiento de prender a un oidor de su majestad. Y cuando hubo dicho esto se fue de allí, que no le hablé más, y mandó a Sandoval que le pusiese buenas guardas, y que no se quitase dél con personas de recaudo; ya le teníamos echado dos pares de grillos y le llevábamos a un aposento, y puestos soldados que le habíamos de guardar, y a mí me señaló Sandoval por uno dellos, y secretamente me mandó que no dejase hablar con él a ninguno de los de Narváez hasta que amaneciese, que Cortés le pusiese más en cobro. Dejemos desto, y digamos cómo Narváez había enviado cuarenta de a caballo para que nos estuviesen aguardando en el paso del río cuando viniésemos a su real, como dicho tengo en el capítulo que dello habla, y supimos que andaban todavía en el campo; tuvimos temor no nos viniesen a acometer para nos quitar sus capitanes, y al mismo Narváez, que teníamos presos, y estábamos muy apercibidos; y acordó Cortés de les enviar a pedir por merced que se viniesen al real, con grandes ofrecimientos que a todos prometió; y para los traer envió a Cristóbal de Olí, que era nuestro maestre de campo, y a Diego de Ordás, y fueron en unos caballos que tomaron de los de Narváez, que de todos los nuestros no trajimos ningunos, que atados quedaron en un montecillo junto a Cempoal; que no trajimos sino picas, espadas y rodelas y puñales; y fueron al campo con un soldado de los de Narváez, que les mostró el rastro por donde habían ido, y se toparon con ellos; y en fin, tantas palabras de ofertas y ofrecimientos les dijeron, por parte de Cortés que los trajeron. Y antes que llegasen a nuestro real ya era de día claro; y sin decir cosa ninguna Cortés ni ninguno de nosotros a los atabaleros que el Narváez traía, comenzaron a tocar los atabales y a tañer sus pífanos y tambores, y decían: «Viva, viva la gala de los romanos, que siendo tan pocos han vencido a Narváez y a sus soldados»; y un negro que se decía Guidela, que fue muy gracioso y truhan, que traía el Narváez, daba voces que decía: «Mirad que los romanos no han hecho tal hazaña»; y por más que les decíamos que callasen y no tañesen sus atabales, no querían, hasta que Cortés mandó que prendiesen al atabalero, que era medio loco, que se decía Tapia; y en este instante vino Cristóbal de Olí y Diego de Ordás, y trajeron a los de a caballo que dicho tengo, y entre ellos venía Andrés de Duero y Agustín Bermúdez, y muchos amigos de nuestro capitán; y así como venían, iban a besar las manos a Cortés, que estaba sentado en una silla de caderas, con una ropa larga de color como anaranjada, con sus armas debajo, acompañado de nosotros. Pues ver la gracia con que les hablaba y abrazaba, y las palabras de tantos cumplimientos que les decía; era cosa de ver qué alegre estaba; y tenía mucha razón de verse en aquel punto tan señor y pujante; y así como le besaban la mano se fueron cada uno a su posada. Digamos ahora de los muertos y heridos que hubo aquella noche. Murió el alférez de Narváez que se decía fulano de Fuentes, que era un hidalgo de Sevilla; murió otro capitán de Narváez que se decía Rojas, natural de Castilla la Vieja; murieron otros dos de Narváez; murió uno de los tres soldados que se le habían pasado, que habían sido de los nuestros, que llamábamos Alonso García «el carretero», y heridos de los de Narváez hubo muchos; y también murieron de los nuestros otros cuatro, y hubo más heridos; y el cacique gordo también salió herido: porque, como supo que veníamos cerca de Cempoal, se acogió al aposento de Narváez, y allí le hirieron, y luego Cortés le mandó curar muy bien y le puso en su casa, y que no se le hiciese enojo. Pues Cervantes «el loco» y Escalonilla, que son los que se pasaron al Narváez que habían sido de los nuestros, tampoco libraron bien, que Escalona salió bien herido, y el Cervantes bien apaleado, y ya he dicho que murió «el carretero». Vamos a los del aposento del Salvatierra, el muy fiero, que dijeron sus soldados que en toda su vida vieron hombres para menos ni tan cortado de muerte cuando nos oyó tocar al arma y cuando decíamos: «Victoria, victoria; que muerto es Narváez». Dicen que luego dijo que estaba muy malo del estómago, y que no fue para cosa ninguna. Esto lo he dicho por sus fieros y bravear; y de los de su compañía también hubo heridos. Digamos del aposento del Diego Velázquez y otros capitanes que estaban con él, que también hubo heridos, y nuestro capitán Juan Velázquez de León prendió al Diego Velázquez, aquel con quien tuvo las bregas estando comiendo con el Narváez, y le llevó a su aposento y le mandó curar y hacer mucha honra. Pues ya he dado cuenta de todo lo acaecido en nuestra batalla, digamos ahora lo que más se hizo.

Capítulo CXXIII. Cómo después de desbaratado Narváez según y de la manera que he dicho, vinieron los indios de Chinanta que Cortés había enviado a llamar, y de otras cosas que pasaron

Ya he dicho en el capítulo que dello habla, que Cortés envió a decir a los pueblos de Chinanta, donde trajeron las lanzas y picas, que viniesen dos mil indios dellos con sus lanzas, que son mucho más largas que no las nuestras, para nos ayudar, y vinieron aquel mismo día y algo tarde, después de preso Narváez, y venían por capitanes los caciques de los mismos pueblos y uno de nuestros soldados, que se decía Barrientos, que había quedado en Chinanta para aquel efecto; y entraron en Cempoal con muy gran ordenanza, de dos en dos; y como traían las lanzas muy grandes y de buen cuerpo, y tienen en ellas unas braza de cuchilla de pedernales, que cortan tanto como navajas, según ya otras veces he dicho, y traía cada indio una rodela como pavesina, y con sus banderas tendidas, y con muchos plumajes y atambores y trompetillas, y entre cada lancero y lancero un flechero, y dando gritos y silbos decían: «Viva el rey, viva el rey, y Hernando Cortés en su real nombre»; y entraron bravosos, que era cosa de notar; y serían mil y quinientos, que parecían, de la manera y concierto que venían, que eran tres mil; y cuando los de Narváez los vieron se admiraron, y dicen que dijeron unos a otros que si aquella gente les tomara en medio o entraran con nosotros, qué tal que les pararan; y Cortés habló a los indios capitanes muy amorosamente, agradeciéndoles su venida y les dio cuentas de Castilla, y les mandó que luego se volviesen a sus pueblos, y que por el camino no hiciesen daño a otros pueblos, y tornó a enviar con ellos al mismo Barrientos. Y quedarse ha aquí, y diré lo que más Cortés hizo.

Capítulo CXXIV. Como Cortés envió al puerto al capitán Francisco de Lugo. y en su compañía dos soldados que habían sido maestres de hacer navíos, para que luego trajese allí a Cempoal todos los maestres y pilotos de los navíos y flota de Narváez, y que les sacasen las velas y timones y agujas, porque no fuesen a dar mandado a la isla de Cuba a Diego Velázquez de lo acaecido, y cómo puso almirante de la mar
Pues acabado de desbaratar al Pánfilo de Narváez, y presos él y sus capitanes, y a todos los demás tomando sus armas, mandó Cortés al capitán Francisco de Lugo que fuese al puerto donde estaba la flota de Narváez, que eran dieciocho navíos, y mandase venir allí a Cempoal a todos los pilotos y maestres de los navíos, y que les sacasen velas y timones y agujas, porque no fuesen a dar mandado a Cuba a Diego Velázquez; y que si no le quisiesen obedecer, que les echase presos; y llevó consigo el Francisco de Lugo dos de nuestros soldados, que habían sido hombres de la mar, para

que le ayudasen; y también mandó Cortés que luego le enviasen a un Sancho de Barahona, que le tenía preso el Narváez con otros soldados. Este Barahona fue vecino de Guatemala, hombre rico; y acuérdome que cuando llegó ante Cortés, que venía muy doliente y flaco, y le mandó hacer honra. Volvamos a los maestres y pilotos, que luego vinieron a besar las manos al capitán Cortés, a los cuales tomó juramento que no saldrían de su mandado, y que le obedecerían en todo lo que les mandase; y luego les puso por almirante y capitán de la mar a un Pedro Caballero, que había sido maestre de un navío de los de Narváez; persona de quien Cortés se fió mucho, al cual dicen que le dio primero buenos tejuelos de oro; y a éste mandó que no dejase ir de aquel puerto ningún navío a parte ninguna, y mandó a todos los maestres y pilotos y marineros que todos le obedeciesen, y que si de Cuba enviase Diego Velázquez más navíos (porque tuvo aviso Cortés que estaban dos navíos para venir) que tuviese modo que a los capitanes que en él viniesen les echase presos, y les sacase el timón y velas y agujas, hasta que otra cosa en ello Cortés mandase. Lo cual así lo hizo Pedro Caballero, como adelante diré. Y dejemos ya los navíos y el puerto seguro, y digamos lo que se concertó en nuestro real y los de Narváez; y es que luego se dio orden, que fuese a conquistar y poblar: a Juan Velázquez de León a lo de Pánuco; y para ello Cortés le señaló ciento y veinte soldados, los ciento habían de ser los de Narváez, y los veinte de los nuestros entremetidos porque tenían más experiencia en la guerra; y también a Diego de Ordás dio otra capitanía de otros ciento y veinte soldados para ir a poblar a lo de Guazacualco, y los ciento habían de ser de los de Narváez y los veinte de los nuevos, según y de la manera que a Juan Velázquez de León; y había de llevar otros dos navíos para desde el río de Guazacualco enviar a la isla de Jamaica por ganados de yeguas y becerros, puercos y ovejas, y gallinas de Castilla y cabras, para multiplicar la tierra, porque la provincia de Guazacualco era buena para ello. Pues para ir aquellos capitanes con sus soldados y llevar todas sus armas, Cortés se las mandó dar, y soltar todos los prisioneros capitanes de Narváez, excepto el Narváez y el Salvatierra, que decía que estaba malo del estómago. Pues para darles todas las armas, algunos de nuestros soldados les teníamos ya tomado caballos y espadas y otras cosas, y mandó Cortés que luego se las volviésemos, y sobre no dárselas hubo ciertas pláticas enojosas: y fueron, que dijimos los soldados, que las teníamos, muy claramente, que no se las queríamos dar, pues que en el real de Narváez pregonaron guerra contra nosotros a ropa franca, y con aquella intención venían a nos prender y tomar lo que teníamos, y que siendo nosotros tan grandes servidores de su majestad, nos llamaban traidores, y que no se las queríamos dar; y Cortés todavía porfiaba a que se las diésemos, y como era capitán general, húbose de hacer lo que mandó, que yo les di un caballo que tenía ya escondido, ensillado y enfrenado, y dos espadas y tres puñales y una adarga, y otros muchos de nuestros soldados dieron también otros caballos y armas; y como Alonso de Ávila era capitán y persona que osaba decir a Cortés qué cosas convenían, y juntamente con él el padre de la Merced, hablaron aparte a Cortés, y le dijeron que parecía que quería remedar a Alejandro Macedonio, que después que con sus soldados había hecho alguna gran hazaña, que más procuraba de honrar y hacer mercedes a los que vencía que no a sus capitanes y soldados, que eran los que lo vencían; y esto, que lo decían porque lo han visto en aquellos días que allí estábamos después de preso Narváez, que todas las joyas de oro que le presentaban los indios de aquellas comarcas y bastimentos daba a los capitanes de Narváez, y como si no nos conociera, así nos olvidaba; y que no era bien hecho, sino muy grande ingratitud, hubiéndole puesto en el estado en que estaba. A esto respondió Cortés que todo cuanto tenía, ansí persona como bienes, era para nosotros, y que al presente no podía más sino con dádivas y palabras y ofrecimientos honrar a los de Narváez; porque, como son muchos, y nosotros pocos, no se levanten contra él y contra nosotros, y le matasen. A esto respondió el Alonso de Ávila, y le dijo ciertas palabras algo soberbias, de tal manera, que Cortés le dijo que quien no le quisiese seguir, que las mujeres han parido y paren en Castilla soldados; y el Alonso de Ávila dijo con palabras muy soberbias y sin acato que así era verdad: que soldados y capitanes y gobernadores, y que aquello merecíamos que dijese. Y como en aquella sazón estaba la cosa de arte que Cortés no podía hacer otra cosa sino callar, y con dádivas y ofertas le atrajo a sí; y como conoció de él ser muy atrevido, y tuvo siempre Cortés temor que por ventura un día o otro no hiciese alguna cosa en su daño, disimuló; y dende allí adelante siempre le enviaba a negocios de importancia, como fue a la isla de Santo

Domingo, y después a España cuando enviamos la recámara y tesoro del gran Moctezuma, que robó Juan Florin, gran corsario francés; lo cual diré en su tiempo y lugar. Y volvamos ahora al Narváez y a un negro que traía lleno de viruelas, que harto negro fue en la Nueva España, que fue causa que se pegase e hinchiese toda la tierra dellas, de lo cual hubo gran mortandad; que, según decían los indios, jamás tal enfermedad tuvieron, y como no la conocían, lavábanse muchas veces, y a esta causa se murieron gran cantidad dellos. Por manera que negra la ventura de Narváez, y más prieta la muerte de tanta gente sin ser cristianos. Dejemos ahora todo esto, y digamos cómo los vecinos de la Villarrica que habían quedado poblados, que no fueron a México, demandaron a Cortés las partes del oro que les cabía, y dijeron a Cortés que, puesto que allí les mandó quedar en aquel puerto y villa, que tan bien servían allí a Dios y al rey como los que fuimos a México, pues entendían en guardar la tierra y hacer la fortaleza, y algunos dellos se hallaron en lo de Almería, que aún no tenían sanas las heridas, y que todos los más se hallaron en la prisión de Narváez, y que les diesen sus partes; y viendo Cortés que era muy justo lo que decían, dijo que fuesen dos hombres principales vecinos de aquella villa con poder de todos, y que lo tenía apartado, y que se lo darían; y paréceme que les dijo que en Tlaxcala estaba guardado, que esto no me acuerdo bien; y así, luego despacharon de aquella villa dos vecinos por el oro y sus partes, y el principal se decía Juan de Alcántara «el viejo». Y dejemos de platicar en ello, y después diremos lo que sucedió al Alcántara y al otro; y digamos cómo la adversa fortuna vuelve de presto su rueda, que a grandes bonanzas y placeres siguen las tristezas; y es que en este instante vienen nuevas que México estaba alzado, y que Pedro de Alvarado está cercado en su fortaleza y aposento, y que le ponían fuego por todas partes en la misma fortaleza, y que le han muerto siete soldados, y que estaban otros muchos heridos; y enviaba a demandar socorros con mucha instancia y prisa; y esta nueva trajeron dos tlaxcaltecas sin carta ninguna, y luego vino una carta con otros tlaxcaltecas que envió el Pedro de Alvarado, en que decía lo mismo. Y cuando aquella tan mala nueva oímos, sabe Dios cuánto nos pesó, y a grandes jornadas comenzamos a caminar para México, y quedó preso en la Villarrica el Narváez y el Salvatierra, y por teniente y capitán paréceme que quedó Rodrigo Rangel, que tuviese cargo de guardar al Narváez y de recoger muchos de los de Narváez que estaban enfermos. Y también en este instante, ya que queríamos partir, vinieron cuatro grandes principales que envió el gran Moctezuma ante Cortés a quejarse del Pedro de Alvarado, y lo que dijeron llorando con muchas lágrimas de sus ojos fue, que Pedro de Alvarado salió de su aposento con todos los soldados que le dejó Cortés, y sin causa ninguna dio en sus principales y caciques, que estaban bailando y haciendo fiesta a sus ídolos Huichilobos y Tezcatepuca, con licencia que para ellos les dio el Pedro de Alvarado, y que mató e hirió muchos dellos, y que por se defender le mataron seis de sus soldados. Por manera que daban muchas quejas del Pedro de Alvarado; y Cortés les respondió a los mensajeros algo desabrido, y que él iría a México y pondría remedio en todo; y así, fueron con aquella respuesta a su gran Moctezuma, y dicen la sintió por muy mala y hubo enojo della. Y asimismo luego despachó Cortés cartas para Pedro de Alvarado, en que le envió a decir que mirase que el Moctezuma no se soltase, y que íbamos a grandes jornadas; y le hizo saber de la victoria que habíamos habido contra Narváez; lo cual ya sabía el gran Moctezuma. Y dejarlo he aquí, y diré lo que más adelante pasó.

Capítulo CXXV. Cómo fuimos a grandes jornadas, así Cortés con todos sus capitanes como todos los de Narváez, excepto Pánfilo de Narváez y Salvatierra, que quedaban presos
Como llegó la nueva referida cómo Pedro de Alvarado estaba cercado y México rebelado, cesaron las capitanías que habían de ir a poblar a Pánuco y a Guazacualco, que habían dado a Juan Velázquez de León y a Diego de Ordás, que no fue ninguno dellos, que todos fueron con nosotros; y Cortés habló a los de Narváez, que sintió que no irían con nosotros de buena voluntad a hacer aquel socorro, y les rogó que dejasen atrás enemistades pasadas por lo de Narváez, ofreciéndoles de hacerlos ricos y darles cargos; y pues venían a buscar la vida, y estaban en tierra, y enriquecerse, que ahora les venía lance; y tantas palabras les dijo, que todos a una se le ofrecieron que irían con nosotros; y si supieran las fuerzas de México, cierto está que no fuera ninguno. Y luego caminamos a muy grandes jornadas hasta llegar a Tlaxcala, donde supimos que hasta que Moctezuma y sus

capitanes habían sabido cómo habíamos desbaratado a Narváez, no dejaron de darle guerra a Pedro de Alvarado, y le habían ya muerto siete soldados y le quemaron los aposentos; y cuando supieron nuestra victoria cesaron de darle guerra; mas dijeron que estaban muy fatigados por falta de agua y bastimento, lo cual nunca se lo había mandado dar Moctezuma; y esta nueva trajeron indios de Tlaxcala en aquella misma hora que hubimos llegado. Y luego Cortés mandó hacer alarde de la gente que llevaba, y halló sobre mil y trescientos soldados, así de los nuestros como de los de Narváez, y sobre noventa y seis caballos y ochenta ballesteros y otros tantos escopeteros; con los cuales le pareció a Cortés que llevaba gente para poder entrar muy a su salvo en México; y demás desto, en Tlaxcala nos dieron los caciques dos mil hombres, indios de guerra; y luego fuimos a grandes jornadas hasta Texcoco, que es una gran ciudad, y no se nos hizo honra ninguna en ella ni pareció ningún señor, sino todo muy remontado y de mal arte; y llegamos a México día de señor San Juan de junio de 1520 años, y no parecía por las calles caciques ni capitanes ni indios conocidos, sino todas las casas despobladas. Y como llegamos a los aposentos en que solíamos posar, el gran Moctezuma salió al patio para hablar y abrazar a Cortés y darle el bien venido, y de la victoria con Narváez; y Cortés, como venía victorioso, no le quiso oír, y el Moctezuma se entró en su aposento muy triste y pensativo. Pues ya aposentados cada uno de nosotros donde solíamos estar antes que saliésemos de México para ir a lo de Narváez, y los de Narváez en otros aposentos, y ya habíamos visto y hablado con el Pedro de Alvarado y los soldados que con él quedaron, y ellos nos daban cuenta de las guerras que los mexicanos les daban y trabajo en que les tenían puestos, y nosotros les dábamos relación de la victoria contra Narváez. Y dejaré esto, y diré cómo Cortés procuró saber qué fue la causa de se levantar México, porque bien entendido teníamos que a Moctezuma le pesó dello, que si le pluguiera o fuera por su consejo, dijeron muchos soldados de los que se quedaron con Pedro de Alvarado en aquellos trances, que si Moctezuma fuera en ello que a todos les mataran; y que el Moctezuma los aplacaba que cesasen la guerra; y lo que contaba el Pedro de Alvarado a Cortés sobre el caso era, que por libertar los mexicanos al Moctezuma, y porque su Huichilobos se lo mandó porque pusimos en su casa la imagen de nuestra señora la virgen santa María y la cruz. Y mas dijo, que habían llegado muchos indios a quitar la santa imagen del altar donde la pusimos, y que no pudieron quitarla, y que los indios lo tuvieron a gran milagro, y que se lo dijeron al Moctezuma, y que les mandó que la dejasen en el mismo lugar y altar, y que no curasen de hacer otra cosa; y así, la dejaron. Y más dijo el Pedro de Alvarado, que por lo que el Narváez les había enviado a decir al Moctezuma, que le venía a soltar de las prisiones y a prendernos, y no salió verdad; y como Cortés había dicho al Moctezuma que en teniendo navíos nos habíamos de ir a embarcar y salir de toda la tierra; y que no nos íbamos y que todo eran palabras, y que ahora habían visto venir muchos más teules; antes que todos los de Narváez y los nuestros tornásemos a entrar en México, que sería bien matar al Pedro de Alvarado y a sus soldados, y soltar al gran Moctezuma, y después no quedar a vida ninguno de los nuestros y de los de Narváez, cuanto más que tuvieron por cierto que nos venciera el Narváez. Estas pláticas y descargo dio el Pedro de Alvarado a Cortés, y le tornó a decir Cortés que a qué causa les fue a dar guerra estando bailando y haciendo sus fiestas y bailes y sacrificios que hacían a su Huichilobos y a Tezcatepuca; y el Pedro de Alvarado dijo que luego le habían de venir a dar guerra, según el concierto que tenían entre ellos hecho; y todo lo demás que lo supo de un papa y de dos principales y de otros mexicanos; y Cortés le dijo: «Pues hanme dicho que os demandaron licencia para hacer el areito y bailes»; y dijo que así era verdad, y que fue por tomarles descuidados; y que porque temiesen y no viniesen a darle guerra, que por esto se adelantó a dar en ellos; y como aquello Cortés le oyó. le dijo, muy enojado, que era muy mal hecho, y grande desatino y poca verdad; y que plugiera a Dios que el Moctezuma se hubiera soltado, y que tal cosa no la oyera a sus oídos; y así le dejó, que no le habló más en ello. También yo quiero decir que decía el Pedro de Alvarado que, cuando peleaban los indios mexicanos con él, que dijeron muchos de ellos que una gran tecleciguata, que es gran señora, que era otra como la que estaba en su gran cu, les echaba tierra en los ojos y les cegaba, y que un gran teule que andaba en un caballo blanco, les hacía mucho más daño, y que, si por ellos no fuera, que les mataran a todos; y que aquello diz que se lo dijeron al gran Moctezuma sus principales: y si aquello fue así grandísimos milagros son y de continuo hemos de dar gracias a Dios y a la virgen Santa María nuestra señora, su bendita madre, que en todo nos socorre y al bienaventurado señor Santiago. También dijo el mismo Pedro de Alvarado que cuando andaba con ellos en aquella guerra, que mandó poner a un tiro, que estaba cebado, fuego, el cual tenía una pelota y muchos perdigones, y que como venían muchos escuadrones de indios a le quemar los aposentos, que salió a pelear con ellos, y que mandó poner fuego al tiro, y que no salió, y que hizo una arremetida contra los escuadrones que le daban guerra, y cargaban muchos indios sobre él, y que venía retrayéndose a la fuerza y aposento, y que entonces sin poner fuego al tiro salió la pelota y los perdigones y mató muchos indios; y que si aquello no acaeciera, que los enemigos los mataran a todos, como en aquella vez le llevaron dos de sus soldados vivos. Otra cosa dijo el Pedro de Alvarado, y esta sola cosa la dijeron otros soldados, que las demás pláticas solo el Pedro de Alvarado lo contaba; y es, que no tenía agua para beber, y cavaron en el patio, e hicieron un pozo y sacaron agua dulce, siendo todo salado también. Todo fue muchos bienes que nuestro señor Dios nos hacía. Y a esto del agua digo yo que en México estaba una fuente que muchas veces y todas las más manaba agua algo dulce; que lo demás que dicen algunas personas, que el Pedro de Alvarado, por codicia de haber mucho oro y joyas de gran valor con que bailaban los indios, te fue a dar guerra, yo no lo creo ni nunca tal oí, ni es de creer que tal hiciese, puesto que lo dice el obispo fray Bartolomé de las Casas aquello y otras cosas que nunca pasaron; sino que verdaderamente dio en ellos por meterle temor, y que con aquellos males que les hizo tuviesen harto que curar y llorar en ellos, porque no le viniesen a dar guerra; y como dicen que quien acomete vence, y fue muy peor, según pareció. Y también supimos de mucha verdad que tal guerra nunca el Moctezuma mandó dar, y que cuando combatían al Pedro de Alvarado, que el Moctezuma les mandaba a los suyos que no lo hiciesen, y que le respondían que ya no era cosa de sufrir tenerle preso, y estando bailando irles a matar, como fueron; y que te habían de sacar de allí y matar a todos los teules que te defendían Estas cosas y otras sé decir que lo oí a personas de fe y que se hallaron con el Pedro de Alvarado cuando aquello pasé. Y dejarlo he aquí, y diré la gran guerra que luego nos dieron, y es desta manera.

Capítulo CXXVI. Cómo nos dieron guerra en México, y los combates que nos daban, y otras cosas que pasamos

Como Cortés vio que en Texcoco no nos habían hecho ningún recibimiento, ni aun dado de comer, sino mal y por mal cabo, y que no hallamos principales con quien hablar, y lo vio todo rematado y de mal arte, y venido a México lo mismo; y vio que no hacían tianguez, sino todo levantado, y oyó al Pedro de Alvarado de la manera y desconcierto con que les fue a dar guerra; y parece ser había dicho Cortés en el camino a los capitanes, alabándose de sí mismo, el gran acato y mando que tenía, y que por los pueblos y caminos le saldrían a recibir y hacer fiestas, y que en México mandaba tan absolutamente, así al gran Moctezuma como a todos sus capitanes, y que le darían presentes de oro como solían; y viendo que todo estaba muy al contrario de sus pensamientos, que aun de comer no nos daban, estaba muy airado y soberbio con la mucha gente de españoles que traía, y muy triste y mohino; y en este instante envió el gran Moctezuma dos de sus principales a rogar a nuestro Cortés que le fuese a ver, que le quería hablar, y la respuesta que le dio fue: «Vaya para perro, que aun tianguez no quiere hacer ni de comer nos manda dar»; y entonces, como aquello le oyeron a Cortés nuestros capitanes, que fue Juan Velázquez de León y Cristóbal de Olí y Alfonso de Ávila y Francisco de Lugo, dijeron: «Señor, temple su ira, y mire cuánto bien y honra nos ha hecho este rey destas tierras, que es tan bueno, que si por él no fuese ya fuéramos muertos y nos habrían comido, y mire que hasta las hijas le han dado». Y como esto oyó Cortés, se indignó más de las palabras que le dijeron, como parecían de reprensión, y dijo: «¿Qué cumplimiento tengo yo de tener con un perro que se hacía con Narváez secretamente, y ahora veis que aun de comer no nos da?». Y dijeron nuestros capitanes: «Esto nos parece que debe hacer, y es buen consejo». Y como Cortés tenía allí en México tantos españoles, así de los nuestros como de los de Narváez, no se le daba nada por cosa ninguna, y hablaba tan airado y descomedido. Por manera que tornó a hablar a los principales que dijesen a su señor Moctezuma que luego mandase hacer tianguez y mercados; si no, que hará y que acontecerá; y los principales bien entendieron las palabras injuriosas que Cortés dijo de su señor, y aun también la reprensión que nuestros capitanes dieron a Cortés sobre ello; porque bien los conocían, que habían sido los que solían tener en guarda a su señor, y sabían que eran grandes servidores de su Moctezuma, y según y de la manera que lo entendieron, se lo dijeron al Moctezuma; y de enojo, o porque ya estaba concertado que nos diesen guerra, no tardó un cuarto de hora que vino un soldado a gran prisa muy mal herido, que venía de un pueblo que está junto a México, que se dice Tacuba, y traía unas indias que eran de Cortés, y la una hija de Moctezuma, que parece ser las dejó a guardar allí al señor de Tacuba, que eran sus parientes del mismo señor, cuando fuimos a lo de Narváez. Y dijo aquel soldado que estaba toda la ciudad y camino por donde venía lleno de gente de guerra con todo género de armas, y que le quitaron las indias que traía y le dieron dos heridas, y que si no se les soltara, que le tenían ya asido para le meter en una canoa y llevarle a sacrificar, y habían deshecho una puente. Y desque aquello oyó Cortés y algunos de nosotros, ciertamente nos pesó mucho; porque bien entendido teníamos los que solíamos batallar con indios, la mucha multitud que de ellos se suelen juntar, que por bien que peleásemos, y aunque más soldados trajésemos ahora, que habíamos de pasar gran riesgo de nuestras vidas, y hambres y trabajos, especialmente estando en tan fuerte ciudad. Pasemos adelante, y digamos que luego mandó a un capitán que se decía Diego de Ordás, que fuese con cuatrocientos soldados, y entre ellos, los más ballesteros y escopeteros y algunos de a caballo, y que mirase qué era aquello que decía el soldado que había venido herido y trajo las nuevas; y que si viese que sin guerra y ruido se pudiese apaciguar, lo pascificase; y como fue el Diego de Ordás de la manera que le fue mandado, con sus cuatrocientos soldados, aun no hubo bien llegado a media calle por donde iba, cuando le salen tantos escuadrones mexicanos de guerra y otros muchos que estaban en las azoteas, y les dieron tan grandes combates, que le mataron a las primeras arremetidas ocho soldados, y a todos los más hirieron, y al mismo Diego de Ordás le dieron tres heridas. Por manera que no pudo pasar un paso adelante, sino volverse poco a poco al aposento; y al retraer le mataron otro buen soldado, que se decía Lezcano, que con un montante había hecho cosas de muy esforzado varón; y en aquel instante si muchos escuadrones salieron al Diego de Ordás, muchos más vinieron a nuestros aposentos, y tiran tanta vara y piedra con hondas y flechas, que nos hirieron de aquella vez sobre cuarenta y seis de los nuestros, y doce murieron de las heridas. Y estaban tantos guerreros sobre nosotros, que el Diego de Ordás, que se venía retrayendo, no podía llegar a los aposentos por la mucha guerra que le daban, unos por detrás y otros por delante y otros desde las azoteas. Pues quizá aprovechaban mucho nuestros tiros y escopetas, ni ballestas ni lanzas, ni estocadas que les dábamos, ni nuestro buen pelear; que, aunque les matábamos y heríamos muchos dellos, por las puntas de las picas y lanzas se nos metían; con todo esto, cerraban sus escuadrones y no perdían punto de su buen pelear, ni les podíamos apartar de nosotros. Y en fin, con los tiros y escopetas y ballestas, y el mal que les hacíamos de estocadas, tuvo lugar el Ordás de entrar en el aposento; que hasta entonces, aunque quería, no podía pasar, y con sus soldados bien heridos y veintitrés menos, y todavía no cesaban muchos escuadrones de nos dar guerra y decirnos que éramos como mujeres, y nos llamaban bellacos y otros vituperios. Y aun no ha sido nada todo el daño que nos han hecho hasta ahora, a lo que después hicieron. Y es, que tuvieron tanto atrevimiento, que, unos dándonos guerra por una parte y otros por otra, entraron a ponernos fuego en nuestros aposentos, que no nos podíamos valer con el humo y fuego, hasta que se puso remedio en derrocar sobre él mucha tierra y atajar otras salas por donde venía el fuego, que verdaderamente allí dentro creyeron de nos quemar vivos; y duraron estos combates todo el día y aun la noche, y aun de noche estaban sobre nosotros tantos escuadrones, y tiraban varas y piedras y flechas a bulto y piedra perdida, que entonces estaban todos aquellos patios y suelos hechos parvas dellos. Pues nosotros aquella noche en curar heridos, y en poner remedio en los portillos que habían hecho y en apercibirnos para otro día, en esto se pasó. Pues desque amaneció, acordó nuestro capitán que con todos los nuestros y los de Narváez saliésemos a pelear con ellos, y que llevásemos tiros y escopetas y ballestas, y procurásemos de los vencer, a lo menos que sintiesen más nuestras fuerzas y esfuerzo mejor que el día pasado. Y digo que si nosotros teníamos hecho aquel concierto, que los mexicanos tenían concertado lo mismo, y peleábamos muy bien; mas ellos estaban tan fuertes y tenían tantos escuadrones, que se mudaban de rato en rato, que aunque estuvieren allí diez mil Hectores troyanos y otros tantos Roldanes, no les pudieran matar. Porque saberlo ahora yo aquí decir cómo pasó, y vimos este tesón en el pelear, digo que no lo sé escribir; porque ni aprovechaban tiros ni escopetas ni ballestas, ni apechugar con ellos, ni matarles treinta ni cuarenta de cada vez que arremetíamos; que tan enteros y con más vigor, peleaban que al principio; y si algunas veces les íbamos ganando alguna poca de tierra o parte de calle, y hacían que se retraían, era para que les siguiésemos, por apartarnos de nuestra fuerza y aposento, para dar más a su salvo en nosotros, creyendo que no volveríamos con las vidas a los aposentos; porque al retraernos nos hacían mucho mal. Pues para pasar a quemarles las casas, ya he dicho en el capítulo que dello habla, que de casa a casa tenían una puente de madera elevadiza, alzábanla, y no podíamos pasar sino por agua muy honda. Pues desde las azoteas, los cantos y piedras y varas no lo podíamos sufrir. Por manera que nos maltrataban y herían muchos de los nuestros, y no sé yo para qué lo escribo así tan tibiamente; porque unos tres o cuatro soldados que se habían hallado en Italia, que allí estaban con nosotros, juraron muchas veces a Dios que guerras tan bravosas jamás habían visto en algunas que se habían hallado entre cristianos, y contra la artillería del rey de Francia ni del Gran Turco, ni gente como aquellos indios con tanto ánimo cerrar los escuadrones vieron; y porque decían otras muchas cosas y causas que daban a ello, como adelante verán. Y quedarse ha aquí, y diré cómo con harto trabajo nos retrajimos a nuestros aposentos, y todavía muchos escuadrones de guerreros sobre nosotros con grandes gritos y silbos, y trompetillas y atambores, llamándonos de bellacos y para poco, que no sabíamos atenderles todo el día en batalla, sino volvernos retrayendo. Aquel día mataron diez o doce soldados, y todos volvimos bien heridos; y lo que pasó de la noche fue en concertar para que de ahí a dos días saliésemos todos los soldados cuantos sanos había en todo el real, y con cuatro ingenios a manera de torres, que se hicieron de madera bien recios, en que pudiesen ir debajo de cualquiera dellos veinticinco hombres; y llevaban sus ventanillas en ellos para ir los tiros, y también iban escopeteros y ballesteros; y junto con ellos habíamos de ir otros soldados escopeteros y ballesteros, y todos los demás de a caballo hacer algunas arremetidas. Y hecho este concierto, como estuvimos aquel día que entendíamos en la obra y fortalecer muchos portillos que nos tenían hechos, no salimos a pelear aquel día; no sé cómo lo diga, los grandes escuadrones de guerreros que nos vinieron a los aposentos a dar guerra, no solamente por diez o doce partes, sino por más de veinte; porque en todo estábamos repartidos, y otros en muchas partes; y entre tanto que los adobábamos y fortalecíamos, como dicho tengo, otros muchos escuadrones procuraron entrarnos los aposentos a escala vista, que por tiros ni ballestas ni escopetas, ni por muchas arremetidas y estocadas les podían retraer. Pues lo que decían, que en aquel día no había de quedar ninguno de nosotros, y que habían de sacrificar a sus dioses nuestros corazones y sangre, y con las piernas y brazos, que bien tendrían para hacer hartazgas y fiestas; y que los cuerpos echarían a los tigres y leones y víboras y culebras que tienen encerrados, que se harten dellos: y que a aquel efecto ha dos días que mandaron que no les diesen de comer; y que el oro que teníamos, que habríamos mal gozo dél y de todas las mantas; y a los de Tlaxcala que con nosotros estaban les decían que les meterían en jaulas a engordar, y que poco a poco harían sus sacrificios con sus cuerpos. Y muy afectuosamente decían que les diésemos su gran señor Moctezuma, y decían otras cosas; y de noche asimismo siempre silbos y voces, y rociadas de vara y piedra y flecha; y cuando amaneció, después de nos encomendar a Dios, salimos de nuestros aposentos con nuestras torres, que me parece a mí que en otras partes donde me he hallado en guerras en cosas que han sido menester, las llaman burros y mantas; y con los tiros y escopetas y ballestas delante, y los de a caballo haciendo algunas arremetidas; y como he dicho, aunque les matábamos muchos dellos, no aprovechaba cosa para les hacer volver las espaldas, sino que si siempre muy bravamente habían peleado los doce días pasados, muy más fuertes con mayores fuerzas y escuadrones estaban este día; y todavía determinamos que, aunque a todos costase la vida, de ir con nuestras torres e ingenios hasta el gran cu del Huichilobos. No digo por extenso los grandes combates que en una casa fuerte nos dieron, ni diré cómo a los caballos los herían ni nos aprovechábamos dellos; porque, aunque arremetían a los escuadrones para romperlos, tirábanles tanta flecha y vara y piedra, que no se podían valer, por bien armados que estaban; y si los iban alcanzando, luego se dejaban caer los mexicanos a su salvo en las acequias y laguna, donde tenían hechos otros reparos para los de a caballo; y estaban otros muchos indios con sus lanzas muy largas para acabar de matarlos; así que no aprovechaba cosa ningún dellos. Pues apartarnos a quemar ni deshacer ninguna casa, era por demás; porque, como he dicho, están todas en el agua, y de casa a casa una puente levadiza; pasarla a nado era cosa muy peligrosa, porque desde las azoteas tiraban tanta piedra y cantos, que era cosa perdida ponernos en ello. Y demás desto, en algunas casas que les poníamos fuego tardaba una casa en se quemar un día entero, y no se podía pegar el fuego de una casa a otra, lo uno por estar apartadas la una de otra, el agua en medio, y lo otro por ser de azoteas; así que eran por demás nuestros trabajos en aventurar nuestras personas en aquello. Por manera que fuimos al gran cu de sus ídolos, y luego de repente suben en él más de cuatro mil mexicanos, sin otras capitanías que en ellos estaban, con grandes lanzas y piedra y vara, y se ponen en defensa, y nos resistieron la subida un buen rato, que no bastaban las torres ni los tiros ni ballestas ni escopetas, ni los de a caballo; porque, aunque querían arremeter los caballos, había unas losas muy grandes, empedrado todo el patio, que se iban a los caballos los pies y manos; y eran tan lisas, que caían; y como desde las gradas del alto cu nos defendían el paso, y a un lado y otro teníamos tantos contrarios, aunque nuestros tiros llevaban diez o quince dellos, y a estocadas y arremetidas matábamos otros muchos, cargaba tanta gente, que no les podíamos subir al alto cu, y con gran concierto tornamos a porfiar sin llevar las torres, porque ya estaban desbaratadas, y les subimos arriba. Aquí se mostró Cortés muy varón, como siempre lo fue. ¡Oh qué pelear y fuerte batalla que aquí tuvimos! Era cosa de notar vernos a todos corriendo sangre y llenos de heridas, y más de cuarenta soldados muertos. Y quiso nuestro señor que llegamos adonde solíamos tener la imagen de nuestra señora, y no la hallamos; que pareció, según supimos, que el gran Moctezuma tenía o devoción en ella o miedo, y la mandó guardar, y pusimos fuego a sus ídolos, y se quemó un pedazo de la sala con los ídolos Huichilobos y Tezcatepuca. Entonces nos ayudaron muy bien los tlaxcaltecas. Pues ya hecho esto, estando que estábamos unos peleando y otros poniendo fuego, como dicho tengo, ver los papas que estaban en este gran cu y sobre tres o cuatro mil indios, todos principales; ya que nos bajábamos, cuál nos hacían venir rodando seis gradas y aun diez abajo, y hay tanto que decir de otros escuadrones que estaban en los pretiles y concavidades del gran cu, tirándonos tantas varas y flechas, que así a unos escuadrones como a los otros no podíamos hacer cara ni sustentarnos; acordamos, con mucho trabajo y riesgo de nuestras personas, de nos volver a nuestros aposentos, los castillos deshechos y todos heridos, y muertos cuarenta y seis, y los indios siempre apretándonos, y otros escuadrones por las espaldas, que a quien no nos vio, aunque aquí más claro lo diga, yo no lo sé significar; pues aún no digo lo que hicieron las escuadrones mexicanos, que estaban dando guerra en los aposentos en tanto que andábamo; fuera, y la gran porfía y tesón que ponían de les entrar a quemarlos. En esta batalla prendimos dos papas principales, que Cortés nos mandó que los llevasen a buen recaudo. Muchas veces he visto pintada entre los mexicanos y tlaxcaltecas esta batalla y subida que hicimos en este gran cu; y tiénenlo por cosa muy heroica, que aunque nos pintan a todos nosotros muy heridos corriendo sangre, y muchos muertos en retratos que tienen dello hechos, en mucho lo tienen esto de poner fuego al cu y estar tanto guerrero guardándolo en los pretiles y concavidades, y otros muchos indios abajo en el suelo y patios llenos, y en los lados y otros muchos, y deshechas nuestras torres, cómo fue posible subirle. Dejemos de hablar dello, y digamos cómo con gran trabajo tornamos a los aposentos; y si mucha gente nos fueron siguiendo, y dando guerra, otros muchos estaban en los aposentos que ya les tenían derrocadas unas paredes para entrarles; y con nuestra llegada cesaron, mas no de manera que en todo lo que quedó del día dejaban de tirar vara y piedra y flecha, y en la noche grita y piedra y vara. Dejemos de su gran tesón y porfía que siempre a la continua tenían de estar sobre nosotros, como he dicho; y digamos que aquella noche se nos fue en curar heridos y enterrar los muertos, y en aderezar para salir otro día a pelear, y en poner fuerzas y mamparos a las paredes que habían derrocado y a otros portillos que habían hecho, y tomar consejo cómo y de qué manera podríamos pelear sin que recibiésemos tantos daños ni muertas; y en todo lo que platicamos no hallábamos remedio ninguno. Pues también quiero decir las maldiciones que los de Narváez echaban a Cortés, y las palabras que decían, que renegaban dél y de la tierra, y aun de Diego Velázquez, que acá les envió; que bien pacíficos estaban en sus casas de la isla de Cuba; y estaban embelesados y sin sentido. Volvamos a nuestra plática, que fue acordado de demandarles paces para salir de México; y desque amaneció vienen muchos más escuadrones de guerreros, y muy de hecho nos cercan por todas partes los aposentos; y si mucha piedra y flecha tiraban de antes, mucho más espesas y con mayores alaridos y silbos vinieron este día; y otros escuadrones por otras partes procuraban de nos entrar, que no aprovechaban tiros ni escopetas, aunque les hacían harto mal. Y viendo todo esto, acordó Cortés que el gran Moctezuma les hablase desde una azotea, y les dijesen que cesasen las guerras y que nos queríamos ir de su ciudad; y cuando al gran Moctezuma se lo fueron a decir de parte de Cortés, dicen que dijo con gran dolor: «¿Qué quiere de mí ya Malinche? Que yo no deseo vivir ni oírle, pues en tal estado por su causa mi ventura me ha traído». Y no quiso venir; y aun dicen que dijo que ya no le querían ver ni oír a él ni a sus falsas palabras ni promesas ni mentiras; y fue el padre de la Merced y Cristóbal de Olí, y le hablaron con mucho acato y palabras muy amorosas. Y díjoles el Moctezuma: «Yo tengo creído que no aprovecharé cosa ninguna para que cese la guerra, porque ya tienen alzado otro señor, y han propuesto de no os dejar salir de aquí con la vida; y así, creo que todos vosotros habéis de morir en esta ciudad». Y volvamos a decir de los grandes combates que nos daban, que Moctezuma se puso a un pretil de una azotea con muchos de nuestros soldados que le guardaban, y les comenzó a hablar a los suyos con palabras muy amorosas, que dejasen la guerra, que nos iríamos de México; y muchos principales mexicanos y capitanes bien le conocieron, y luego mandaron que callasen sus gentes y no tirasen varas ni piedras ni flechas, y cuatro dellos se allegaron en parte que Moctezuma les podía hablar, y ellos a él, y llorando le dijeron: «¡Oh señor, y nuestro gran señor, y como nos pesa de todo vuestro mal y daño, y de vuestros hijos y parientes! Hacémoos saber que ya hemos levantado a un vuestro primo por señor»; y allí le nombró cómo se llamaba, que se decía Coadlabaca, señor de Iztapalapa; que no fue Guatemuz, el cual desde a dos meses fue señor. Y más dijeron, que la guerra que la habían de acabar, y que tenían prometido a sus ídolos de no lo dejar hasta que todos nosotros muriésemos; y que rogaban cada día a su Huichilobos y a Tezcatepuca que le guardase libre y sano de nuestro poder, y como saliese, como deseaban, que no lo dejarían de tener muy mejor que de antes por señor, y que les perdonase. Y no hubieron bien acabado el razonamiento, cuando en aquella sazón tiran tanta piedra y vara, que los nuestros le arrodelaban; y como vieron que entre tanto que hablaba con ellos no daban guerra, se descuidaron un momento del rodelar, y le dieron tres pedradas y un flechazo, una en la cabeza y otra en un brazo y otra en una pierna; y puesto que le rogaban que se curase y comiese, y le decían sobre ello buenas palabras, no quiso; antes cuando no nos catamos, vinieron a decir que era muerto. Y Cortés lloró por él, y todos nuestros capitanes y soldados; y hombres hubo entre nosotros, de los que le conocíamos y tratábamos, que tan llorado fue como si fuera nuestro padre; y no nos hemos de maravillar dello viendo que tan bueno era; y decían que había diecisiete años que reinaba, y que fue el mejor rey que en México había habido, y que por su persona había vencido tres desafíos que tuvo sobre las tierras que sojuzgó.

Capítulo CXXVII. Desque fue muerto el gran Moctezuma, acordó Cortés de hacerlo saber a sus capitanes y principales que nos daban guerra, y lo que más sobre ello pasó
Pues como vimos a Moctezuma que se había muerto, ya he dicho la tristeza que todos nosotros hubimos por ello, y aun al fraile de la Merced, que siempre estaba con él, se lo tuvimos a mal no le atraer a que se volviese cristiano; y él dio por descargo que no creyó que de aquellas heridas muriese, salvo que él debía de mandar que le pusiesen alguna cosa con que se pasmó. En fin de más razones, mandó Cortés a un papa y a un principal de los que estaban presos, que soltamos para que fuesen a decir al cacique que alzaron por señor, que se decía Coadlabaca, y a sus capitanes, cómo el gran Moctezuma era muerto, y que ellos lo vieron morir, y de la manera que murió, y heridas que le dieron los suyos, y dijesen cómo a todos nos pesaba dello, y que lo enterrasen como gran rey que era, y que alzasen a su primo del Moctezuma que con nosotros estaba, por rey, pues le pertenecía heredar, o a otros sus hijos; y que al que habían alzado por señor que no le venía de derecho, y que tratasen paces para salirnos de México: que si no lo hacían ahora que era muerto Moctezuma, a quien teníamos respeto,

y que por su causa no les destruíamos su ciudad, que saldríamos a darles guerra y quemarles todas las casas, y les haríamos mucho mal; y porque lo viesen cómo era muerto el Moctezuma, mandó a seis mexicanos muy principales y los más papas que teníamos presos que lo sacasen a cuestas y lo entregasen a los capitanes mexicanos, y les dijesen lo que Moctezuma mandó al tiempo que se quería morir, que aquellos que llevaron a cuestas se hallaron presentes a su muerte; y dijeron al Coadlabaca toda la verdad, cómo ellos propios le mataron de tres pedradas y un flechazo; y cuando así le vieron muerto, vimos que hicieron muy gran llanto, que bien oímos las gritas y aullidos que por él daban; y aun con todo esto no cesó la gran batería, que siempre nos daban, que era sobre nosotros, de vara y piedra y flecha, y luego la comenzaron muy mayor, y con gran braveza nos decían: «Ahora pagaréis muy de verdad la muerte de nuestro rey y el deshonor de nuestros ídolos; y las paces que nos enviáis a pedir, salid acá, y concertaremos cómo y de qué manera han de ser»; y decían tantas palabras sobre ello, y de otras cosas que ya no se me acuerda, y las dejaré aquí de decir y que ya tenían elegido buen rey, y que no era de corazón tan flaco, que le podáis engañar con palabras falsas, como fue al buen Moctezuma; y del enterramiento, que no tuviesen cuidado, sino de nuestras vidas, que en dos días no quedarían ningunos de nosotros, para que tales cosas enviemos a decir; y con estas pláticas, muy grandes gritas y silbos, y rociadas de piedra, vara y flecha, y otros muchos escuadrones todavía procurando de poner fuego a muchas partes de nuestros aposentos; y como aquello vio Cortés y todos nosotros, acordamos que para otro día saliésemos del real, y diésemos guerra por otra parte, adonde había muchas cosas en tierra firme, y que hiciésemos todo el mal que pudiésemos, y fuésemos hacia la calzada, y que todos los de a caballo rompiesen con los escuadrones y los alanceasen o echasen en la laguna, y aunque les matasen los caballos; y esto se ordenó para ver si por ventura con el daño y muerte que les hiciésemos cesaría la guerra y se trataría alguna manera de paz para salir libres sin más muertes y daños. Y puesto que otro día lo hicimos todos muy varonilmente, y matamos muchos contrarios y se quemaron obra de veinte casas, y fuimos hasta cerca de tierra firme, todo fue nonada para el gran daño y muertes de más de veinte soldados, y heridas que nos hicieron; y no pudimos ganarles ninguna puente, porque todas estaban medio quebradas, y cargaron muchos mexicanos sobre nosotros, y tenían puestas albarradas y mamparos en parte adonde conocían que podían alcanzar los caballos. Por manera que, si muchos trabajos teníamos hasta allí, muchos mayores tuvimos adelante. Y dejarlo he aquí, y volvamos a decir cómo acordamos de salir de México. En esta entrada y salida que hicimos con los de a caballo, que era un jueves, acuérdome que iba allí Sandoval y Lares el buen jinete, y Gonzalo Domínguez, Juan Velázquez de León y Francisco de Morla, y otros buenos hombres de a caballo de los nuestros; y de los de Narváez, asimismo iban otros buenos jinetes; mas estaban espantados y temerosos los de Narváez, como no se habían hallado en guerras de indios, como nosotros los de Cortés.

Capítulo CXXVIII. Cómo acordamos de nos ir huyendo de México, y lo que sobre ello se hizo
Como vimos que cada día iban menguando nuestras fuerzas, y las de los mexicanos crecían, y veíamos muchos de los nuestros muertos, y todos los más heridos; y que aunque peleábamos muy como varones, no los podíamos hacer retirar ni que se apartasen los muchos escuadrones que de día y de noche nos daban guerra, y la pólvora apocada, y la comida y agua por el consiguiente, y el gran Moctezuma muerto, las paces que les enviamos a demandar no las quisieron aceptar; en fin, veíamos nuestras muertes a los ojos, y las puentes que estaban alzadas; y fue acordado por Cortés y por todos nuestros capitanes y soldados que de noche nos fuésemos, cuando viésemos que los escuadrones guerreros estuviesen más descuidados; y. para más les descuidar, aquella tarde les enviamos a decir con un papa de los que estaban presos, que era muy principal entre ellos, y con otros prisioneros, que nos dejen ir en paz de ahí a ocho días, y que les daríamos todo el oro; y esto por descuidarlos y salirnos aquella noche. Y demás desto, estaba con nosotros un soldado que se decía Botello, al parecer muy hombre de bien y latino, y había estado en Roma, y decían que era nigromántico, otros decían que tenía «familiar», algunos le llamaban astrólogo; y este Botello había dicho cuatro días había que hallaba por sus suertes y astrologías que si aquella noche que venía no salíamos de México,

y si más aguardábamos, que ningún soldado podría salir con la vida; y aun había dicho otras veces que Cortés había de tener muchos trabajos y había de ser desposeído de su ser y honra, y que después había dé volver a ser gran señor y de mucha renta; y decía muchas cosas deste arte. Dejemos al Botello, que después tornaré hablar en él, y diré cómo se dio luego orden que se hiciese de maderos y tablas muy recias una puente que llevásemos para poner en las puentes que tenían quebradas; y para ponerla y llevarla, y guardar el paso hasta que pasase todo el fardaje y los de a caballo y todo nuestro ejército, señalaron y mandaron a cuatrocientos indios tlaxcaltecas y ciento y cincuenta soldados; y para llevar el artillería señalaron doscientos y cincuenta indios tlaxcaltecas y cincuenta soldados; y para que fuesen en la delantera peleando señalaron a Gonzalo de Sandoval y a Francisco de Saucedo, el pulido, y a Francisco de Lugo y a Diego de Ordás y Andrés de Tapia; y todos estos capitanes, y otros ocho o nueve de los de Narváez, que aquí no nombro, y con ellos, para que les ayudasen, cien soldados mancebos sueltos; y para que fuesen entre medias del fardaje y naborías y prisioneros, y acudiesen a la parte que más conviniese de pelear, señalaron al mismo Cortés y a Alonso de Ávila, y a Cristóbal de Olí y a Bernardino Vázquez de Tapia, y a otros capitanes de los nuestros, que no me acuerdo ya sus nombres, con otros cincuenta soldados; y para la retaguardia señalaron a Juan Velázquez de León y a Pedro de Alvarado, con otros muchos de a caballo y más de cien soldados, y todos los más de los de Narváez; y para que llevasen a cargo los prisioneros y a doña Marina y a doña Luisa señalaron trescientos tlaxcaltecas y treinta soldados. Pues hecho este concierto, ya era noche, y para sacar el oro y llevarlo y repartirlo, mandó Cortés a su camarero, que se decía Cristóbal de Guzmán, y a otros sus criados, que todo el oro y plata y joyas lo sacasen de su aposento a la sala con muchos indios de Tlaxcala, y mandó a los oficiales del rey, que eran en aquel tiempo Alonso de Ávila y Gonzalo Mejía, que pusiesen en cobro todo el oro de su majestad, y para que lo llevasen les dio siete caballos heridos y cojos y una yegua, y muchos indios tlaxcaltecas, que, según dijeron, fueron más de ochenta, y cargaron dello lo que más pudieron llevar, que estaba hecho todo lo más dello en barras muy anchas y grandes, como dicho tengo en el capítulo que dello habla, y quedaba mucho más oro en la sala hecho montones.

Entonces Cortés llamó su secretario, que se decía Pedro Hernández, y a otros escribanos del rey, y dijo: «Dadrne por testimonio que no puedo más hacer sobre guardar este oro. Aquí tenemos en esta casa y sala sobre 700.000 pesos por todo, y veis que no lo podemos pasar ni poner cobro más de lo puesto; los soldados que quisieren sacar dello, desde aquí se lo doy, como se ha de quedar aquí perdido entre estos perros»; y desque aquello oyeron, muchos soldados de los de Narváez y aun algunos de los nuestros cargaron dello. Yo digo que nunca tuve codicia del oro, sino procurar salvar la vida (porque la teníamos en gran peligro); mas no dejé de apañar de una petaquilla que allí estaba cuatro chalchihuites, que son piedras muy preciadas entre los indios, que de presto me eché entre los pechos entre las armas; y aun entonces Cortés mandó tomar la petaquilla con los chalchihuites que quedaban, para que la guardase su mayordomo; y aun los cuatro chalchihuites que yo tomé, si no me los hubiera echado entre los pechos, me los demandara Cortés; los cuales me fueron muy buenos para curar mis heridas y comer del valor dellos. Volvamos a nuestro cuento: que desque supimos el concierto que Cortés había hecho de la manera que habíamos de salir y llevar la madera para las puentes, y como hacía algo escuro, que había neblina y llovizna, y era antes de media noche, comenzaron a traer la madera y puente, y ponerla en el lugar que había de estar, y a caminar el fardaje y artillería y muchos de a caballo, y los indios tlaxcaltecas con el oro; y después que se puso en la puente, y pasaron todos así como venían, y pasó Sandoval y muchos de a caballo, también pasó Cortés con sus compañeros de a caballo tras de los primeros, y otros muchos soldados. Y estando en esto, suenan los cornetas y gritas y silbos de los mexicanos, y decían en su lengua: «Taltelulco, Taltelulco, salid presto con vuestras canoas, que se van los teules; atajadlos en las puentes»; y cuando no me cato, vimos tantos escuadrones de guerreros sobre nosotros, y toda la laguna cuajada de canoas, que no nos podíamos valer, y muchos de nuestros soldados ya habían pasado. Y estando desta manera, carga tanta multitud de mexicanos a quitar la puente y a herir y matar a los nuestros que no se daban a manos unos a otros; y como la desdicha es mala, y en tales tiempos ocurre un mal sobre otro, como llovía, resbalaron dos caballos y se espantaron, y caen en la laguna, y la puente caída y quitada;

y carga tanto guerrero mexicano para acabarla de quitar, que por bien que peleábamos, y matábamos muchos dellos, no se pudo aprovechar della. Por manera que aquel paso y abertura de agua presto se hinchó de caballos muertos y de los caballeros cuyos eran (que no podían nadar, y mataban muchos dellos) y de los indios tlaxcaltecas e indias y naborías, y fardaje y petacas y artillería; y de otros muchos soldados que allí en el agua mataban y metían en las canoas, que era muy gran lástima de lo ver y oír, pues la grita y lloros y lástima que decían demandando socorro: «Ayúdame, que me ahoga»; otros, «Socorredme, que me matan»; otros demandando ayuda a nuestra señora Santa María y al señor Santiago; otros demandaban ayuda para subir al puente, y éstos eran ya que escapaban nadando, y asidos a muertos y a petacas para subir arriba, adonde estaba la puente; y algunos que habían subido, y pensaban que estaban libres de aquel peligro, había en las calzadas grandes escuadrones guerreros que los apañaban y amorrinaban con unas macanas, y otros que les flechaban y alanceaban. Pues quizá había algún concierto en la salida, como lo habíamos concertado, ¡maldito aquel!, porque Cortés y los capitanes y soldados que pasaron primero a caballo, por salvar sus vidas y llegar a tierra firme, aguijaron por las puentes y calzadas adelante, y no aguardaron unos a otros; y no lo erraron, porque los de a caballo no podían pelear en las calzadas; porque yendo por la calzada, ya que arremetían a los escuadrones mexicanos, echábanseles al agua, y de la una parte la laguna y de la otra azoteas, y por tierra les tiraban tanta flecha y vara y piedra, y con lanzas muy largas que habían hecho de las espadas que nos tomaron, como partesanas, mataban los caballos con ellas; y si arremetía alguno de a caballo y mataban algún indio, luego le mataban el caballo; y así, no se atrevían a correr por la calzada. Pues vista cosa es que no podían pelear en el agua; y puestos sin escopetas ni ballestas y de noche, ¿qué podíamos hacer sino lo que hacíamos? Qué era que arremetiésemos treinta y cuarenta soldados que nos juntábamos, y dar algunas cuchilladas a los que nos venían a echar mano, y andar y pasar adelante, hasta salir de las calzadas; porque si aguardábamos los unos a los otros, no saliéramos ninguno con la vida, y si fuera de día, peor fuera; y aun los que escapamos fue que nuestro señor Dios fue servido darnos esfuerzos para ello; y para quien no lo vio aquella noche la multitud de guerreros que sobre nosotros estaban, y las canoas que de los nuestros arrebataban y llevaban a sacrificar, era cosa de espanto. Pues yendo que íbamos cincuenta soldados de los de Cortés y algunos de Narváez por nuestra calzada adelante, de cuando en cuando salían escuadrones mexicanos a nos echar manos. Acuérdome que nos decían: «¡Oh, oh, oh cuilones!», que quiere decir: Oh putos, ¿aún aquí quedáis vivos, que no os han muerto los tiacahuanes? Y como les acudimos con cuchilladas y estocadas, pasamos adelante; y yendo por la calzada cerca de tierra firme, cabe el pueblo de Tacuba, donde ya habían llegado Gonzalo de Sandoval y Cristóbal de Olí y Francisco de Saucedo «el pulido», y Gonzalo Domínguez, y Lares, y otros muchos de a caballo, y soldados de los que pasaron adelante antes que desamparasen la puente, según y de la manera que dicho tenga; y ya que llegábamos cerca oíamos voces que daba Cristóbal de Olí y Gonzalo de Sandoval y Francisco de Morla, y decían a Cortés, que iba adelante de todos: «Aguardad, señor capitán; que dicen estos soldados que vamos huyendo, y los dejamos morir en las puentes y calzadas a todos los que quedan atrás; tornémoslos a amparar y recoger; porque vienen algunos soldados muy heridos y dicen que los demás quedan todos muertos, y no salen ni vienen ningunos». Y la respuesta que dio Cortés, que los que habíamos salido de las calzadas era milagro; que si a las puentes volviesen, pocos escaparían con las vidas, ellos y los caballos; y todavía volvió el mismo Cortés y Cristóbal de Olí, y Alonso de Ávila y Gonzalo de Sandoval, y Francisco de Morla y Gonzalo Domínguez, con otros seis o siete de a caballo, y algunos soldados que no estaban heridos; mas no fueron mucho trecho, porque luego encontraron con Pedro de Alvarado bien herido, con una lanza en la mano, a pie, que la yegua alzana ya se la habían muerto, y traía consigo siete soldados, los tres de los nuestros y los cuatro de Narváez, también muy heridos, y ocho tlaxcaltecas, todos corriendo sangre de muchas heridas; y entre tanto volvió Cortés por la calzada con los capitanes y soldados que dicho tengo, reparamos en los patios junto a Tacuba, y ya habían venido a México, como está cerca, dando voces, y a dar mandado a Tacuba y a Escapuzalco y a Tenayuca para que nos saliesen al encuentro. Por manera que nos comenzaron a tirar vara y piedra y flecha, y con sus lanzas grandes, engastonadas en ellas de nuestras espadas que nos tomaron en este desbarate; y hacíamos algunas arremetidas, en que nos defendíamos dellos y les ofendíamos. Volvamos a Pedro de Alvarado, que, como Cortés y los demás capitanes y soldados le encontraron de aquella manera que he dicho, y como supieron que no venían más soldados, se les saltaron las lágrimas de los ojos; porque el Pedro de Alvarado y Juan Velázquez de León, con otros más de a caballo y más de cien soldados, habían quedado en la retaguardia; y preguntando Cortés por los demás, dijo que todos quedaban muertos, y con ellos el capitán Juan Velázquez de León y todos los más de a caballo que traía, así de los nuestros como de los de Narváez, y más de ciento y cincuenta soldados que traía; y dijo el Pedro que después que les mataron los caballos y la yegua, que se juntaron para se amparar obra de ochenta soldados, y que sobre los muertos y petacas y caballos que se ahogaron, pasaron la primera puente; en esto no se me acuerda bien si dijo que pasó sobre los muertos, y entonces no miramos lo que sobre ello dijo a Cortés, sino que allí en aquella puente le mataron a Juan Velázquez y más de doscientos compañeros que traía, que no les pudieron valer. Y asimismo a esta otra puente, que les hizo Dios mucha merced en escapar con las vidas; y decía que todas las puentes y calzadas estaban llenas de guerreros. Dejemos esto, y diré que en la triste puente que dicen ahora que fue el salto del Alvarado, yo digo que en aquel tiempo ningún soldado se paró a verlo, si saltaba poco o mucho, que harto teníamos en mirar y salvar nuestras vidas, porque eran muchos los mexicanos que contra nosotros había; porque en aquella coyuntura no lo podíamos ver ni tener sentido en salto, si saltaba o pasaba poco o mucho; y así sería cuando el Pedro de Alvarado llegó a la puente, como él dijo a Cortés, que había pasado asido a petacas y caballos y cuerpos muertos, porque ya que quisiera saltar y sustentarse en la lanza en el agua, era muy honda, y no pudiera allegar al suelo con ella para poderse sustentar sobre ella; y demás desto, la abertura muy ancha y alta, que no la podría saltar por muy más suelto que era. También digo que no la podía saltar ni sobre la lanza ni de otra manera; porque después desde cerca de un año que volvimos a poner cerco a México y la ganamos, me hallé muchas veces en aquella puente peleando con escuadrones mexicanos, y tenían allí hechos reamparos y albarradas, que se llama ahora la puente del salto de Alvarado; y platicábamos muchos soldados sobre ello, y no hallábamos razón, ni soltura de un hombre que tal saltase. Dejemos este salto, y digamos que, como vieron nuestros capitanes que no acudían más soldados, y el Pedro de Alvarado dijo que todo quedaba lleno de guerreros, y es que ya que algunos quedasen rezagados, que en las puentes los matarían, volvamos a decir desto del salto de Alvarado: digo que para qué porfían algunas personas que no lo saben ni lo vieron, que fue cierto que la saltó el Pedro de Alvarado la noche que salimos huyendo, aquella puente y abertura del agua; otra vez digo que no la pudo saltar en ninguna manera; y para que claro se vea, hoy día está la puente; y la manera del altor del agua que solía venir y qué tan alta estaba la puente, y el agua muy honda, que no podía llegar al suelo con la lanza. Y porque los lectores sepan que en México hubo un soldado que se decía fulano de Ocampo, que fue de los que vinieron con Garay, hombre muy plático, y se preciaba de hacer libelos infamatorios y otras cosas a manera de masepasquines; y puso en ciertos libelos a muchos de nuestros capitanes cosas feas que no son de decir no siendo verdad; y entre ellos, demás de otras cosas que dijo de Pedro de Alvarado, que había dejado morir a su compañero Juan Velázquez de León con más de doscientos soldados y los de a caballo que les dejamos en la retaguardia, y se escapó él, y por escaparse dio aquel gran salto, como suele decir el refrán: «Saltó, y escapó la vida». Volvamos a nuestra materia: y porque los que estábamos ya en salvo en lo de Tacuba no nos acabásemos del todo de perder, y porque habían venido muchos mexicanos y los de Tacuba y Escapuzalco y Tenayuca y de otros pueblos comarcanos sobre nosotros, que a todos enviaron mensajeros desde México para que nos saliesen al encuentro en las puentes y calzadas, y desde los maizales nos hacían mucho daño, y mataron tres soldados que ya estaban heridos; acordamos lo más presto que pudiésemos salir de aquel pueblo y sus maizales, y con seis o siete tlaxcaltecas que sabían o atinaban el camino de Tlaxcala, sin ir por camino derecho nos guiaban con mucho concierto hasta que saliésemos a unas caserías que en un cerro estaban, y allí junto a un cu y adoratorio y como fortaleza, adonde reparamos; que quiero tornar a decir: que seguidos que íbamos de los mexicanos, y de las flechas y varas y piedras con sus hondas nos tiraban; y cómo nos cercaban, dando siempre en nosotros, es cosa de espantar; y como lo he dicho muchas veces, estoy harto de decirlo, los lectores no lo tengan por cosa de prolijidad, por causa que cada vez o cada rato que nos apretaban y herían y daban recia guerra, por fuerza tengo que tomar a decir de los escuadrones que nos seguían, y mataban muchos de nosotros. Dejémoslo ya de traer tanto a la memoria, y digamos como nos defendíamos; en aquel cu y fortaleza nos albergamos, y se curaron los heridos, y con muchas lumbres que hicimos. Pues de comer no lo había, y en aquel cu y adoratorio, después de ganada la gran ciudad de México, hicimos una iglesia, que se dice nuestra señora de los Remedios, muy devota, y van ahora allí en romería y a tener novenas muchos vecinos y señoras de México. Dejemos esto, y volvamos a decir qué lástima era de ver curar y apretar con algunos paños de mantas nuestras heridas; y como se habían resfriado y estaban hinchadas, dolían. Pues más de llorar fue los caballos y esforzados soldados que faltaban; ¿qué es de Juan Velázquez de León, Francisco de Saucedo y Francisco de Morla, y un Lares el buen jinete, y otros muchos de los nuestros de Cortés? ¿Para qué cuento yo estos pocos? Porque para escribir los nombres de los muchos que de los nuestros faltaron, es no acabar tan presto. Pues de los de Narváez, todos los más en las puentes quedaron cargados de oro. Digamos ahora, ¿qué es de muchos tlaxcaltecas que iban cargados de barras de oro, y otros que nos ayudaban? Pues al astrólogo Botello no le aprovechó su astrología, que también allí murió con su caballo. Pasemos adelante y diré como se hallaron en una petaca deste Botello, después que estuvimos en salvo, unos papeles como libro, con cifras y rayas y apuntamientos y señales, que decía en ellas: ¿Si me he de morir aquí en esta triste guerra en poder de estos perros indios? Y decía en otras rayas y cifras más adelante: No morirás. Y tornaba a decir en otras cifras y rayas y apuntamientos: Sí morirás. Y respondía la otra raya: No morirás. Y decía en otra parte: Si me han de matar también mi caballo. Decía adelante: Sí matarán. Y de esta manera tenía otras como cifras y a manera de suertes que hablaban unas letras contra otras en aquellos papeles, que era como libro chico. Y también se halló en la petaca una natura como de hombre, de obra de un jeme hecha de baldres, ni más ni menos, al parecer, de natura de hombre, y tenía dentro como una borra de lana de tundidor. Volvamos a decir cómo quedaron muertos, así los hijos de Moctezuma como los prisioneros que traíamos, y el Cacamatzin y otros reyezuelos. Dejemos ya de contar tantos trabajos, y digamos cómo estábamos pensando en lo que por delante teníamos, y era que todos estábamos heridos, y no escaparon sino veintitrés caballos. Pues los tiros y artillería y pólvora no sacamos ninguna; las ballestas fueron pocas, y ésas se remediaron luego, e hicimos saetas. Pues lo peor de todo era que no sabíamos la voluntad que habíamos de hallar en nuestros amigos los de Tlaxcala. Y demás desto, aquella noche (siempre cercados de mexicanos, y grita y vara y flecha, con hondas sobre nosotros) acordamos de nos salir de allí a media noche, y con los tlaxcaltecas, nuestros guías, por delante con muy gran concierto; llevábamos los muy heridos en el camino en medio, y los cojos con bordones, y algunos que no podían andar y estaban muy malos a ancas de caballos de los que iban cojos, que no eran para batallar, y los de a caballo sanos delante, y a un lado y a otro repartidos; y por este arte todos nosotros los que más sanos estábamos haciendo rostro y cara a los mexicanos, y los tlaxcaltecas que estaban heridos iban dentro en el cuerpo de nuestro escuadrón, y los demás que estaban sanos hacían cara juntamente con nosotros; porque los mexicanos nos iban siempre picando con grandes voces y gritos y silbos, diciendo: «Allá iréis donde no quede ninguno de vosotros a vida»; y no entendíamos a qué fin lo decían, según adelante verán. Olvidado me he de escribir el contento que recibimos de ver viva a nuestra doña Marina y a doña Luisa, hija de Xicotencatl, que las escaparon en las puentes unos tlaxcaltecas; y también a una mujer que se decía María de Estrada, que no teníamos otra mujer de Castilla, sino aquella, y los que las escaparon, y salieron primero de las puentes, fueron unos hijos de Xicotencatl hermanos de la doña Luisa, y quedaron muertas todas las más naborías, que nos habían dado en Tlaxcala y en México. Y volvamos a decir cómo llegamos aquel día a un pueblo grande que se dice Gualtitán, el cual pueblo fue de Alonso de Ávila; y aunque nos daban grita y voces y tiraban piedra y vara y flecha, todo lo soportábamos. Y desde allí fuimos por unas caserías y pueblezuelos, y siempre los mexicanos siguiéndonos, y como se juntaban muchos, procuraban de nos matar, y nos comenzaban a cercar, y tiraban tanta piedra con hondas, y vara y flecha, que mataron a dos de nuestros soldados en un paso malo, que iban mancos, y también un caballo, e hirieron a muchos de los nuestros; y también nosotros a estocadas les matamos a algunos dellos, y los de a caballo a lanzadas les mataban, aunque pocos; y así, dormimos en aquellas casas, y allí comimos el caballo que mataron. Y otro día muy de mañana comenzamos a caminar con el concierto de antes, y aun mejor, y siempre la mitad de los de a caballo delante; y poco más de una legua, en un llano, ya que creímos ir en salvo, vuelven tres de los nuestros de a caballo, y dicen que están los campos llenos de guerreros mexicanos aguardándonos; y cuando lo oímos, bien que tuvimos temor, y grande, mas no para desmayar del todo, ni dejar de encontrarnos con ellos y pelear hasta morir; y allí reparamos un poco, y se dio orden cómo habían de entrar y salir los de a caballo a media rienda, y que no se parasen alancear, sino las lanzas por los rostros hasta romper sus escuadrones, y que todos los soldados, las estocadas que diésemos, que les pasásemos las entrañas, y que todos hiciésemos de manera que vengásemos muy bien nuestras muertes y heridas: por manera que, si Dios fuese servido, escapásemos con las vidas; y después de nos encomendar a Dios y a Santa María muy de corazón, e invocando el nombre de señor Santiago, desque vimos que nos comenzaban a cercar, de cinco en cinco de a caballo rompieron por ellos, y todos nosotros juntamente. ¡Oh qué cosa de ver era esta tan temerosa y rompida batalla, cómo andábamos pie con pie, y con qué furia los perros peleaban, y qué herir y matar hacían en nosotros con sus lanzas y macanas y espadas de dos manos! Y los de a caballo, como era el campo llano, cómo alanceaban a su placer, entrando y saliendo a media rienda; y aunque estaban heridos ellos y sus caballos, no dejaban de batallar muy como varones esforzados. Pues todos nosotros los que no teníamos caballos, parece ser que a todos se nos ponía esfuerzo doblado, que aunque estábamos heridos, y de refresco teníamos más heridas, no curábamos de las apretar, por no nos parar a ello, que no había lugar, sino con grandes ánimos apechugábamos a les dar de estocadas. Pues quiero decir cómo Cortés y Cristóbal de Olí, y Pedro de Alvarado, que tomó otro caballo de los de Narváez, porque su yegua se la habían muerto, como dicho tengo; y Gonzalo de Sandoval, cuál andaban de una parte a otra rompiendo escuadrones, aunque bien heridos; y las palabras que Cortés decía a los que andábamos envueltos con ellos, que la estocada y cuchillada que diésemos fuese en señores señalados; porque todos traían grandes penachos con oro y ricas armas y divisas. Pues oír cómo nos esforzaba el valiente y animoso Sandoval, y decía: «Ea, señores, que hoy es el día que hemos de vencer; tened esperanza en Dios que saldremos de aquí vivos; para algún buen fin nos guarda Dios». Y tornaré a decir los muchos de nuestros soldados que nos mataban y herían. Y dejemos esto, y volvamos a Cortés y Cristóbal de Olí y Sandoval, y Pedro de Alvarado y Gonzalo Domínguez, y otros muchos que aquí no nombro; y todos los soldados poníamos grande ánimo para pelear; y esto, nuestro señor Jesucristo y nuestra señora la virgen Santa María nos lo ponía, y señor Santiago, que ciertamente nos ayudaba; y así lo certificó un capitán de Guatemuz, de los que se hallaron en la batalla. Y quiso Dios que allegó Cortés con los capitanes por mí nombrados en parte donde andaba el capitán general de los mexicanos con su bandera tendida, con ricas armas de oro y grandes penachos de argentería; y como lo vio Cortés al que llevaba la bandera, con otros muchos mexicanos, que todos traían grandes penachos de oro, dijo a Pedro de Alvarado y a Gonzalo de Sandoval y a Cristóbal de Olí y a los demás capitanes: «Ea, señores, rompamos con ellos». Y encomendándose a Dios, arremetió Cortés y Cristóbal de Olí, y Sandoval y Alonso de Ávila y otros caballeros, y Cortés dio un encuentro con el caballo al capitán mexicano, que le hizo abatir su bandera, y los demás nuestros capitanes acabaron de romper el escuadrón, que eran muchos indios; y quien siguió al capitán que traía la bandera, que aun no había caído del encuentro que Cortés le dio, fue un Juan de Salamanca, natural de Ontiveros, con una buena yegua overa, que le acabó de matar y le quitó el rico penacho que traía, y se le dio a Cortés, diciendo que, pues él le encontró primero y le hizo abatir la bandera e hizo perder el brío, le daba el plumaje; mas dende a ciertos años su majestad se le dio por armas al Salamanca, y así las tienen en sus reposteros sus descendientes. Volvamos a nuestra batalla, que nuestro señor Dios fue servido que, muerto aquel capitán que traía la bandera mexicana y otros muchos que allí murieron, aflojó su batallar de arte, que se iban retrayendo, y todos los de a caballo siguiéndoles y alcanzándoles. Pues a nosotros no nos dolían las heridas ni teníamos hambre ni sed, sino que parecía que no habíamos habido ni pasado ningún mal trabajo. Seguimos la victoria matando e hiriendo. Pues nuestros amigos los de Tlaxcala estaban hechos unos leones, y con sus espadas y montantes y otras armas que allí apañaron, hacíanlo muy bien y esforzadamente. Ya vueltos los de a caballo de seguir la victoria, todos dimos muchas gracias a Dios, que escapamos de tan gran multitud de gente; porque no se había visto ni hallado en todas las Indias, en batalla que se haya dado, tan gran número de guerreros juntos; porque allí estaba la flor de México y de Texcoco y Xaltocan, ya con pensamiento que de aquella vez no quedara roso ni velloso de nosotros. Pues qué armas tan ricas que traían, con tanto oro y penachos y divisas, y todos los más capitanes y personas principales, y allí junto donde fue esta reñida y nombrada y temerosa batalla para en estas partes (así se puede decir, pues Dios nos escapó con las vidas), había cerca un pueblo que se dice Otumba: la cual batalla tienen muy bien pintada, y en retratos entallada los mexicanos y tlaxcaltecas, entre otras muchas batallas que con los mexicanos hubimos hasta que ganamos a México. Y tengan atención los curiosos lectores que esto leyeren, que quiero traer aquí a la memoria que cuando entramos al socorro de Pedro de Alvarado en México fuimos por todos sobre más de mil y trescientos soldados, con los de a caballo, que fueron noventa y siete, y ochenta ballesteros y otros tantos escopeteros, y más de dos mil tlaxcaltecas, y metimos mucha artillería; y fue nuestra entrada en México día de señor San Juan de junio de 1520 años, y fue nuestra salida huyendo a 10 del mes de julio del año siguiente, y fue esta nombrada batalla de Otumba a 14 del mes de julio. Digamos ahora, ya que escapamos de todos los trances por mí atrás dichos, quiero dar otra cuenta que tantos mataron, así en México, en puentes y calzadas, como en todos los reencuentros, y en esta de Otumba, y los que mataron por los caminos. Digo que en obra de cinco días fueron muertos y sacrificados sobre ochocientos y setenta soldados, con setenta y dos que mataron en un pueblo que se dice Tuxtepec, y a cinco mujeres de Castilla; y estos que mataron en Tuxtepec eran de los de Narváez, y mataron sobre mil y doscientos tlaxcaltecas. También quiero decir cómo en aquella sazón mataron a un Juan de Alcántara «el Viejo», con otros tres vecinos de la Villarrica, que venían por las partes del oro que les cabía; de lo cual tengo hecha relación en el capítulo que dello trata. Por manera que también perdieron las vidas y aun el oro; y si miramos en ello, todos comúnmente hubimos mal gozo de las partes del oro que nos dieron; y si de los de Narváez murieron muchos más que de los de Cortés en las puentes, fue por salir cargados de oro, que con el peso dello no podían salir ni andar. Dejemos de hablar en esta materia, y digamos cómo íbamos muy alegres y comiendo unas calabazas que llaman ayotes, y comiendo y caminando hacia Tlaxcala; que por salir de aquellas poblaciones, por temor no se tornasen a juntar escuadrones mexicanos, que aun todavía nos daban grita en parte, que no podíamos ser señores dellos, y nos tiraban mucha piedra con hondas, y vara y flecha, hasta que fuimos a otras caserías y pueblo chico; porque estaba todo poblado de mexicanos, y allí estaba un buen cu y casa fuerte, donde reparamos aquella noche y nos curamos nuestras heridas, y estuvimos con más reposo; y aunque siempre teníamos escuadrones de mexicanos que nos seguían, mas ya no se osaban llegar; y aquellos que venían era como quien decía: «Allá iréis fuera de nuestra tierra». Y desde aquella población y casi donde dormimos se parecían las sierrezuelas que están cabe Tlaxcala, y como las vimos, nos alegramos como si fueran nuestras casas. Pues: quizá sabíamos cierto que nos habían de ser leales o qué voluntad tendrían, o qué había acontecido a los que estaban poblados en la Villarrica, si eran muertos o vivos. Y Cortés nos dijo que, pues éramos pocos, que no quedamos sino cuatrocientos y cuarenta, con veinte caballos y doce ballesteros y siete escopeteros, y no teníamos pólvora, y todos heridos y cojos y mancos, que mirásemos bien cómo nuestro señor Jesucristo fue servido escaparnos con las vidas; por lo cual siempre le hemos de dar muchas gracias y loores, y que volvimos otra vez a disminuirnos en el número y copia de los soldados que con él pasamos desde Cuba, y que primero entramos en México, cuatrocientos y cincuenta soldados; y que nos rogaba que en Tlaxcala no les hiciésemos enojo, ni se les tomase ninguna cosa; y esto dio a entender a los de Narváez, porque no estaban acostumbrados a ser sujetos a capitanes en las guerras, como nosotros; y más dijo, que tenía esperanza en Dios que los hallaríamos buenos y leales; y que si otra cosa fuese, lo que Dios no permita, que nos han de tornar a andar los puños con corazones fuertes y brazos vigorosos, y que para eso fuésemos muy apercibidos, y nuestros corredores del campo adelante. Llegamos a una fuente que estaba en una ladera, y allí estaban unas como cercas y reamparos de tiempos viejos, y dijeron nuestros amigos los tlaxcaltecas que allí partían términos entre los mexicanos y ellos; y de buen reposo nos paramos a lavar y a comer de la miseria que habíamos habido, y luego comenzamos a marchar, y fuimos a un pueblo de los tlaxcaltecas, que se dice Gualipar, donde nos recibieron y nos daban de comer; mas no tanto, que si no se lo pagábamos con algunas piecezuelas de oro y chalchihuites que llevábamos algunos de nosotros, no nos lo daban de balde; y allí estuvimos un día reposando, curando nuestras heridas, y ansimismo curamos los caballos. Pues cuando lo supieron en la cabecera de Tlaxcala, luego vino Mase Escaci y principales, y todos los más sus vecinos, y Xicotencatl el viejo, y Chichimecatecle y los de Guaxocingo; y como llegaron a aquel pueblo donde estábamos, fueron a abrazar a Cortés y a todos nuestros capitanes y soldados; y llorando algunos dellos, especial el Mase Escaci y Xicotencatl, y Chichimecatecle y Tecapaneca, dijeron a Cortés: «Oh Malinche, Malinche!, y cómo nos pesa de vuestro mal y de todos vuestros hermanos, y de los muchos de los nuestros que con vosotros han muerto; ya os lo habíamos dicho muchas veces, que no os fiaseis de gente mexicana, porque de un día a otro os habían de dar guerra; no me quisisteis creer: ya es hecho, al presente no se puede hacer más de curaros y daros de comer; en vuestras casas estáis, descansad, e iremos luego a nuestro pueblo y os aposentaremos; y no pienses Malinche, que habéis hecho poco en escapar con las vidas de aquella tan fuerte ciudad y sus puentes; y yo digo que si de antes os teníamos por muy esforzados, ahora os tenemos en mucho más. Bien sé que lloran muchas mujeres e indios destos nuestros pueblos las muertes de sus hijos y maridos y hermanos y parientes; no te congojes por ello, y mucho debes a tus dioses, que te han aportado aquí, y salido de entre tanta multitud de guerreros que os esperaban para os matar. Yo quería ir en vuestra busca con treinta mil guerreros de los nuestros, y no pude salir, a causa que no estábamos juntos y los andaba juntando». Cortés y todos nuestros capitanes y soldados los abrazamos, y les dijimos que se lo teníamos en merced, y Cortés les dio a todos los principales joyas de oro y piedras (que todavía se escaparon, cada cual soldado lo que pudo) y asimismo dimos algunos de nosotros a nuestros conocidos de lo que teníamos. Pues qué fiesta y alegría mostraron con doña Luisa y con doña Marina cuando las vieron en salvamento, y qué llorar, y qué tristeza tenían por los demás indios que no venían, que se quedaron muertos, en especial el Mase Escaci por su hija doña Elvira, y lloraba la muerte de Juan Velázquez de León, a quien la dio. Y desta manera fuimos a la cabecera de Tlaxcala con todos los caciques, y a Cortés aposentaron en las casas de Mase Escaci, y Xicotencatl dio sus aposentos a Pedro de Alvarado, y allí nos curamos y tornamos a convalecer, y aun se murieron cuatro soldados de las heridas, y a otros soldados no se les habían sanado. Y dejarlo he aquí, y diré lo que más pasó.

Capítulo CXXIX. Cómo fuimos a la cabecera y mayor pueblo de Tlaxcala, y lo que allí pasamos
Pues como había un día que estábamos en el pueblezuelo de Gualipar, y los caciques de Tlaxcala por mí nombrados nos hicieron aquellos ofrecimientos, que son dignos de no olvidar y de ser gratificados, y hechos en tal tiempo y coyuntura; y después que fuimos a la cabecera y pueblo mayor de Tlaxcala, nos aposentaron, como dicho tengo, parece ser que Cortés preguntó por el oro que habían traído allí, que eran 40.000 pesos; el cual oro fueron las partes de los vecinos que quedaban en la Villarrica; y dijo Mase Escaci y Xicotencatl «el Viejo» y un soldado de los nuestros (que se había allí quedado doliente, que no se halló en lo de México cuando nos desbarataron) que habían venido de la Villarrica un Juan de Alcántara y otros dos vecinos, y que le llevaron todo porque traían cartas de Cortés para que se lo diesen; la cual carta mostró el soldado, que había dejado en poder del Mase Escaci cuando le dieron el oro; y preguntando cómo y cuándo y en qué tiempo lo llevó, y sabido que fue, por la cuenta de los días, cuando nos daban guerra los mexicanos, luego entendimos cómo en el camino habían muerto y tomado el oro, y Cortés hizo sentimiento por ello; y también estábamos con pena por no saber de los de la Villarrica, no hubiesen corrido algún desmán; y luego y en posta escribió con tres tlaxcaltecas, en que les hizo saber los grandes peligros que en México nos habíamos visto, y cómo y de qué manera escapamos con las vidas, y no se les dio relación de cuántos faltaban de los nuestros; y que mirasen que siempre estuviesen muy alerta y se velasen; y que si hubiese algunos soldados sanos se los

enviasen (y que guardasen muy bien al Narváez y al Salvatierra), y si hubiese pólvora o ballestas: porque quería tornar a correr los rededores de México; y también escribió al capitán que quedó por guarda y capitán de la mar, que se decía Caballero, y que mirase no fuese ningún navío a Cuba ni Narváez se soltase; y que si viese que dos navíos de los de Narváez, que quedaban en el puerto, no estaban para navegar, que diese con ellos a través, y le enviase los marineros con todas las armas que tuviesen; y en posta fueron y volvieron los mensajeros, y trajeron cartas que no habían tenido guerras; que un Juan de Alcántara y los dos vecinos que enviaron por el oro, que los deben de haber muerto en el camino; y que bien supieron la guerra que en México nos dieron, porque «el cacique gordo» de Cempoal se lo había dicho; y asimismo escribió el almirante de la mar, que se decía Pedro Caballero, y dijeron que harían lo que Cortés les mandaba, y enviaría los soldados, y que el un navío estaba bueno, y que al otro daría a través y enviaría la gente, y que había pocos marineros, porque habían adolescido y se habían muerto, y que ahora escribían las respuestas de las cartas, y luego vinieron con el socorro que enviaban de la Villarrica, que fueron cuatro hombres con tres de la mar, que todos fueron siete, y venía por capitán dellos un soldado que se decía Lencero, cuya fue la venta que ahora dicen de Lencero. Y cuando llegaron a Tlaxcala, como venían dolientes y flacos, muchas veces por nuestro pasatiempo y burlar ellos decíamos: «el socorro del Lencero»: que venían siete soldados, y los cinco llenos de bubas y los dos hinchados, con grandes barrigas. Dejemos burlas, y digamos lo que allí en Tlaxcala nos aconteció con Xicotencatl «el mozo», y de su mala voluntad, el cual había sido capitán de toda Tlaxcala cuando nos dieron las guerras por mí otras veces dichas en el capítulo que dello habla. Y es el caso que, como se supo en aquella su ciudad que salimos huyendo de México y que nos habían muerto mucha copia de soldados, ansí de los nuestros como de los indios tlaxcaltecas que habían ido de Tlaxcala en nuestra compañía, y que veníamos a nos socorrer y amparar en aquella provincia, el Xicotencatl «el mozo» andaba convocando a todos sus parientes y amigos, y a otros que sentía que eran de su parcialidad, y les decía que en una noche, o de día, cuando más aparejado tiempo viesen, que nos matasen, y que haría amistades con el señor de México (que en aquella sazón habían alzado por rey a uno que se decía Coadlabaca); y que demás desto, que en las mantas y ropa que habíamos dejado en Tlaxcala a guardar y el oro que ahora sacábamos de México tendrían que robar, y quedarían todos ricos con ello; lo cual alcanzó a saber el viejo Xicotencatl, su padre, y se lo riñó, y le dijo que no le pasase tal por el pensamiento, que era mal hecho; y que si lo alcanzase a saber Mase Escaci y Chichimecatecle, que por ventura le matarían, y al que en tal concierto fuese; y por más que el padre se lo riñó, no curaba de lo que le decía, y todavía entendía en su mal propósito; y vino a oídos de Chichimecatecle, que era su enemigo mortal del mozo Xicotencatl, y lo dijo a Mase Escaci, y acordaron entrar en acuerdo y como cabildo; sobre ello llamaron al Xicotencatl «el viejo» y los caciques de Guaxocingo, y mandaron traer preso ante sí a Xicotencatl «el mozo», y Mase Escaci propuso un razonamiento delante de todos, y dijo que si se les acordaba o habían oído decir de más de cien años hasta entonces que en toda Tlaxcala habían estado tan prósperos y ricos como después que los teules vinieron a sus tierras, ni en todas sus provincias habían sido en tanto tenidos, y que tenían mucha ropa de algodón y oro, y comían sal, la que hasta allí no solían comer; y por do quiera que iban de sus tlaxcaltecas con los teules les hacían honra por su respeto, puesto que ahora les habían muerto en México muchos dellos; y que tengan en la memoria lo que sus antepasados les habían dicho muchos años atrás, que de adonde sale el Sol habían de venir hombres que les habían de señorear; y que ¿a qué causa ahora andaba Xicotencatl en aquellas traiciones y maldades, concertando de nos dar guerra y matarnos? Que era mal hecho, y que no podía dar ninguna disculpa de sus bellaquerías y maldades, que siempre tenía encerradas en su pecho; y ahora, que los veía venir de aquella manera desbaratados, que nos había de ayudar para en estando sanos volver sobre los pueblos de México sus enemigos, quería hacer aquella traición. Y a estas palabras que el Mase Escaci y su padre Xicotencatl «el ciego» le dijeron, el Xicotencatl «el mozo» respondió que era muy bien acordado lo que decía por tener paces con mexicanos, y dijo otras cosas que no pudieron sufrir; y luego se levantó el Mase Escaci y el Chichimecatecle y el viejo de su padre, ciego como estaba, y tomaron al Xicotencatl el mozo por los cabezones y de las mantas, y se las rompieron, y a empujones y con palabras injuriosas que le dijeron, le echaron de las gradas abajo donde estaba, y las mantas todas rompidas; y aun si por el padre no fuera, le querían matar, y a los demás que habían sido en su consejo echaron presos; y como estábamos allí retraídos, y no era tiempo de le castigar, no osó Cortés hablar más en ello. He traído esto aquí a la memoria para que vean de cuánta lealtad y buenos fueron los de Tlaxcala, y cuántos les debemos, y aun al buen viejo Xicotencatl, que a su hijo dicen que le había mandado matar luego que supo sus tramas y traición. Dejemos esto, y digamos cómo había veintidós días que estábamos en aquel pueblo curándonos nuestras heridas y convaleciendo, y acordó Cortés que fuésemos a la provincia de Tepeaca, que estaba cerca, porque allí habían muerto muchos de nuestros soldados y de los de Narváez, que se venían a México, y en otros pueblos que están junto de Tepeaca, que se dice Cachula; y como Cortés lo dijo a nuestros capitanes, y apercibían a los soldados de Narváez para ir a la guerra, y como no eran tan acostumbrados a guerras y habían escapado de la rota de México y puentes y lo de Otumba, y no veían la hora de se volver a la isla de Cuba a sus indios y minas de oro, renegaban de Cortés y de sus conquistas, especial el Andrés de Duero, compañero de nuestro Cortés (porque ya lo habrán entendido los curiosos lectores en dos veces que lo he declarado en los capítulos pasados, cómo y de qué manera fue la compañía) maldecían el oro que le había dado a él y a los demás capitanes, que todo se había perdido en las puentes, como habían visto las grandes guerras que nos daban, y con haber escapado con las vidas estaban muy contentos; y acordaron de decir a Cortés que no querían ir a Tepeaca ni a guerra ninguna, sino que se querían volver a sus casas; que bastaba lo que habían perdido en haber venido de Cuba; y Cortés les habló muy mansa y amorosamente, creyendo de los atraer para que fuesen con nosotros a lo de Tepeaca; y por más pláticas y reprensiones que les dio, no querían; y como vieron los de Narváez que con Cortés no aprovechaban sus palabras, le hicieron requerimiento en forma delante de un escribano del rey para que luego se fuese a la Villarrica, poniéndole por delante que no teníamos caballos ni escopetas ni ballestas ni pólvora, ni hilo para hacer cuerdas, ni almacén; que estábamos heridos, y que no habían quedado por todos nuestros soldados y los de Narváez sino cuatrocientos y cuarenta soldados; que los mexicanos nos tomarían todos los puertos y sierras y pasos; y que los navíos, si más aguardaban, se comerían de broma; y dijeron en el requerimiento otras muchas cosas. Y cuando se le hubieron dado y leído el requerimiento a Cortés, si muchas palabras decían en él, muy muchas más contrariedades respondió; y además desto, todos los más de nosotros de los que habíamos pasado con Cortés le dijimos que mirase que no diese licencia a ninguno de los de Narváez ni a otras personas para volver a Cuba, sino que procurásemos todos de servir a Dios y al rey; y que esto era lo bueno, y no volverse a Cuba. Cuando Cortés hubo respondido al requerimiento, como vieron las personas que le estaban requiriendo que muchos de nosotros ayudábamos el intento de Cortés y que les estorbábamos sus grandes importunaciones que sobre ello le hablaban y requerían, con no más de que decíamos que no es servicio de Dios ni de su majestad que dejen desamparado su capitán en las guerras. En fin de muchas razones que pasaron, obedecieron para ir con nosotros a las entradas que se ofreciesen; mas fue que les prometió Cortés que en habiendo coyuntura los dejaría volver a su isla de Cuba; y no por aquesto dejaron de murmurar dél y de su conquista, que tan caro les había costado en dejar sus casas y reposo y haberse venido a meter adonde no estaban seguros de las vidas; y más decían, que si en otra guerra entrásemos con el poder de México, que no se podría excusar tarde o temprano de tenerla, que creían y tenían por cierto que no nos podríamos sustentar contra ellos en las batallas, según habían visto lo de México y puentes, y en la nombrada de Otumba; y más decían, que nuestro Cortés por mandar y siempre ser señor, y nosotros los que con él pasábamos no tener que perder sino nuestras personas, asistíamos con él; y decían otros muchos desatinos, y todo se les disimulaba por el tiempo en que lo decían; mas no tardaron muchos meses que no les dio licencia para que se volviesen a sus casas; lo cual diré en su tiempo y sazón. Y dejémoslo de repetir, y digamos de lo que dice el cronista Gómara, que yo estoy muy harto de declarar sus borrones, que dice que le informaron: las cuales informaciones no son así como él lo escribe; y por no me detener en todos los capítulos a tornarlos a recitar y traer a la memoria cómo y de qué manera pasó, lo he dejado de escribir; y ahora pareciéndome que en esto de este requerimiento que escribe que hicieron a Cortés no dice quiénes fueron los que lo hicieron, si eran de los nuestros o de los de Narváez, y en esto que escribe es por sublimar a Cortés y abatir a nosotros los que con él pasamos; y sepan que hemos tenido por cierto los conquistadores verdaderos que esto vemos escrito, que le debieron de granjear al Gómara con dádivas porque lo escribiese desta manera, porque en todas las batallas y reencuentros éramos los que sosteníamos a Cortés, y ahora nos aniquila en lo que dice este cronista que le requeríamos. También dice que decía Cortés en las respuestas del mismo requerimiento que para animarnos y esforzarnos que enviará a llamar a Juan Velázquez de León y al Diego de Ordás, que el uno dellos dijo estaba poblando en lo de Pánuco con trescientos soldados, y el otro en lo de Guazacualco con otros soldados, y no es ansí; porque luego que fuimos sobre México al socorro de Pedro de Alvarado, cesaron los conciertos que estaban hechos, que Juan Velázquez de León había de ir a lo de Pánuco y el Diego de Ordás a lo de Guazacualco, según más largamente lo tengo escrito en el capítulo pasado que sobre ello tengo hecha relación; porque estos dos capitanes fueron a México con nosotros al socorro de Pedro de Alvarado, y en aquella derrota el Juan Velázquez de León quedó muerto en las puentes, y el Diego de Ordás salió muy mal herido de tres heridas que le dieron en México, según ya lo tengo escrito cómo y cuándo y de qué arte pasó. Por manera que el cronista Gómara, si como tiene buena retórica en lo que escribe, acertara a decir lo que pasó, muy bien fuera. También he estado mirando cuando dice en lo de la batalla de Otumba, que dice que si no fuera por la persona de Cortés que todos fuéramos vencidos, y que él solo fue el que la venció en el dar, como dio el encuentro al que traía el estandarte y seña de México. Ya he dicho, y lo torno ahora a decir, que a Cortés toda la honra se le debe, como bueno y esforzado capitán; mas sobre todo hemos de dar gracias a Dios, que él fue servido poner su divina misericordia, con que siempre nos ayudaba y sustentaba; y Cortés en tener tan esforzados y valerosos capitanes y valientes soldados como tenía; y después de Dios, nosotros le dábamos esfuerzo y rompíamos los escuadrones y le sustentábamos, para que con nuestra ayuda y de nuestros capitanes guerreasen de la manera que guerreamos, como en los capítulos pasados sobre ello dicho tengo; porque siempre andaban juntos con Cortés todos los capitanes por mí nombrados, y aun ahora los torno a nombrar, que fueron Pedro de Alvarado, Cristóbal de Olí,

Gonzalo de Sandoval, Francisco de Morla, Luis Marín, Francisco de Lugo y Gonzalo Domínguez, y otros muy buenos y valientes soldados que no alcanzábamos caballos; porque en aquel tiempo dieciséis caballos y yeguas fueron los que pasaron desde la isla de Cuba con Cortés, y no los había, aunque nos costaran a 1.000 pesos; ¿y cómo el Gómara dice en su Historia que solo la persona de Cortés fue el que venció lo de Otumba?, ¿por qué no declaró los heroicos hechos que estos nuestros capitanes y valerosos soldados hicimos en esta batalla? Así que, por estas causas tenemos por cierto que por ensalzar a Cortés le debieron de untar las manos, porque de nosotros no hace mención; si no, pregúnteselo a aquel muy esforzado soldado que se decía Cristóbal de Olea, cuántas veces se halló en ayudar a salvar la vida a Cortés, hasta que en las puentes cuando volvimos sobre México perdió la vida él y otros muchos soldados por le salvar. Olvidádoseme había de otra vez que le salvó en lo de Xochimilco, que quedó mal herido el Olea; y para que bien se entienda esto que digo, uno fue Cristóbal de Olea y otro Cristóbal de Olí. También lo que dice el cronista en lo del encuentro con el caballo que dio al capitán mexicano y le hizo abatir la bandera, ansí es verdad; mas ya he dicho otra vez que un Juan de Salamanca, natural de la villa de Ontiveros, que después de ganado México fue alcalde mayor de Guazacualco, es el que le dio una lanzada y le mató y quitó el rico penacho que llevaba, y se le dio el Salamanca a Cortés; y su majestad, el tiempo andando, lo dio por armas al Salamanca; y esto he traído aquí a la memoria, no por dejar de ensalzar y tenerle en mucha estima a nuestro capitán Cortés; y débesele todo honor y prez y honra de todas las batallas y vencimientos hasta que ganamos esta Nueva España, como se suele dar en Castilla a los muy nombrados capitanes, y como los romanos daban triunfos a Pompeyo y Julio César y a los Cipiones; más digno de loores es nuestro Cortés que no los romanos. También dice el mismo Gómara que Cortés mandó matar secretamente a Xicotencatl «el mozo» en Tlaxcala por las traiciones que andaba concertando para nos matar, como antes he dicho. No pasa ansí como dice; que donde le mandó ahorcar fue en un pueblo junto a Texcoco, como adelante diré sobre qué fue; y también dice este cronista que iban tantos millares de indios con nosotros a las entradas, que no tiene cuenta ni razón en tantos como pone; y también dice de las ciudades y pueblos y poblaciones que eran tantos millares de casas, no siendo la quinta parte; que si se suma todo lo que pone en su Historia, son más millones de hombres que en toda Castilla están poblados, y eso se le da poner mil que ochenta mil, y en esto se jacta, creyendo que va muy apacible su historia a los oyentes no diciendo lo que pasó; miren los curiosos lectores cuánto va de su historia a esta mi relación, en decir letra por letra lo acaecido, y no miren la retórica ni ornato; que ya cosa vista es que es más apacible que no ésta tan grosera mía; mas suple la verdad la falta de plática y corta retórica. Dejemos ya de contar ni de traer a la memoria los borrones declarados, y cómo yo soy más obligado a decir la verdad de todo lo que pasa que no a lisonjas; y demás del daño que hizo con no ser bien informado, ha dado ocasión que el doctor Illescas y Pablo Jobio se sigan por sus palabras. Volvamos a nuestra historia, y digamos cómo acordamos ir sobre Tepeaca; y lo que pasó en la entrada diré adelante.

Capítulo CXXX. Cómo fuimos a la provincia de Tepeaca, y lo que en ella hicimos; y otras cosas que pasaron

Como Cortés había pedido a los caciques de Tlaxcala, ya otras veces por mí nombrados, cinco mil hombres de guerra para ir a correr y castigar los pueblos adonde habían muerto españoles, que era a Tepeaca y Cachula y Tecamachalco, que estaría de Tlaxcala seis o siete leguas, de muy entera voluntad tenían aparejados hasta cuatro mil indios; porque, si mucha voluntad teníamos nosotros de ir a aquellos pueblos, mucha más gana tenían el Mase. Escaci y Xicotencatl, el viejo, porque les habían venido a robar unas estancias y tenían voluntad de enviar gente de guerra sobre ellos; y la causa fue esta: porque, como los mexicanos nos echaron de México, según y de la manera que dicho tengo en los capítulos pasados que sobre ello hablan, y supieron que en Tlaxcala nos habíamos recogido, y tuvieron por cierto que en estando sanos que habíamos de venir con el poder de Tlaxcala a correrles las tierras de los pueblos que más cercanos confinan con Tlaxcala; a este efecto enviaron a todas las provincias adonde sentían que habíamos de ir muchos escuadrones mexicanos de guerreros que estuviesen en guarda y guarniciones, y en Tepeaca estaba la mayor guarnición dellos. Lo cual supo el Mase Escaci y el Xicotencatl, y aun se temían dellos. Pues ya que todos estábamos a punto, comenzamos a caminar; y en aquella jornada no llevamos artillería ni escopetas, porque todo quedó en las puentes; y ya que algunas escopetas escaparon, no teníamos pólvora; y fuimos con diecisiete de a caballo y seis ballestas y cuatrocientos y veinte soldados, los más de espada y rodela, y con obra de cuatro mil amigos de Tlaxcala y el bastimento para un día, porque las tierras adonde íbamos era muy poblado y bien abastecido de maíz y gallinas y perrillos de la tierra; y como lo teníamos de costumbre, nuestros corredores del campo adelante; y con muy buen concierto fuimos a dormir a obra de tres leguas de Tepeaca. Y ya tenían alzado todo el fardaje de las estancias y población por donde pasamos, porque muy bien tuvieron noticia cómo íbamos a su pueblo; y porque ninguna cosa hiciésemos sino por buena orden y justificadamente, Cortés les envió a decir con seis indios de su pueblo de Tepeaca, que habíamos tomado en aquella estancia, que para aquel efecto los prendimos, y con cuatro de sus mujeres, cómo íbamos a su pueblo a saber e inquirir quién y cuántos se hallaron en la muerte de más de dieciocho españoles que mataron sin causa ninguna, viniendo camino para México; y también veníamos a saber a qué causa tenían ahora nuevamente muchos escuadrones mexicanos, que con ellos habían ido a robar y saltear unas estancias de Tlaxcala, nuestros amigos; que les ruega que luego vengan de paz adonde estábamos para ser nuestros amigos, y que despidan de su pueblo a los mexicanos; si no, que iremos contra ellos como rebeldes y matadores y salteadores de caminos, y les castigaría a fuego y sangre y los daría por esclavos; y como fueron aquellos seis indios y cuatro mujeres del mismo pueblo, si muy fieras palabras les enviaron a decir, mucho más bravosa nos dieron la respuesta con los mismos seis indios y dos mexicanos que venían con ellos; porque muy bien conocido tenían de nosotros que a ningunos mensajeros que nos enviaban hacíamos ninguna demasía, sino antes darles algunas cuentas para atraerlos; y con estos que nos enviaron los de Tepeaca, fueron las palabras bravosas dichas por los capitanes mexicanos, como estaban victoriosos de lo de las puentes de México; y Cortés les mandó dar a cada mensajero una manta, y con ellos les tornó a requerir que viniesen a le ver y hablar y que no hubiesen miedo; y que pues ya los españoles que habían muerto no los podían dar vivos, que vengan ellos de paz y se les perdonará todos los muertos que mataron; y sobre ello se les escribió una carta; y aunque sabíamos que no la habían de entender, sino como veían papel de Castilla tenían por muy cierto que era cosa de mandamiento; y rogó a los dos mexicanos que venían con los de Tepeaca como mensajeros, que volviesen a traer la respuesta, y volvieron; y lo que dijeron era, que no pasásemos adelante y que nos volviésemos por donde veníamos, si no que otro día pensaban tener buenas hartazgas con nuestros cuerpos, mayores que las de México y sus puentes y la de Otumba; y como aquello vio Cortés comunicólo con todos nuestros capitanes y soldados, y fue acordado que se hiciese un auto por ante escribano que diese fe de todo lo pasado, y que se diesen por esclavos a todos los aliados de México que hubiesen muerto españoles, porque habiendo dado la obediencia a su majestad, se levantaron, y mataron sobre ochocientos y sesenta de los nuestros y sesenta caballos, y a los demás pueblos por salteadores de caminos y matadores de hombres; y hecho este auto, enviósela a hacer saber, amonestándolos y requiriendo con la paz; y ellos tornaron a decir que si luego no nos volvíamos, que saldrían a nos matar; y se apercibieron para ello, y nosotros lo mismo. Otro día tuvimos en un llano una buena batalla con los mexicanos y tepeaqueños; y como el campo era labranzas de maíz y magüeyales, puesto que peleaban valerosamente los mexicanos, presto fueron desbaratados por los de a caballo, y los que no los teníamos no estábamos de espacio ¡pues ver a nuestros amigos de Tlaxcala tan animosos cómo peleaban con ellos y les siguieron el alcance! Allí hubo muertos de los mexicanos y de Tepeaca muchos, y de nuestros amigos de Tlaxcala tres, e hirieron dos caballos, el uno se murió, y también hirieron doce de nuestros soldados, mas no de suerte que peligró ninguno. Pues seguida la victoria, allegáronse muchas indias y muchachos que se tomaron por los campos y casas; que hombres no curábamos dellos, que los tlaxcaltecas los llevaban por esclavos. Pues como los de Tepeaca vieron que con el bravear que hacían los mexicanos que tenían en su pueblo y guarnición eran desbaratados, y ellos juntamente con ellos, acordaron que sin decirles cosa ninguna viniesen adonde estábamos; y los recibimos de paz y dieron la obediencia a su majestad, y echaron los mexicanos de sus casas, y nos fuimos nosotros al pueblo de Tepeaca, adonde se fundó una villa que se nombró la villa de

Segura de la Frontera, porque estaba en el camino de la Villarrica, en una buena comarca de buenos pueblos sujetos a México, y había mucho maíz, y guardaban la raya nuestros amigos los de Tlaxcala; y allí se nombraron alcaldes y regidores, y se dio orden en cómo se corriese los rededores sujetos a México, en especial los pueblos adonde habían muerto españoles; y allí hicieron hacer el hierro con que se habían de herrar los que se tomaban por esclavos, que era una G. que quiere decir guerra. Y desde la villa de Segura de la Frontera corrimos todos los rededores, que fue Cachula y Tecamachalco y el pueblo de las Guayaguas, y otros pueblos que no se me acuerda el nombre; y en lo de Cachula fue adonde habían muerto en los aposentos quince españoles; y en este de Cachula hubimos muchos esclavos: de manera que en obra de cuarenta días tuvimos aquellos pueblos pacíficos y castigados. Ya en aquella sazón habían alzado en México otro señor por rey, porque el señor que nos echó de México era fallecido de viruelas, y aquel señor que hicieron rey era un sobrino o pariente muy cercano del gran Moctezuma, que se decía Guatemuz, mancebo de hasta veinticinco años, bien gentil hombre para ser indio, y muy esforzado; y se hizo temer de tal manera, que todos los suyos temblaban dél; y estaba casado con una hija de Moctezuma, bien hermosa mujer para ser india; y como este Guatemuz, señor de México, supo cómo habíamos desbaratado los escuadrones de mexicanos que estaban en Tepeaca, y que habían dado la obediencia a su majestad del emperador Carlos V, y nos servían y daban de comer, y estábamos allí poblados; y temió que les correríamos lo de Guaxaca y otras provincias, y que a todos les atraeríamos a nuestra amistad, envió a sus mensajeros por todos los pueblos para que estuviesen muy alerta con todas sus armas, y a los caciques les daba joyas de oro, y a otros perdonaba los tributos; y sobre todo, mandaba ir muy grandes capitanes y guarniciones de gente de guerra para que mirasen no les entrásemos en sus tierras; y les enviaba a decir que peleasen muy reciamente con nosotros, no les acaeciese como en lo de Tepeaca y Cachula y Tecamachalco, que todos les habíamos hecho esclavos. Y adonde más gente de guerra envió fue a Guacachula y Ozúcar que está de Tepeaca a donde estaba nuestra villa doce leguas. Para que bien se entiendan los hombres destos pueblos, un nombre es Cachula, otro nombre es Guacachula. Y dejaré de contar lo que en Guacachula se hizo, hasta su tiempo y lugar; y diré cómo en aquel tiempo e instante vinieron de la Villarrica mensajeros cómo había venido un navío de Cuba, y ciertos soldados en él.

Capítulo CXXXI. Cómo vino un navío de Cuba que enviaba Diego Velázquez, y venía en él por capitán. Pedro Barba, y la manera que el almirante que dejó nuestro Cortés por guarda de la mar tenía para los prender, y es desta manera
Pues como andábamos en aquella provincia de Tepeaca, castigando a los que fueron en la muerte de nuestros compañeros, que fueron dieciocho los que mataron en aquellos pueblos, y atrayéndolos de paz, y de todos daban la obediencia a su majestad; vinieron cartas de la Villarrica cómo había venido un navío al puerto, y vino con él por capitán un hidalgo que se decía Pedro Barba, que era muy amigo de Cortés; y este Pedro Barba había estado por teniente del Diego Velázquez en La Habana, y traía trece soldados y un caballo y una yegua, porque el navío que traía era muy chico; y traía cartas para Pánfilo de Narváez, el capitán que Diego Velázquez había enviado contra nosotros, creyendo que estaba por él la Nueva España, en que le enviaba a decir el Diego Velázquez que si acaso no había muerto a Cortés, que luego se le enviase preso a Cuba, para enviarle a Castilla: que así lo mandaba don Juan Rodríguez de Fonseca, obispo de Burgos y arzobispo de Rosano, presidente de Indias, que luego fuese preso con otros de nuestros capitanes; porque el Diego Velázquez tenía por cierto que éramos desbaratados, o a lo menos que Narváez señoreaba la Nueva España. Pues como el Pedro Barba llegó al puerto con su navío y echó anclas, luego le fue a visitar y dar el bien venido el almirante de la mar que puso Cortés, el cual se decía Pedro Caballero o Juan Caballero, otras veces por mí nombrado, con un batel bien esquifado de marineros y armas encubiertas, y fue al navío de Pedro Barba; y después de hablar palabras de buen comedimiento: «qué tal viene vuestra merced», y quitar las gorras y abrazarse unos a otros, como se suele hacer, preguntó el Pedro Caballero por el señor Diego Velázquez, gobernador de Cuba, qué tal queda, y responde el Pedro Barba que bueno; y el Pedro Barba y los demás que consigo traían preguntan por el señor Pánfilo de Narváez, y cómo le va con Cortés; y responden que muy bien, y

que Cortés anda huyendo y alzado con veinte de sus compañeros, y que Narváez está muy próspero y rico, y que la tierra es muy buena; y de plática en plática le dicen al Pedro Barba que allí junto estaba un pueblo, que desembarque y que se vayan a dormir y estar en él, que les traerán comida y lo que hubieren menester, que para solo aquello estaba señalado aquel pueblo; y tantas palabras les dicen, que en el batel y en otros que luego allí venían de los otros navíos que estaban surtos les sacaron en tierra, y cuando los vieron fuera del navío, y tenían copia de marineros junto con el almirante Pedro Caballero, dijeron al Pedro Barba: «Sed preso por el señor capitán Cortés, mi señor»; y así los prendieron, y quedaban espantados, y luego les sacaban del navío las velas y timón y agujas, y los enviaban adonde estábamos con Cortés en Tepeaca; por los cuales habíamos gran placer, con el socorro que venía en el mejor tiempo que podía ser; porque en aquellas entradas que he dicho que hacíamos, no eran tan en salvo, que muchos de nuestros soldados no quedábamos heridos, y otros adolecían del trabajo; porque, de sangre y polvo que estaba cuajado en las entrañas, no echábamos otra cosa del cuerpo y por la boca; como traíamos siempre las armas a cuestas, y no parar noches ni días; por manera que ya se habían muerto cinco de nuestros soldados de dolor de costado en obra de quince días. También quiero decir que con este Pedro Barba vino un Francisco López, vecino y regidor que fue de Guatemala, y Cortés hacía mucha honra al Pedro Barba, y le hizo capitán de ballesteros, y dio nuevas que estaba otro navío chico en Cuba, que le quería enviar el Diego Velázquez con casabe y bastimentos; el cual vino dende a ocho días, y venía en él por capitán un hidalgo natural de Medina del Campo, que se decía Rodrigo Morejón de Lobera, y traía consigo ocho soldados y seis ballestas y mucho hilo para cuerdas, y una yegua; y ni más ni menos que habían prendido al Pedro Barba, así hicieron a este Rodrigo de Morejón, y luego fueron a Segura de la Frontera, y con todos ellos nos alegramos, y Cortés les hacía mucha honra y les daba cargos; y gracias a Dios, ya nos íbamos fortaleciendo con soldados y ballestas y dos o tres caballos más. Y dejarlo he aquí, y volveré a decir lo que en Guacachula hacían los ejércitos mexicanos que estaban en frontera, y cómo los caciques de aquel pueblo vinieron secretamente a demandar favor a Cortés para echarlos de allí.

Capítulo CXXXII. Cómo los de Guacachula vinieron a demandar favor a Cortés sobre que los ejércitos mexicanos los trataban mal y los robaban, y lo que sobre ello se hizo

Ya he dicho que Guatemuz, señor que nuevamente era alzado por rey de México, enviaba grandes guarniciones a sus fronteras; en especial envió una muy poderosa y de mucha copia de guerreros a Guacachula, y otra a Ozúcar, que estaba dos o tres lenguas de Guacachula; porque bien temió que por allí le habíamos de correr las tierras y pueblos sujetos a México; y parece ser que, como envió tanta multitud de guerreros y como tenían nuevo señor, hacían muchos robos y fuerzas a los naturales de aquellos pueblos adonde estaban aposentados, y tantas, que no les podían sufrir los de aquella provincia, porque decían que les robaban las mantas y maíz y gallinas y joyas de oro, y sobre todo, las hijas y mujeres si eran hermosas, y que las forzaban delante de sus maridos y padres y parientes. Como oyeron decir que los del pueblo de Cholula estaban todos muy de paz y sosegados después que los mexicanos no estaban en él, y ahora asimismo en lo de Tepeaca y Tecamachalco y Cachula, a esta causa vinieron cuatro principales muy secretamente de aquel pueblo, por mí otras veces nombrado, y dicen a Cortés que envíe teules y caballos a quitar aquellos robos y agravios que les hacían los mexicanos, y que todos los de aquel pueblo y otros comarcanos nos ayudarían para que matásemos a los escuadrones mexicanos; y de que Cortés lo oyó, luego propuso que fuese por capitán Cristóbal de Olí con todos los más de a caballo y ballesteros y con gran copia de tlaxcaltecas; porque con la ganancia que los de Tlaxcala habían llevado de Tepeaca, habían venido a nuestro real y villa muchos tlaxcaltecas; y nombró Cortés para ir con el Cristóbal de Olí a ciertos capitanes de los que habían venido con Narváez; por manera que llevaba en su compañía sobre trescientos soldados y todos los mejores caballos que teníamos. Y yendo que iba con todos sus compañeros camino de aquella provincia, pareció ser que en el camino dijeron ciertos indios a los de Narváez cómo estaban todos los campos y casas llenas de gente de guerra de mexicanos, mucho más que los de Otumba, y que estaba allí con ellos el Guatemuz, señor de México; y tantas cosas dicen que les dijeron, que atemorizaron a los de Narváez; y como no tenían buena voluntad de ir a entradas ni ver guerras, sino volverse a su isla de Cuba, y como habían escapado de la de México y calzadas y puentes y la de Otumba, no se querían ver en otra como lo pasado; y sobre ello dijeron los de Narváez tantas cosas al Cristóbal de Olí, que no pasase adelante, sino que se volviese, y que mirase no fuese peor esta guerra que las pasadas, donde perdiesen las vidas; y tantos inconvenientes le dijeron, y dábanle a entender que si el Cristóbal de Olí quería ir, que fuese en buen hora, que muchos dellos no querían pasar adelante; de modo que, por muy esforzado que era el capitán que llevaban, aunque les decía que no era cosa volver, sino ir adelante, que buenos caballos llevaban y mucha gente, y que si volviesen un paso atrás que los indios los tendrían en poco, y que en tierra llana era, y que no quería volver, sino ir adelante; y para ello, de nuestros soldados de Cortés le ayudaban a decir que se volviese, y que en otras entradas y guerras peligrosas se habían visto, y que, gracias a Dios, habían tenido victoria, no aprovechó cosa ninguna con cuanto les decían; sino por vía de ruegos le trastornaron su seso, que volviesen y que desde Cholula escribiesen a Cortés sobre el caso; y así, se volvió; y de que Cortés lo supo, se enojó, y envió a Cristóbal de Olí otros dos ballesteros, y les escribió que se maravillaba de su buen esfuerzo y valentía, que por palabras de ninguno dejase de ir a una cosa señalada como aquella; y de que el Cristóbal de Olí vio la carta, hacía bramuras de enojo, y dijo a los que tal le aconsejaron que por su causa había caído en falta. Y luego, sin más determinación, les mandó fuesen con él, y que el que no quisiese ir, que se volviese al real por cobarde, que Cortés le castigaría en llegando; y como iba hecho un bravo león de enojo con su gente camino de Guacachula, antes que llegasen con una legua, le salieron a decir los caciques de aquel pueblo la manera y arte que estaban los de Culúa, y cómo había de dar en ellos, y de qué manera había de ser ayudado; y como lo hubieron entendido, apercibió los de a caballo y ballesteros y soldados y, según y de la manera que tenían en el concierto, da en los de Culúa; y puesto que pelearon muy bien por un buen rato, y le hirieron ciertos soldados y mataron dos caballos e hirieron otros ocho en unas fuerzas y albarradas que estaban en aquel pueblo; en obra de una hora estaban ya puestos en huida todos los mexicanos; y dicen que nuestros tlaxcaltecas que lo hicieron muy varonilmente, que mataban y prendían muchos dellos, y como les ayudaban todos los de aquel pueblo y provincia, hicieron muy grande estrago en los mexicanos, que presto procuraron retraerse y hacerse fuertes en otro gran pueblo que se dice Ozúcar, donde estaban otras muy grandes guarniciones de mexicanos, y estaban en gran fortaleza; y quebraron una puente porque no pudiesen pasar caballos. Ni el Cristóbal de Olí; porque, como he dicho, andaba enojado, hecho un tigre, y no tardó mucho en aquel pueblo; que luego se fue a Ozúcar con todos los que le pudieron seguir, y con los amigos de Guacachula pasé el río y dio en los escuadrones mexicanos, que de presto los venció, y allí le mataron dos caballos, y a él le dieron dos heridas, y una en el muslo, y el caballo muy bien herido, y estuvo en Ozúcar dos días. Y como todos los mexicanos fueron desbaratados, luego vinieron los caciques y señores de aquel pueblo y de otros comarcanos a demandar paz, y se dieron por vasallos de nuestro rey y señor; y como todo fue pacifico, se fue con todos sus soldados a nuestra villa de la Frontera. Y porque yo no fui en esta entrada, digo en esta relación que «dicen que pasó lo que he dicho»; y nuestro Cortés le salió a recibir, y todos nosotros, y hubimos mucho placer, y reíamos de cómo le habían convocado a que se volviese, y el Cristóbal de Olí también reía, y decía que mucho más cuidado tenían algunos de sus minas y de Cuba que no de las armas, y que juraba a Dios que no le acaeciese llevar consigo, si a otra entrada fuese, sino de los pobres soldados de los de Cortés, y no de los ricos que venían de Narváez, que querían mandar más que no él. Dejemos de platicar más desto, y digamos cómo el cronista Gómara dice en su Historia que por no entender bien el Cristóbal de Olí a los naguatatos e intérpretes se volvían del camino de Guacachula, creyendo que era trato doble contra nosotros; y no fue ansí como dice, sino que los más principales capitanes de los de Narváez, como les decían otros indios que estaban grandes escuadrones de mexicanos juntos y más que en lo de México y Otumba, y que con ellos estaba el señor de México, que se decía Guatemuz, que entonces le habían alzado por rey, y habían escapado de la Mazagatos, como dice el refrán, tuvieron gran temor de entrar en aquellas batallas, y por esta causa convocaron al Cristóbal de Olí que se volviese, y aunque todavía porfiaba de ir adelante, esta es la verdad. Y también dice que fue el mismo Cortés a aquella guerra cuando el Cristóbal de Olí volvía; no fue ansí, que el mismo Cristóbal de Olí, maestre de campo, es el que fue, como dicho tengo. También dice dos veces que los que informaron a los de Narváez cómo estaban los muchos millares de indios juntos, que fueron los de Guaxocingo, cuando pasaban por aquel pueblo. También digo que se engañó, porque claro está que para ir desde Tepeaca a Cachula no habían de volver atrás por Guaxocingo, que era ir, como si estuviésemos ahora en Medina del Campo, y para ir a Salamanca tomar el camino por Valladolid; no es más lo uno en comparación de lo otro, así que muy desatinado anda el cronista. Y si todo lo que escribe de otras crónicas de España es de esta manera, yo las maldigo como cosa de patrañas y mentiras, puesto que por más lindo estilo lo diga. Y dejemos ya esta materia, y digamos lo que más en aquel instante aconteció, y fue que vino un navío al puerto del peñol del nombre feo, que se decía el tal de Bernal, junto a la Villarrica, que venía de lo de Pánuco, que era de los que enviaba Garay, y venía en él por capitán uno que se decía Camargo, y lo que pasó adelante diré.

Capítulo CXXXIII. Cómo aportó al peñol y puerto que está junto a la Villarrica un navío de los de Francisco Garay, que había enviado a poblar el río Pánuco, y lo que sobre ello más pasó
Estando que estábamos en Segura de la Frontera, de la manera que en mi relación habrán oído, vinieron cartas a Cortés cómo había aportado un navío de los que el Francisco de Garay había enviado a poblar a Pánuco, y que venía por capitán uno que se decía fulano Camargo, y traía sobre sesenta soldados, y todos dolientes y muy amarillos e hinchadas las barrigas, y que habían dicho que otro capitán que el Garay había enviado a poblar a Pánuco, que se decía fulano Álvarez Pinedo, que los indios del Pánuco lo habían muerto, y a todos los soldados y caballos que había enviado a aquella provincia, y que los navíos se los habían quemado; y que este Camargo, viendo el mal suceso, se embarcó con los soldados que dicho tengo, y se vino a socorrer a aquel puerto, porque bien tenía noticia que estábamos poblados allí, y a causa que por sustentar las guerras con los indios no tenían qué comer, y venían muy flacos y amarillos e hinchados; y más dijeron, que el capitán Camargo había sido fraile dominico, y que había

hecho profesión; los cuales soldados, con su capitán, se fueron luego su poco a poco a la villa de la Frontera, porque no podían andar a pie de flacos; y cuando Cortés los vio tan hinchados y amarillos, que no eran para pelear, harto teníamos que curar en ellos; al Carmargo hizo mucha honra y a todos los soldados, y tengo que el Camargo murió luego, que no me acuerdo bien qué se hizo, y también se murieron muchos soldados; y entonces por burlar les llamamos y pusimos por nombre los panciverdes, porque traían las colores de muertos y las barrigas muy hinchadas; y por no me detener en contar cada cosa en qué tiempo y lugar acontecían, pues eran todos los navíos que en aquel tiempo venían a la Villarrica del Garay, y puesto que se vinieron los unos de los otros un mes delanteros, hagamos cuenta que todos aportaron a aquel puerto, ahora sea un mes antes los unos que los otros; y esto digo Porque vino un Miguel Díaz de Auz, aragonés, por capitán de Francisco de Garay, el cual le enviaba para socorro al capitán fulano Álvarez Pinedo, que creía que estaba en Pánuco; y como llegó al puerto del Pánuco, y no halló ni pelo de la armada de Garay, luego entendió por lo que vido que le habían muerto; porque al Miguel Díaz le dieron guerra, luego que llegó con un navío, los indios de aquella provincia, y por aquel efecto vino a aquel nuestro puerto y desembarcó sus soldados que eran más de cincuenta, y más siete caballos, y se fue luego para donde estábamos con Cortés; y este fue el mejor socorro y al mejor tiempo que le habíamos menester. Y para que bien sepan quién fue este Miguel Díaz de Auz, digo yo que sirvió muy bien a su majestad en todo lo que se ofreció en las guerras y conquistas de la Nueva España, y este fue el que trajo pleito, después de ganada la Nueva España, con un cuñado de Cortés, que se decía Andrés de Barrios, natural de Sevilla que llamábamos «el danzador», sobre el pleito de la mitad de Mestitán. Y este Miguel de Auz fue el que en el real consejo de Indias, en el año de 1541, dijo que unos daba favor e indios, por bien bailar y danzar, y otros les quitaba sus haciendas, porque habían bien servido a su majestad peleando; aqueste es el que dijo que por ser cuñado de Cortés le dio los indios que no merecía, estando comiendo en Sevilla buñuelos, y los dejaba de dar a quien su majestad mandaba; aqueste es el que claramente dijo otras cosas acerca de que no hacían justicia ni lo que su majestad los manda; y más dijo otras cosas que querían remedar al villano de nombre

Abubio, de que se iban enojando los señores que mandaban en el real consejo de Indias, que era presidente el reverendísimo fray García de Loaysa, arzobispo que fue de Sevilla, y oidores el obispo de Lugo y el licenciado Gutierre Velázquez y el doctor Bernal Díaz de Luco y el doctor Beltrán. Volvamos a nuestro cuento: y entonces el Miguel Díaz de Auz, desque hubo hablado lo que quiso, tendió la capa en el suelo y puso la daga sobre el pecho, estando tendido en ella de espaldas, y dijo, vuestra alteza me mande degollar con esta daga, si no es verdad lo que digo; y si es verdad haced recta justicia. Entonces el presidente le mandó levantar y dijo que no estaban allí para matar a ninguno, sino para hacer justicia, y que fue mal mirado en lo que dijo, y que se saliese fuera y que no dijese más desacatos, si no que le castigaría. Y lo que proveyeron sobre su pleito de Mestitán, que le den a parte de lo que rentare, que son más de 2.500 pesos de su parte, con tal que no entre en el pueblo por dos años, porque en lo que le acusaban era que había muerto ciertos indios en aquel pueblo y en otros que había tenido. Dejemos de hablar desto, y digamos que desde a pocos días que Miguel Díaz de Auz había venido a aquel puerto de la manera que dicho tengo, aportó luego otro navío que enviaba el mismo Garay en ayuda y socorro de su armada, creyendo que todos estaban buenos y sanos en el río de Pánuco, y venía en él por capitán un viejo que se decía Ramírez, y ya era hombre anciano, y a esta causa le llamamos Ramírez «el viejo», porque había en nuestro real dos Ramírez, y traía sobre cuarenta soldados y diez caballos y yeguas, y ballesteros y otras armas; y el Francisco de Garay no hacía sino echar un virote sobre otro en socorro de su armada, y en todo le socorría la buena fortuna a Cortés, y a nosotros era de gran ayuda; y todos estos de Garay que dicho tengo fueron a Tepeaca, adonde estábamos; y porque los soldados que traía Miguel Díaz de Auz venían muy recios y gordos, les pusimos por nombre «los de los lomos recios», y los que traía el viejo Ramírez traían unas armas de algodón de tanto gordor, que no las pasara ninguna flecha, y pensaban mucho, y pusímosles por nombre «los de las albardillas»; y cuando fueron los capitanes que dicho tengo delante de Cortés les hizo mucha honra. Dejemos de contar de los socorros que teníamos de Garay, que fueron buenos, y digamos cómo Cortés envió a

Gonzalo de Sandoval a una entrada a unos pueblos que se dizen Xalacingo y Zacatami.

Capítulo CXXXIV. Cómo envió Cortés a Gonzalo de Sandoval a pacificar los pueblos de Xalacingo y Zacatami, y llevó doscientos soldados y veinte de a caballo y doce ballesteros, y para que supiese que españoles mataron en ellos, y que mirase qué armas les habían tomado y qué tierra era, y les demandase el oro que robaron, y de lo que más en ello pasó
Como ya Cortés tenía copia de soldados y caballos y ballestas, y se iba fortaleciendo con los dos navichuelos que envió Diego Velázquez, y envió en ellos por capitanes a Pedro Barba y Rodrigo de Morejón de Lobera, y trajeron en ellos sobre veinticinco soldados, y dos caballos y una yegua, y luego vinieron los tres navíos de los de Garay, que fue el primero capitán que vino, Camargo, y el segundo Miguel Díaz de Auz, y el postrero Ramírez el viejo, y traían, entre todos estos capitanes que he nombrado, sobre ciento y veinte soldados, y diecisiete caballos y yeguas, y las yeguas eran de juego y de carrera. Y Cortés tuvo noticia de que en unos pueblos que se dicen Zacatami y Xalacingo, y en otros sus comarcanos, habían muerto muchos soldados de los de Narváez que venían camino de México, y asimismo que en aquellos pueblos habían muerto y robado el oro a un Juan de Alcántara y a otros dos vecinos de la Villarrica, que era lo que les había cabido de las partes a todos los vecinos que quedaban en la misma villa, según más largo lo he escrito en el capítulo que dello trata; y envió Cortés para hacer aquella entrada por capitán a Gonzalo de Sandoval, que era alguacil mayor, y muy esforzado y de buenos consejos, y llevó consigo doscientos soldados, todos los más de los nuestros de Cortés, y veinte de a caballo y doce ballesteros y buena copia de tlaxcaltecas; y antes que llegase a aquellos pueblos supo que estaban todos puestos en armas, y juntamente tenían consigo guarniciones de mexicanos, y que se habían muy bien fortalecido con albarradas y pertrechos: porque bien habían entendido que por las muertes de los españoles que habían muerto, que luego habíamos de ser contra ellos para los castigar, como a los de Tepeaca y Cachula y Tecamachalco; y Sandoval ordenó muy bien sus escuadrones y ballesteros, y mandó a los de a caballo

como y de qué manera habían de ir y romper; y primero que entrasen en su tierra les envió mensajeros a decirles que viniesen de paz y que diesen el oro y armas que habían robado, y que la muerte de los españoles se les perdonaría. Y a esto de les enviar mensajeros a decirles que viniesen de paz fueron tres o cuatro veces, y la respuesta que les enviaban: era que si allá iban, que como habían muerto y comido los teules que les demandaban, que ansí harían al capitán y a todos los que llevaba; por manera que no aprovechaban mensajes; y otra vez les tornó a enviar a decir que él les haría esclavos por traidores y salteadores de caminos y que se aparejasen a defender; y fue Sandoval con sus compañeros y les entró por dos partes; que puesto que peleaban muy bien todos los mexicanos y los naturales de aquellos pueblos, sin más referir lo que allí en aquellas batallas pasó, los desbarató; y fueron huyendo todos los mexicanos y caciques de aquellos pueblos, y siguió el alcance y se prendieron muchas gentes menudas; que de los indios no se curaban, por no tener qué guardar; y hallaron en unos cues de aquel pueblo muchos vestidos y armas y frenos de caballos y dos sillas, y otras muchas cosas de la jineta, que habían presentado a sus ídolos. Y acordó Sandoval de estar allí tres días, y vinieron los caciques de aquellos pueblos a pedir perdón y a dar la obediencia a su majestad cesárea; y Sandoval les dijo que diesen el oro que habían robado a los españoles que mataron y que luego les perdonaría; y respondieron que el oro, que los mexicanos lo hubieron y que lo enviaron al señor de México que entonces habían alzado por rey, y que no tenían ninguno; por manera que en cuanto el perdón, que fuesen adonde estaba el Malinche, y que él les hablaría y perdonaría; y ansí, se volvió con una buena presa de mujeres y muchachos, que echaron el hierro por esclavos. Y Cortés se holgó mucho cuando le vio venir bueno y sano, puesto que traía cosa de ocho soldados mal heridos y tres caballos menos, y aun el Sandoval traía un flechazo. Y yo no fui en esta entrada, que estaba muy malo de calenturas y echaba sangre por la boca; y gracias a Dios, estuve bueno porque me sangraron muchas veces. Y como Gonzalo de Sandoval había dicho a los caciques de Xalacingo y Zacatami que viniesen a Cortés a demandar paces, no solamente vinieron aquellos pueblos solos, sino también otros muchos de la comarca, y todos dieron la obediencia a su majestad, y traían de comer a aquella villa adonde estábamos. Y fue aquella entrada que hizo de mucho provecho, y se pacificó toda la tierra; y dende en adelante tenía Cortés tanta fama en todos los pueblos de la Nueva España, lo uno de muy justificado y lo otro de muy esforzado, que a todos ponía temor, y muy mayor a Guatemuz, el señor y rey nuevamente alzado en México. Y tanta era la autoridad, ser y mando que había cobrado nuestro Cortés, que venían ante él pleitos de indios de lejas tierras, en especial sobre cosas de cacicazgos y señoríos; que, como en aquel tiempo anduvo la viruela tan común en la Nueva España, fallecían muchos caciques; y sobre a quién le pertenecía el cacicazgo, y ser señor; y partir tierras o vasallos o bienes venían a nuestro Cortés, como a señor absoluto de toda la tierra, para que por su mano y autoridad alzase por señor a quien le pertenecía. Y en aquel tiempo vinieron del pueblo de Ozúcar y Guacachula, otras veces ya por mí nombrado; porque en Ozúcar estaba casada una parienta muy cercana de Moctezuma con el señor de aquel pueblo, y tenían un hijo que decían era sobrino del Moctezuma, y según parece, heredaba el señorío, y otros decían que le pertenecía a otro señor, y sobre ello tuvieron muy grandes diferencias, y vinieron a Cortés, y mandó que le heredase el pariente de Moctezuma, y luego cumplieron su mandato; y ansí vinieron de otros muchos pueblos de a la redonda sobre pleitos, y a cada uno mandaba dar sus tierras y vasallos, según sentía por derecho que les pertenecía. Y en aquella sazón también tuvo noticia Cortés que en un pueblo que estaba de allí seis leguas, que se decía Zocotlan, y le pusimos por nombre Castilblanco (como ya otras veces he dicho, dando la causa por qué se le puso este nombre), habían muerto nueve españoles, envió al mismo Gonzalo de Sandoval para que los castigase y los trajese de paz, y fue allá con treinta y cinco escopeteros, y muchos tlaxcaltecas, que siempre se mostraron muy aficionados y eran buenos guerreros. Y después de hechos sus requerimientos y protestaciones, que hubieron y les enviaron a decir otras muchas cosas de cumplimientos con cinco indios principales de Tepeaca, y si no venían que les daría guerra y haría esclavos. Y pareció ser estaban en aquel pueblo otros escuadrones de mexicanos en su guarda y amparo, y respondieron que señor tenían, que era Guatemuz; que no habían menester ni venir ni ir a llamado de otro señor; Que si allá fuesen, que en el camino les hallarían, que no se les habían ahora fallecido las fuerzas menos que las tenían en México y puentes y calzadas, y que ya sabían a que tanto llegaban nuestras valentías. Y cuando aquello oyó Sandoval, puesta muy en orden su gente cómo había de pelear, y los de a caballo y escopeteros y ballesteros, mandó a los tlaxcaltecas que no se metiesen en los enemigos al principio, porque no estorbasen a los caballos y porque no corriesen peligro, o hiriesen algunos dellos con las ballestas y escopetas o los atropellasen con los caballos, hasta haber rompido los escuadrones, y cuando los hubiesen desbaratado, que prendiesen a los mexicanos y siguiesen el alcance; y luego comenzó a caminar hacia el pueblo, y salen al camino y encuentro dos escuadrones de guerreros junto a unas fuerzas y barrancas, y allí estuvieron fuertes un rato; y con las ballestas y escopetas les hacían mucho mal, por manera que tuvo Sandoval lugar de pasar aquella fuerza y albarradas con los caballos; y aunque le hirieron nueve caballos, y uno murió, y también le hirieron cuatro soldados, como se vio fuera del mal paso y tuvo lugar por donde corriesen los caballos, y aunque no era buena tierra ni llano, que había muchas piedras, da tras los escuadrones, rompiendo por ellos, que los llevó hasta el mismo pueblo, adonde estaba un gran patio, y allí tenían otra fuerza y unos cues, adonde se tornaron a hacer fuertes; y puesto que peleaban muy bravosamente, todavía los venció, y mató hasta siete indios, porque estaban en malos pasos; y los tlaxcaltecas no habían menester mandarles que siguiesen el alcance, que con la ganancia, como eran guerreros, ellos tenían el cargo, especialmente como sus tierras no estaban lejos de aquel pueblo. Allí se hubieron muchas mujeres y gente menuda, y estuvo allí el Gonzalo de Sandoval dos días, y envió a llamar los caciques de aquel pueblo con unos principales de Tepeaca que iban en su compañía, y vinieron, y demandaron perdón de la muerte de los españoles; y Sandoval les dijo que si daban las ropas y hacienda que robaron de los que mataron, que se les perdonaría, y respondieron que todo lo habían quemado y que no tenían ninguna cosa, y que los que mataron, que los más dellos habían ya comido, y que cinco teules enviaron vivos a Guatemuz, su señor, y que ya habían pagado la pena con los que ahora les habían muerto en el campo y en el pueblo; que les perdonase, que llevarían muy bien de comer y abastecerían la villa donde estaba Malinche. Y como el Gonzalo de Sandoval vio que no se podía hacer más, les perdonó, y allí se ofrecieron de servir bien en lo que les mandasen; y con este recaudo se fue a la villa, y fue bien recibido de Cortés y de todos los del real. Donde dejaré de hablar más en ello, y digamos cómo se herraron todos los esclavos que se habían habido en aquellos pueblos y provincia, y lo que sobre ello se hizo.

Capítulo CXXXV. Cómo se recogieron todas las mujeres y esclavos de todo nuestro real que habíamos habido en aquello de Tepeaca y Cachula, Tecamachalco y en Castilblanco y en sus tierras, para que se herrasen con el hierro en nombre de su majestad, y lo que sobre ello pasó

Como Gonzalo de Sandoval hubo llegado a la villa de Segura de la Frontera, de hacer aquellas entradas que ya he dicho, y en aquella provincia todos los teníamos ya pacíficos, y no teníamos por entonces dónde ir a entrar, porque todos los pueblos de los rededores habían dado la obediencia a su majestad, acordó Cortés, con los oficiales del rey, que se herrasen las piezas y esclavos que se habían habido, para sacar su quinto, después que se hubiese primero sacado el de su majestad, y para ello mandé dar pregones en el real y villa que todos los soldados llevásemos a una casa que estaba señalada para aquel efecto a herrar todas las piezas que tuviesen recogidas, y dieron de plazo aquel día que se pregonó y otro; y todos ocurrimos con todas las indias, muchachas y muchachos que habíamos habido; que de hombres de edad no nos curábamos dello, que eran malos de guardar, y no habíamos menester su servicio, teniendo a nuestros amigos los tlaxcaltecas. Pues ya juntas todas las piezas, y hecho el hierro, que era una G como ésta, que quería decir guerra, cuando no nos catamos, apartan el real quinto, y luego sacan otro quinto para Cortés; y demás desto, la noche antes, cuando metimos las piezas, como he dicho, en aquella casa, habían ya escondido y tomado las mejores indias, que no pareció allí ninguna buena, y al tiempo del repartir dábannos las viejas y ruines; y sobre esto hubo muy grandes murmuraciones contra Cortés y de los que mandaban hurtar y esconder las buenas indias; y de tal manera se lo dijeron al mismo Cortés soldados de los de Narváez, que juraban a Dios que no habían visto tal, haber dos reyes en la tierra de nuestro rey y señor y sacar dos quintos; y uno de los soldados que se lo dijeron fue un Juan Bono de Quejo; y más dijo, que no estarían en tal tierra, y que lo harían saber en Castilla a su majestad y a los de su real consejo de Indias. Y también dijo a Cortés otro soldado muy claramente que no bastó repartir el oro que se había habido en México de la manera que lo repartió, y que cuando estaba repartiendo las partes decía que eran 300.000 pesos los que se habían allegado, y que cuando salimos huyendo de México mandó tomar por testimonio que quedaban más de 700.000, y que ahora el pobre soldado que había echado los bofes y estaba lleno de heridas por haber una buena india, y les habían dado enaguas y camisas, había tomado y escondido las tales indias, y que cuando dieron el pregón para que se llevasen a herrar, que creyeron que a cada soldado volverían sus piezas y que apreciarían qué tantos pesos valían, y que como las apreciasen pagasen el quinto a su majestad, y que no habría más quinto para Cortés; y decían otras murmuraciones peores que estas. Y como Cortés aquello vio, con palabras algo blandas dijo que juraba en su conciencia (que aquesto tenía costumbre de jurar) que de allí adelante no sería ni se haría de aquella manera, sino que buenas o malas indias, sacarlas al almoneda, y la buena que se vendería por tal, y la que no lo fuese por menos precio, y de aquella manera no tendrían que reñir con él. Y puesto que allí en Tepeaca no se hicieron más esclavos, mas después en lo de Texcoco casi fue desta manera, como adelante diré. Y dejaré de hablar en esta materia, y digamos otra cosa casi peor que esto de los esclavos, y es que ya he dicho en el capítulo que dello habla, cuando la triste noche que salimos de México huyendo, como quedaban en la sala donde posaba Cortés muchas barras de oro perdido, que no lo podían sacar, más de lo que cargaron en la yegua y caballos y muchos tlaxcaltecas, y lo que hurtaron los amigos y otros soldados que cargaron dello; y como lo demás se quedaba perdido en poder de los mexicanos, Cortés dijo delante de un escribano del rey que cualquiera que quisiese sacar oro de lo que allí quedaba, que se lo llevase mucho en buena hora por suyo, como se había de perder; y muchos soldados de los de Narváez cargaron dello, y asimismo algunos de los nuestros, y por sacarlo perdieron muchos dellos las vidas, y los que escaparon con la presa que traían, habían estado en gran riesgo de morir y salieron llenos de heridas. Y como en nuestro real y villa de Segura de la Frontera, que así se llamaba, alcanzó Cortés a saber que había muchas barras de oro, y que andaban en el juego, y como dice el refrán que «el oro y amores son malos de encubrir», mandó dar un pregón, so graves penas, que traigan a manifestar el oro que sacaron, y que les dará la tercia parte dello, y si no lo traen, que se lo tomará todo; y muchos soldados de los que lo tenían no lo quisieron dar, y a algunos se lo tomó Cortés como prestado, y más por fuerza que por grado; y como todos los más capitanes tenían oro, y aun los oficiales del rey muy mejor, que hicieron sacos dello, se calló lo del pregón, que no se habló en ello; mas pareció muy mal esto que mandó Cortés. Dejémoslo ya de más declarar, y digamos cómo todos los más capitanes y personas principales de los que pasaron con Narváez demandaron licencia a Cortés para se volver a Cuba, y Cortés se la dio, y lo que más acaeció.

Capítulo CXXXVI. Cómo demandaron licencia a Cortés los capitanes y personas más principales de los que Narváez había traído en su compañía para se volver a la isla de Cuba, y Cortés se la dio y se fueron. Y de cómo despachó Cortés embajadores para Castilla y para Santo Domingo y Jamaica, y lo que sobre cada cosa acaeció
Como vieron los capitanes de Narváez que ya teníamos socorros, así de los que vinieron de Cuba como los de Jamaica que había enviado Francisco de Garay para su armada, según lo tengo declarado en el capítulo que dello habla, y vieron que los pueblos de la provincia de Tepeaca estaban pacíficos, después de muchas palabras que a Cortés dijeron, con grandes ofertas y ruegos le suplicaron que les diese licencia para se volver a la isla de Cuba, pues se lo había prometido, y luego Cortés se la dio, y les prometió que si volvía a ganar la Nueva España y ciudad de México, que al Andrés de Duero, su compañero, que le daría mucho más oro que le había de antes dado; y así hizo otras ofertas a los demás capitanes, en especial a Agustín Bermúdez, y les mandó dar matalotaje que en aquella sazón había, que era maíz y perrillos salados y algunas gallinas, y un navío de los mejores, y escribió Cortés a su mujer Catalina Juárez la Marcaida y a Juan Núñez, su cuñado, que en aquella sazón vivía en la isla de Cuba, y les envió ciertas barras y joyas de oro, y les hizo saber todas las desgracias y trabajos que nos habían acae-

cido, y cómo nos echaron de México. Dejemos esto, y digamos las personas que pidieron la licencia para se volver a Cuba, que todavía iban ricos, y fueron Andrés de Duero y Agustín Bermúdez, y Juan Bono de Quejo y Bernardino de Quesada, y Francisco Velázquez «el corcovado», pariente del Diego Velázquez el gobernador de Cuba, y Gonzalo Carrasco el que vive en la Puebla, que después se volvió a esta Nueva España, y un Melchor de Velasco, que fue vecino de Guatemala, y un Jiménez que vive en Guajaca, que fue por sus hijos, y el comendador León de Cervantes, que fue por sus hijas, que después de ganado México las casó muy honradamente: y se fue uno que se decía Maldonado, natural de Medellín, que estaba doliente; no digo Maldonado el que fue marido de doña María del Rincón, ni por Maldonado «el ancho», ni otro Maldonado que se decía Álvaro Maldonado «el fiero», que fue casado con una señora que se decía María Arias; y también se fue un Vargas, vecino de la Trinidad, que le llamaban en Cuba, Vargas «el galán»; no digo el Vargas que fue suegro de Cristóbal Lobo, vecino que fue de Guatemala; y se fue un soldado de los de Cortés, que se decía Cárdenas, piloto; aquel Cárdenas fue el que dijo a un su compañero, ¿qué cómo podíamos reposar los soldados teniendo dos reyes en esta Nueva España? Este fue a quien Cortés dio 300 pesos para que se fuese con su mujer e hijos. Y por excusar prolijidad de ponerlos todos por memoria, se fueron otros muchos que no me acuerdo bien sus nombres; y cuando Cortés les dio la licencia, dijimos que para qué se la daba, pues que éramos pocos los que quedábamos; y respondió que por excusar escándalos e importunaciones, y que ya veíamos que para la guerra algunos de los que se volvían a Cuba no lo eran, y que «valía más estar solos que mal acompañados», y para los despachar del puerto envió Cortés a Pedro de Alvarado; y en habiéndolos embarcado, le mandó que se volviese luego a la villa. Y digamos ahora que también envió a Castilla a Diego de Ordás y a Alonso de Mendoza, natural de Medellín o de Cáceres, con ciertos recaudos de Cortés, que yo no sé otros que se llevase nuestros, ni nos dio parte de cosa de los negocios que enviaba a tratar con su majestad, ni lo que pasó en Castilla yo no lo alcancé a saber, salvo que a boca llena decía el obispo de Burgos delante del Diego de Ordás que así Cortés como todos los soldados que pasamos con él éramos malos y traidores, puesto que el

Ordás sé cierto respondía muy bien por todos nosotros; y entonces le dieron al Ordás una encomienda de señor Santiago, y por armas el volcán que está entre Guaxocingo y cerca de Cholula; y lo que negoció adelante lo diré, según lo supimos por carta. Dejemos esto aparte, y diré cómo Cortés envió a Alonso de Ávila, que era capitán y contador desta Nueva España, y juntamente con él envió otro hidalgo que se decía Francisco Álvarez Chico, que era hombre que entendía de negocios; y mandó que fuesen con otro navío para la isla de Santo Domingo, a hacer relación de todo lo acaecido a la real audiencia que en ella residía, y a los frailes jerónimos que estaban por gobernadores de todas las islas, que tuviesen por bueno lo que habíamos hecho en las conquistas y el desbarate de Narváez, y cómo había hecho esclavos en los pueblos que habían muerto españoles y se habían quitado de la obediencia que habían dado a nuestro rey y señor, y que así se entendía hacer en todos los demás pueblos que fueron de la liga y nombre de mexicanos; y que suplicaba que hiciese relación dello en Castilla a nuestro gran emperador, y tuviese en la memoria los grandes servicios que siempre le hacíamos, y que por su intercesión y de la real audiencia fuésemos favorecidos con justicia contra la mala voluntad y obras que contra nosotros trataba el obispo de Burgos y arzobispo de Rosano; y también envió otro navío a la isla de Jamaica por caballos y yeguas, y el capitán que con él fue se decía fulano de Solís, que después de ganado México le llamamos Solís «el de la huerta», yerno de uno que se decía el bachiller Ortega. Bien sé que dirán algunos curiosos lectores que sin dineros cómo enviaba al Diego de Ordás a negocios a Castilla; pues está claro que para Castilla y para otras partes son menester dineros; y que asimismo envió a Alonso de Ávila y a Francisco Álvarez Chico a Santo Domingo a negocios, y a la isla de Jamaica por caballos y yeguas. A esto digo que, como al salir de México salimos huyendo la noche por mí muchas veces referida, que, como quedaban en la sala muchas barras de oro perdido en un montón, que todos los más soldados apañaban dello, en especial los de a caballo, y los de Narváez mucho mejor, y los oficiales de su majestad que lo tenían en poder y cargo llevaron los fardos hechos. Y demás desto, cuando se cargaron de oro más de ochenta indios tlaxcaltecas por mandado de Cortés, y fueron los primeros que salieron en las puentes, vista cosa era que salvarían muchas cargas dello, que no se perdería todo en la calzada; y como nosotros los pobres soldados que no teníamos mando, sino ser mandados, en aquella sazón procurábamos de salvar nuestras vidas, y después, de curar nuestras heridas, a esta causa no mirábamos en el oro, si salieron muchas cargas dello en las puentes o no, ni se nos daba mucho por ello; y Cortés con algunos de nuestros capitanes lo procuraron de haber de algunos de los tlaxcaltecas que lo sacaron, y tuvimos sospecha que los 40.000 pesos de las partes de los de la Villarrica, que también lo hubo y hechó fama que lo habían robado; y con ello envió a Castilla a los negocios de su persona y a comprar caballos, y a la isla de Santo Domingo a la audiencia real: porque en aquel tiempo todos se callaban con las barras de oro que tenían, aunque más pregones habían dado. Dejemos esto, y digamos como ya estaban de paz todos los pueblos comarcanos de Tepeaca, acordó Cortés que quedase en una villa de Segura de la Frontera por capitán un Francisco de Orozco con obra de veinte soldados que estaban heridos y dolientes; y con todos los más de nuestro ejército fuimos a Tlaxcala, y se dio orden que se cortase madera para hacer trece bergantines para ir otra vez sobre México; porque hallábamos por muy cierto que para la laguna, sin bergantines no la podíamos señorear ni podíamos dar guerra, ni entrar otra vez por las calzadas en aquella gran ciudad sino con gran riesgo de nuestras vidas. Y el que fue maestro de cortar la madera y dar el gálibo y cuenta y razón cómo habían de ser veleros y ligeros para aquel efecto, y los hizo, fue un Martín López, que ciertamente, además de ser un buen soldado, en todas las guerras sirvió muy bien a su majestad; en esto de los bergantines trabajó en ellos como fuerte varón; y me parece que si por dicha no viniera en nuestra compañía de los primeros, como vino, que hasta enviar por otro maestro a Castilla se pasara mucho tiempo, o no viniera ninguno, según el estorbo que nos ponía el obispo de Burgos. Volveré a nuestra materia, y digamos ahora que cuando llegamos a Tlaxcala ya era fallecido de viruelas nuestro gran amigo y muy leal vasallo de su majestad Mase Escaci, de la cual muerte nos pesó a todos; y Cortés lo sintió tanto, como él decía, como si fuera su padre, y se puso luto de mantas negras, y asimismo muchos de nuestros capitanes y soldados; y a sus hijos y parientes del Mase Escaci Cortés y todos nosotros les hacíamos mucha honra; y porque en Tlaxcala había diferencias sobre el mando y cacicazgo, señaló y mandó que lo fuese un su hijo legítimo del Mase Escaci, porque así se lo había mandado su padre antes que muriese; y aun dijo a sus hijos y parientes que mirasen que no saliesen del mandado de Malinche y de sus hermanos, porque ciertamente éramos los que habíamos de señorear estas tierras, y les dio otros muchos buenos consejos. Dejemos ya de contar del Mase Escaci, pues ya es muerto, y digamos de Xicotencatl «el viejo» y de Chichimecatecle y de todos los demás caciques de Tlaxcala, que se ofrecieron de servir a Cortés, así en cortar la madera para los bergantines como para todo lo demás que les quisiesen mandar en la guerra contra mexicanos, y Cortés los abrazó con mucho amor y les dio gracias por ello, especialmente a Xicotencatl «el viejo» y a Chichimecatecle; y luego procuró que se volviese cristiano, y el buen viejo de Xicotencatl de buena voluntad dijo que lo quería ser, y con la mayor fiesta que en aquella sazón se pudo hacer, en Tlaxcala le bautizó el padre de la Merced, y le puso nombre de Lorenzo de Vargas. Volvamos a decir de nuestros bergantines, que el Martín López se dio tanta prisa en cortar la madera, con la gran ayuda de los indios que le ayudaban, que en pocos días la tenía ya cortada toda, y señalada su cuenta en cada madero para qué parte y lugar había de ser, según tienen sus señales los oficiales, maestros y carpinteros de ribera; y también le ayudaba otro buen soldado que se decía Andrés Núñez, y un viejo carpintero que estaba cojo de una herida, que se decía Ramírez «el viejo»; y luego despachó Cortés a la Villarrica por mucho hierro y clavazón de los navíos que dimos a través, y por áncoras y velas y jarcias y cables y estopa, y por todo aparejo de hacer navíos, y mandó venir todos los herreros que había, y a un Hernando de Aguilar, que era medio herrero, que ayudaba a machar; y porque en aquel tiempo había en nuestro real tres hombres que se decían Aguilar, llamamos a este Hernando de Aguilar «maja-hierro»; y envió por capitán a la Villarrica, por los aparejos que he dicho, para mandarlo traer, a un Santa Cruz, burgalés, regidor que después fue de México, persona muy buen soldado y diligente; y hasta las calderas para hacer brea, y todo cuanto de antes habían sacado de los navíos, trajo con más de mil indios, que todos los pueblos de aquellas provincias, enemigos de mexicanos, luego se los daban para traer las cargas. Pues como no teníamos pez para brear, ni aun los indios lo sabían hacer, mandó Cortés a cuatro hombres de la mar, que sabían de aquel oficio, que en unos pinares cerca de Guaxocingo, que los hay buenos, fuesen hacer la pez. Pasemos adelante, puesto que no va muy a propósito de la materia en que estaba hablando, que me han preguntado ciertos caballeros curiosos, que conocían muy bien a Alonso de Ávila, que cómo, siendo capitán y muy esforzado, y era contador de la Nueva España, y siendo belicoso y de su inclinación más para guerra que no ir a solicitar negocios con los frailes jerónimos que estaban por gobernadores de todas las islas, ¿por qué causa le envió Cortés, teniendo otros hombres que estaban más acostumbrados a negocios, como era un Alonso de Grado o un Juan de Cáceres «el rico», y otros que me nombraron? A esto digo que Cortés le envió al Alonso de Ávila porque sintió dél ser muy varón, y porque osaría responder por nosotros conforme a justicia; y también le envió por causa que, como el Alonso de Ávila había tenido diferencias con otros capitanes, y tenía gran atrevimiento de decir a Cortés cualquiera cosa que vela que convenía decirle, y por excusar ruidos y por dar la capitanía que tenía a Andrés de Tapia, y la contaduría a Alonso de Grado, como luego se la dio, por estas razones le envié. Volvamos a nuestra relación: pues viendo Cortés que ya era cortada la madera para los bergantines, y se habían ido a Cuba las personas por mí nombradas, que eran de los de Narváez, que los teníamos por sobrehuesos, especialmente poniendo temores que siempre nos ponían, que no seríamos bastantes para resistir el gran poder de mexicanos, cuando oían que decíamos que habíamos de ir a poner cerco sobre México. Y libre de aquellos temores, acordó Cortés que fuésemos con todos nuestros soldados a Texcoco, sobre ello hubo grandes y muchos acuerdos; porque unos soldados decían que era mejor sitio y acequias y zanjas para hacer los bergantines, en Ayocingo, junto a Chalco, que no en la zanja y estero de Texcoco; y otros porfiaban que mejor sería en Texcoco, por estar en parte y sitio y cerca de muchos pueblos; y que teniendo aquella ciudad por nosotros, desde allí haríamos entradas en las tierras comarcanas de México; y puestos en aquella ciudad, tomaríamos el mejor parecer como sucediesen las cosas. Pues ya que estaba acordado lo por mí dicho, viene nueva y cartas, que trajeron tres soldados, de cómo había venido a la Villarrica un navío de Castilla y de las islas de Canaria, de buen porte, cargado de muchas ballestas y tres caballos, y muchas mercaderías, escopetas, pólvora e hilo de ballestas, y otras armas; y venía por señor de la mercadería y navío un Juan de Burgos, y por maestre un Francisco Medel, y venían trece soldados; y con aquella nueva nos alegramos en gran manera, y si de antes que supiésemos del navío nos dábamos prisa en la partida para Texcoco, mucho más nos dimos entonces, porque luego le envió Cortés a comprar todas las armas y pólvora y todo lo más que traía, y aun el mismo Juan de Burgos y el Medel y todos los pasajeros que traía se vinieron luego para donde estábamos; con los cuales recibimos contento, viendo tan buen socorro y en tal tiempo. Acuérdome que entonces vino un Juan del Espinar, vecino que fue de Guatemala, persona que fue muy rico; y también vino un Sagredo, tío de una mujer que se decía «la Sagreda», que estaba en Cuba, naturales de la villa de Medellín; también vino un vizcaíno que se decía Monjaraz, tío que decía ser de Andrés de Monjaraz y Gregorio de Monjaraz, soldados que estaban con nosotros, y padre de una mujer que después vino a México, que se decía «la Monjaraza», muy hermosa mujer. He traído aquí esto a la memoria por lo que adelante diré, y es que jamás fue el Monjaraz a guerra ninguna ni entrada con nosotros, porque andaba doliente en aquel tiempo; y ya que estaba muy bueno y sano, y presumía de muy valiente soldado, cuando teníamos puesto cerco a México, dijo el Monjaraz que quería ir a ver cómo batallábamos con los mexicanos; porque no tenía a los mexicanos ni a otros indios por valientes; y fue, y se subió en un alto cu, como torrecilla, y nunca supimos cómo ni de qué manera le mataron indios en aquel mismo día. Y muchas personas dijeron, que le habían conocido en la isla de Santo Domingo, que fue permisión divina que muriese aquella muerte, porque había muerto a su mujer, muy honrada y buena y hermosa, sin culpa ninguna, y que buscó testigos falsos que juraron que le hacían maleficio. Quiero dejar ya de contar cosas pasadas, y digamos cómo fuimos a la ciudad de Texcoco, y lo que más pasó.

Capítulo CXXXVII. Cómo caminamos con todo nuestro ejército camino de la ciudad de Texcoco, y lo que en el camino nos avino, y otras cosas que pasaron

Como Cortés vio tan buena prevención, así de escopetas y pólvora y ballestas y caballos, y conoció de todos nosotros, así capitanes como soldados, el gran deseo que teníamos de estar ya sobre la gran ciudad de México, acordó de hablar a los caciques de Tlaxcala para que le diesen diez mil indios de guerra que fuesen con nostros aquella jornada hasta Texcoco, que es una de las mayores ciudades que hay en toda la Nueva España, después de México; y como se lo demandó y les hizo un buen parlamento sobre ello, luego Xicotencatl, el viejo (que en aquella sazón se había vuelto cristiano y se llamó don Lorenzo de Vargas, como dicho tengo) dijo que le placía de buena voluntad, no solamente diez mil hombres, sino muchos más si los quería llevar, y que iría por capitán dellos otro cacique muy esforzado y nuestro gran amigo que se decía Chichimecatecle, y Cortés le dio las gracias por ello; y después de hecho nuestro alarde, que ya no me acuerdo bien qué tanta copia éramos, así de soldados como de los demás, un día después de la pascua de Navidad del año 1520 años comenzamos a caminar con mucho concierto, como lo teníamos de costumbre; fuimos a dormir a un pueblo sujeto de Texcoco, y los del mismo pueblo nos dieron lo que habíamos menester; de allí adelante, era tierra de mexicanos, y íbamos más recatados, nuestra artillería puesta en mucho concierto, y ballesteros y escopeteros, y siempre cuatro corredores del campo a caballo, y otros cuatro soldados de espada y rodela muy sueltos, juntamente con los de a caballo para ver los pasos si estaban para pasar caballos, porque en el camino tuvimos aviso que estaba embarazado de aquel día un mal paso, y la sierra con árboles cortados, porque bien tuvieron noticia en México y en Texcoco cómo caminábamos hacia su ciudad, y aquel día no hallamos estorbo ninguno y fuimos a dormir al pie de la sierra, que serían tres leguas, y aquella noche tuvimos buen frío, y con nuestras rondas y espías y velas y corredores del campo la pasamos; y cuando amaneció comenzamos a subir un puertezuelo y unos malos pasos como barrancas, y estaba cortada la sierra, por donde no podíamos pasar, y puesta mucha madera y pinos en el camino; y como llevábamos tantos amigos tlaxcaltecas, de presto se desembarazó; y con mucho concierto caminamos con una capitanía de escopetas y ballestas delante, y con nuestros amigos cortando y apartando árboles para poder pasar los caballos, hasta que subimos la sierra, y aun bajamos un poco abajo adonde se descubría la laguna de México y sus grandes ciudades pobladas en el agua; y cuando la vimos dimos muchas gracias a Dios, que nos la tornó a dejar ver. Entonces nos acordamos de nuestro desbarate pasado, de cuando nos echaron de México, y prometimos, si Dios fuese servido de darnos mejor suceso en esta guerra, de ser otros hombres en el trato y modo de cercarla; y luego bajamos la sierra, donde vimos grandes ahumadas que hacían, así lo de Texcoco como los de los pueblos sujetos; y andando más adelante, topamos con un buen escuadrón de gente, guerreros de México y de Texcoco, que nos aguardaban a un mal paso, que era un arcabuezo como quebrada algo honda, donde estaba una puente de madera, y corría un buen golpe de agua; mas luego desbaratamos los escuadrones y pasamos muy a nuestro salvo. Pues oír la grita que nos daban desde las estancias y barrancas, no hacían otra cosa, y era en parte que no podían correr caballos, y nuestros amigos los tlaxcaltecas les apañaban gallinas, y lo que podían robarles no les dejaban, puesto que Cortés les mandaba que si no diesen guerra, que no se la diesen; y los tlaxcaltecas decían que si estuvieran de buenos corazones y de paz, que no salieran al camino a darnos guerra, como estaban al paso de las barrancas y puente para no nos dejar pasar. Volvamos a nuestra materia, y digamos cómo fuimos a dormir a un pueblo sujeto de Texcoco, y estaba despoblado, y puestas nuestras velas y rondas y escuchas y corredores del campo, y estuvimos aquella noche con cuidado no diesen en nosotros muchos escuadrones de mexicanos guerreros que estaban aguardándonos en unos malos pasos; de lo cual tuvimos aviso porque se prendieron cinco mexicanos en la puente primera que dicho tengo, y aquellos dijeron lo que pasaba de los escuadrones, y según después supimos, no se atrevieron a darnos guerra ni a más aguardar; porque, según pareció, entre los mexicanos y los de Texcoco tuvieron diferencias y bandos; y también, como aun no estaban muy sanos de las viruelas, que fue dolencia que en toda la tierra dio y cundió, y como habían sabido cómo en lo de Guachadla y Ozúcar, y en Tepeaca y Xalacingo y Castilblanco todas las guarniciones mexicanas habíamos desbaratado; y asimismo corría fama, y así lo creían, que iban con nosotros en nuestra compañía todo el poder de Tlaxcala y Guaxocingo, acordaron de no nos aguardar; y todo esto nuestro señor Jesucristo lo encaminaba. Y desque amaneció, puestos todos nosotros en gran concierto, así artillería como escopetas y ballestas, y los corredores del campo adelante descubriendo tierra, comenzamos a caminar hacia Texcoco, que sería de allí de donde dormimos obra de dos leguas; y aun no habíamos andado media legua cuando vimos volver nuestros corredores del campo muy alegres, y dijeron a Cortés que venían hasta diez indios, y que traían unas señas y veletas de oro, y que no traían armas ningunas, y que en todas las caserías y estancias por donde pasaban no les daban grita ni voces como habían dado el día antes: antes, al parecer, todo estaba de paz; y Cortés y todos nuestros capitanes y soldados nos alegramos, y luego mandó Cortés reparar, hasta que llegaron siete indios principales, naturales de Texcoco, y traían una bandera de oro en una lanza larga, y antes que llegasen abajaron su bandera y se humillaron, que es señal de paz; y cuando llegaron ante Cortés, estando doña Marina y Jerónimo de Aguilar, nuestras lenguas, delante, dijeron: «Malinche, Cocoyoacin, nuestro señor y señor de Texcoco, te envía a rogar que le quieras recibir a tu amistad, y te está esperando de paz en su ciudad de Texcoco, y en señal dello recibe esta bandera de oro; y que te pide por merced que mandes a todos los tlaxcaltecas y a tus hermanos que no les hagan mal en su tierra, y que te vayas a aposentar en su ciudad, y él te dará lo que hubieres menester»; y más dijeron, que los escuadrones que allí estaban en las barrancas y pasos malos, que no eran de Texcoco, sino mexicanos, que los enviaba Guatemuz. Y cuando Cortés oyó aquellas paces holgó mucho dellas, y asimismo todos nosotros, y abrazó a los mensajeros, en especial a tres dellos, que eran parientes del buen Moctezuma, y los conocíamos todos los más soldados, que habían sido sus capitanes; y considerada la embajada, luego mandó Cortés llamar los capitanes tlaxcaltecas, y les mandó muy afectuosamente que no hiciesen mal ninguno ni les tomasen cosa ninguna en toda la tierra, porque estaban de paz: y así lo hacían como se lo mandé; mas comida no se les defendía si era solamente maíz y frísoles, y aun gallinas y perrillos, que había muchos en todas las casas, llenas dello; y entonces Cortés tomó consejo con nuestros capitanes, y a todos les pareció que aquel pedir de paz y de aquella manera que era fingido: porque si fueran verdaderas no vinieran tan arrebatadamente, y aun trajeran bastimento; y con todo esto, recibió Cortés la bandera, que valía hasta 80 pesos, y dio muchas gracias a los mensajeros; y les dijo que no tenían por costumbre de hacer mal ni daño a ningunos vasallos de su majestad: antes les favorecía y miraba por ellos; y que si guardaban las paces que decían, que les favorecería contra los mexicanos, y que ya había mandado a los tlaxcaltecas que no hiciesen daño en su tierra, como habían visto, y que así lo cumplirían; y que bien sabía que en aquella ciudad mataron sobre cuarenta españoles nuestros hermanos cuando salimos de México, y sobre doscientos tlaxcaltecas, y que robaron muchas cargas de oro y otros despojos que dellos hubieron; que ruega a su señor Cocoyoacin y a todos los demás caciques y capitanes de Texcoco que le den el oro y ropa; y que la muerte de los españoles, que pues ya no tenía remedio, que no se les pediría. Y respondieron aquellos mensajeros que ellos lo dirían a su señor así como se lo mandaba; mas que el que los mandó matar fue el que en aquel tiempo alzaron en México por señor después de muerto Moctezuma, que se decía Coadlabaca, y hubo todo el despojo, y le llevaron a México todos los más teules, y que luego los sacrificaron a su Huichilobos; y como Cortés vio aquella respuesta, por no los resabiar ni atemorizar, no les replicó en ello sino que fuesen con Dios, y quedó uno dellos en nuestra compañía; y luego nos fuimos a unos arrabales de Texcoco, que se decían Guatinchan o Guaxultlan, que ya se me olvidó el nombre, y allí nos dieron bien de comer y todo lo que hubimos menester, y aun derribamos unos ídolos que estaban en unos aposentos donde posábamos, y otro día de mañana fuimos a la ciudad de Texcoco, y en todas las calles ni casas no veíamos mujeres ni muchachos ni niños, sino todos los indios como asombrados y como gente que estaba de guerra, y fuímonos a aposentar a unos aposentos y salas grandes, y luego mandó Cortés llamar a nuestros capitanes y todos los más soldados, y nos dijo que no saliésemos de unos patios grandes que allí había, y que estuviésemos muy apercibidos, porque no le parecía que estaba aquella ciudad pacífica, hasta ver cómo y de qué manera estaba, y mandó al Pedro de Alvarado y a Cristóbal de Olí y a otros soldados, y a mí con ellos, que subiésemos al gran cu, que era bien alto, y llevásemos hasta veinte escopeteros para nuestra guarda, y que mirásemos desde el alto cu la laguna y la ciudad, porque bien se parecía toda; y vimos que todos los moradores de aquellas poblaciones se iban con sus haciendas y hatos e hijos y mujeres, unos a los montes y otros a los carrizales que hay en la laguna, que toda iba cuajada de canoas, dellas grandes y otras chicas; y como Cortés lo supo, quiso prender al señor de Texcoco que envió la bandera de oro, y cuando le fueron a llamar ciertos papas que envió Cortés por mensajeros, ya estaba puesto en cobro, que él fue el primero que se fue huyendo a México, y fueron con él otros muchos principales. Y así se pasó aquella noche, que tuvimos grande recaudo de velas y rondas y espías, y otro día muy de mañana mandó llamar Cortés a todos los más principales indios que había en Texcoco; porque, como es gran ciudad, había otros muchos señores, partes contrarias del cacique que se fue huyendo, con quien tenían debates y diferencias sobre el mando y reino de aquella ciudad; y venidos ante Cortés, informando dellos cómo y de qué manera y desde qué tiempo acá señoreaba el Cocoyoacin, dijeron que por codicia de reinar había muerto malamente a su hermano mayor, que se decía Cuxcuxca, con favor que para ello le dio el señor de México, que ya he dicho se decía Coadlabaca, el cual fue el que nos dio la guerra cuando salimos huyendo después de muerto Moctezuma; y que allí había otros señores (a quien venía el reino de Texcoco más justamente que no al que lo tenía), que era un mancebo que luego en aquella sazón se volvió cristiano con mucha solemnidad, y se llamó don Hernando Cortés, porque fue su padrino nuestro capitán. Y aqueste mancebo dijeron que era hijo legítimo del señor y rey de Texcoco, que se decía su padre Nezabalpintzintli; y luego sin más dilaciones, con grandes fiestas Y regocijos de todo Texcoco, le alzaron por rey y señor natural, con todas las ceremonias que a los tales reyes solían hacer, y con mucha paz y en amor de todos sus vasallos y otros pueblos comarcanos, y mandaba muy absolutamente y era obedecido; y para mejor le industriar en las cosas de nuestra santa fe y ponerle en toda policía, y para que deprendiese nuestra lengua, mandó Cortés que tuviese por ayos a Antonio de Villareal, marido que fue de una señora hermosa que se dijo Isabel de Ojeda, y a un bachiller que se decía Escobar; y puso por capitán de Texcoco, para que viese y defendiese que no contrastase con el don Fernando ningún mexicano, a un buen soldado que se decía Pedro Sánchez Farfán, marido que fue de la buena y honrada mujer María de Estrada. Dejemos de contar su gran servicio de aqueste cacique, y digamos cuán amado y obedecido fue de los suyos, y digamos cómo Cortés le demandó que diese mucha copia de indios trabajadores para ensanchar y abrir más las acequias y zanjas por donde habíamos de sacar los bergantines a la laguna de que estuviesen acabados y puestos a punto para ir a la vela; y se le dio a entender al mismo don Fernando y a otros sus principales a qué fin y efecto se habían de hacer, y cómo y de qué manera habíamos de poner cerco a México, y para todo ello se ofreció con todo su poder y vasallos, que no solamente aquello que le mandaba, sino que enviaría mensajeros a otros pueblos comarcanos para que se diesen por vasallos de su majestad y tomasen nuestra amistad y voz contra México. Y todo esto concertado, después de nos haber aposentado muy bien, y cada capitanía por sí, y señalados los puestos y lugares donde habíamos de acudir si hubiese rebato de mexicanos: porque estábamos a guarda la raya de su laguna, porque de cuando en cuando enviaba Guatemuz grandes piraguas y canoas con muchos guerreros, y venían a ver si nos tomaban descuidados; y en aquella sazón vinieron de paz ciertos pueblos sujetos a Texcoco, a demandar perdón y paz si en algo habían errado en las guerras pasadas, y habían sido en la muerte de los españoles; los cuales se decían Guatinchan; y Cortés les habló a todos muy amorosamente y les perdonó. Quiero decir que no había día ninguno que dejasen de andar en la obra y zanja y acequia de siete a ocho mil indios, y la abrían y ensanchaban muy bien, que podían nadar por ella navíos de gran porte. Y en aquella sazón, como teníamos en nuestra compañía sobre siete mil tlaxcaltecas, y estaban deseos de ganar honra y de guerrear contra mexicanos, acordó Cortés, pues que tan fieles compañeros teníamos, que fuésemos a entrar y dar una vista a un pueblo que se dice Iztapalapa, el cual pueblo fue por donde habíamos pasado la primera vez que vinimos para México, y el señor dél fue el que alzaron por rey en México después de la muerte del gran Moctezuma, que ya he dicho otras veces que se decía Coadlabaca; y de aqueste pueblo, según supimos, recibíamos mucho daño, porque eran muy contrarios contra Chalco y Tamanalco y Mecameca y Chimaloacan, que querían venir a tener nuestra amistad, y ellos lo estorbaban; y como había ya doce días que estábamos en Texcoco sin hacer cosa que de contar sea, fuimos a aquella entrada de Iztapalapa.

Capítulo CXXXVIII. Cómo fuimos a Iztapalapa con Cortés, y llevó en su compañía a Cristóbal de Olí y a Pedro de Alvarado, y quedó Gonzalo de Sandoval por guarda de Texcoco, y lo que nos acaeció en la toma de aquel pueblo

Pues como había doce días que estábamos en Texcoco, y teníamos los tlaxcaltecas, por mí ya otra vez nombrados, que estaban con nosotros, y porque tuviesen qué comer, porque para tantos como eran no se lo podían dar abastadamente los de Texcoco, y porque no recibiesen pesadumbre dello; y también porque estaban deseosos de guerrear con mexicanos, y se vengar por los muchos tlaxcaltecas que en las derrotas pasadas les habían muerto y sacrificado, acordó Cortés que él por capitán general, y con Pedro de Alvarado y Cristóbal de Olí, y con trece de a caballo y veinte ballesteros y seis escopeteros y doscientos y veinte soldados, y con nuestros amigos de Tlaxcala y con otros veinte principales de Texcoco que nos dio don Hernando, cacique mayor de Texcoco, y estos sabíamos que eran sus primos y parientes del mismo cacique y enemigos de Guatemuz, que ya le habían alzado por rey en México; fuésemos camino de Iztapalapa, que estará de Texcoco obra de cuatro leguas (ya he dicho otra vez, en el capítulo que dello trata, que estaban más de la mitad de las casas edificadas en el agua y la mitad en tierra firme); y yendo nuestro camino con mucho concierto, como lo teníamos de costumbre, como los mexicanos siempre tenían velas y guarniciones y guerreros contra nosotros, que sabían que íbamos a dar guerra a algunos de sus pueblos para luego les socorrer, así lo hicieron saber a los de Iztapalapa para que se apercibiesen, y les enviaron sobre ocho mil mexicanos de socorro. Por manera que en tierra firme aguardaron como buenos guerreros, así los mexicanos que fueron en su ayuda como los pueblos de Iztapalapa, y pelearon un buen rato muy valerosamente con nosotros; mas los de a caballo rompieron por ellos, y con las ballestas y escopetas y todos nuestros amigos los tlaxcaltecas, que se metían en ellos como perros rabiosos, de presto dejaron el campo y se metieron en su Pueblo; y esto fue sobre cosa pensada y con un ardid que entre ellos tenían acordado, que fuera harto dañoso para nosotros si de presto no saliéramos de aquel pueblo; y fue desta manera, que hicieron que huyeron, y se metieron en canoas en el agua y en las casas que estaban en el agua, y dellos en unos carrizales; y como ya era noche oscura, nos dejan aposentar en tierra firme sin hacer ruido ni muestra de guerra; y con el despojo que habíamos habido y la victoria estábamos contentos; y estando de aquella manera, puesto que teníamos velas, espías y rondas, y aun corredores del campo en tierra firme; cuando no nos catamos vino tanta agua por todo el pueblo, que si los principales que llevábamos de Texcoco no dieran voces, y nos avisaran que saliésemos presto de las casas, todos quedáramos ahogados; porque soltaron dos acequias de agua y abrieron una calzada, con que de presto se hinchó todo de agua. Y los tlaxcaltecas nuestros amigos, como no son acostumbrados a ríos caudalosos ni sabían nadar, quedaron muertos dos dellos; y nosotros, con gran riesgo de nuestras personas, todos bien mojados, y la pólvora perdida, salimos sin hato; y como estábamos de aquella manera y con mucho frío, y sin cenar, pasamos mala noche; y lo peor de todo era la burla y grita que nos daban los de Iztapalapa y los mexicanos desde sus casas y canoas. Pues otra cosa peor nos avino, que como en México sabían el concierto que tenían hecho de nos anegar con haber rompido la calzada y acequias, estaban esperando en tierra y en la laguna muchos batallones de guerreros, y cuando amaneció nos dan tanta guerra, que harto teníamos que nos sustentar contra ellos, no nos desbaratasen; y mataron dos soldados y un caballo, e hirieron otros muchos, así de nuestros soldados como tlaxcaltecas, y poco a poco aflojaron en la guerra, y nos volvimos a Texcoco medio afrentados de la burla y ardid de echarnos el agua; y también como no ganamos mucha reputación en la batalla postrera que nos dieron, porque no había pólvora; mas todavía quedaron temerosos, y tuvimos bien en qué entender en enterrar y quemar muertos y curar heridos y en reparar sus casas. Donde lo dejaré, y diré cómo vinieron de paz a Texcoco otros pueblos, y lo que más se hizo.

Capítulo CXXXIX. Cómo vinieron tres pueblos comarcanos a Texcoco a demandar paces y perdón de las guerras pasadas y muertes de españoles, y los descargos que daban sobre ello, y cómo fue Gonzalo de Sandoval a Chalco y Tamanalco en su socorro contra mexicanos, y lo que más pasó

Habiendo dos días que estábamos en Texcoco de vuelta de la entrada de Iztapalapa, vinieron a Cortés tres pueblos de paz a demandar perdón de las guerras pasadas y de muertes de españoles que mataron, y los descargos que daban era que el señor de México que alzaron después de la muerte del gran Moctezuma, el cual se decía Coadlabaca, que por su mandato salieron a dar guerra con los demás de sus vasallos; y que si algunos teules mataron y prendieron y robaron, que el mismo señor les mandó que así lo hiciesen; y los teules, que se los llevaron a México para sacrificar, y también les llevaron el oro y caballos y ropa; y que ahora, que piden perdón por ello, y que por esta causa que no tienen culpa ninguna, por ser mandados y apremiados por fuerza para que lo hiciesen; y los pueblos que digo que en aquella sazón vinieron se decían Tepetezcuco y Otumba: el nombre del otro pueblo no me acuerdo; mas sé decir que en este de Otumba fue la nombrada batalla que nos dieron cuando salimos huyendo de México, adonde estuvieron juntos los mayores escuadrones de guerreros que ha habido en toda la Nueva España contra nosotros, adonde creyeron que no escapáramos con las vidas, según más largo lo tengo escrito en los capítulos pasados que dello hablan; y como aquellos pueblos se hallaban culpados y habían visto que habíamos ido a lo de Iztapalapa, y no les fue muy bien con nuestra ida, y aunque nos quisieron anegar con el agua y esperaron dos batallas campales con muchos escuadrones mexicanos; en fin, por no se hallar en otras como las pasadas, vinieron a demandar paces antes que fuésemos a sus pueblos a castigarlos; y Cortés, viendo que no estaba en tiempo de hacer otra cosa, les perdonó, puesto que les dio grandes reprensiones sobre ello, y se obligaron con palabras de muchos ofrecimientos de siempre ser contra mexicanos y de ser vasallos de su majestad y de nos servir: y así lo hicieron. Dejemos de hablar destos pueblos, y digamos cómo vinieron luego en aquella sazón a demandar paces y nuestra amistad los de un pueblo que está en la laguna, que se dice Mezquique, que por otra parte le llamábamos Venezuela; y estos, según pareció, jamás estuvieron bien con mexicanos, y los querían mal de corazón; y Cortés y todos nosotros tuvimos en mucho la venida deste pueblo, por estar dentro en la laguna, por tenerlos por amigos, y con ellos creíamos que habían de convocar a sus comarcanos que también estaban poblados en la laguna, y Cortés se lo agradeció mucho, y con ofrecimientos y palabras blandas los despidió. Pues estando que estábamos desta manera, vinieron a decir a Cortés cómo venían grandes escuadrones de mexicanos sobre los cuatro pueblos que primero habían venido a nuestra amistad, que se decían Gautinchan o Huaxultlan; de los otros dos pueblos no se me acuerda el nombre; y dijeron a Cortés que no osarían esperar en sus casas, y que se querían ir a los montes, o venirse a Texcoco, adonde estábamos; y tantas cosas le dijeron a Cortés para que les fuese a socorrer, que luego apercibió veinte de a caballo y doscientos soldados y trece ballesteros y diez escopeteros, y llevó en su compañía a Pedro de Alvarado y a Cristóbal de Olí, que era maese de campo, y fuimos a los pueblos que vinieron a Cortés a dar tantas quejas (como dicho tengo, que estarían de Texcoco obra de dos leguas); y según pareció, era verdad que los mexicanos los enviaban a amenazar que les habían de destruir y darles guerra porque habían tomado nuestra amistad; mas sobre lo que más los amenazaban y tenían contiendas, era por unas grandes labores de tierras de maizales que estaban ya para coger, cerca de la laguna, donde los de Texcoco y aquellos pueblos abastecían nuestro real: y los mexicanos por tomarles el maíz, porque decían que era suyo: y aquella vega de los maizales tenían por costumbre aquellos cuatro pueblos de los sembrar y beneficiar para los papas de los ídolos mexicanos: y sobre esto destos maizales se habían muerto los unos a los otros muchos indios; y como aquello entendió Cortés, después de les decir que no hubiesen miedo y que se estuviesen en sus casas, les mandó que cuando hubiesen de ir a coger el maíz, así para su mantenimiento como para abastecer nuestro real, que enviaría para ello un capitán con muchos de a caballo y soldados para en guarda de los que fuesen a traer el maíz; y con aquello que Cortés les dijo quedaron muy contentos, y nos volvimos a Texcoco. Y dende en adelante, cuando había necesidad en nuestro real de maíz, apercibíamos a los tamemes de todos aquellos pueblos, y con nuestros amigos los de Tlaxcala y con diez de a caballo y cien soldados, con algunos ballesteros y escopeteros, íbamos por el maíz. Y esto digo porque yo fui dos veces por ello, y la una tuvimos una buena escaramuza con grandes escuadrones de mexicanos que habían venido en más de mil canoas aguardándonos en los maizales, y como llevábamos amigos, puesto que los mexicanos pelearon muy como varones, los hicimos embarcar en sus canoas, y allí mataron unos de nuestros soldados e hirieron doce; y asimismo hirieron muchos tlaxcaltecas, y ellos no se fueron alabando, que allí quedaron tendidos quince o veinte, y otros cinco que llevamos presos. Dejemos de hablar desto, y digamos cómo otro día tuvimos nueva cómo querían venir de paz los de Chalco y Tamanalco y sus sujetos, y por causa de las guarniciones mexicanas que estaban en sus pueblos, no les daban lugar a ello, y les hacían mucho daño en su tierra, y les tomaban las mujeres, y más si eran hermosas, y delante de sus padres o madres o maridos tenían acceso con ellas; y asimismo, como estaba en Tlaxcala cortada la madera y puesta a punto para hacer los bergantines, y se pasaba el tiempo sin la traer a Texcoco, sentíamos mucha pena dello todos los más soldados. Y demás desto, vienen del pueblo de Venezuela, que se decía Mesquique, y de otros pueblos nuestros amigos a decir a Cortés que los mexicanos les daban guerra porque han tomado nuestra amistad; y también nuestros amigos los tlaxcaltecas, como tenían ya junta cierta ropilla y sal, y otras cosas de despojos y oro, y querían algunos dellos volverse a su tierra, no osaban, por no tener camino seguro. Pues viendo Cortés que para socorrer a unos pueblos de los que le demandaban socorro, e ir a ayudar a los de Chalco para que viniesen a nuestra amistad, no podía dar recaudo a unos ni a otros, porque allí en Texcoco había menester «estar siempre la barba sobre el hombro» y muy alerta, lo que acordó fue, que todo se dejase atrás, y la primera cosa que se hiciese fuese ir a Chalco y Tamanalco, y para ello envió a Gonzalo Sandoval y a Francisco de Lugo, con quince de a caballo y doscientos soldados, y con escopeteros y ballesteros y nuestros amigos de Tlaxcala, y que procurase de romper y deshacer en todas maneras a las guarniciones mexicanas, y que se fuesen de Chalco y Tamanalco, porque estuviese el camino de Tlaxcala muy desembarazado y pudiesen ir y venir a la Villarrica sin tener contradicción de los guerreros mexicanos. Y luego como esto fue concertado, muy secretamente con indios de Texcoco se lo hizo saber a los de Chalco para que estuviesen muy apercibidos, para dar de día y de noche en las guarniciones de mexicanos; y los de Chalco, que no esperaban otra cosa, se apercibieron muy bien; y como el Gonzalo de Sandoval iba con su ejército, pareciole que era bien dejar en la retaguardia cinco de a caballo y otros tantos ballesteros, con todos los demás tlaxcaltecas que iban cargados de los despojos que habían habido; y como los mexicanos siempre tenían puestas velas y espías, y sabían cómo los nuestros iban camino de Chalco, tenían aparejados nuevamente, sin los que estaban en Chalco en guarnición, muchos escuadrones de guerreros que dieron en la rezaga, donde iban los tlaxcaltecas con su hato, y los trataron mal, que no los pudieron resistir los cinco de a caballo y ballesteros, porque los dos ballesteros quedaron muertos y los demás heridos. De manera que, aunque el Gonzalo de Sandoval muy presto volvió sobre ellos y los desbarató, y. mató siete mexicanos, como estaba la laguna cerca, se le acogieron a las canoas en que habían venido, porque todas aquellas tierras están muy pobladas de los sujetos de México. Y cuando los hubo puesto en huida, y vio que los cinco de a caballo que había dejado con los ballesteros y escopeteros en la retaguardia, eran dos de los ballesteros muertos, y estaban los demás heridos, ellos y sus caballos; y aun con haber visto todo esto, nos dejó de decirles a los demás que dejaron en su defensa que habían sido para poco en no haber podido resistir a los enemigos, y defender sus personas y de nuestros amigos, y estaba muy enojado dellos, porque eran de los nuevamente venidos de Castilla, y les dijo que bien le parecía que no sabían que cosa era guerra; y luego puso en salvo todos los indios que Tlaxcala con su ropa; y también despachó unas cartas que envió Cortés a la Villarrica, en que en ellas envió a decir al capitán que en ella quedó todo lo acaecido acerca de nuestras conquistas y el pensamiento que tenía de poner cerco a México y que siempre estuviesen con mucho cuidado velándose; y que si había algunos soldados que estuviesen en disposición para tomar armas, que se los enviase a Tlaxcala, y que allí no pasasen hasta estar los caminos más seguros, porque corrían riesgo; y despachados los mensajeros, y los tlaxcaltecas puestos en su tierra, volvió Sandoval para Chalco, que era muy cerca de allí, y con gran concierto sus corredores del campo adelante; porque bien entendió que en todos aquellos pueblos y caserías por donde iba, que había de tener rebato de mexicanos; y yendo por su camino, cerca de Chalco vio venir muchos escuadrones mexicanos contra él, y en un campo llano, puesto que había grandes labranzas de maizales y megüeyes, que es de donde sacan el vino que ellas beben, le dieron una buena refriega de vara y flecha, y piedras con hondas, y con lanzas largas para matar a los caballos. De manera que Sandoval cunda vio tanto guerrero contra sí, esforzando a los suyos, rompió por ellos dos veces, y con las escopetas y ballestas y con pocos amigos que le habían quedado los desbarató; y puesto que le hirieron cinco soldados y seis caballos y muchos amigos, mas tal prisa les dio, y con tanta furia, que le pagaron muy bien el mal que primero le habían hecho; y como lo supieron los de Chalco, que estaba cerca, le salieron a recibir a Sandoval al camino, y le hicieron mucha honra y fiesta; y en aquella derrota se prendieron ocho mexicanos, y los tres personas muy principales. Pues hecho esto, otro día dijo el Sandoval que se quería volver a Texcoco, y los de Chalco le dijeron que querían ir con él para ver y hablar a Malinche, y llevar consigo dos hijos del señor de aquella provincia, que había pocos días que era fallecido de viruelas, y que antes que muriese, que había encomendado a todos sus principales y viejos que llevasen sus hijos para verse con el capitán, y que por su mano fuesen señores de Chalco; y que todos procurasen de ser sujetos al gran rey de los teules, porque ciertamente sus antepasados les habían dicho que habían de señorear aquellas tierras hombres que venían con barbas de hacia donde sale el Sol, y que por las cosas que han visto éramos nosotros; y luego se fue el Sandoval con todo su ejército a Texcoco, y llevó en su compañía los hijos del señor y los demás principales y los ocho prisioneros mexicanos, y cuando Cortés supo su venida se alegró en gran manera; y después de le haber dado cuenta el Sandoval de su viaje y cómo venían aquellos señores de Chalco, se fue a su aposento; y los caciques se fueron luego ante Cortés, y después de haber hecho grande acato, le dijeron la voluntad que traían de ser vasallos de su majestad y según y de la manera que el padre de aquellos mancebos se lo había mandado, y para que por su mano les hiciese señores; y cuando hubieron dicho su razonamiento, le presentaron en joyas ricas obra de 200 pesos de oro. Y como el capitán Cortés lo hubo muy bien entendido por nuestras lenguas doña Marina y Jerónimo de Aguilar, les mostró mucho amor y les abrazó, y dio por su mano el señorío de Chalco al hermano mayor, con más de la mitad de los pueblos sus sujetos; y todo lo de Tamanalco y Chimaloacan dio al hermano menor, con Ayocinco y otros pueblos sujetos. Y después de haber pasado otras muchas razones de Cortés a los principales viejos y con los caciques nuevamente elegidos, le dijeron que se querían volver a su tierra, y que en todo servirían a su majestad, y a nosotros en su real nombre, contra mexicanos, y que con aquella voluntad habían estado siempre, y que por causa de las guarniciones mexicanas que habían estado en su provincia no han venido antes de ahora a dar la obediencia; y también dieron nuevas a Cortés que dos españoles que había enviado a aquella provincia por maíz antes que nos echasen de México, que porque los culúas no los matasen, que los pusieron en salvo una noche en Guaxocingo nuestros amigos, y que allí salvaron las vidas, lo cual ya lo sabíamos días había, porque el uno dellos era el que se fue a Tlaxcala; y Cortés se lo agradeció mucho, y les rogó que esperasen allí dos días, porque había de enviar un capitán por la madera y tablazón a Tlaxcala, y los llevaría en su compañía y les pondría en su tierra, porque los mexicanos no les saliesen al camino; y ellos fueron muy contentos y se lo agradecieron mucho. Y dejemos de hablar en esto, y diré cómo Cortés acordó de enviar a México aquellos ocho prisioneros que prendió Sandoval en aquella derrota de Chalco, a decir al señor que entonces habían alzado por rey, que se decía Guatemuz, que deseaba mucho que no fuesen causa de su perdición ni de aquella tan gran ciudad, y que viniesen de paz, y que les perdonaría la muerte y daños que en ella nos hicieron, y que no se les demandaría cosa ninguna; y que las guerras, que a los principios son buenas de comenzar, y que al cabo se destruirían; y que bien sabíamos de las albarradas y pertrechos, almacenes de varas y flechas y lanzas y macanas y piedras rollizas, y todos los géneros de guerra que a la continua están haciendo y aparejando, que para qué es gastar el tiempo en balde en hacerlo, y que para qué quiere que mueran todos los suyos y la ciudad se destruya; y que mire el gran poder de nuestro señor Dios, que es en el que creemos y adoramos, que él siempre nos ayuda; y que también mire que todos los pueblos sus comarcanos tenemos de nuestro bando, pues los tlaxcaltecas no desean sino la misma guerra por vengarse de las traiciones y muertes de sus naturales que les han hecho, y que dejen las armas y vengan de paz, y les prometió de hacer siempre mucho honra; y les dijo doña Marina y Aguilar otras muchas buenas razones y consejos sobre el caso; y fueron ante el Guatemuz aquellos ocho indios nuestros mensajeros; mas no quiso hacer cuenta dellos el Guatemuz ni enviar respuesta ninguna, sino hacer albarradas y pertrechos, y enviar por todas sus provincias que si algunos de nosotros tomasen desmandados que se los trajesen a México para sacrificar, y que cuando los enviase a llamar, que luego viniesen con sus armas; y les envió a quitar y perdonar muchos tributos y aun a prometer grandes promesas. Dejemos de hablar en los aderezos de guerra que en México se hacían, y digamos cómo volvieron otra vez muchos indios de los pueblos de Guatinchan o Guaxutlan descalabrados de los mexicanos porque habían tomado nuestra amistad, y por la contienda de los maizales que solían sembrar para los papas mexicanos en el tiempo que les servían, como otras veces he dicho en el capítulo que dello habla; y como estaban cerca de la laguna de México, cada semana les venían a dar guerra, y aun llevaron ciertos indios presos México; y como aquello vio Cortés, acordó de ir otra vez por su persona y con cien soldados y veinte de a caballo y doce escopeteros y ballesteros; y tuvo buenas espías, para cuando sintiesen venir los escuadrones mexicanos, que se lo viniesen a decir; y como estaba de Texcoco aun no dos leguas, un miércoles por la mañana amaneció adonde estaban los escuadrones mexicanos, y pelearon ellos de manera que presto los rompió, y se metieron en la laguna en sus canoas, y allí se mataron cuatro mexicanos y se prendieron otros tres, y se volvió Cortés con su gente a Texcoco; dende en adelante no vinieron más los culúas sobre aquellos pueblos. Y dejemos esto, y digamos cómo Cortés envió a Gonzalo de Sandoval a Tlaxcala por la madera y tablazón de los bergantines, y lo que más en el camino hizo.

Capítulo CXL. Cómo fue Gonzalo de Sandoval a Tlaxcala por la madera de los bergantines, y lo que más en el camino hizo en un pueblo que le pusimos por nombre el Pueblo Morisco
Como siempre estábamos en grande deseo de tener ya los bergantines acabados y vernos ya en el cerco de México, y no perder ningún tiempo en balde, mandó nuestro capitán Cortés que luego fuese Gonzalo de Sandoval por la madera, y que llevase consigo doscientos soldados y veinte escopeteros y ballesteros y quince de a caballo, y buena copia de tlaxcaltecas y veinte principales de Texcoco, y llevase en su compañía a los mancebos de Chalco y a los viejos, y los pusiesen en salvo en sus pueblos; y antes que partiesen hizo amistades entre los tlaxcaltecas y los de Chalco; porque,

como los de Chalco solían ser del bando y confederados de los mexicanos, y cuando iban a la guerra los mexicanos sobre Tlaxcala llevaban en su compañía a los de la provincia de Chalco para que les ayudasen, por estar en aquella comarca, desde entonces se tenían mala voluntad y se trataban como enemigos; mas como he dicho, Cortés los hizo amigos allí en Texcoco, de manera que siempre entre ellos hubo gran amistad, y se favorecieron de allí adelante los unos de los otros. Y también mandó Cortés a Gonzalo de Sandoval que cuando tuviesen puestos en su tierra los de Chalco, que fuesen a un pueblo que allí cerca estaba en el camino, que en nuestra lengua le pusimos por nombre el Pueblo Morisco, que era sujeto a Texcoco; porque en aquel pueblo habían muerto cuarenta y tantos soldados de los de Narváez y aun de los nuestros y muchos tlaxcaltecas, y robado tres cargas de oro cuando nos echaron de México; y los soldados que mataron eran que venían de la Veracruz a México cuando íbamos en el socorro de Pedro de Alvarado; y Cortés le encargó al Sandoval que no dejase aquel pueblo sin buen castigo, puesto que más merecían los de Texcoco, porque ellos fueron los agresores y capitanes de aquel daño, como en aquel tiempo eran muy hermanos en armas con la gran ciudad de México; y porque en aquella sazón no se podía hacer otra cosa, se dejó de castigar en Texcoco. Y volvamos a nuestra plática, y es que Gonzalo de Sandoval hizo lo que el capitán le mandó, así en ir a la provincia de Chalco, que poco se rodeaba, y dejar allí a los dos mancebos señores della, y fue al, Pueblo Morisco, y antes que llegasen los nuestros ya sabían por sus espías cómo iban sobre ellos, y desamparan el pueblo y se van huyendo a los montes, y el Sandoval los siguió, y mató tres o cuatro porque hubo mancilla dellos; mas hubiéronse mujeres y mozas, y prendió cuatro principales, y el Sandoval los halagó a los cuatro que prendió, y les dijo que cómo habían muerto tantos españoles. Y dijeron que los de Texcoco y de México los mataron en una celada que les pusieron en una cuesta por donde no podían pasar sino uno a uno, porque era muy angosto el camino; y que allí cargaron sobre ellos gran copia de mexicanos y de Texcoco, y que entonces los prendieron y mataron, y que los de Texcoco los llevaron a su ciudad, y los repartieron con los mexicanos (y esto que les fue mandado, y que no pudieron hacer otra cosa); y que aquello que hicieron, que fue en venganza del señor de Texcoco, que se decía

Cacamatzin, que Cortés tuvo preso y se había muerto en las puentes. Hallóse allí en aquel pueblo mucha sangre de los españoles que mataron, por las paredes, que habían rociado con ella a sus ídolos; y también se halló dos caras que habían desollado, y adobado los cueros como pellejos de guantes, y las tenían con sus barbas puestas y ofrecidas en unos de sus altares; y asimismo se halló cuatro cueros de caballos curtidos, muy bien aderezados, que tenían sus pelos y con sus herraduras, colgados y ofrecidos a sus ídolos en el su cu mayor; y halláronse muchos vestidos de los españoles que habían muerto, colgados y ofrecidos a los mismos ídolos; y también se halló en un mármol de una casa, adonde los tuvieron presos, escrito con carbones: «Aquí estuvo preso en sin ventura de Juan Yuste, con otros muchos que traía en mi compañía». Este Juan Yuste era un hidalgo de los de a caballo que allí mataron, y de las personas de calidad que Narváez había traído; de todo lo cual el Sandoval y todos sus soldados hubieron mancilla y les pesó; mas ¿qué remedio había ya que hacer sino usar de piedad con los de aquel pueblo, pues se fueron huyendo y no aguardaron, y llevaron sus mujeres e hijos, y algunas mujeres que se prendían lloraban por sus maridos y padres? Y viendo esto el Sandoval, a cuatro principales que prendió y a todas las mujeres las soltó, y envió a llamar a los del pueblo, los cuales vinieron y le demandaron perdón, y dieron la obediencia a su majestad y prometieron de ser siempre contra mexicanos y servirnos muy bien; y preguntados por el oro que robaron a los tlaxcaltecas cuando por allí pasaron, dijeron que otros habían tomado las cargas dello, y que los mexicanos y los señores de Texcoco se lo llevaron, porque dijeron que aquel oro había ido de Moctezuma, y que lo había tomado de sus templos y se lo dio a Malinche, que lo tenía preso. Dejemos de hablar desto, y digamos cómo fue Sandoval camino de Tlaxcala, y junto a la cabecera del pueblo mayor, donde residían los caciques, topó con toda la madera y tablazón de los bergantines, que la traían a cuestas sobre ocho mil indios, y venían otros tantos a la retaguardia dellos con sus armas y penachos, y otros dos mil para remudar las cargas que traían el bastimento; y venían por capitanes de todos los tlaxcaltecas Chichimecatecle, que ya he dicho otras veces en los capítulos pasados que dello hablan, que era indio muy principal y esforzado; y también venían otros dos principales, que se decían Teulepile y Teutical, y otros caciques y principales, y a todos los traía a cargo Martín López, que era el maestro que cortó la madera y dio la cuenta para las tablazones, y venían otros españoles que no me acuerdo sus nombres; y cuando Sandoval los vio venir de aquella manera hubo mucho placer por ver que le habían quitado aquel cuidado, porque creyó que estuviera en Tlaxcala algunos días detenido, esperando a salir con toda la madera y tablazón; y así como venían, con el mismo concierto fueron dos días caminando, hasta que entraron en tierra de mexicanos, y les daban gritos desde las estancias y barrancas, y en partes que no les podían hacer mal ninguno los nuestros con caballos ni escopetas; entonces dijo el Martín López, que lo traía todo a cargo que sería bien que fuesen con otro recaudo que hasta entonces venían, porque los tlaxcaltecas le habían dicho que temían aquellos caminos no saliesen de repente los grandes poderes de México y les desbaratasen, como iban cargados y embarazados con la madera y bastimentos; y luego mandó Sandoval repartir los de a caballo y ballesteros y escopeteros, que fuesen unos en la delantera y los demás en los lados; y mandó a Chichimecatecle que iba por capitán delante de todos los tlaxcaltecas, que se quedase detrás para ir en la retaguardia juntamente con el Gonzalo de Sandoval, de lo cual se afrentó aquel cacique, creyendo que no le tenían por esforzado; y tantas cosas le dijeron sobre aquel caso, que lo hubo por bueno viendo que el Sandoval quedaba juntamente con él, y le dieron a entender que siempre los mexicanos daban en el fardaje, que quedaba atrás; y como lo hubo bien entendido, abrazó al Sandoval y dijo que le hacían honra en aquello. Dejemos de hablar en esto, y digamos que en otros dos días de camino llegaron a Texcoco, y antes que entrasen en aquella ciudad se pusieron muy buenas mantas y penachos, y con atambores y cornetas, puestos en ordenanza, caminaron, y no quebraron el hilo en más de medio día que iban entrando y dando voces y silbos y diciendo: «Viva, viva el emperador, nuestro señor, y Castilla, Castilla, y Tlaxcala, Tlaxcala». Y llegaron a Texcoco, y Cortés y ciertos capitanes les salieron a recibir, con grandes ofrecimientos que Cortés hizo a Chichimecatecle y a todos los capitanes que traía; y las piezas de maderos y tablazones y todo lo demás perteneciente a los bergantines se puso cerca de las zanjas y esteros donde se habían de labrar; y desde allí adelante tanta prisa se daba en hacer trece bergantines el Martín López, que fue el maestro de los hacer, con otros españoles que les ayudaban, que se decían Andrés Núñez y un viejo que se decía Ramírez, que estaba cojo de una herida, y un Diego Hernández, aserrador, y ciertos carpinteros y dos herreros con sus fraguas, y un Hernando de Aguilar, que les ayudaba a machar; todos se dieron gran prisa hasta que los bergantines estuvieron armados y no faltó sino calafetearlos y ponerles los mástiles y jarcias y velas. Pues ya hecho esto, quiero decir el gran recaudo que teníamos en nuestro real de espías y escuchas y guarda para los bergantines, porque estaban junto a la laguna, y los mexicanos procuraron tres veces de les poner fuego, y aun prendimos quince indios de los que lo venían a poner, de quien se supo muy largamente todo lo que en México hacían y concertaba Guatemuz; y era, que por vía ninguna habían de hacer paces, sino morir todos peleando o quitarnos a todos las vidas. Quiero tornar a decir los llamamientos y mensajeros en todos los pueblos sujetos a México, y cómo les perdonaba el tributo y el trabajar, que de día y de noche trabajaban de hacer cavas y ahondar los pasos de las puentes y hacer albarradas muy fuertes, y poner a punto sus varas y toraderas, y hacer unas lanzas muy largas para montar los caballos, engastadas en ellas de las espadas que nos tomaron la noche del desbarate, y poner a punto sus hondas con piedras rollizas, y espadas de a dos manos, y otras mayores que espadas, como macanas, y todo género de guerra. Dejemos esta materia, y volvamos a decir de nuestra zanja y acequia, por donde habían de salir los bergantines a la gran laguna, que estaba ya muy ancha y honda, que podían nadar por ella navíos de razonable porte; porque, como otras veces he dicho, siempre andaban en la obra ocho mil indios trabajadores. Dejemos esto, y digamos cómo nuestro Cortés fue a una entrada de Xaltocan.

Capítulo CXLI. Cómo nuestro capitán Cortés fue a una entrada al pueblo de Xaltocan, que está en la ciudad de México obra de seis leguas, puesto y poblado en la laguna, y dende allí a otros pueblos; y lo que en el camino pasó diré adelante

Como habían venido allá a Texcoco sobre quince mil tlasclatecas con la madera de los bergantines, y había cinco días que estaban en aquella ciudad sin hacer cosa que de contar sea, y no tenían mantenimientos, antes les faltaban; y como el capitán de los tlaxcaltecas era muy esforzado y orgulloso, que ya he dicho otras veces que se decía Chichimecatecle, dijo a Cortés que quería ir a hacer algún servicio a nuestro gran emperador y batallar contra mexicanos, ansí por mostrar sus fuerzas y buena voluntad para con nosotros, como para vengarse de las muertes y robos que habían hecho a sus hermanos y vasallos, ansí en México como en sus tierras; y que le pedía por merced que ordenase y mandase a qué parte podrían ir que fuesen nuestros enemigos; y Cortés les dijo que les tenía en mucho su buen deseo, y que otro día quería ir a un pueblo que se dice Xaltocan, que está de aquella ciudad cinco leguas, mas que están fundadas las casas en el agua de la laguna, y que había entrada para él por tierra; el cual pueblo había enviado a llamar de paz días había tres veces, y no quiso venir, y que les tornó a enviar mensajeros nuevamente con los de Tepetezcuco y de Otumba, que eran sus vecinos, y que en lugar de venir de paz, no quisieron, antes trataron mal a los mensajeros y descalabraron dellos, y la respuesta que dieron fue, que si allá íbamos, que no tenían menos fuerza y fortaleza que México; que fuesen cuando quisiesen, que en el campo les hallaríamos; y que habían tenido aquella respuesta de sus ídolos que allí nos matarían, y que les aconsejaron los ídolos que esta respuesta diesen; y a esta causa Cortés se apercibió para ir él en persona a aquella entrada, y mandó a doscientos y cincuenta soldados que fuesen en su compañía, y treinta de a caballo, y llevó consigo a Pedro de Alvarado y a Cristóbal de Olí y muchos ballesteros y escopeteros, y a todos los tlaxcaltecas, y una capitanía de hombres de guerra de Texcoco, y los más dellos principales; y dejó en guardia de Texcoco a Gonzalo de Sandoval, para que mirase mucho por los bergantines y real, no diesen una noche en él; porque ya he dicho que siempre habíamos de «estar la barba sobre el hombro», lo uno por estar tan a la raya de México, y lo otro por estar en tan gran ciudad como era Texcoco, y todos los vecinos de aquella ciudad eran parientes y amigos de mexicanos; y mandó al Sandoval y a Martín López, maestro de hacer los bergantines, que dentro de quince días los tuviesen muy a punto para echar al agua y navegar en ellos, y se partió de Texcoco para hacer aquella entrada. Después de haber oído misa, salió con su ejército, y yendo su camino, no muy lejos de Xaltocan encontró con unos grandes escuadrones de mexicanos, que le estaban aguardando en parte porque creyeron aprovecharse de nuestros españoles y matar los caballos; mas Cortés marchó con los de a caballo, y él juntamente con ellos; y después de haber disparado las escopetas y ballestas, rompieron por ellos y mataron algunos de los mexicanos, porque luego se acogieron a los montes y a partes que los de a caballo no los pudieron seguir; mas nuestros amigos los tlaxcaltecas prendieron y mataron obra de treinta; y aquella noche fue Cortés a dormir a unas caserías, y estuvo muy sobre aviso con sus corredores de campo y velas y rondas y espías, porque estaba entre grandes poblaciones; y supo que Guatemuz, señor de México, había enviado muchos escuadrones de gente de guerra a Xaltocan para les ayudar, los cuales fueron en canoas por unos hondos esteros; y otro día de mañana junto al pueblo comenzaron los mexicanos y los de Xaltocan a pelear con los nuestros, y tirábanles mucha vara y flecha, y piedras con hondas desde las acequias donde estaban, e hirieron a diez de nuestros soldados y muchos de los amigos tlaxcaltecas, y ningún mal les podían hacer los de a caballo, porque no podían correr ni pasar los esteros, que estaban todos llenos de agua, y el camino y calzada que solían tener, por donde entraban por tierra en el pueblo, de pocos días le habían deshecho y le abrieron a mano, y la ahondaron de manera que estaba hecho acequia y lleno de agua, y por esta causa los nuestros no podían en ninguna manera entrarles en el pueblo ni hacer daño ninguno; y puesto que los escopeteros y ballesteros tiraban a los que andaban en canoas, traíanlas tan bien armadas de talabardones de madera, y detrás de los talabardones, guardábanse bien; y nuestros soldados, viendo que no aprovechaba cosa ninguna y no podían atinar el camino y calzada que de antes tenían en el pueblo, porque todo lo hallaban lleno de agua, renegaban del pueblo y aun de la venida sin provecho, y aun medio corridos de cómo los mexicanos y los del pueblo les daban grande grita y les llamaban de mujeres, y que Malinche era otra mujer, y que no era esforzado sino para engañarlos con palabras y mentiras; y en este instante dos indios de los que allí venían con los nuestros, que eran de Tepetezcuco, que estaban muy mal con los de Xaltocan, dijeron a un nuestro soldado, que había tres días que vieron, cómo abrían la calzada y la cavaron y la hicieron zanja, y echaron de otra acequia el agua por ella, y que no muy lejos adelante está por abrir e iba camino al pueblo. Y cuando nuestros soldados lo hubieron entendido, y por donde los indios les señalaron, se ponen en gran concierto los ballesteros y escopeteros, unos armando y otros soltando, y esto poco a poco, y no todos a la par, y el agua a vuelapié, y a otras partes a más de la cinta, pasan todos nuestros soldados, y muchos amigos siguiéndolos, y Cortés con los de a caballo aguardándolos en tierra firme, haciéndoles espaldas, porque temió no viniesen otra vez los escuadrones de México y diesen en la rezaga; y cuando pasaban las acequias los nuestros, como dicho tengo, los contrarios daban en ellos como a terrero, e hirieron muchos; mas, como iban deseosos de llegar a la calzada que estaba por abrir, todavía pasan adelante, hasta que dieron en ella por tierra sin agua, y vanse al pueblo; y en fin de más razones, tal mano les dieron, que les mataron muchos mexicanos, y lo pagaron muy bien, y la burla que dellos hacían; donde hubieron mucha ropa de algodón y oro y otros despojos; y como estaban poblados en la laguna, de presto se meten los mexicanos y los naturales del pueblo en sus canoas con todo el hato que pudieron llevar, y se van a México; y los nuestros, de que los vieron despoblados, quemaron algunas casas, y no osaron dormir en él por estar en el agua, y se vinieron donde estaba el capitán Cortés aguardándolos; y allí en aquel pueblo se hubieron muy buenas indias, y los tlaxcaltecas salieron ricos con mantas, sal y oro y otros despojos, y luego se fueron a dormir a unas caserías que serían una legua de Xaltocan, y allí se curaron, y un soldado murió dende a pocos días de un flechazo que Q dieron por la garganta; y luego se pusieron velas y corredores del campo, y hubo buen recaudo, porque todas aquellas tierras estaban muy pobladas de culúas; y otro día fueron camino de un gran pueblo que se dice Gualtitan, y yendo por el camino, los de aquellas poblaciones y otros muchos mexicanos que con ellos se juntaban, les daban muy grande grita y voces, diciéndoles vituperios, y era en parte que no podían correr los caballos ni se les podía hacer ningún daño, porque estaban entre acequias; y desta manera llegaron a aquella población, y estaba despoblado de aquel mismo día y alzado el hato, y en aquella noche durmieron allí con grandes velas y rondas; y otro día fueron camino de un gran pueblo que se dice Tenayuca, y este pueblo le solíamos llamar la primera vez que entramos en México el pueblo «de las Sierpes», porque en el adoratorio mayor que tenían hallamos dos grandes bultos de sierpes de malas figuras, que eran sus ídolos en quien adoraban. Dejemos esto, y digamos del camino y es que este pueblo hallaron despoblado como el pasado, que todos los indios naturales dellos se habían juntado en otro pueblo que estaba más adelante; y desde allí fue a otro pueblo que se dice Escapuzalco, que sería del uno al otro una legua, y asimismo estaba despoblado. Este Escapuzalco era donde labraban el oro y plata al gran Moctezuma, y solíamosle llamar el pueblo «de los Plateros»; y desde aquel pueblo fue a otro, que ya he dicho que se dice Tacuba, que es obra de media legua el uno del otro. En este pueblo fue donde reparamos la triste noche cuando salimos de México desbaratados, y en él nos mataron ciertos soldados, según dicho tengo en el capítulo pasado que dello habla; y tornemos a nuestra plática; que antes que nuestro ejército llegase al pueblo, estaban en campo aguardando a Cortés muchos escuadrones de todos aquellos pueblos por donde había pasado, y los de Tacuba y de mexicanos, porque México está muy cerca dél, y todos juntos comenzaron a dar en los nuestros, de manera que tuvo harto nuestro capitán de romper en ellos con los de a caballo; y andaban tan juntos los unos con los otros, que nuestros soldados a buenas cuchilladas los hicieron retraer; y como era noche, durmieron en el pueblo con buenas velas y escuchas; y otro día de mañana, si muchos mexicanos habían estado juntos, muchos más se juntaron aquel día, y con gran concierto venían a darnos guerra, de tal manera, que herían algunos soldados; mas todavía los nuestros los hicieron retraer en sus casas y fortaleza, de manera que tuvieron tiempo de les entrar en Tacuba y quemarles muchas casas y meterles a sacomano; y como aquello supieron en México, ordenaron de salir más escuadrones de su ciudad a pelear con Cortés, y concertaron que cuando peleasen con él, que hiciesen que volvían huyendo hacia México, y que poco a poco metiesen a nuestro ejército en su calzada, y que cuando los tuviesen dentro, haciendo como que se retraían de miedo; y ansí como lo concertaron lo hicieron, y Cortés, creyendo que llevaba victoria, los mandó seguir hasta una puente; y cuando los mexicanos sintieron que tenían ya metido a Cortés en el garlito pasada la puente, vuelve sobre él tanta multitud de indios, que unos por tierra, otros con canoas y otros en las azoteas, le dan tal mano, que le ponen en tan gran aprieto, que estuvo la cosa de arte, que creyó ser perdido y desbaratado; porque a una puente donde había llegado cargaron tan de golpe sobre él, que ni poco ni mucho se podía valer; y un alférez que llevaba una bandera, por sostener el gran ímpetu de los contrarios le hirieron muy malamente y cayó con su bandera desde la puente abajo en el agua, y estuvo en ventura de no se ahogar, y aun le tenían ya asido los mexicanos para le meter en unas canoas, y él fue tan esforzado, que se escapó con su bandera; y en aquella refriega mataron cinco soldados, e hirieron muchos de los nuestros; y Cortés, viendo el gran atrevimiento y mala consideración que había hecho en haber entrado en la calzada de la manera que he dicho, y sintió cómo los mexicanos le habían cebado, luego mandó que todos se retrajesen; y con el mejor concierto que pudo, y no vueltas las espaldas, sino los rostros a los contrarios, pie contra pie, como quien hace represas, y los ballesteros y escopeteros unos armados y otros tirando, y los de a caballo haciendo algunas arremetidas, mas eran muy pocas, porque luego les herían los caballos; y desta manera se escapó Cortés aquella vez del poder de México, y cuando se vio en tierra firme dio muchas gracias a Dios. Allí en aquella calzada y puente fue donde un Pedro de Ircio, muchas veces por mí nombrado, dijo al alférez que cayó con la bandera en la laguna, que se decía Juan Volante, por le afrentar (que no estaba bien con él por amores de una mujer que vino de cuando lo de Narváez) le dijo que había crucificado al hijo y quería ahogar la madre, porque la bandera que traía el Volante era figurada la imagen de nuestra señora la virgen Santa María. Y no tuvo razón de decir aquella palabra porque el alférez era un hidalgo y hombre muy esforzado, y como tal se mostró aquella vez y otras muchas; y al Pedro de Ircio no le fue muy bien de su mala voluntad que tenía contra Juan Volante, el tiempo andando. Dejemos a Pedro de Ircio, y digamos que en cinco días que allí en lo de Tacuba estuvo Cortés tuvo batalla y reencuentros con los mexicanos y sus aliados; y desde allí dio la vuelta para Texcoco, y por el camino que había venido se volvió, y le daban grita los mexicanos, creyendo que volvía huyendo, y una sospecharon lo cierto, que con gran temor volvió; y les esperaban en partes que querían ganar honra con él y matarle los caballos, y le echaban celadas; y como aquello vio, les echó una en que les mató e hirió muchos de los contrarios, y a Cortés entonces le mataron dos caballos y un soldado, y con esto no le siguieron más; y a buenas jornadas llegó a un pueblo sujeto a Texcoco, que se dice Aculman, que estará de Texcoco dos leguas y media; y como lo supimos cómo había allí llegado, salimos con Gonzalo de Sandoval a le ver y recibir, acompañado de muchos caballeros y soldados y de los caciques de Texcoco, especial de don Hernando, principal de aquella ciudad; y en las vistas nos alegramos mucho, porque había más de quince días que no habíamos sabido de Cortés ni de cosa que le hubiese acaecido; y después de haber dado el bien venido y haberle hablado algunas cosas que convenían sobre lo militar, nos volvimos a Texcoco aquella tarde, porque no osábamos dejar el real sin buen recaudo; y nuestro Cortés se quedó en aquel pueblo hasta otro día, que llegó a Texcoco; y los tlaxcaltecas, como ya estaban ricos y venían cargados de despojos, demandaron licencia para irse a su tierra, y Cortés se la dio; y fueron por parte que los mexicanos no tuvieron espías sobre ellos, y salvaron sus haciendas. Y a cabo de cuatro días que nuestro capitán reposaba y estaba dando prisa en hacer los bergantines, vinieron unos pueblos de la costa del norte a demandar paces y darse por vasallos de su majestad; los cuales pueblos se llaman Tuzapan y Mascalcingo y Nautlan, y otros pueblezuelos de aquellas comarcas, y trajeron un presente de oro y ropa de algodón; y cuando llegaron delante de Cortés, con gran acato, después de haber dado su presente, dijeron que le pedían por merced que les admitiese su amistad, y que querían ser vasallos del rey de Castilla, y dijeron que cuando los mexicanos mataron sus teules en lo de Almería, y era capitán dellos Quezalpopoca, que ya habíamos quemado por justicia, que todos aquellos pueblos que allí venían fueron y ayudar a los teules; y después que Cortés les hubo oído, puesto que entendía que habían sido con los mexicanos en la muerte de Juan de Escalante y los seis soldados que le mataron en lo de Almería, según he dicho en el capítulo que dello habla, les mostró mucha voluntad, y recibió el presente, y por vasallos del emperador nuestro señor, y no les demandó cuenta sobre lo acaecido ni se lo trajo a la memoria, porque no estaba en tiempo de hacer otra cosa; y con buenas palabras y ofrecimientos los despachó. Y en este instante vinieron a Cortés otros pueblos de los que se habían dado por nuestros amigos a demandar favor contra mexicanos, y decían que les fuésemos a ayudar, porque venían contra ellos grandes escuadrones, y les habían entrado en su tierra y llevado presos muchos de sus indios, y a otros habían descalabrado. Y también en aquella sazón vinieron los de Chalco y Tamanalco, y dijeron que si luego no les socorrían que serían perdidos, porque estaban sobre ellos muchas guarniciones de sus enemigos; y tantas lástimas decían, que traían en un paño de manta de henequén pintado al natural los escuadrones que sobre ellos venían, que Cortés no sabía qué se decir ni qué responderles, ni dar remedio a los unos ni a los otros; porque había visto que estábamos muchos de nuestros soldados heridos y dolientes, y se habían muerto ocho de dolor de costado y de echar sangre cuajada, revuelta con lodo, por la boca y narices; y era del quebrantamiento de las armas que siempre traíamos a cuestas, y de que a la continua íbamos a las entradas, y de polvo que en ellas tragábamos; y demás desto, viendo que se habían muerto tres o cuatro soldados de heridas, que nunca parábamos de ir a entrar, unos venidos y otros vueltos. La respuesta que les dio a los primeros pueblos fue que les halagó y dijo que iría presto a les ayudar, y que entre tanto que iba, que se ayudasen de otros pueblos sus vecinos, y que esperasen en campo a los mexicanos, y que todos juntos les diesen guerra, y que si los mexicanos viesen que les mostraban cara y ponían fuerzas contra ellos, que temerían, y que ya no tenían tantos poderes los mexicanos para les dar guerra como solían, porque tenían muchos contrarios; y tantas palabras les dijo con nuestras lenguas, y les esforzó, que reposaron algo sus corazones, y no tanto, que luego demandaron cartas para dos pueblos sus comarcanos, nuestros amigos, para que les fuesen a ayudar. Las cartas en aquel tiempo no las entendían; más bien sabían que entre nosotros se tenía por cosa cierta que cuando se enviaban eran como mandamientos o señales que les mandaban algunas cosas de calidad; y con ellas se fueron muy contentos, y las mostraron a sus amigos y los llamaron; y como nuestro Cortés se lo mandó, aguardaron en el campo a los mexicanos y tuvieron con ellos una batalla, y con ayuda de nuestros amigos sus vecinos, a quienes dieron la carta, no les fue mal en la pelea. Volvamos a los de Chalco: que viendo nuestro Cortés que era cosa mue importante para nosotros que aquella provincia estuviese desembarazada de gentes de Culúa; porque, como he dicho otra vez, por allí habían de ir y venir a la Villarrica de la Veracruz y a Tlaxcala, y habíamos de mantener nuestro real de ella, porque es tierra de mucho maíz, luego mandó a Gonzalo de Sandoval, que era alguacil mayor, que se aparejase para otro día de mañana ir a Chalco, y le mandó dar veinte de a caballo y doscientos soldados, y doce ballesteros y diez escopeteros, y los tlaxcaltecas que había en nuestro real, que eran muy pocos, porque, como dicho habemos en este capítulo, todos los más se habían ido a su tierra cargados de despojos, y también llevó una capitanía de los de Texcoco, y en su compañía al capitán Luis Marín, que era su muy íntimo amigo; y quedamos en guarda de aquella ciudad y bergantines Cortés y Pedro de Alvarado y Cristóbal de Olí con los demás soldados. Y antes que Gonzalo Sandoval vaya para Chalco, como está acordado, quiero aquí decir cómo, estando escribiendo en esta relación todo lo acaecido a Cortés desta entrada en Xaltocan, acaso estaban presentes dos hidalgos muy curiosos que habían leído la Historia de Gómara, y me dijeron que tres cosas se me olvidaban de escribir, que tenía escrito el cronista Gómara de la misma entrada que hizo Cortés; y la una era que dio Cortés vista a México con trece bergantines, y peleó muy bien con el gran poder de Guatemuz, con sus grandes canoas y piraguas en la laguna; la otra era que cuando Cortes entró en la calzada de México que tuvo plática con los señores y caciques mexicanos, y les dijo que les quitaría el bastimento y se morirían de hambre; y la otra fue que Cortés no quiso decir a los de Texcoco que había de ir a Xaltocan, porque no le diesen aviso. Yo respondí a los mismos hidalgos que me lo dijeron, que en aquella sazón los bergantines no estaban acabados de hacer, y que ¿cómo podía llevar por tierra bergantines ni por la laguna los caballos ni tanta gente? Que es cosa de reír ver lo que escribe; y que cuando entró en la calzada de Tacuba, como dicho habemos, que harto tuvo Cortés en escapar él y su ejército, que estuvo medio desbaratado; y en aquella sazón no habíamos puesto cerco a México, para vedarles los mantenimientos, ni tenían hambre, y eran señores de todos sus vasallos; y lo que pasó muchos días adelante, cuando los teníamos en grande aprieto, pone ahora el Gómara; y en lo que se dice que se apartó Cortés por otro camino para ir a Xaltocan, no lo supiesen los de Texcoco, digo que por fuerza fueron por sus pueblos y tierras de Texcoco porque por allí era el camino, y no otro; y en lo que escribe va muy errado, y a lo que yo he sentido, no tiene él la culpa, sino el que le informó, que por sublimar mucho más le dio tal relación de lo que escribe para ensalzar a quien por ventura le dio dineros por ello, y ensalzó sus cosas, y no se declaren nuestros heroicos hechos, le daban aquellas relaciones; y esta era la verdad; y como lo hubieron bien entendido los mismos que me lo dijeron, y vieron claro lo que les dije ser así, se convencieron. Y dejemos esta plática, y tornemos al capitán Gonzalo de Sandoval, que partió de Texcoco después de haber oído misa, y fue a amanecer cerca de Chalco; y lo que pasó diré adelante.

Libros a la carta

A la carta es un servicio especializado para
 empresas,
 librerías,
 bibliotecas,
 editoriales
 y centros de enseñanza;
 y permite confeccionar libros que, por su formato y concepción, sirven a los propósitos más específicos de estas instituciones.

Las empresas nos encargan ediciones personalizadas para marketing editorial o para regalos institucionales. Y los interesados solicitan, a título personal, ediciones antiguas, o no disponibles en el mercado; y las acompañan con notas y comentarios críticos.

Las ediciones tienen como apoyo un libro de estilo con todo tipo de referencias sobre los criterios de tratamiento tipográfico aplicados a nuestros libros que puede ser consultado en Linkgua-ediciones.com .

Linkgua edita por encargo diferentes versiones de una misma obra con distintos tratamientos ortotipográficos (actualizaciones de carácter divulgativo de un clásico, o versiones estrictamente fieles a la edición original de referencia).

Este servicio de ediciones a la carta le permitirá, si usted se dedica a la enseñanza, tener una forma de hacer pública su interpretación de un texto y, sobre una versión digitalizada «base», usted podrá introducir interpretaciones del texto fuente. Es un tópico que los profesores denuncien en clase los desmanes de una edición, o vayan comentando errores de interpretación de un texto y esta es una solución útil a esa necesidad del mundo académico.

Asimismo publicamos de manera sistemática, en un mismo catálogo, tesis doctorales y actas de congresos académicos, que son distribuidas a través de nuestra Web.

El servicio de «libros a la carta» funciona de dos formas.

1. Tenemos un fondo de libros digitalizados que usted puede personalizar en tiradas de al menos cinco ejemplares. Estas personalizaciones pueden ser de todo tipo: añadir notas de clase para uso de un grupo de estudiantes,

introducir logos corporativos para uso con fines de marketing empresarial, etc. etc.

2. Buscamos libros descatalogados de otras editoriales y los reeditamos en tiradas cortas a petición de un cliente.

www.ingramcontent.com/pod-product-compliance
Lightning Source LLC
Chambersburg PA
CBHW031324230426
43670CB00006B/226